Sa'ed Atshan und Katharina Galor
Israelis, Palästinenser und Deutsche in Berlin

Sa'ed Atshan und Katharina Galor

Israelis, Palästinenser und Deutsche in Berlin

Geschichten einer komplexen Beziehung

Übersetzt von Kocku von Stuckrad

DE GRUYTER

Die deutsche Übersetzung wurde gefördert durch die Rosa Luxemburg Stiftung mit Mitteln des Bundesministeriums für wirtschaftliche Zusammenarbeit und Entwicklung (BMZ).

ISBN 978-3-11-073439-3
e-ISBN (PDF) 978-3-11-072993-1
e-ISBN (EPUB) 978-3-11-072999-3

Library of Congress Control Number: 2021936361

Bibliografische Information der Deutschen Nationalbibliothek
Die Deutsche Nationalbibliothek verzeichnet diese Publikation in der Deutschen Nationalbibliografie; detaillierte bibliografische Daten sind im Internet über http://dnb.dnb.de abrufbar.

© 2021 Walter de Gruyter GmbH, Berlin/Boston
Umschlagabbildung: "The Situation" © Ute Langkafel MAIFOTO
Originalausgabe: *The Moral Triangle*. New York, USA: Duke University Press, 2020.
Aus dem Englischen übersetzt von Kocku von Stuckrad.
Druck und Bindung: CPI books GmbH, Leck

www.degruyter.com

Danksagung

Wir, Katharina Galor und Sa'ed Atshan, sind auf zwei verschiedenen Seiten einer Teilung und eines Konfliktes aufgewachsen, der schon siebzig Jahre währt. Wir sind dankbar dafür, dass wir uns 2014 trafen, nur wenige Tage nach dem Ende des israelischen Gaza-Kriegs, dessen Traumata wir auf ganz ähnliche Weise erlebten, wenn auch von entgegengesetzten Seiten der Trennlinie. Dass wir gemeinsam an diesem Projekt arbeiten konnten, hat gezeigt, dass wir diese Kluft überbrücken können, wenn wir die uns auferlegten Trennungen überwinden. Mit Flexibilität und Vertrauen ist es uns gelungen, die sich immer wieder auftuenden Hürden, die schmerzhaften Geschichten, die schwierigen Begegnungen, die wir erlebten, oft geprägt von Vorurteilen und manchmal auch von Hass, gemeinsam zu meistern. Wir haben uns auch gemeinsam gefreut über die hoffnungsvollen und herzerwärmenden Seiten unserer Arbeit in der Feldforschung und während des Schreibprozesses. Wir hoffen, dass die Ergebnisse dieses gemeinsamen Projektes anderen vor Augen führen, dass Konflikte auf Konstruktionen beruhen, die überwunden werden können, wenn das gemeinsame Ziel darin besteht, zuzuhören und die Sichtweise der anderen zu verstehen.

Ohne die Hilfe und die Großzügigkeit einer Vielzahl von Menschen hätte dieses Buch nicht erscheinen können. Ganz besonders dankbar sind wir den fünfzig Gesprächspartnerinnen und Gesprächspartnern, die bereit waren, sich mit uns zu treffen und die Fragen zu beantworten, die das Grundgerüst dieses Projektes darstellen. Auch danken wir den weiteren fünfzig Personen, die mit uns zum Teil sehr ausführlich über Themen sprachen, die direkt mit dem Forschungsprojekt zu tun hatten, doch ohne dass wir dabei einem bestimmten Protokoll oder einem Fragebogen folgten. Angesichts des überaus sensiblen Charakters dieser Studie waren nur sechs Personen bereit, ihre Identität preiszugeben. Wir danken Iris Hefets, Ármin Langer, Tamara Masri, Dorothee Reinhold, Yael Ronen und Martin Wiebel dafür, dass sie sich die Zeit genommen haben, Gespräche mit uns zu führen, und wir möchten unsere Bewunderung für ihren Mut ausdrücken. Auch wenn alle Beschreibungen, Eindrücke, Profile und Zitate in diesem Buch auf tatsächlichen Begegnungen beruhen, haben wir bei den Gesprächspartnerinnen und Gesprächspartnern der zweiten Gruppe alle Merkmale, die zu ihrer Identifizierung führen könnten, entsprechend angepasst.

Wir haben auch mit einer Reihe von Fachleuten gesprochen, die wichtige Erkenntnisse zu verschiedenen für die Studie relevanten Themen einbrachten. Die bei diesen Gesprächen gewonnenen Informationen haben entscheidend dazu beigetragen, dass wir das heutige Berlin und die Situation der israelischen und palästinensischen Gemeinschaften in der Stadt besser verstehen können. Die

https://doi.org/10.1515/9783110729931-001

meisten dieser Fachleute haben in Israel/Palästina gelebt oder haben die Region regelmäßig besucht, und viele sind mit einer oder mit beiden der Migrantengemeinschaften in Berlin verbunden: Najat Abdulhaq, Maryam Abu Khaled, Ayham Majid Agha, Tarek Al Turk, Mazen Aljubbeh, Hila Amit, Sina Arnold, Saleem Ashkar, Phillip Ayoub, Omri Bar-Adam, Leen Barghouti, Yossi Bartal, Yael Bartana, Omri Ben-Yehuda, Daniel Boyarin, Christina von Braun, Micha Brumlik, Sawsan Chebli, Karim Daoud, Emily Dische-Becker, Carolin Emcke, Lilian Daniel-Abboud Ashkar, Liliana Ruth Feierstein, Naika Foroutan, Dani Gal, Alfred Garloff, Gadi Goldberg, Rasha Hilwi, Rajshri Jayaraman, Oskar Jost, Dani Kranz, Cilly Kugelman, Irmela von der Lühe, Nizaar Maarouf, Michael Naumann, Benyamin Reich, Pamela Rosenberg, Jad Salfiti, Nahed Samour, Stefanie Schüler-Springorum, Holger Seibert, Shaked Spier, Robert Yerachmiel Sniderman, Levke Tabbert, Shani Tzoref, Marie Warburg und Gökçe Yurdakul. Die Bandbreite ihrer Perspektiven hat uns sehr bewegt, und wir sind zutiefst dankbar für ihre Zeit und ihre Einsichten.

Ein großer Dank geht an unsere Forschungsassistierenden Omri Galor und Nevien Swailmyeen, die bei der Sammlung bibliografischer Informationen halfen und uns maßgeblich bei der logistischen Organisation der Interviews unterstützten. Außerdem profitierten wir von den vielen lehrreichen Gesprächen mit Studierenden, Wissenschaftlerinnen und Wissenschaftlern sowie dem Mitarbeiterstab der American Academy Berlin, der Barenboim-Said-Akademie, dem Zentrum für Antisemitismusforschung der Technischen Universität Berlin, der European School of Management and Technology, dem Haus der Kulturen der Welt, dem Institut für Arbeitsmarkt- und Berufsforschung, der Bundesagentur für Arbeit, dem Institut für Sozial- und Kulturanthropologie der Freien Universität Berlin, dem Jüdischen Museum Berlin, dem Selma Stern Zentrum für Jüdische Studien Berlin-Brandenburg sowie der Theologischen Fakultät der Humboldt-Universität zu Berlin.

Nicht genannt in dieser Aufzählung sind die vielen deutschen, israelischen und palästinensischen Freudinnen und Freunde sowie Bekannten, mit denen wir in Berlin gesprochen haben, auch wenn das außerhalb unserer eigentlichen Feldforschung geschah. Viele von ihnen sind genau wie wir an den Fragen interessiert, die dieser Studie zugrunde liegen, und sie haben unser Verständnis der entsprechenden Themen sehr bereichert.

Für die amerikanische Erstausgabe bei Duke University Press gilt unser besonderer Dank unserer Lektorin Sandra Korn, deren Beratung und Unterstützung während des gesamten Prozesses von unschätzbarem Wert war. Auch danken wir den anonymen Gutachterinnen und Gutachtern, die uns ermutigten und mit ihren Vorschlägen für Anpassungen, Ausarbeitungen und Änderungen bei der Fertigstellung des Buches halfen. Last but not least, möchten wir Eve Spangler und

Michael Steinberg unseren Dank aussprechen; sie haben die erste Version des Manuskriptes gelesen und auf hilfreiche Weise kommentiert. Dadurch konnten wir viele der Fehler korrigieren, die so typisch sind, wenn Autorinnen und Autoren nicht in ihrer Muttersprache schreiben. Auch die Begeisterung der beiden für die Sache hat wesentlich zum Gelingen des Projektes beigetragen.

Für die deutsche Übersetzung möchten wir uns ganz besonders bei Kocku von Stuckrad bedanken, dessen erstaunlichen sprachlichen Fähigkeiten und thematisches Einfühlungsvermögen uns tief beeindruckt haben. Ohne die großzügige finanzielle Unterstützung der Rosa-Luxemburg-Stiftung, ermöglicht nur durch den unermüdlichen Einsatz von Juliane Drückler und Katja Hermann, wäre es nie zu einer deutschen Ausgabe gekommen. Dass diese realisiert werden konnte, ist insbesondere den Bemühungen von Sophie Wagenhofer und Katrin Mittmann vom Verlag De Gruyter sowie deren Vertrauen in unsere Zusammenarbeit zu verdanken. Von Anfang an hatten wir uns gewünscht, dass wir unsere wissenschaftliche Forschung über Berlin, die vielen Geschichten, die wir gehört und gelesen haben, und schließlich auch unsere eigenen Gefühle und Gedanken mit den deutschen Leserinnen und Lesern würden teilen können.

Vorwort zur deutschen Ausgabe

Von der Feindschaft zur Verantwortung füreinander

Berlin ist die Stadt der Naziverbrecher, der so mühevollen wie hartnäckigen Aufarbeitung der Shoah und gleichwohl der steten Gefährdung der Demokratie von ultrarechts bis ganz links – und das bis heute. Berlin ist aber noch mehr: Neben anderen „Fremden" leben in dieser Metropole, wo sich die Welt und Start-ups treffen, inmitten von etwa vier Millionen Deutschen aus Ost und West auch gut 25.000 jüdische Israelis sowie etwa 60.000 Palästinenser. Deren Zusammenleben macht etwas mit ihnen und ihren deutschen Nachbarn. Das vorliegende Buch über dieses „Dreieck" zwischen Deutschen, Palästinensern und Israelis in Berlin ist eine Momentaufnahme aus dem Sommer 2018. Sie zeigt, dass die Deutschen zwar die Israelis in der Stadt wahrnehmen, aber sie begegnen ihnen vielfach mit antisemitischen Gefühlen. Viele Israelis fühlen sich gleichwohl gut in dieser Stadt. Eine große Zahl von ihnen ist in Berlin, um antipalästinensischen Feindbildern in der Heimat zu entweichen. Andere kommen erst hier mit Palästinensern in Kontakt. Die deutsche Bevölkerung nimmt in der Regel die viel zahlreicheren Palästinenser genauso wenig wahr wie ihre Traumata. Viele Deutsche neigen zunächst einmal dazu, die zum Teil undifferenzierte Unterstützung Israels durch die Regierung zu teilen. Aber im direkten Kontakt zwischen den drei Gruppen ändert sich dann doch vieles, und darum geht es in diesem Buch. Es bildet eine spezielle Berliner Koexistenz ab, die in manchen Momenten wie ein Treibhaus für mehr Frieden im Nahen Osten erscheint.

Dieser Befund macht die vorliegende Sammlung von einhundert Gesprächen von Katharina Galor und Sa'ed Atshan mit Israelis, Palästinensern und Deutschen in Berlin so wichtig wie grundlegend. Ihr Buch ist zwar nur eine erste Studie über die drei aufeinanderstoßenden Nationalitäten, aber diese lässt vielleicht schon einen Schluss zu; und der stammt nicht von dem deutschen Vorwortschreiber, der gewiss gerne etwas Nettes über die deutsche Hauptstadt hören möchte, sondern eben von der Israelin Galor und Atshan aus dem palästinensischen Ramallah. Ihre Gesprächssammlung und Schlussfolgerung legen die Vision nahe, dass an der Spree Ideen dazu reifen, wie eine friedliche Zukunft zwischen Palästinensern und jüdischen Israelis – jenseits des schon einhundert Jahre alten israelisch-arabischen Konflikts – aussehen könnte. Gewiss, es klingt surreal, wenn die Stadt der schlimmsten Verbrechen im 20. Jahrhundert auf eine so unvermutete Weise zu einem Segensplatz für das 21. Jahrhundert würde. Aber genau davon ist in diesem Buch die Rede.

https://doi.org/10.1515/9783110729931-002

Vor Jahrzehnten hätte man sich noch nicht vorstellen können, dass Israelis überhaupt je in Berlin leben würden. Von den etwa 160.000 Berliner Juden vor ihrer Verfolgung, hatten nur etwa 8.000 die Shoah überlebt. Die meisten Neuberliner, die von 1946 an die Gemeinde wieder aufbauten, waren nicht Nachfahren der Gemeindeglieder aus der Vorkriegszeit; sondern das waren Überlebende, die der Krieg nach Berlin verschlagen hatte und die zunächst nicht vorhatten, in Deutschland zu bleiben. Sie stammten oft aus Europas Osten – und blieben. Diese mittlerweile seit zwei oder gar drei Generationen in Berlin lebenden deutschen Juden sind oft orthodox und haben sich zwischen jüdischer Schule, Synagoge und nun auch dem orthodoxen Rabbinerseminar in der Brunnenstraße ein halbwegs religiös-jüdisches Leben aufbauen können.

Die Israelis, die heute in Berlin leben, sind zumeist säkular und kommen aus allen gesellschaftlichen Schichten. In der Regel sind es junge Leute und solche mittleren Alters, die sich nicht von den „Stolpersteinen" und der allgegenwärtigen Shoah-Erinnerung abschrecken lassen. Viele jüdische Israelis fühlen sich gerade durch dies stete Erinnern und Mahnen in Deutschland willkommen. Es hilft ihnen, die Traumata jener Geschichte zu verarbeiten. Von diesen Israelis erfahren wir viel in der Presse. Sie freuten sich vor einigen Jahren nicht zuletzt darüber, dass Butter und das Milky-Produkt der israelischen Firma Strauss in Berlin billiger waren als in Tel Aviv. Sie besitzen trendige Bars und überraschen mit tabulos erscheinenden, aber von Menschlichkeit geprägten Szenestücken am Gorki-Theater.

Und dann gibt es eben in Berlin die viel größere Gruppe von Palästinensern, die sich bisher kaum in den Medien spiegelt; es sei denn, es geht um Mitglieder krimineller Clans. Tatsächlich ist das gesellschaftliche Spektrum dieser Araber aber genauso weit gespannt wie bei den Israelis. Die ersten Palästinenser kamen schon zu DDR-Zeiten als Studenten der Medizin und Ingenieurwissenschaften, später auch als Gastarbeiter nach Berlin; dann folgten Flüchtlinge über Libanon aus den besetzten Gebieten. Seit jüngerem lockt viele einfach nur dieses neue Berlin. Dass sie da neben den „fremden" Deutschen auch auf die ihnen misslich vertrauten Feinde aus Israel stoßen würden, war gewiss den meisten zunächst nicht klar. Viele fühlen sich auch – im Schatten der jüdischen Israelis – wie übersehen oder als palästinensische Terroristen an Israelis stigmatisiert. Dass ihr Leben in Berlin womöglich darauf zurückzuführen ist, dass ihre Eltern oder Großeltern aus der Heimat fliehen mussten, wollen viele Deutsche nicht wissen.

In Berlin wie in Deutschland spricht man vor allem vom Leid der Juden in der Shoah. Die Nakba aber – eben diese „Katastrophe" der Flucht und Vertreibung von etwa 700.000 Palästinensern in Israels Gründungskrieg 1948 – kommt im deutschen Denken kaum vor. Es ist unter Deutschen fast ein Tabu, die Traumata von Shoah und Nakba in ihrer historischen Abfolge und so in einer Kausalität zu sehen; zwar nicht im Vergleich, wohl aber in der Anerkennung, dass Menschen nun einmal von ihren Traumata geprägt werden, die darum auch zu respektieren sind – ganz egal, welche es sind. Weder Palästinenser noch Israelis und auch nicht die Deutschen in diesem Berlin waren wohl zunächst darauf aus, mit den anderen in Beziehung zu treten.

Katharina Galor und Sa'ed Atshan aber entdecken nun bei ihren Gesprächen mit so manchen Israelis und Palästinensern, wie sie doch den Kontakt suchten und darüber ihre ererbte Feindschaft zunächst in Frage stellten, um sie dann endlich aufzugeben. So begannen diese Gesprächspartner, nach den Worten der Autoren, „ihren Dämonen zu entkommen". Oberflächlichen deutschen Beobachtern in Berlin mag schon auffallen, wie sich Israelis und Palästinenser in ihrem Lebensstil angleichen: Israelis essen palästinensischen Hummus und halten ihn für israelisch; beide hören die Musik ihrer Region, und sie trinken beide ihren Tee mit Zucker und Nana. Viele Israelis und Palästinenser aber entdecken darüber hinaus tiefe Gemeinsamkeiten, deren Anerkennung der Kriegs- und Terroralltag in der Heimat aber quasi verboten hatte.

Womöglich ist Berlin selber ein Trigger für diesen Wandel. So war es wenigstens bei den Autoren, die nichts nach Deutschland zog. Im Gegenteil: beide verbanden mit Berlin nur Argwohn und Feindschaft. Dabei ist Katharina Galor 1966 in Düsseldorf geboren. Sie stammt aber aus einer österreichisch-ungarisch-jüdischen Familie aus Siebenbürgen, die sich – um dem Kommunismus zu entkommen und nur wegen der vertrauten Sprache – in Deutschland niederließ. Das geschah noch zu einer Zeit, als in israelischen Pässen stand, sie hätten für alle Länder Gültigkeit „... außer Deutschland". Katharinas Eltern wollten darum auch nur vorübergehend in diesem Land bleiben; schließlich hatten die Nazis den Vater und seine Familie nach Auschwitz deportiert. Bis zum Abitur mit 19 Jahren erlebte Katharina dann ein ihr feindlich gesonnenes Deutschland. Sie sah sich als jüdische Ausländerin und bekam von ihren direkten Nachbarn einen so starken Antisemitismus zu spüren, dass diese Erfahrungen „ihr Leben prägten".

Dass Katharina Galor nach 30 Jahren in Frankreich, Israel und in den Vereinigten Staaten dennoch nach Deutschland und nun nach Berlin kam, ergab sich daraus, dass sie ihren Mann nicht allein nach Berlin ziehen lassen wollte. Der aus einer deutsch-jüdischen Familie stammende Kulturwissenschaftler Michael Steinberg wurde nämlich 2016 Präsident der American Academy. Diese 1994 gegründete amerikanische Einrichtung fördert den wissenschaftlichen und kulturellen Austausch zwischen den USA und Deutschland. Katharinas Ehemann versetzte so seine zunächst widerwillige Ehefrau in ein Berlin, das sich aber als „anders" herausstellte, als Katharina es befürchtet hatte. Deutschland hatte sich in ihren Augen insbesondere in Bezug auf den Holocaust „zum Besseren gewandelt", stellte sie fest. „Bewegend und wie die Zurückgewinnung verloren gegangenen Besitzes" erlebte sie ihren Einzug in die Wohnung in der Charlottenburger Sybelstraße 9. In dem Privathaus hatten die drei Kinder des berühmten Direktors vom „Städtischen Konservatorium für Musik in Berlin" Gustav Hollaender von 1936 bis 1941 versucht, den geordneten Betrieb aufrecht zu erhalten, nachdem die eigentliche Schule 1935 mit dem Rausschmiss der jüdischen Pädagogen „arisiert" worden war. Kurt Hollaender, Susanne Landsberg, geb. Hollaender und Melanie Herz-Hollaender betrieben die „Jüdische private Musikschule Hollaender", aber wurden von dort zwischen 1941 und 1943 deportiert und ermordet. Diese Geschichte fand Katharina ausführlich dargestellt. „Hier wurde nichts verschwiegen. Ich hatte Gänsehaut, als ich diese Geschichte las und dass ich da quasi als jüdische Nacherbin einziehen konnte, berührte mich", erzählt Katharina. Neue Freunde und viele Gespräche gaben ihr bald das Gefühl, in diesem Berlin willkommen zu sein.

Sa'ed Atshan, Jahrgang 1984, wollte nie „einen Fuß auf deutschen Boden setzen". Der Schüler einer Quäker-Highschool in Ramallah hatte die deutsch-jüdische Geschichte der NS-Zeit durch die Schullektüre von Elie Wiesel und Anne Frank kennengelernt. Er wusste von den Traumata in israelischen Köpfen und sah sich – zusammen mit seiner Familie – den Folgen dieser Traumata durch die Besatzung im Westjordanland ausgesetzt. Später konnte Sa'ed am Quäker-College in Swarthmore in Pennsylvania gleichwohl tiefere Beziehungen zu Juden und Israelis aufbauen und begriff, wie wichtig es ist, einen jeden und eine jede als menschliches Wesen zu begreifen, unabhängig – zum Beispiel – von der brutalen Besatzung der palästinensischen Bevölkerung durch israelische Soldaten, also unabhängig von Strukturen der Macht und ihrer Ungerechtigkeit, wie er in seinem Nachwort schreibt. Überdies lernte Sa'ed über jüdische Freunde den Antisemitismus von heute kennen. Und das weckte ihn vollends auf: „Als Quäker bin ich der festen Überzeugung, dass Antisemitismus in all seinen Formen benannt werden sollte und dass es auch weiterhin intellektuelle Räume geben sollte, um seine verschiedenen Erscheinungsformen zu historisieren." Kein Wunder, dass damit der historische Antisemitismus der Deutschen und die Shoah wieder in Sa'eds Blickfeld geriet. Als ihn Katharina, deren Trauzeuge er bei der Hochzeit mit Steinberg gewesen war, nach Berlin zu kommen beschwor, konnte er der guten Freundin diese Bitte nicht ausschlagen.

Sa'ed reiste also an die Spree: Denn „wenn Katy [Katharina] ihr Zögern überwinden konnte, in ihr Geburtsland zurückzukehren, nachdem sie und ihre Familie dort allein wegen ihrer jüdischen Identität unaussprechliche Schrecken erlebt hatten, dann sollte auch ich in der Lage sein, eine längere Zeit in Berlin zu verbringen und dieses Forschungsprojekt mit ihr durchzuführen." Schon der türkische Taxifahrer vom Flughafen Tegel in die Stadt habe bei ihm das Gefühl geweckt, dass dieses Berlin lebendig und von sprudelnder Humanität sei, sagt

Sa'ed. Katharina hatte ihn aber auch nicht nur einfach mal so eingeladen. Sie war in Berlin auf diese seltsame Koexistenz zwischen Deutschen, Palästinensern und Israelis gestoßen und wollte mit Sa'ed Interviews zum komplexen Verhältnis dieser drei Nationen zueinander führen. Dass sich Sa'ed dann in seinen zwei Monaten im Sommer 2018 mit Berlin anfreundete, dass er diese facettenreiche Gesellschaft und Auseinandersetzung sowohl mit dem Antisemitismus als auch mit dem Strom der Flüchtlinge zu schätzen begann, und dass er sich als schwuler Aktivist und Queer-Forscher in Berlin schnell zu Hause zu fühlen begann, soll nur erwähnt werden.

Denn in den Mittelpunkt trat für beide die Umsetzung einer selbst auferlegten moralischen Pflicht. Beiderseits tief, aber gegensätzlich von eigenen Traumata und Erfahrungen gezeichnet, begannen sie, spontan oder mit Fragebogen ihre Mitmenschen in Berlin nach deren Prägungen durch Erfahrung und Vorurteil zu befragen. So entstand diese Interviewsammlung weniger aus einem nüchternen wissenschaftlichen Interesse der Israelin. Katharina ist schließlich nicht Soziologin, sondern Archäologin, die neben anderem ein Standardwerk zur Archäologie von Jerusalems Anfängen bis zu den Osmanen (zusammen mit dem Tübinger Archäologen Hanswulf Bloedhorn) schrieb. Die Berliner ethnographische Feldarbeit entstand auch weniger aus nüchterner Neugier des arabischen Anthropologen Sa'ed, der sich aus seiner heimatlichen Erfahrung heraus bisher vor allem auf Friedens- und Konfliktstudien konzentrierte. Als Quäker befasste er sich auch mit den christlichen Minderheiten sowie der gesellschaftlichen Akzeptanz für Homosexualität in seiner Heimat. Sa'eds jüngstes Buch beschäftigt sich mit „Queer Palestine and the Empire of Critique." Die Israelin und der Palästinenser bildeten vielmehr ein Tandem, um aus ihrer persönlichen Übereinkunft heraus die asymmetrischen Beziehungen zwischen den Nationen in Berlin vor dem Hintergrund der offiziellen Positionen der deutschen Regierung und der israelischen zu beleuchten.

Die 50 strukturierten und 50 informellen Gespräche mit Deutschen, Israelis und Palästinensern im Alter von 16 bis 81 wurden auf Deutsch, Hebräisch, Arabisch und Englisch geführt und erbrachten eine Vielfalt von Meinungen und Argumenten, die sich nur schwer zusammenfassen ließen. Wie sollte man zum Beispiel jene potentiellen Gesprächspartner bewerten, die sich allein schon der Idee verweigerten, bei einem israelisch-palästinensischen Projekt mitzuarbeiten? So gab es etwa Gesprächspartner, die berufliche Nachteile befürchteten. Die meisten wollten ihren Namen nicht genannt sehen; damit waren nur sechs einverstanden. Ein Palästinenser wollte zwar Israels Besatzung knallhart kritisieren, zugleich aber keineswegs als Antisemit gelten. In der Regel führten Katharina und Sa'ed die Gespräche gemeinsam; hatte sich doch rasch herausgestellt, dass ein Israeli einer Israelin gegenüber anders spricht als gegenüber dem binationalen

Tandem. Deutsche und israelische Amtsträger gehörten genauso zu ihren Gesprächspartnern wie Ärzte oder Fitnesstrainer, Friseure und Bauarbeiter.

Es kam den beiden Autoren darauf an, möglichst viele Stimmen einzufangen; dabei konnten sie nicht statistisch sauber verfahren. Wie im Schneeballsystem ging es vom einen zum nächsten. Fast immer begannen die Gespräche mit persönlichen Eindrücken und wechselten dann zu Gedanken über Politik und Werte. Oft war der Ausgangspunkt das Vorverständnis von historischen Vorgängen durch die Eltern. Da kann sich ein Vater auf jüdischer Seite zum Beispiel nicht damit abfinden, dass die Tochter in jenes Berlin ziehen will: „Mein Vater hörte auf, mit mir zu reden", berichtet die Israelin, die ein Stipendium nach Berlin gelockt hatte. Junge Deutsche seien ja womöglich unschuldig, „aber die Alten, da weiß man nie, was sie getan oder nicht getan haben," hatte der Vater gemeint. Der kam dann aber selber an die Spree und lernte das neue Berlin schätzen. So erlebt der Leser mit, wie sich eingespielte Narrative und Vorurteile aufweichen. Er lernt Berliner Einrichtungen kennen, an denen sich Israelis und Palästinenser bemühen, ihre Vorbehalte zu überwinden und zu einer neuen Solidarität zu finden. Sa'ed muss freilich auch miterleben, dass er als Palästinenser, der sich sein Leben lang für den Frieden einsetzt, nicht einfach eine Rede im Jüdischen Museum Berlin halten darf, weil die israelische Regierung gegen den Auftritt des vermeintlichen Feindes einschreitet und sich ein Vetorecht anmaßt, das ihr nicht zusteht. Zwar müssen sie immer wieder mal ihren eigenen Zorn über den Judenhass oder eine Islambeschimpfung bei Interviewten im Zaun halten. Aber auf der „Jagd nach den Dämonen historischer Traumata" finden sie bei ihren Gesprächspartnern auch viel menschliche Zuwendung.

Es gibt wohl kaum ein schwierigeres Thema als die Aussöhnung zwischen Deutschen und Israelis. Dabei gerät immer wieder aus dem Blick, dass dieser Ausgleich nur gelingen kann, wenn das gesamte Bild gesehen wird, also auch die israelisch-palästinensische Wirklichkeit. Bisher ist es in Deutschland nicht üblich, über die Zustände in den palästinensischen Gebieten zu sprechen, sollte das die Kritik an der Regierung in Jerusalem enthalten. Oft gilt tatsächlich als „antisemitisch", wer nur Israels Regierungspolitik kritisiert. Noch immer hält die Politik jene „Vision der Zwei-Staaten-Lösung" hoch, obwohl sich diese aus Mangel an Land für Palästinenser und wegen der demographischen Entwicklungen auf beiden Seiten kaum mehr umsetzen lässt. Die israelische Demokratie ist aber gefährdet, sollten immer mehr Araber in den israelischen Staat kooptiert werden, ohne dieselben Bürgerrechte zu bekommen wie jüdische Israelis. Wenn die Stabilität Israels in sicheren Grenzen wirklich historische Verantwortung und deutsche Staatsräson ist, wie Bundeskanzlerin Angela Merkel in ihrer bewegenden Knesset-Rede 2008 sagte, dann schließt das mit ein, die selbstzerstörerischen Züge der jüngsten Regierungen in Jerusalem genauso anzusprechen wie die korrupte Unfähigkeit der palästinensischen Autonomiebehörde in Ramallah, die mit Millionen Euro am Leben gehalten wird.

In dieser Interviewsammlung wird deutlich, dass Offenheit zwar brüskiert und schmerzt und wohl nicht in das diplomatische Gepäck der Politiker gehört. Aber gesellschaftliche Wortführer, Denker in Kultur, Kirche und Wissenschaft sollten wahrhaftiger miteinander reden, so wie das in diesem Buch geschieht. Diese Offenheit muss jeden Antisemitismus sowie jede Islamfeindlichkeit be- kämpfen und sie sollte nicht nur Respekt vor nationalen Identitäten mit ihren Traumata haben, sondern – wie die Feldforscher Sa'ed und Katharina – um Heilung bemüht sein, damit wir über die gegenseitige Zuwendung zu einer bes- seren Zukunft kommen. In Berlin scheint es dafür Ansätze zu geben, die in diesem Buch nachzulesen sind.

Berlin, Februar 2021   Jörg Bremer

Vorwort

Wir saßen an einem Tisch im Café Atlantic in der Bergmannstraße in Kreuzberg, einem der angesagtesten Viertel Berlins, das noch vor nicht allzu langer Zeit für seine große türkischstämmige Gemeinschaft bekannt war, aber in den letzten Jahren auch zu den Stadtteilen gehörte, die eine große Zahl von Palästinensern und Israelis angezogen haben.[1] Wir hatten gerade einen Tag mit Interviews hinter uns, rannten von einem Ort zum anderen und fanden kaum die Zeit, uns auszutauschen und die Gespräche mit den Israelis, Palästinensern und Deutschen zu verarbeiten, die wir interviewt hatten.

Zudem waren wir voller Erwartung. Wir waren mit Yael Ronen verabredet, der jüdisch-israelischen Theaterregisseurin, die etwa fünf Jahre zuvor aus Israel nach Berlin gezogen war. Wir kannten die Aufführungen ihrer Stücke im Maxim Gorki Theater, wo deutsche, israelische und palästinensische Schauspielerinnen und Schauspieler gemeinsam auf der Bühne standen und abwechselnd Deutsch, Englisch, Hebräisch und Arabisch sprachen. Sie folgten dabei ihrer inneren Stimme und brachten ihr eigenes reales Leben zugleich in einen Dialog mit den Geschichten, die Ronen konzipiert hatte. Verblüfft stellten wir fest, dass die Themen, die wir seit nunmehr fast zwei Jahren untersuchten, auf eine so lebendige, kreative, bunte und mutige Weise auf der Bühne behandelt wurden, und das mitten in Berlin.

Nachdem wir uns entschlossen hatten, die großen Berliner Gemeinschaften von Israelis und Palästinensern sowie deren Verhältnis zur deutschen Gesellschaft und Politik zu erforschen, sahen wir uns erst einmal genau an, wie die israelischen, arabischen, englischen und deutschen Medien über die Themen berichteten, die uns interessierten. Außerdem sichteten und lasen wir alle wissenschaftlichen Analysen, die wir dazu finden konnten. Dies alles diente der Vorbereitung unserer Feldforschung, die auch Interviews und Treffen mit Israelis, Palästinensern und Deutschen umfasste, die in Berlin wohnten.

Wir waren schon lange große Fans von Ronens Arbeiten, vor allem ihrem Stück *The Situation* (Abbildung 1). Wir kannten auch ihren ehemaligen Mann,

---

1 Wir halten genderneutrale Formulierungen für überaus wichtig. Deshalb werden in diesem Buch durchgängig grammatische Varianten verwendet, die verschiedene Geschlechtsidentitäten einschließen. Eine Ausnahme betrifft die Substantive „Palästinenser" und „Israelis", da diese Begriffe so oft vorkommen – und außerdem oft in Reihung mit mehreren Nationalitäten – dass Formulierungen wie „Palästinenserinnen und Palästinenser und Israelinnen und Israelis" oder auch „Palästinenser*innen und Israel*is*innen" das Lesen sehr erschweren würden. In diesen Fällen haben wir uns für den Gebrauch des generischen Maskulinums entschieden. Dasselbe gilt für Aufzählungen von Berufsbezeichnungen.

Yousef Sweid, einen palästinensischen Tänzer und Schauspieler, mit dem sie noch immer als Freund, Kollege und aufgrund der gemeinsamen Erziehung ihres zehnjährigen Sohnes verbunden war. Ronen und Sweid arbeiten am Maxim Gorki Theater eng zusammen.

Eine Woche zuvor hatten wir uns mit der bekannten deutschen Journalistin Carolin Emcke getroffen, um über gemeinsame Interessen und Erfahrungen zu sprechen, vor allem im Zusammenhang mit Emckes Arbeiten zur Situation im Nahen und Mittleren Osten. Sie sagte, dass wir Ronen unbedingt kennenlernen müssten, und stellte auch gleich den Kontakt her. Diese Begegnung stellte sich als ganz entscheidend heraus für unser Verständnis des enormen Konfliktpotenzials, das dem von uns gewählten Thema zukam. Die deutsche und israelische – zum Teil auch die internationale – Presse war voll von Berichten über die jungen Israelis, die es nach 2011 nach Berlin gezogen hatte. Unzählige wissenschaftliche Aufsätze und mehrere Bücher waren diesem Phänomen gewidmet, und weitere Publikationen sind in Vorbereitung. Die palästinensische Gemeinschaft in Berlin wiederum, die mehr als doppelt so umfangreich ist wie die israelische, wird dagegen kaum erwähnt; auch haben sich nur wenige bislang für diese Bevölkerungsgruppe interessiert.

Als Ronen auf ihrem Fahrrad ankam, waren wir beeindruckt, wie schön und elegant sie war – eine Kombination von israelischer Geradlinigkeit und Berliner Weltoffenheit. In der deutschen Theaterwelt nennt man sie gern „eine Art Generalsekretärin der Weltkonflikte", da sie auch die kompliziertesten sozialpolitischen Themen nicht scheut und sie in verständnisvollen Humor verwandelt.[2] Sie erzählte uns von dem Stück, mit dem ihre internationale Karriere begann: *Third Generation*, das sich dem Thema der vererbten Schuld, heutigen Konflikten und den komplizierten Beziehungen – geradezu ein gordischer Knoten – widmet, die Deutsche, Israelis und Palästinenser als nationale Gruppen definieren.[3]

Als das Stück zum ersten Mal im Habima Nationaltheater in Tel Aviv gezeigt wurde, versuchte die israelische Regierung, die Aufführung zu unterbinden. Ronen erzählte, man habe ihr angedroht, Antisemitismus-Vorwürfe publik zu machen, wenn sie *Third Generation* weiterhin in Israel und in verschiedenen Ländern Europas zeigen würde. Auf unsere Frage, warum die Behörden das Stück als so

---

2 Siehe Mounia Meiborg, „Überleben im Dauerprovisorium. Humor ist, wenn man trotzdem lacht," *Süddeutsche Zeitung*, 15.3.2016.

3 Der Ausdruck „gordischer Knoten" stammt aus der antiken Legende über den Phrygier Gordium und steht für ein scheinbar unlösbares Problem, das nur durch kreatives Denken gelöst werden kann. Zur Rezeption von *Third Generation* in Berlin siehe Silke Bartlick, „Theater Director Yael Ronen Breaks Taboos," *Deutsche Welle*, 12.5.2015; Frank Weigand, „Verharmlost die Schaubühne den Holocaust?," *Welt*, 19.3.2009.

gefährlich einstuften, antwortete sie, die Vorstellung eines „Dreiecks", das Deutsche, Israelis und Palästinenser verbindet, sei für jene schwer zu akzeptieren, die die Palästinenser nicht als legitime Opfer derselben historischen Umstände betrachten, die Deutschland seit dem Holocaust zur Unterstützung Israels veranlasst hatten. Ronen hielt an dem Stück fest, was ihrer Karriere einen gewaltigen Schub verlieh. Sie war damit einverstanden, dass wir diesen Teil ihrer Geschichte in unserem Buch erwähnen. Dieses Ereignis machte für uns noch einmal deutlich, dass das Motiv des Dreiecks in diesem Zusammenhang einer gründlichen theoretischen Analyse mithilfe anthropologischer Instrumente bedarf.

Abbildung 1: Yael Ronens Stück *The Situation*, aufgeführt am Berliner Maxim Gorki Theater (Bühnenbild: Tal Shacham; Kostüme: Amit Epstein; Musik: Yaniv Fridel und Ofer Shabi; Dramaturgie: Irina Szodruch). Im Stück treten unter anderem israelische, palästinensische und deutsche Schauspielerinnen und Schauspieler gemeinsam auf. Von links nach rechts: Orit Nahmias, Maryam Abu Khaled, Yousef Sweid, Ayhan Majid Agha, Karim Daoud und Dimitrij Schaad. Fotografie von Ute Langkafel.

Unsere Forschung behandelt Fragen, die in Europa, dem Nahen und Mittleren Osten, in den USA und in anderen Teilen der Welt überaus umstritten sind. Unsere Untersuchung bündelt Themen von Erinnerung und Trauma, Narrative des Holocaust, Erfahrungen der Nakba, Versöhnungsbemühungen, Migrationspfade, Flüchtlingspolitik, die Integration von religiösen und ethnischen Minderheiten, jüdisch-christlich-muslimische Beziehungen, Antisemitismus, Islamophobie, Rassismus, Europapolitik sowie den israelisch-palästinensischen Konflikt. Zahllose Vertreterinnen und Vertreter aus Wissenschaft, Zivilgesellschaft und sozialen Bewegungen ringen mit der Frage, wie Israel und Palästina sich zu globalen Kontexten verhalten, wie europäische Staaten mit ihren muslimischen Gemeinschaften umgehen, wie wir das Verhältnis zwischen Zionismus und Antisemitismus definieren sollten und wie freiheitliche Demokratien angesichts wachsender populistischer und rassistischer Strömungen mit dem Recht auf Meinungsfreiheit umgehen sollten. Wir behandeln all diese Fragen, und unsere Antworten können für viele andere globale Diskussionsfelder fruchtbar gemacht werden, sei es durch das Herausarbeiten von Ähnlichkeiten oder von Unterschieden.

Als theoretisches Fundament dieser Studie dient der konzeptionelle Rahmen, den Michael Rothberg in *Multidirectional Memory: Remembering the Holocaust in the Age of Decolonization* entworfen hat. Rothberg wendet sich gegen das, was er *competitive memory*, also einen „Wettbewerb der Erinnerung", nennt: in diesem Wettbewerb befürchten Menschen, dass die Anerkennung des Traumas anderer die Aufmerksamkeit für ihr eigenes Trauma verringern könnte. Stattdessen spricht Rothberg sich für *multidirectional memory* aus, also für eine „Mehrseitigkeit" von Erinnerungsprozessen: Die Anerkennung des Traumas anderer kann den öffentlichen Diskurs über unsere eigenen Erinnerungen und Auseinandersetzungen bereichern und stabilisieren. Rothberg erinnert uns daran, dass „die Geschichte und die Erinnerung der anderen eine Quelle der Erneuerung und Neugestaltung für einen selbst sein können, vorausgesetzt, man ist bereit, exklusive Forderungen zur ultimativen Opferrolle und zum Alleinbesitz des Leidens aufzugeben."[4] Auch wenn *Multidirectional Memory* sich vor allem auf das Zusammenführen von Holocaust-Studien mit Studien zu Kolonialismus, Sklaverei und Rassismus konzentriert, identifiziert Rothberg den israelisch-palästinensischen Konflikt als „den anderen dominanten politischen Ort multidirektionaler Erinnerung."[5] Indem wir den israelisch-palästinensischen Konflikt im Verhältnis zu Deutschland untersuchen, kann unser Buch als eine Reaktion auf Rothbergs eindringlichen und überzeugenden Aufruf gelesen werden, „eine ethische Vision" zu entwickeln, „die auf einem Bekenntnis zur Aufdeckung historischer Verbundenheit und der Herausarbeitung der teilweisen Überschneidungen und konkurrierenden Forderungen basiert, die das Gedächtnis und das Feld der Politik bilden."[6]

---

4 Michael Rothberg, *Multidirectional Memory: Remembering the Holocaust in the Age of Decolonization* (Stanford, CA: Stanford University Press, 2009), 132.
5 Rothberg, *Multidirectional Memory*, 28.
6 Rothberg, *Multidirectional Memory*, 29.

Inhalt

Einleitung: Das moralische Dreieck

Israelis, Palästinenser, Deutsche

Dieses Buch behandelt das Dreiecksverhältnis zwischen Israelis, Palästinensern und Deutschen im heutigen Berlin.[7] Es stellt die Frage nach der moralischen Verantwortung der Deutschen gegenüber Israelis und Palästinensern, die in der deutschen Hauptstadt wohnen. Auch wenn wir uns hauptsächlich auf die Gegenwart beziehen, sind wir uns darüber im Klaren, dass vergangene Ereignisse wie der Holocaust und die Nakba noch immer nachwirken. Und während unser geografischer Fokus Berlin ist, haben unsere Erkundungen natürlich einen Bezug zu ganz Deutschland und seinem Verhältnis zu Israel und Palästina.

Wenn es um die Frage der moralischen Verantwortung Deutschlands und der Deutschen gegenüber Israelis und Palästinensern in Berlin geht, scheinen Deutsche, Israelis und Palästinenser fünf verschiedenen Denkmustern zu folgen. Da gibt es jene, die nur die Pflicht zur Unterstützung der Israelis betonen; anderen geht es allein um die Pflicht zur Unterstützung der Palästinenser; die dritte Gruppe fordert die Unterstützung sowohl von Israelis als auch von Palästinensern; die vierte Gruppe wiederum will keine der beiden Gruppen unterstützen; und schließlich gibt es jene, die unentschieden oder unsicher sind im Hinblick auf die zentrale Frage unserer Studie.

Israelische und palästinensische Gemeinschaften sind heterogen. Wenn wir sie vergleichen, stellen wir fest, dass die Palästinenser demografisch die größere Gruppe darstellen (nach jüngsten Schätzungen gibt es etwa 45.000 – 80.000 Palästinenser und 11.000 – 40.000 Israelis in der Stadt). Die meisten Palästinenser sind als Flüchtlinge nach Berlin gekommen. Die Migration von Israelis nach Berlin ist ein relativ neues Phänomen und vor allem durch sozioökonomische Faktoren motiviert. Auch wenn die beiden Gemeinschaften mehr oder weniger getrennt voneinander bestehen, gibt es doch eine Reihe von Möglichkeiten für Interaktion, Kommunikation und Kooperation.

---

7 Dieses Dreiecksverhältnis ist in der Wissenschaft im Grunde ignoriert worden und stellt noch immer weitgehend ein Tabu dar, besonders in Deutschland und Israel. So verweist Julia Chaitin auf die Schwierigkeit, Brücken zwischen Israelis und Deutschen und zwischen Israelis und Palästinensern zu schlagen, doch es kommt ihr nicht in den Sinn, die Dreiecksbeziehung zwischen diesen Gruppen zu berücksichtigen. Siehe Julia Chaitin, „Bridging the Impossible? Confronting Barriers to Dialogue between Israelis and Germans and Israelis and Palestinians," *International Journal of Peace Studies* 13, no. 2 (2008): 33 – 58.

https://doi.org/10.1515/9783110729931-003

Eine Asymmetrie zwischen der israelischen und der palästinensischen Lebenswirklichkeit in Berlin zeigt sich, wenn man sich die offizielle deutsche Haltung gegenüber den beiden Gruppen und die damit zusammenhängenden Diskurse anschaut. Der Prozess dessen, was in Deutschland als Vergangenheitsbewältigung bekannt ist, hat viel erreicht. Diese Auseinandersetzung mit der Vergangenheit hat sowohl ein tief sitzendes Schuldgefühl wegen des Holocaust erzeugt als auch das stetige Bemühen, sich von jeder Form des Antisemitismus zu distanzieren. Beide Positionen haben zu einem besonderen Verhältnis mit dem Staat Israel geführt sowie zu einer Vorzugsbehandlung der Israelis in Deutschland. Gleichzeitig berichten Palästinenser davon, dass sie in Berlin verschiedene Formen der Zensur erleben. Dies ist das Ergebnis einer ausgesprochen starken Sensibilität gegenüber Diskursen und politischen Haltungen, die jede Kritik an Israel als Beweis für einen „neuen Antisemitismus" betrachten. Hinzu kommt, dass Palästinenser in einem Klima von zunehmendem Rassismus und grassierender Islamfeindlichkeit in Deutschland in eine prekäre Lage geraten sind. Deshalb kann der Status von Israelis und Palästinensern in Deutschland, sowohl rechtlich als auch sozial, völlig unterschiedlich sein, mit entsprechenden Auswirkungen auf den privaten und öffentlichen Raum.

Am Ende unserer Untersuchung, nach all den Interviews und Gesprächen, der Sichtung vieler Zeugnisse, der Analyse von Medienberichterstattungen und der Fachliteratur, die wir herangezogen haben, überwiegt bei uns der Optimismus, wenn es um die Zukunft des deutsch-israelisch-palästinensischen Verhältnisses geht. Trotz aller Spannungen und Ängste, denen wir im Laufe unserer Arbeit begegnet sind, glauben wir mit Blick auf die Zukunft, dass ein Szenario vorstellbar ist, in dem Deutsche ihr Verständnis, ihr Mitgefühl und ihre Verantwortung auf beide Gruppen, Israelis wie Palästinenser, erweitern. Dies ist ermutigend, besonders wenn man die traumatische Vergangenheit in Deutschland und den israelisch-palästinensischen Konflikt in Rechnung stellt.

Unsere Untersuchung der moralischen Verantwortung Deutschlands gegenüber Israelis und Palästinensern – auf politischer wie philosophischer Ebene – ist untrennbar mit den empirischen Wirklichkeiten in Berlin verbunden. Unsere ethnografische Forschung zeigt die Möglichkeiten auf, wie die Stadt Israelis und Palästinenser zusammenbringen kann. Wenn Deutsche und Israelis also zur Versöhnung imstande sind und auch Israelis und Palästinenser sich aneinander annähern können, dann sollte es Deutschen und Palästinensern möglich sein, die Traumata anzusprechen, die sie verbinden. Auch wenn der offizielle Diskurs des deutschen Staates eine uneingeschränkte Solidarität mit Israelis zeigt und dabei zugleich Palästinenser ausschließt, zeigt sich auf individueller Ebene und bei Basisgruppen eine zunehmende Anerkennung palästinensischer Erfahrungen und Narrative, die entsprechend ernstgenommen werden. Wir haben eine Zukunft vor Augen, in der die gegenseitige Anerkennung von Deutschen, Israelis und Palästinensern auf individueller Ebene letztendlich auch einen differenzierteren öffentlichen Diskurs ermöglicht, in dem Palästinenser als Gruppe sowie ihr spezifischer Ort im moralischen Dreieck gewürdigt werden.

Positionsbestimmung

Unser Interesse an dieser Studie ist nicht nur ein intellektuelles, sondern betrifft uns auch persönlich. Katharina Galor ist eine deutsch-israelische Archäologin und Kunsthistorikerin mit einem Schwerpunkt auf Israel/Palästina. Sie ist die Tochter von Flüchtlingseltern und wuchs in Deutschland auf, anschließend durchlebte sie etliche Kriege als Bürgerin und Wissenschaftlerin in Israel; ihre Universitätsausbildung erhielt sie in Frankreich und den USA. Als Tochter von Holocaustüberlebenden – der Vater und die Großmutter überlebten Auschwitz, während der Großteil ihrer Familie in den Lagern ermordet wurde – hat Galor ein unerschütterliches Engagement für Jüdische Studien. Ihre Arbeit mit israelischen und palästinensischen Gemeinschaften hat ihr dabei geholfen, ein ausgeprägtes Bewusstsein für soziale Ungerechtigkeit aufgrund von religiöser und rassistischer Diskriminierung zu entwickeln, ebenso wie für die Notwendigkeit von Versöhnung.

Sa'ed Atshan ist ein palästinensisch-amerikanischer Sozialwissenschaftler und Kulturanthropologe mit einem Schwerpunkt auf humanitären Fragen und den Besetzten Palästinensischen Gebieten. Er wuchs im Westjordanland auf und erhielt seine Universitätsausbildung in den USA. Sein Leben unter israelischer Besatzung sowie sein Engagement in sozialen Bewegungen für Palästina, für LGBTQ und für die Quäker haben dazu geführt, dass er seine intellektuelle und politische Arbeit aus der Perspektive von Intersektionalität und universellen Menschenrechten betrachtet.

Als Kind und junge Erwachsene erlebte Galor in Deutschland in starkem Maße Antisemitismus und Ausländerfeindlichkeit. Ihr Verhältnis zu Deutschland war dadurch vor allem von Besorgnis geprägt. Als sie im Jahr 2016 für dieses Forschungsprojekt zum ersten Mal wieder nach Deutschland kam, nach über dreißig Jahren im Ausland, gab ihr das die Gelegenheit herauszufinden, wie weit es die Gesellschaft mit der Verarbeitung der Vergangenheit gebracht hatte. Auch wenn sie sich weiterhin über rassistische und rechtspopulistische Tendenzen Sorgen macht, empfindet sie die Bemühungen, in Berlin eine integrativere Zukunft aufzubauen, als ermutigend.

Der Holocaust-Lehrplan an seiner Schule in Palästina hat Atshan geholfen, mehr über die Tragödien des Holocaust und dessen Auswirkungen auf jüdische,

LGBTQ- und andere Opfer zu erfahren. Dieses Bewusstsein wiederum hat sein Engagement im Widerstand gegen Antisemitismus und alle Formen der Diskriminierung geprägt. Auch war es für ihn als Kind verwirrend, von den deutschen Militärbesetzungen in der Vergangenheit zu erfahren, während er selber zugleich unter israelischer Militärbesetzung lebte. Später verstand er die deutlichen Unterschiede zwischen diesen beiden Kontexten. Auf diese Weise erbte er, wie viele Palästinenser, indirekt verschiedene Traumata des Holocaust, was zu Gefühlen der Entfremdung von Deutschland und der deutschen Sprache führte. Dieses Forschungsprojekt im heutigen Berlin hat wichtige soziale und psychologische Wege eröffnet, um sein eigenes Verhältnis zu Deutschland neu bewerten zu können.

Die Autorin und der Autor dieses Buches sind beide in einem sozialen Kontext aufgewachsen, der den Zugang zum „Anderen" nicht ermöglicht oder fördert. Obwohl Galors Familie weitgehend säkularisiert war, war der größte Teil ihrer Erziehung von einem tiefen Bekenntnis zu jüdischen Traditionen und der Liebe zu Israel geprägt. Ihr Wissen über Israel/Palästina und ihre ersten Reisen als Teenager in die Region wurden von der Zionistischen Jugend Deutschlands (ZJD) geprägt. Dies entsprach dem Narrativ, das von ihrer jüdischen Gemeinde während ihres Aufenthalts in Frankreich als Studentin und Doktorandin propagiert wurde. Israel wurde als der einzige sichere Hafen für Juden wahrgenommen, und obwohl es ein neu gegründetes Land war, wurde es auch als direkt mit seinen Wurzeln in der Antike verbunden verstanden. Die „Araber" wurden als Feinde dargestellt; die Palästinenser jedoch kamen in dieser Erzählung praktisch gar nicht vor. Erst als Galor mit zweiundzwanzig Jahren israelische Staatsbürgerin wurde und in Jerusalem lebte, hatte sie ihre ersten Begegnungen mit Palästinensern. Obwohl sie mit einem Israeli verheiratet war und überwiegend in einem israelischen Kontext lebte, erweiterte sich ihr palästinensischer Freundes- und Kolleg*innenkreis schnell. Gleichzeitig vertiefte sie ihr Wissen über die Geschichte der Region, und allmählich änderte sich ihre Haltung in Bezug auf den Konflikt.

Als Atshan als Kind in Palästina lebte, hatte er außer mit Soldat*innen und Siedler*innen im Westjordanland keinen Kontakt zu Israelis. Es war ausgesprochen schwierig, durch das Westjordanland zu reisen, geschweige denn nach Israel, und dies schränkte seine Interaktion mit Israelis im Alltag ein, wie es bei der großen Mehrheit der Palästinenser in den Besetzten Gebieten der Fall ist. Er war froh, dass seine Familie ihn ermutigte, die Humanität der Israelis als Volk wahrzunehmen und sich gleichzeitig für die Befreiung seines Volkes vom Joch der militärischen Besetzung zu engagieren. Es waren Orte wie das Seeds of Peace Camp in Maine (USA), Hochschulen in den USA und Aktivist*innenkreise, an denen er Freundschaften mit progressiven Israelis pflegen konnte.

Dieses gemeinsame Projekt bot die Gelegenheit, gesellschaftliche Grenzen und Vorurteile zu überwinden, indem es die menschlichen Qualitäten Vertrauen, Kollegialität und Freundschaft über nationale Feindseligkeiten stellt. Es zielt darauf ab, ein Modell für andere Partnerschaften zwischen Einzelpersonen aus Kontexten polarisierter Konflikte zu schaffen. Das Wichtigste für uns ist, dass dieses Buch als eine Form des gemeinsamen Widerstandes begriffen wird. Auch wenn es zwischen uns zu keinem Zeitpunkt während der langen Zeit unserer engen Zusammenarbeit – dies betrifft die Forschung insgesamt, die Feldstudie und den Schreibprozess – intellektuelle Reibungen oder Meinungsverschiedenheiten gab, waren unsere persönlichen Erfahrungen doch recht unterschiedlich. Diese Erfahrungen werden im Nachwort gesondert aufgeführt, mit jeweils eigenen Wahrnehmungen zur vorliegenden Studie.

Methode

Wir haben uns bewusst für Berlin als Zentrum der Studie entschieden. Berlin ist die Hauptstadt Deutschlands, des Landes, das die wirtschaftliche und politische Macht Europas maßgeblich prägt. Das Land blickt auf eine lange Geschichte des Engagements in Israel/Palästina zurück. Berlin ist die Heimat der größten palästinensischen Gemeinschaft in Europa und einer der größten israelischen Diasporagemeinden Europas. Die Anwesenheit so vieler Israelis in Berlin hat vor allem wegen der deutschen Geschichte antijüdischer Verfolgung große Aufmerksamkeit erregt. Berlin ist heute bekannt für seine Weltoffenheit (die in gewisser Weise an die Weimarer Kultur vor dem Zweiten Weltkrieg erinnert), seine differenzierte Beschäftigung mit dem Holocaust, seine Auseinandersetzung mit Fragen der Gerechtigkeit, der Einwanderung, der sozialen Unterschiede und der Integration, seinen starken öffentlichen Diskurs über moralische Verantwortung, seine riesige kulturelle Szene, die massive Flüchtlingsmigration im Jahr 2015 und den Aufstieg der rechtsextremen, populistischen und intoleranten Partei Alternative für Deutschland (AfD).

Über einen Zeitraum von achtzehn Monaten, von 2017 bis 2018, mit intensiver Feldarbeit im Juni und Juli 2018, haben wir die Primärforschung für unsere Studie durchgeführt. Wir führten fünfzig formelle halbstrukturierte Interviews und fünfzig informelle Interviews, die gleichmäßig auf Israelis, Palästinenser und Deutsche in Berlin verteilt waren. Bei den halbstrukturierten Interviews stützten wir uns auf einen standardisierten Fragebogen, ließen unseren Gesprächspartnern jedoch genügend Raum und Zeit, die Themen zu besprechen, die sie für relevant hielten. Der Fragebogen ermöglichte es uns, die Schlüsselthemen unserer Studie konsequent herauszuarbeiten. Die Schneeballmethode (s. u.) half uns, über unsere Erstkontakte hinaus ein breites Spektrum von Befragten zu erreichen. Zusammen beherrschen wir alle vier Sprachen, die für diese Themen notwendig sind: Arabisch, Englisch, Deutsch und Hebräisch. Wir führten die meisten Interviews gemeinsam auf Englisch; einige Ergänzungen und Klarstellungen wurden auf Hebräisch, Arabisch oder Deutsch vorgenommen. Manche Interviews und Gespräche wiederum wurden von nur einem von uns in Hebräisch, Arabisch oder Deutsch geführt. Zwar waren diese Personen in der Minderheit, doch es gab Deutsche, Israelis und Palästinenser, die sich wohler fühlten, wenn sie mit einem von uns allein und in ihrer Muttersprache sprechen konnten. Angesichts der vielen sensiblen Themen, die wir ansprachen, war es uns wichtig, Vertrauen herzustellen und die Vertraulichkeit zu wahren. Mehrere Personen, die wir zum Interview eingeladen hatten, lehnten aus verschiedenen Gründen ihre Teilnahme ab, darunter die Weigerung, ein gemeinsames israelisch-palästinensisches Projekt zu unterstützen, Unsicherheitsgefühle aufgrund unseres Bildungsniveaus oder die Angst vor Repressalien wegen der besprochenen Themen. Wir verwenden den wirklichen Vor- und Nachnamen der Teilnehmerinnen und Teilnehmer nur mit ihrer Erlaubnis oder wenn es sich um Persönlichkeiten des öffentlichen Lebens handelt, die sich bereits öffentlich zu dem Thema geäußert haben. In allen anderen Fällen verwenden wir Pseudonyme, um die Vertraulichkeit zu wahren.

Mithilfe teilnehmender Beobachtung unter Israelis, Palästinensern und Deutschen in Berlin war es uns möglich, die Interviews zu ergänzen. Sowohl die formellen als auch die informellen Interviewpartnerinnen und -partner repräsentierten das breite Spektrum der jeweiligen Gruppen. Ihr Alter reichte von 16 bis 64, und es waren Männer, Frauen und Menschen mit LGBTQ-Identität vertreten. Sie unterscheiden sich in religiösem und säkularem Hintergrund, politischen Orientierungen (rechts, Mitte und links), Bildungsniveau sowie Rechtsstatus in Deutschland (einige hatten keine gültigen Papiere). Ferner repräsentieren sie auch alle Stadtviertel mit hoher Dichte an Israelis und Palästinensern. Einige Personen kommen aus den höchsten gesellschaftlichen und politischen Kreisen, andere aus den verwundbarsten Teilen der Gesellschaft. Die berufliche Vielfalt unserer Teilnehmergruppe ist enorm, und so sind eine oder mehrere Personen aus den folgenden Berufen und Tätigkeiten vertreten (wir führen nur die männliche Form in alphabetischer Reihenfolge auf): Aktivist, Anwalt, Architekt, Arzt, Ballettlehrer, Bankangestellter, Barista, Bauarbeiter, Bauleiter, Bibliothekar, Büroleiter, Computerberater, Computeringenieur, Diplomat, Diskjockey, Doktorand, Existenzgründer, Experte für Informationstechnologie, Fachmann für Finanz- und Verwaltungsdienstleistungen, Fernsehmoderator, Filmregisseur und Produzent, Flugbegleiter, Fotograf, Friseur, Galerist, Geschäftsführer, Grafikdesigner, Großunternehmer, Hausmeister, Immobilienmakler, Informatiker, Ingenieur, Journalist, Kassierer, Kellner, Kleinunternehmer, Konservatoriumsstudent,

Krankenschwester, Kulturarbeiter, Künstler, Lehrer, Marketingspezialist, Museums- und Kulturkurator, Mitarbeiter von Nichtregierungsorganisationen, Musiker, Netzwerktechniker, Performance-Künstler und Schauspieler, Personal Trainer, Politiker, Polizeibeamter, Professor, Psychiater, Psychoanalytiker, promovierter Wissenschaftler, Regierungsvertreter, religiöses Oberhaupt, Reisekaufmann, Reiseleiter, Restaurantbesitzer, Schauspieler, Sekretär, Sozialarbeiter, Sportler, Student, Tankwart, Tänzer, Taxifahrer, Übersetzer, Unternehmer, Verkäufer, Wäschereiarbeiter, Wirtschaftswissenschaftler, Wissenschaftsfellow eines Instituts, Yoga-Lehrer und Zimmermann. Wir haben auch mehrere arbeitslose Israelis, Palästinenser und Deutsche interviewt. Da wir darauf bedacht waren, ein möglichst breites Spektrum von Befragten über Unterschiede in Nationalität, Klasse, Geschlecht, sexueller Orientierung, Religion und ethnischer Zugehörigkeit hinweg einzubeziehen, wollten wir sicherstellen, dass unsere Methode so intersektional wie möglich war.

Unsere Befragten lassen sich in zwei Gruppen einteilen: einerseits Personen, mit denen wir uns in informellen Gesprächen austauschten, andererseits solche, mit denen wir in halbstrukturierten Interviews sprachen. Die aus den informellen Begegnungen gewonnenen Informationen kommen aus spontanen Gesprächen oder aus vorab geplanten Treffen. Die Daten aus den halbstrukturierten Interviews haben wir auf der Basis eines Fragebogens gewonnen.

Unsere informellen Begegnungen reichten von einem halbstündigen Gespräch mit einem palästinensischen Flüchtling ohne Papiere aus Syrien in einer Bar in Neukölln bis zu einem eineinhalbstündigen Treffen Katharina Galors mit Botschafter Jeremy Issacharoff in seinem Büro in der Israelischen Botschaft in Berlin. Zahlreiche Gespräche mit Deutschen, Israelis und Palästinensern fanden in den Häusern von Freund*innen und Kolleg*innen statt, in Büros, bei kulturellen Veranstaltungen, vor und nach Panels und Vorträgen an verschiedenen Orten, beispielsweise in Instituten, Zentren, Akademien und Universitäten, in Museen, bei Führungen, in Cafés und Restaurants, während unserer unzähligen und langen Fahrten mit den hervorragenden öffentlichen Verkehrsmitteln Berlins (Busse, Straßenbahnen, S- und U-Bahnen), in Taxis und schließlich auch in den vielen Parks und Stadtwäldern. Die meisten dieser Gespräche berührten mehrere oder sogar alle Punkte, die wir in unserem Fragebogen angesprochen haben. Wir profitierten auch von unzähligen anregenden Gesprächen – einige davon spontan und andere mit einer klaren Intention geplant – in denen wir uns auf professionelles Fachwissen und Erfahrungen stützten, die für unsere Untersuchungen relevant waren.

Die strukturierten Interviews wurden nach der Schneeballmethode durchgeführt. Wir begannen mit einer kurzen Liste von zehn Personen aus jeder unserer drei Zielgruppen. Sie wurden aus einem anfänglichen Pool von etwa 120 Personen ausgewählt, die wir selber trafen oder denen wir in persönlichen Begegnungen oder mithilfe sozialer Netzwerke (meist Facebook) vorgestellt wurden, wobei wir uns auch auf unsere eigenen Freundes- und Kolleg*innenkreise stützten. Die meisten Begegnungen und Treffen (strukturiert und informell) führten bald zu einer wachsenden Zahl von Freiwilligen, die bereit waren, sich interviewen zu lassen. Nach den ersten drei Wochen unserer Feldstudie mussten wir auf weitere Treffen mit vielen interessanten und inspirierenden Personen verzichten, da dies nicht mehr zu bewältigen gewesen wäre.

Wir begrenzten alle strukturierten Interviews auf etwa sechzig Minuten. Bei den meisten Treffen gelang es uns, systematisch alle Fragen des Fragebogens abzuarbeiten. In einigen wenigen Fällen nahmen die tiefergehenden Diskussionen und gelegentlich auch emotionalen Reaktionen mehr Zeit in Anspruch und erlaubten uns nicht, alle geplanten Punkte innerhalb des vorgegebenen Zeitrahmens zu besprechen. Die Mehrzahl der Treffen fand in Cafés oder Restaurants in den Bezirken Kreuzberg, Neukölln, Mitte und Prenzlauer Berg statt. Einige Gespräche führten wir in Büros, andere wiederum in Galors Wohnung in Charlottenburg oder in den Wohnungen unserer Interviewpartner in verschiedenen Berliner Stadtteilen.

Nachdem wir den Befragten die Möglichkeit eingeräumt hatten, in unserem Buch nicht namentlich genannt zu werden, bat uns die überwältigende Mehrheit darum, dass ihre Identität aufgrund des sensiblen Charakters unserer Diskussionen anonymisiert wird. Von einhundert Personen waren nur sechs damit einverstanden, dass ihre Namen oder identifizierenden Informationen veröffentlicht werden. Wir behandeln diese Bitte mit großer Sorgfalt. In der israelischen und der palästinensischen Gemeinschaft in Berlin kommt es vor, dass man sich kennt, und für diejenigen, insbesondere Palästinenser, die sich offen und kritisch zu den in dieser Studie erörterten Themen äußern, steht viel auf dem Spiel. Mehrere Palästinenser und Deutsche, manche in nationalen und sogar internationalen Machtpositionen und mit großer Öffentlichkeitswirkung, sprachen davon, ihre Karriere und ihre Lebensqualität zu riskieren, wenn ihre Ansichten zum israelisch-palästinensischen Konflikt öffentlich gemacht würden. Aus diesem Grund enthält unser Buch keine detaillierten Profile oder Porträts einzelner Personen. Stattdessen konzentrieren wir uns auf breitere Trends, die über die einzelnen Interviewpartnerinnen und -partner hinausgehen. Wir bringen Stimmen aus dem privaten Bereich mit öffentlichen Debatten und politischen Diskursen in einen Dialog. Dies erlaubt uns, die Privatsphäre aller an dieser Studie Beteiligten zu respektieren.

Während unserer Zeit in Berlin haben wir uns in öffentlichen und privaten Räumen bewegt, die für Israelis und Palästinenser in der Stadt relevant sind, beispielsweise in Wohnungen, auf der Straße, in Cafés und Restaurants, an Arbeitsplätzen, in Theatern, in religiösen Institutionen, auf Bildungs- und politischen Plattformen, bei Demonstrationen und anderen Formen des Aktivismus und schließlich auch bei verschiedenen künstlerischen, kulturellen und gesellschaftlichen Veranstaltungen. Unser „deep hanging out" bereicherte die Beiträge von unseren Gesprächspartnern wesentlich.[8] Durch mehr als zehn Vorträge die wir an deutschen Institutionen hielten, gemeinsam oder unabhängig voneinander, gewannen wir zudem wichtige Einblicke in akademische und nichtakademische Debatten, die für die deutsche moralische Verantwortung gegenüber diesen Gemeinschaften relevant sind.

Unsere Diskursanalyse baut auf einer genauen Beobachtung der Berichterstattung in den Medien auf, wie sie in israelischer, deutscher, arabischer und internationaler Presse begegnet, aber auch auf Websites, Blogs und in sozialen Medien (bis einschließlich September 2018). Mit der Verwendung des Begriffs „Diskursanalyse" verweisen wir nicht auf eine bestimmte, in der Wissenschaft eingeführte Methode; vielmehr machen wir deutlich, dass unsere Untersuchung nicht allein auf ethnografischen Methoden basiert, sondern auch auf der Analyse diskursiver Trends in schriftlicher und anderweitig publizierter Form, die mit diesem Forschungsmaterial in Zusammenhang steht.

Wir haben wissenschaftliche Literatur zu all diesen Gemeinschaften und daran angrenzende Themen herangezogen, wie etwa die jüngste Einwanderungswelle von Israelis nach Deutschland und die Forschung zu Palästinensern in Berlin. Während es eine große Zahl von akademischer, medialer, literarischer und künstlerischer Berichterstattung über Israelis in Berlin gibt, kann man die Aufmerksamkeit für Palästinenser in der Stadt (einmal abgesehen von ihrer Beteiligung an kriminellen Aktivitäten) im Grunde vernachlässigen. Unsere wissenschaftlichen Quellen, auch wenn wir sie nicht in jedem Einzelfall immer angeben, stammen aus den folgenden Bereichen: Israel- und Palästinastudien, deutsche Geschichte, Politik und Kultur; ferner Studien zu Rassismus, Antisemitismus und Islamophobie; und schließlich Berichte von Regierungsbehörden und Nichtregierungsorganisationen zu Migration, Diskriminierung, Integration und *restorative justice* („Wiederherstellen von Gerechtigkeit", eine auch außerhalb des angelsächsischen Sprachraums eingebürgerte Bezeichnung für eine Form der Konflikttransformation durch ein Wiedergutmachungsverfahren).

Die von uns angewandte Methode ist durchaus ungewöhnlich für dieses Thema. Uns ist keine vergleichende ethnografische Studie zu Israelis und Paläs-

---

8 Der Begriff „deep hanging out" wurde 1998 von dem Anthropologen Clifford Geertz geprägt und bezieht sich auf eine Forschungsmethode, bei der man auf informelle Weise mit Gemeinschaften Kontakt pflegt. Siehe Clifford Geertz, „Deep Hanging Out," *New York Review of Books*, 22.10.1998.

tinensern in Berlin oder in Deutschland bekannt. Unsere wissenschaftliche Darstellung des deutsch-israelisch-palästinensischen Dreiecksverhältnisses ist deshalb richtungweisend. Auch wenn Überlegungen zu diesem „moralischen Dreieck" durchaus anerkannt und auch in weiten Teilen populären Diskurses in Berlin anzutreffen sind, werden sie doch oft als Tabu betrachtet, vor allem in deutschen und israelischen Kontexten, in denen die Einbeziehung der Palästinenser in dieses Verhältnis weithin auf Ablehnung stößt. Unsere Forschung zeigt indes, dass Israelis, Palästinenser und Deutsche untrennbar miteinander verbunden sind.

Wir setzen uns dafür ein, die Deutschen für diese Themen zu gewinnen und gleichzeitig die Vielfalt ihrer Ansichten, aber auch die Heterogenität der israelischen und palästinensischen Stimmen in Berlin zu zeigen. Darüber hinaus hoffen wir, durch unsere Partnerschaft als progressives israelisches und palästinensisches Wissenschaftsteam ein Beispiel für die Art von interdisziplinären Kooperationsprojekten zu geben, die tief in den Erfahrungen der Gemeinschaften vor Ort verwurzelt sind. Wir erheben nicht den Anspruch, eine positivistische oder quantitative Analyse anzubieten. Vielmehr zeigt unsere Arbeit das Potenzial der Anthropologie, Fachwissen in Archäologie, Kulturerbe und Sozialanthropologie zusammenzubringen. Atshan brachte vorhandene Erfahrung in ethnografisch fundierter Forschung mit. Galor wiederum brachte ihr archäologisches Wissen ein und wandte es auf die Beschäftigung mit lebenden Menschen an. Wir strebten eine systematische Vorgehensweise mit Aufmerksamkeit für Details an, ohne den größeren Zusammenhang aus den Augen zu verlieren. Wir haben auch ganz bewusst keine Schlussfolgerungen gezogen, bevor wir alle unsere Interviews abgeschlossen hatten.

Kapitelübersicht

Der Gegenstand dieser interdisziplinären Studie ist das Leben der heutigen Berlinerinnen und Berliner und ihre Auseinandersetzung mit vergangenen und aktuellen Traumata und Konflikten. In den ersten Kapiteln wird untersucht, wie die Vergangenheit die gegenwärtigen Realitäten formt. Die daran anschließenden Kapitel befassen sich mit der Migrationspolitik und der Demografie, gefolgt von einer Darstellung unserer theoretischen Grundlagen und der Vorgehensweise, um aktuelle Debatten, urbane Erfahrungen und Auseinandersetzungen im öffentlichen Raum in Bezug auf Israel/Palästina in Berlin herauszuarbeiten. Wir schließen mit einem Ausblick auf zukünftige Möglichkeiten für eine Weiterentwicklung der deutsch-israelisch-palästinensischen Beziehungen.

Kapitel 1–3 liefern den gesellschaftlichen Kontext, der die Grundlage für das bildet, was wir das moralische Dreieck in den deutsch-israelisch-palästinensischen Beziehungen nennen. Kapitel 1 definiert den „Holocaust-Nakba-Nexus" und erläutert, wie die verschiedenen Akteure jene sich überschneidenden historischen Ereignisse verstehen. Kapitel 2 bietet eine differenzierte Erklärung der Opfer- und Täterbegriffe und der Politisierung dieser Kategorien mit Bezug auf unsere Forschungsthemen. Kapitel 3 zeichnet die deutsche Politik gegenüber Israel/Palästina nach und zeigt, wie die Debatten über vergangene Verbrechen und gegenwärtige Verantwortlichkeiten die öffentliche und private Sphäre in Deutschland geprägt haben.

Kapitel 4–6 sind der Diskussion über Migrationspolitik und Demografie in Berlin gewidmet. Kapitel 4 untersucht die deutsche Migrationspolitik und die divergierenden Erfahrungen von Israelis und Palästinensern in Deutschland. Kapitel 5 fasst die vorhandenen Statistiken über Israelis und Palästinenser in Berlin zusammen und zeigt auf, was es heißt, dass diese Daten so schwer greifbar sind. Kapitel 6 erläutert, wie die Akteure das Ringen um Integration in die deutsche Gesellschaft und die Suche nach einer neuen Heimat in der Hauptstadt gestalten.

Kapitel 7 stellt das theoretische Zentrum unseres Buches dar. Dabei greifen wir auf philosophische Arbeiten zur moralischen Verantwortung zurück. Diese Konzeptualisierungen verbinden wir mit der Hauptfrage, die unserer Untersuchung zugrunde liegt: Welche moralische Verantwortung – wenn es denn eine gibt – haben der deutsche Staat und die deutsche Gesellschaft gegenüber Israelis und Palästinensern, die heute in Deutschland wohnen?

Kapitel 8–11 behandeln die Themen, die heute in der deutschen Öffentlichkeit lebhaft diskutiert werden – in den Medien, der Politik, der Zivilgesellschaft und an der Basis. Kapitel 8 beleuchtet das Verhältnis zwischen Antisemitismus und Islamophobie in Berlin. Kapitel 9 bringt die Stimmen von Israelis, Palästinensern und Deutschen zusammen und fragt danach, wie ihr Leben und ihre Erfahrungen mit der urbanen Landschaft zusammenhängen. Kapitel 10 beschreibt die Berührungspunkte zwischen Israelis und Palästinensern, insbesondere wenn es um Dialog und Zusammenarbeit geht. In Kapitel 11 untersuchen wir die historische Schuld der Deutschen und wie die Verbrechen der Vergangenheit dazu beitragen, dass es in Berlin eine Zensur kritischer Stimmen zu Israel und Palästina gibt. Anhand von Fallbeispielen erläutern wir die dieser Zensur zugrunde liegenden Prozesse.

In unserem Schlusskapitel werfen wir einen Blick in die Zukunft von *restorative justice* und der Koexistenz von Israelis, Palästinensern und Deutschen. Wir kommen dabei auf das zentrale Argument dieses Buches zurück, dass Berlin nämlich – trotz der Schwierigkeiten, mit denen diese Bevölkerungsgruppen in Deutschland zu kämpfen haben – Räume öffnet, in denen Israelis und Palästinenser gemeinsam eine Gesellschaft gestalten können, die nicht mehr von Diskriminierung und Unterdrückung geprägt ist.

1 Trauma, Holocaust, Nakba

Der Nexus zwischen Holocaust und Nakba

Der Begriff „Holocaust", im Hebräischen „Shoah" („Katastrophe") genannt, wurde in den 1980er Jahren auch ins Deutsche eingeführt, vor allem durch Fernsehserien und Kinofilme. Er verweist auf den nationalsozialistischen Genozid, dem im Laufe des Zweiten Weltkriegs (1939–1945) ungefähr sechs Millionen Juden zum Opfer fielen.[9] Der Holocaust wurde in mehreren Etappen umgesetzt, beginnend mit gesetzlichen Einschränkungen für Juden, über die Aberkennung der Staatsbürgerschaft und die Vertreibung aus dem Deutschen Reich bis hin zur Segregation innerhalb des Landes und schließlich zur Deportation in die Gettos und Vernichtungslager im Osten. Diese Entwicklung war der Höhepunkt einer langen Geschichte des europäischen Antisemitismus, in der Juden zum Sündenbock gemacht und in zahlreichen Pogromen Opfer von Gewalt wurden. Am Ende des Krieges waren etwa zwei Drittel der jüdischen Gemeinden Europas ausgelöscht. Das psychologische Trauma dieses Völkermordes wirkt sich nach wie vor auf Juden auf der ganzen Welt aus. Überlebende des Holocaust wie auch Nachkommen der Opfer, einschließlich der ersten und zweiten Generation, kämpfen darum, die direkten und indirekten Traumata, die sie erlebt oder geerbt haben, zu überwinden. Selbst Personen, die nicht direkt mit den vom Holocaust betroffenen Familien verwandt sind, können die schmerzliche Erfahrung machen, dass sie Realitäten menschlicher Brutalität ausgesetzt sind, insbesondere im Zusammenhang mit anhaltenden oder wiederauflebenden Strömungen des Antisemitismus.

Mit dem Begriff „Nakba" (Arabisch für „Katastrophe") verbinden Palästinenser die Gründung des Staates Israel im historischen Palästina im Jahr 1948. Dies markiert den Beginn der israelischen Enteignung von Palästinensern, bei der im Zuge des Arabisch-Israelischen Krieges der Jahre 1947–1948 750.000 Personen ihre Heimat verloren. Palästinenser erinnern in Trauer an die Massaker der zionistischen Milizen in dutzenden Dörfern sowie an die Umsiedlung von Palästinensern aus hunderten von Ortschaften.[10] Palästinenser betrachten dieses Trau-

---

9 Die amerikanische Fernsehserie *Holocaust*, von Gerald Green geschrieben und mit Marvin J. Chomsky als Regisseur, wurde in Deutschland zum ersten Mal im Januar 1979 gezeigt. Claude Lanzmanns Film *Shoah* ging 1985 in Premiere.
10 Der Historiker Saleh Abdel Jawad dokumentiert mehr als sechzig Massaker; siehe Saleh Abdel Jawad, „Zionist Massacres: The Creation of the Palestinian Refugee Problem in the 1948 War," in *Israel and the Palestinian Refugees*, hrsg. von Eyal Benvenisti, Chaim Gans und Sari Hanafi (Berlin: Springer, 2007), 59–127.

https://doi.org/10.1515/9783110729931-004

ma von Entwurzelung nicht als ein abgeschlossenes historisches Ereignis, sondern eher als einen Prozess europäischen Siedler-Kolonialismus, der noch immer andauert. In diese Kette von Ereignissen gehören auch die israelische Besetzung des Westjordanlandes und des Gazastreifens im Jahr 1967, die israelische Antwort auf die Erste und Zweite Intifada (1987–1991 und 2000–2005) sowie die andauernde Siedlungspolitik Israels in den Besetzten Gebieten – all dies betrachten Palästinenser als Teil eines einzigen historischen Kontinuums. Die Nakba stand in der Folgezeit im Zentrum des palästinensischen Nationalprojekts, nicht nur im Kampf um Selbstbestimmung, sondern auch mit konkreten Forderungen wie dem „Rückkehrrecht" für palästinensische Flüchtlinge und ihre Nachkommen, deren Zahl heute weltweit in die Millionen geht.

Seit 1948 feiern die Israelis jedes Jahr am 14. Mai den Unabhängigkeitskrieg (*Jom haAtzma'ut*), und die Palästinenser gedenken am 15. Mai der Nakba. Während sowohl der Holocaust als auch der Unabhängigkeitskrieg eine zentrale Rolle bei der Bildung der nationalen und politischen Identität Israels gespielt haben, hat die Nakba dazu beigetragen, ein gemeinsames Ziel der Palästinenser zu definieren, nämlich die Errichtung einer eigenen nationalen politischen Autonomie.

Obwohl diese Ereignisse (der Zweite Weltkrieg, der Holocaust, die Gründung des Staates Israel und die Nakba) historisch miteinander verbunden sind, ist die Auseinandersetzung mit den verschiedenen Traumata im Verhältnis zueinander weitgehend tabu geblieben. Unzählige wissenschaftliche Arbeiten setzen sich eingehend mit diesen historischen Ereignissen auseinander, meist jedoch getrennt voneinander. Wissenschaftliche und bildungspolitische Versuche, die verschiedenen Narrative und die damit verbundenen Traumata in einen Dialog zu bringen, sind nach wie vor eine Randerscheinung und haben weder in der deutschen noch in der israelischen oder palästinensischen Gesellschaft Eingang in den öffentlichen Diskurs gefunden.[11]

---

11 Unter den wissenschaftlichen Forschungen, die Holocaust-Studien und Nakba-Studien in einen Dialog miteinander bringen, haben einige jüngere Studien wertvolle Beiträge zu diesem Ansatz geleistet; siehe Yair Auron, *The Holocaust, Rebirth, and the Nakba: Memory and Contemporary Israeli-Arab Relations* (Lanham, MD: Lexington, 2017); Dan Bar-On und Saliba Sarsar, „Bridging the Unbridgeable: The Holocaust and Al-Nakba," *East Jerusalem* 11, no. 1 (2004): 63–70; Bashir Bashir und Amos Goldberg, „Deliberating the Holocaust and the Nakba: Disruptive Empathy and Binationalism in Israel/Palestine," *Journal of Genocide Research* 16, no. 1 (2014): 77–99; Bashir Bashir und Amos Goldberg, *The Holocaust and the Nakba: A New Grammar of Trauma and History* (New York: Columbia University Press, 2018); Karin Marie Fierke, „Who Is My Neighbour? Memories of the Holocaust/al Nakba and a Global Ethic of Care," *European Journal of International Relations* 29, no. 3 (2013): 787–809; Ian S. Lustick, „Negotiating Truth: The Holocaust, ‚Lehavdil,‘ and ‚Al-Nakba,‘" *Journal of International Affairs* 60, no. 1 (2006): 51–77.

Die politische Etablierung des Nachkriegsdeutschlands, insbesondere seit Mitte der 1960er Jahre, orientiert sich grundsätzlich am Mainstream der israelischen Politik. Beide Länder verstehen Israels Existenzrecht, seine Sicherheit und damit auch seinen Anspruch, sich militärisch zu schützen, als die natürliche Folge der während des Holocaust begangenen Gräueltaten.[12] Der Ausdruck „nie wieder", ein direkt mit dem Völkermord verbundenes Konzept, wird als ein Kernmerkmal der israelischen Identität angesehen und hat einen Großteil des deutschen Kollektiv-bewusstseins geprägt.[13] Viele Palästinenser und „linksgerichtete Israelis" (in dieser Studie der Begriff für diejenigen Israelis, die sich entweder explizit als solche identifizieren oder sich gegen die rechtsgerichtete Politik Israels wenden) würden es dagegen begrüßen, wenn der Slogan „nie wieder" auch auf Fälle angewandt würde, in denen Israelis als Täter und Palästinenser als Opfer angesehen werden. Obwohl dem palästinensischen nationalen Diskurs der historische Zusammenhang zwischen dem Holocaust und dem israelisch-palästinensischen Konflikt nicht un-bekannt ist, steht das Trauma der Nakba – die daraus resultierende Vertreibung, der Verlust von Leben und Eigentum und vor allem die fehlende Staatlichkeit – an vorderster Stelle der gemeinsamen palästinensischen Identität.[14] Waren die Osloer Friedensabkommen von 1993 vor allem eine Reaktion auf den palästinensischen Kampf um Staatlichkeit, kam es danach aufgrund des Scheiterns des Osloer Frie-densprozesses und des zunehmend unklaren Charakters eines palästinensischen Staates zu einem Abrücken vom Zweistaatenmodell. Nur wenige unserer palästi-nensischen Gesprächspartnerinnen und Gesprächspartner nannten Staatlichkeit als ihr Ziel; dieses besteht für die heute aufwachsende Generation vielmehr in gleichen Bürgerrechten für Palästinenser im Rahmen eines einzigen demokrati-schen Staates.

Während der Nakba-Teil des Holocaust-Nakba-Nexus unter Deutschen, Is-raelis und Palästinensern in Berlin weitgehend unbesprochen bleibt, ist das

---

12 Der israelische Soziologe Moshe Zuckermann, Sohn polnischer Holocaustüberlebender, stu-dierte in Deutschland und vertritt die These, dass der Holocaust sowohl in Deutschland als auch in Israel aus ideologischen Gründen instrumentalisiert worden ist. Er zeichnet die politische und kulturell-ideologische Interdependenz der beiden Formen von Holocaust in Deutschland und Israel nach. Siehe Moshe Zuckermann, *Zweierlei Holocaust. Der Holocaust in den politischen Kulturen Israels und Deutschlands* (Göttingen: Wallstein, 1998).

13 Zum Konzept des „nie wieder" in der israelischen Identitätspolitik siehe Yechiel Klar, Noa Schori-Eyal und Yonat Klar, „The ,Never Again' State of Israel: The Emergence of the Holocaust as a Core Feature of Israeli Identity and Its Four Incongruent Voices," *Journal of Social Issues* 69, no. 1 (2013): 125 – 43. Zur Rolle des Holocaust für die deutsche Identität nach dem Krieg siehe Mary Fulbrook, *German National Identity after the Holocaust* (Cambridge: Polity, 1999).

14 Zu Nakba, palästinensischer Identität und Erinnerung siehe Nur Masalha, *The Palestine Nakba: Decolonising History, Narrating the Subaltern, Reclaiming Memory* (London: Zed, 2012).

Wissen über den Holocaust-Teil in den drei Gruppen weit verbreitet. Das Holocaust-Gedenken in der Berliner Öffentlichkeit ist eine selbstverständliche und
ständig präsente Realität. So wurden etwa das Denkmal für die ermordeten Juden
Europas (auch Holocaust-Mahnmal genannt) und die sogenannten Stolpersteine – 10 x 10 cm große messingbeschichtete Würfel, auf denen der Name eines
jüdischen oder anderen Opfers der Nazis eingraviert ist – von fast einem Drittel
der Gesprächspartner spontan und konkret genannt. Mehr als die Hälfte der von
uns Befragten bestätigte auf die Frage nach dem Holocaust, in Berlin fast täglich,
entweder beiläufig oder ausführlicher, darüber nachzudenken. Diese Tendenz
war bei Deutschen, Israelis und Palästinensern gleichermaßen stark ausgeprägt.

Auch wir waren der Meinung, dass eines der auffälligsten Merkmale, die man
beim Gang durch die Straßen Berlins sieht – insbesondere in den Bezirken mit der
größten jüdischen Bevölkerung in der Vorkriegszeit, darunter Charlottenburg und
Mitte – die Stolpersteine sind (Abbildung 2). Sie sind vor dem Haus der letzten
Adresse der jeweiligen Person vor ihrer Deportation in das Pflaster eingelassen.
An einem sonnigen, heißen Tag im Juni 2018 „stolperten" wir zufällig über Gunter
Demnig, den Künstler, der 1992 das Projekt Stolpersteine initiierte, das inzwischen
in den meisten deutschen Städten verbreitet ist und etwa siebzigtausend Würfel
im ganzen Land und darüber hinaus zählt. Als wir ihn beobachteten und um
Erlaubnis baten, Fotos zu machen, installierte Demnig gerade mit Hilfe eines
jungen Assistenten vier neue Würfel. Diese denkwürdige Begegnung ereignete
sich in einer der vielen charmanten und begehrten Wohnstraßen des Bezirks
Mitte, gesäumt von Bäumen und Cafés. Wir blendeten den Lärm der Umgebung
aus und legten eine Schweigeminute ein, um dieser vier neu in Erinnerung ge-
rufenen Personen zu gedenken.

Jörg, einer unserer Gesprächspartner, der etwa 75-jährige Sohn eines ehemaligen SS-Angehörigen, erzählte uns davon, wie er in seinem Viertel die Initiative unternahm, zusammen mit zwei anderen Freiwilligen diese Steine regelmäßig
zu polieren. Eine andere Informantin, Simone, eine Krankenschwester Mitte
vierzig, erzählte, dass sie jedes Jahr am 9. November (dem Tag der „Reichskris-
tallnacht", heute meist „Reichspogromnacht" genannt) Blumen an den Stolpersteinen niederlegt und Kerzen entzündet. Dies sind nur einige der vielen bewegenden Beispiele, die zeigen, wie aktiv Berlinerinnen und Berliner an der
Erinnerung des dunkelsten historischen Kapitels ihres Landes arbeiten. Die Gegenwart ist mit der Vergangenheit vernetzt und hält die Erinnerung daran lebendig, dass in der Hauptstadt der Nazis die „Endlösung" geplant, koordiniert
und durchgeführt wurde.

Ein weiteres Narrativ, das von unseren deutschen, israelischen und palästinensischen Gesprächspartnern gleichermaßen geteilt wurde, war die Verbindung
zwischen dem Holocaust und dem israelisch-palästinensischen Konflikt, insbe-

Abbildung 2: Der deutsche Künstler Gunter Demnig beim Einlassen von Stolpersteinen in Berlin Mitte. Die 10 x 10 cm großen Würfel tragen die Namen sowie die Geburts- und Todesdaten der jeweiligen Opfer der Nazizeit. Sie sind aus Zement gefertigt und mit einer dünnen Kupferplatte bedeckt, die die Erinnerungsdaten enthält. Fotografie von Sa'ed Atshan.

sondere die Rolle des Holocaust bei der Gründung des Staates Israel. Betonten einige die Wichtigkeit, die Vergangenheit von der Gegenwart zu unterscheiden und die Ereignisse des Zweiten Weltkriegs unabhängig von den Kriegen im Nahen Osten zu betrachten, brachten andere ihr Gefühl zum Ausdruck, dass der Holocaust instrumentalisiert werde, um den heutigen Militarismus Israels zu rechtfertigen, und zwar sowohl in den offiziellen Diskursen Israels als auch in der deutschen Öffentlichkeit. Wieder andere gaben zu bedenken, dass der europäische Zionismus und der Drang zur Schaffung eines jüdischen Staates Jahrzehnte vor dem Holocaust einsetzte und man deshalb ein differenzierteres Verständnis der Sachlage braucht, wenn man den Holocaust in Dialog mit der Nakba bringen möchte. Die britische Balfour-Deklaration, die sich den Zielen der zionistischen Bewegung anschloss und die Aufteilung Palästinas unterstützte, wurde 1917 erlassen. „Deshalb wäre es zu simpel, die Gründung des Staates Israel und den damit einhergehenden israelisch-palästinensischen Konflikt allein dem Holocaust zuzuschreiben", so die Aussage eines unserer palästinensischen Informanten, Amir, einem Computerfachmann Ende zwanzig. Und doch waren sich fast alle der von uns Befragten bewusst, wie stark Israel seine Legitimität vom Holocaust ableitet. Die kritischsten Stimmen dazu kamen von unseren israelischen und palästinensischen Gesprächspartnerinnen und Gesprächspartnern. Ofrit zum Beispiel, eine israelisch-polnische Musikerin Mitte zwanzig, sagte uns: „Antisemitismus ist älter als der Holocaust, und jüdische Opfer europäischer Pogrome hatten sich schon lange nach Sicherheit und einer Heimstatt gesehnt."

In der vorliegenden Studie untersuchen wir den Holocaust analytisch im Zusammenhang mit der Nakba, nicht nur, weil diese Ereignisse trotz ihrer unterschiedlichen regionalen Kontexte historisch verbunden sind, sondern auch, weil eine überwältigende Mehrzahl von Deutschen, Israelis und Palästinensern einen Zusammenhang zwischen dem Holocaust und der Gründung des Staates Israel sieht. Es geht uns dabei nicht um einen Vergleich oder eine Gleichsetzung der beiden Ereignisse, und wir behaupten keineswegs, sie seien identisch oder auch nur ähnlich; stattdessen zeigen wir auf, dass die Tragödie des Holocaust die Unterstützung für Israel verstärkte, was umgekehrt zu den Traumata beitrug, die Israelis und Palästinenser erfahren haben und mit denen sie auch in der Gegenwart noch konfrontiert sind.

Michael Rothberg beschreibt Trauma zu Recht als ein „scheinbar allgegenwärtiges modernes Phänomen." „Oft dient es als Objekt eines Wettbewerbs, eine Form von kulturellem Kapital, das moralische Privilegien verleiht."[15] Er erinnert uns zudem an „die typische spiralförmige Logik der Erinnerungsproduktion und die Neigung von ‚Feinden', sich derselben Sprache des Leidens und der Vergeltung zu bedienen." Rothberg nennt als Beispiel einen offiziellen Vertreter des israelischen Militärs, der 2008 „Palästinenser davor warnte, sie würden eine ‚Shoah' (Katastrophe oder Holocaust) erleben, wenn sie weiterhin Raketen aus dem Gazastreifen auf Israel abfeuern würden." Ein offizieller Hamas-Vertreter wiederum „antwortete, dass Palästinenser es mit ‚neuen Nazis' zu tun hätten."[16] Die Art und Weise, wie Rothberg Gedächtnis, Anerkennung und Repräsentation neu durchdenkt, kann uns dabei helfen, die heute vorherrschende ideologische und diskursive Pattsituation zu überwinden und zugleich einer Gerechtigkeit für Israelis und Palästinenser näherzukommen. Rothberg fügt hinzu: „Ein heterogenes Verständnis moralischen Handelns, das die Wichtigkeit von Vergleich und Verallgemeinerung anerkennt, ohne einer allzu einfachen Universalisierung zu

---

15 Michael Rothberg, *Multidirectional Memory: Remembering the Holocaust in the Age of Decolonization* (Stanford, CA: Stanford University Press, 2009), 87.
16 Rothberg, *Multidirectional Memory*, 311.

verfallen, wird vielleicht keinen weltweit gültigen moralischen Kodex hervorbringen, doch es könnte die Grundlage für transnationale Visionen von Gerechtigkeit und Solidarität legen, die nicht nur den leicht zu manipulierenden abstrakten Kodex von ‚Gut und Böse' reproduzieren."[17]

Der Holocaust-Nakba-Nexus und die Deutschen

Für Deutschland, und ganz besonders für Berlin, ist die Zentralität der Erinnerung an den Holocaust im offiziellen politischen Diskurs sowie in allen Bereichen der Bildung präsent, einschließlich eines soliden Schullehrplans, der speziell auf Deutsche zugeschnittene Richtlinien enthält, und anderer Plattformen zur Wissensverbreitung, wie Medien und kulturelle Institutionen.[18] Diese intensive intellektuelle und pädagogische Auseinandersetzung mit dem Holocaust kommt nicht nur den Einwohnern Berlins zugute, sondern zieht jährlich Millionen von Besuchern und Touristen an.[19] Ausstellungen, literarische Lesungen, Konferenzen, Podiumsdiskussionen, Spiel- und Dokumentarfilme gehören zu den vielen Formaten, die zur Verfügung stehen, um sich mit Erfahrungen, Erinnerungen, Daten und Wissen über den Holocaust auseinanderzusetzen. Viel Aufmerksamkeit wird zudem der Aufklärung der arabischen und muslimischen Minderheiten in Deutschland über den Holocaust gewidmet, und seit dem großen Flüchtlingszustrom im Jahr 2015 werden in dieser Hinsicht verstärkte Anstrengungen unternommen.[20]

---

17 Rothberg, *Multidirectional Memory*, 265.
18 Zum Holocaust-Curriculum für Berlin-Brandenburg siehe https://bildungsserver.berlin-bran denburg.de/unterricht/faecher/gesellschaftswissenschaften/geschichte/themen/nationalsozialis mus/holocaust.
19 Für Besucherstatistiken siehe https://about.visitberlin.de/en/number-international-visitors-berlin-exceeds-five-million-first-time. Zum Holocausttourismus im Besonderen siehe z. B. Andrew S. Gross, „Holocaust Tourism in Berlin: Global Memory, Trauma and the ‚Negative Sublime,'" *International Journal of Travel and Travel Writing* 19 (2018): 73–100. Für einen vergleichenden Ansatz, der Berlin im Verhältnis zu anderen Städten interpretiert, siehe William J. V. Neill, „Marketing the Urban Experience: Reflections on the Place of Fear in the Promotional Strategies of Belfast, Detroit and Berlin," *Urban Studies* 38, nos. 5–6 (2001): 815–28; Carol A. Kidron, „Being There Together: Dark Family Tourism and the Emotive Experience of Co-presence in the Holocaust Past," *Annals of Tourism Research* 41 (2013): 175–94.
20 Siehe z. B. Marc David Baer, „Turk and Jew in Berlin: The First Turkish Migration to Germany and the Shoah," *Comparative Studies in Society and History* 55, no. 2 (2013): 330–55; Michael Bodemann und Gökce Yurdakul, „‚We Don't Want to Be the Jews of Tomorrow': Jews and Turks in Germany after 9/11," *German Politics and Society* 24, no. 2 (2006): 44–67; Rosa Fava, *Die Neuausrichtung der Erziehung nach Auschwitz in der Einwanderungsgesellschaft. Eine rassismus-*

Denkmäler, Gebäude, Museen und Gedenktafeln in der ganzen Stadt erinnern an Ereignisse und Personen, Opfer und Widerstandshelden – am bemerkenswertesten unter ihnen das Mahnmal für die ermordeten Juden Europas, das Denkmal zur Erinnerung an die Bücherverbrennung auf dem Bebelplatz, das Deportationsmahnmal Putlitzbrücke, das Mahnmal Gleis 17 im Bahnhof Berlin-Grunewald, die Kindertransport-Gedenkstätte „Züge in das Leben – Züge in den Tod" und Ingeborg Hunzingers Statue „Block der Frauen" zur Erinnerung an den Rosenstraße-Protest. Hinzu kommen die unzähligen Stolpersteine, Tafeln und Schilder auf Straßen, Gehwegen, Denkmälern und Gebäuden in der ganzen Stadt.

Immer wieder gab es Kontroversen darüber, ob anderen Opfern des Holocaust weniger Aufmerksamkeit geschenkt wurde, etwa den Sinti und Roma oder den Homosexuellen.[21] Diese Kontroversen begannen während der Planungsphase für das Holocaust-Mahnmal und nahmen verschiedene Formen von öffentlichem Protest und Diskussionen an, besonders dann auch nach der Einweihung des Mahnmals im Jahr 2005. Unter den vielen prominenten Personen, die die Angemessenheit des Mahnmals in Zweifel zogen, war auch Eberhard Diepgen, der als Regierender Bürgermeister Berlins die Teilnahme an der Grundsteinlegung im Jahr 2000 mit der Begründung verweigerte, das Mahnmal sei „zu groß und unmöglich zu beschützen".[22] Bei der Einweihungszeremonie 2005 stellte der damalige Vorsitzende des Zentralrats der Juden in Deutschland fest, das Denkmal sei in seiner Aussage „unvollständig".[23] Er kritisierte die Tatsache, dass das Monument eine „Hierarchie des Leidens" hervorbringe. Auch wenn anschließend Denkmäler für andere Gruppen von Opfern der Nazis errichtet wurden – so wie das Denkmal für die im Nationalsozialismus verfolgten Homosexuellen (2008) und das Denkmal für die im Nationalsozialismus ermordeten Sinti und Roma Europas (2012) – blieb es bei der Wahrnehmung einer unhinterfragten Hierarchie von Opfern und die Kritik daran setzte sich fort.

Im Gegensatz zum Holocaust fehlt die palästinensische Nakba als historisches Ereignis weitgehend im offiziellen Diskurs, bei öffentlichen Veranstaltun-

kritische Diskursanalyse (Berlin: Metropol, 2015); Shira Stav, „Nakba and Holocaust: Mechanisms of Comparison and Denial in the Israeli Literary Imagination," *Jewish Social Studies* 18, no. 3 (2012): 85–98; Esra Özyürek, „Rethinking Empathy: Emotions Triggered by the Holocaust among the Muslim-Minority in Germany," *Anthropological Theory* 18, no. 4 (2018): 456–77; Michael Rothberg und Yasemin Yildiz, „Memory Citizenship: Migrant Archives of Holocaust Remembrance in Contemporary Germany," *Parallax* 17, no. 4 (2011): 32–48.

21 Siehe z. B. Nadine Blumer, *From Victim Hierarchies to Memorial Networks: Berlin's Holocaust Memorial to Sinti and Roma Victims of National Socialism* (Toronto: University of Toronto, 2011).
22 Siehe Roger Cohen, „Berlin Mayor to Shun Holocaust Memorial Event," *Haaretz*, 18.1.2000.
23 Siehe Richard Bernstein, „Holocaust Memorial Opens in Berlin," *New York Times*, 11.5.2005.

gen und in den Berliner Bildungsforen zu den Folgen des Zweiten Weltkriegs. Die Auseinandersetzung mit diesem Trauma ist eher persönlich und sporadisch, oft marginalisiert oder versteckt, und meist wird sie völlig ignoriert.

Unsere ethnografische Untersuchung bestätigte die zentrale Bedeutung des Holocaust im individuellen Alltagsleben unserer Gesprächspartnerinnen und Gesprächspartner; sie war bei Deutschen, Israelis und Palästinensern gleichermaßen ausgeprägt. Bei unseren deutschen Befragten gab es einen deutlichen Unterschied zwischen der älteren Generation, die in der Nachkriegszeit in Deutschland aufgewachsen ist, und der jüngeren Bevölkerung der zweiten, dritten und jetzt vierten Generation. Die meisten unserer Befragten in der Altersgruppe über sechzig betonten die bedeutende Rolle, die das Wissen über den Holocaust und ihre individuelle Familiengeschichte in ihrem Leben gespielt hatte. Mehrere erwähnten die Studierendenproteste von 1968 in Deutschland, die den Autoritarismus in Frage stellten und zu einer kritischen Auseinandersetzung mit der Vergangenheit und der Gegenwart aufriefen.

Eine unserer Gesprächspartnerinnen, Martina, eine pensionierte Informatikerin Mitte siebzig, erzählte uns die bewegende Geschichte, wie sie als junge Erwachsene ihren Vater mit seiner Rolle während der Nazizeit konfrontiert hatte und wie sie erst kurz vor seinem Tod die volle Wahrheit entdeckte. Ein Journalist, der kompromittierende Dokumente ausgegraben hatte, hatte ihren kranken Vater in einem Altersheim kontaktiert, um ihn über seine Vergangenheit als Mitglied der Waffen-SS und damit über seine direkte Beteiligung an und Verantwortung für die Judenverfolgung zu befragen. In Panik rief er Martina an, die ihn telefonisch konfrontierte und um Erlaubnis bat, die Dokumente einzusehen und so Zugang zur vollen Wahrheit zu erhalten. Minuten, bevor sie im Altersheim ihres Vaters ankam, um persönlich mit ihm zu sprechen, erlitt er einen Herzinfarkt und starb. Martinas Entschluss, daraufhin im Jüdischen Museum zu arbeiten und sich auch anderweitig für die intellektuelle und kulturelle Geschichte der Juden zu engagieren, erwuchs aus der Schuld, die sie erfuhr. Die Angst, dass „mörderische Gene" und Verhaltensmuster auf sie übertragen worden sein könnten, verfolgt Martina bis heute. Sie teilte uns mit, dass sie leidet, wenn sie ungeduldig oder wütend wird, zum Beispiel in stressigen Verkehrssituationen oder bei Auseinandersetzungen mit ihrem Mann. Sie erlebt die Ausbrüche als unkontrollierbare, „Nazi-ähnliche" Charaktereigenschaften, die sie als von ihrem Vater geerbt empfindet, und sie hat versucht, diese Probleme therapeutisch aufzuarbeiten.

Die Mehrheit unserer jungen Befragten war der Meinung, dass sie als Deutsche eine Verpflichtung haben, über die Vergangenheit Bescheid zu wissen und nicht zu vergessen, aber sie hatten ganz sicher nicht das Gefühl, dass sie persönlich für die Nazi-Vergangenheit verantwortlich sind. Obwohl sie sich meist des historischen Erbes des Holocaust bewusst waren, konzentrierten sie sich in erster

Linie auf aktuelle Themen im Zusammenhang mit Populismus und Fremden-feindlichkeit und weniger auf rassistische Strömungen der Vergangenheit. Wie Mahira, eine deutsche Frau pakistanischer Herkunft in ihren Fünfzigern – eine hochgebildete und beruflich erfolgreiche Mutter zweier Kinder – erklärte: „Wir werden den Holocaust nie vergessen, aber unsere Probleme liegen heute woan-ders, und obwohl wir die Verantwortung haben, über die Vergangenheit zu lernen, dürfen wir nicht zulassen, dass die Vergangenheit die Ungerechtigkeiten der Gegenwart verdeckt." Eher eine Ausnahme war unser Treffen mit einem viel jüngeren Befragten, Oliver, Ende zwanzig und Leiter einer Kultureinrichtung. Obwohl er anfangs fröhlich und nonchalant auf unsere Fragen antwortete, kämpfte er mit seinen Gefühlen, als wir das Thema der persönlichen Verbin-dungen zum Holocaust ansprachen. Oliver erzählte uns von seiner ergebnislosen Befragung von Familienmitgliedern und, noch direkter, von seinem Großvater. Nachdem er beunruhigende Tatsachen über die Vergangenheit seines Großvaters und dessen aktive Rolle als Nazi aufgedeckt hatte, brach er die Verbindung zu ihm wie auch zu dieser Seite seiner Familie ab und beschloss, der kürzlich stattge-fundenen Beerdigung seines Großvaters nicht beizuwohnen. Oliver hat sich den Jüdischen Studien und insbesondere Israel zugewandt, angefangen mit einem ausgedehnten Studierendenaustauschprogramm in Jerusalem. Er reist regelmä-ßig nach Israel und hat auch das Westjordanland einige Male besucht. In seiner gegenwärtigen beruflichen Tätigkeit in Berlin widmet er sich der Arbeit mit dem Judentum und Israel. Durch seine israelischen Freund*innen und Kolleg*innen hat er auch Palästinenser kennen gelernt. Oliver macht klar, dass sein Interesse an allen jüdischen und israelischen Angelegenheiten mit seinen persönlichen Ver-bindungen zum Holocaust zusammenhängt.

Im Leben der meisten deutschen Juden, die wir interviewten, spielt der Holocaust – ob durch persönliches Erleben oder durch Erinnerungen in der ei-genen Familie – eine beträchtliche Rolle, vor allem auch im Zusammenhang mit wichtigen persönlichen und beruflichen Entscheidungen. Selbst wenn sie mit Nichtjuden verheiratet sind, scheinen die Deutschen mit jüdischer Herkunft oder Glaubensanschauung ein historisches Bewusstsein für die deutsch-jüdische Dialektik aufrechtzuerhalten. Die meisten der von uns interviewten Deutschen mit muslimischem, arabischem oder palästinensischem Hintergrund bestätigten die Wichtigkeit der Holocaust-Erziehung und -Erinnerung für eine erfolgreiche Inte-gration in die deutsche Gesellschaft. Im Vergleich dazu hatte die Mehrheit der Deutschen, die wir sprachen, einschließlich der Personen mit hohem Bildungs-stand und Informationsniveau, keine Ahnung, was der Begriff oder das Konzept von „Nakba" bedeutet, und nur ganz wenige waren wirklich mit der Geschichte und dem Trauma von Palästinensern vertraut.

Christiane, eine deutsche Frau Mitte sechzig, erklärte, dass Juden aufgrund ihrer Geschichte das Recht hätten, sich mit allen möglichen Mitteln zu verteidigen, einschließlich der Anwendung von Gewalt gegen Araber. Unverblümt stellte sie fest: „Das gegenwärtige Leid der Juden ist mein Leid, und ich werde nicht, ich kann nicht das Leid der Palästinenser in mich aufnehmen." Diese Frau stand nach einer Karriere als Anwältin bei einem der führenden Berliner Medien- und Unterhaltungsunternehmen kurz vor der Pensionierung. Trotz eines Gefühls der Solidarität mit ihren „palästinensischen Nachbarn und Glaubensgenossen" war der Holocaust sowohl für Orhan, Professor türkischer Abstammung an einer der Berliner Universitäten und Anfang sechzig, als auch für Özge, eine deutsch-türkische Medizinstudentin Ende zwanzig, ein wichtiger Teil ihrer deutschen Identität. Özge erläuterte: „Auch wenn meine Familie nicht in diesen Krieg verwickelt war, gehört es praktisch zur Pflicht deutscher Staatsbürger, den Holocaust ernst zu nehmen und das jüdische Leid zu empfinden." Ein deutscher Jude, mit dem wir sprachen, Martin, ein Psychoanalytiker Anfang fünfzig, der immer ein aktives Mitglied der Jüdischen Gemeinde Berlins gewesen ist, erklärte, er habe kein Interesse oder auch die Fähigkeit, das palästinensische Trauma anzuerkennen. Selbstreflektierend betonte er: „Ich weiß, ich sollte Mitleid mit ihnen haben. Aber das kann ich nicht. Mein Herz ist mit dem Trauma meines eigenen Volkes gefüllt."
Im Gegensatz zu den meisten älteren Deutschen, die wir befragten und die die zionistische Erzählung weitgehend verteidigten, äußerte sich einer, Rudolf, ein Filmproduzent Ende siebzig, kritisch zu Israel. Er bezeichnete den Holocaust als „Gründungsmythos Israels", was bedeute, dass „der Völkermord für nationalistische Ziele instrumentalisiert wurde". Er war besorgt, dass der Holocaust als „Entschuldigung" für fortgesetzte Gewalt gegen Palästinenser „benutzt" werde. Rudolf war auch der festen Überzeugung, dass der „Vorhang der Leugnung der israelischen Menschenrechtsverletzungen in Deutschland nach dem Arabisch-Israelischen Krieg von 1967 und der israelischen Besetzung des Westjordanlands und des Gazastreifens gelüftet wurde." Auch seine Karriere hatte Raum für eine aktive Auseinandersetzung mit dem deutsch-israelischen Verhältnis in der Nachkriegszeit geschaffen: Er spielte eine Hauptrolle in einem kürzlich preisgekrönten Film über den Eichmann-Prozess.

Der Holocaust-Nakba-Nexus und die Israelis

Praktisch niemand aus der Gruppe der Israelis, die wir interviewten, hatte Familienverbindungen nach Berlin oder Deutschland. Einige berichteten, dass ihre Großeltern, Urgroßeltern oder andere Verwandte deportiert worden waren oder in Konzentrationslagern ermordet worden waren. Andere wieder bemerkten, dass die Erinnerung an den Holocaust in Berlin präsenter ist als in Israel, und dass sie nach ihrer Ankunft in Deutschland mehr über die Verfolgung durch die Nazis nachdachten. Anat zum Beispiel, eine Restaurantbesitzerin Mitte dreißig, hatte den Eindruck, dass ihr erhöhtes Bewusstsein für den Holocaust in Berlin nicht nur von „den endlosen Holocaust-Gedenkstätten in der ganzen Stadt kam, sondern auch von dem, was die Deutschen meiner Meinung nach von mir als überzeugter Jüdin und engagierter Israelin erwarten". Dadurch rückte die Vergangenheit in Deutschland stärker in den Blickpunkt, im Gegensatz zu ihrem früheren Leben in Bat Yam, wo sie aufgewachsen war. Mehrere der von uns Befragten waren der Meinung, dass es leichter sei, die Erinnerung an den Holocaust in Israel hinter sich zu lassen, und zwar wegen der Lebensrealität im Staat Israel, der ja nach dem Holocaust entstanden war. Saul zum Beispiel, einem Ingenieur aus Beer Sheva Mitte vierzig, war es wichtig, seine drei Kinder über den Holocaust zu unterrichten, doch er erinnerte sich daran, dass es in seiner Jugend „als Tabu galt, über die Lager und den Holocaust im Allgemeinen zu sprechen".

Einige Israelis erwähnten anfängliches Zögern oder negative Reaktionen von Eltern und Verwandten in Israel, als diese mit der Nachricht konfrontiert wurden, dass sie Berlin als neue Heimat gewählt hatten. Für viele Israelis in Berlin ist die Assoziation mit den vergangenen Schrecken des Holocaust anfangs oft erschütternd, aber nach einiger Zeit findet ein Bewältigungs- und Anpassungsmechanismus statt, sodass der Holocaust mehr in den Hintergrund rückt. Ofira, eine professionelle Managerin für Marken-Performance aus Tel Aviv in ihren Dreißigern, berichtete, dass ihre Eltern nach einigem Zögern und leichten Einwänden davon überzeugt waren, dass ihre Entscheidung, nach Berlin zu ziehen, richtig war, konnte sie doch dort eine Wohnung bekommen, die doppelt so groß war wie ihre Wohnung in Tel Aviv, und das für eine deutlich niedrigere Miete. Rachel, eine israelische Sozialarbeiterin und Therapeutin Anfang dreißig, deren Klientel überwiegend aus hebräischen Muttersprachler*innen bestand, teilte uns mit, dass der Holocaust gewöhnlich während der ersten Sitzungen aufkommt, im Laufe einer Langzeittherapie aber immer mehr in den Hintergrund rückt und dann zumeist ganz verschwindet.

Die meisten Israelis, die wir interviewten, waren der Meinung, dass die Erinnerung an den Holocaust in Berlin notwendig und angemessen sei. Einige fanden die Erinnerung etwas übertrieben und zu aufdringlich. Etliche merkten an, dass die Holocaust-Erinnerung und die Mahnmale in Berlin vor allem für die Deutschen selbst gemacht seien und nicht für die Opfer, als eine Art öffentliches und sichtbares Zeugnis ihrer Reue. Ariel zum Beispiel, ein Journalist Ende dreißig, der ursprünglich aus Jerusalem kommt, machte den zynischen Vorschlag, man solle die zentrale Holocaust-Gedenkstätte umbenennen in „Mahnmal für die schuldbeladenen Mörder". Einat, eine Bankangestellte Ende zwanzig, die aus

Ashkelon nach Berlin gezogen war, kritisierte den großen öffentlichen Raum, den das Holocaust-Gedenken einnimmt, und die enormen Fördermittel dafür, denn diese könnte man für viel sinnvollere Zwecke einsetzen. Auch kommentierte sie, dass die „Steine und Skulpturen ganz klar zeigen, dass die Deutschen immun sind für das Erfahren der tatsächlichen Schmerzen, die mit dem Leiden von Individuen und Familien einhergehen, die gefoltert oder getötet wurden; diese Monumente sind ungeeignet, die Verbrechen der Vergangenheit wiedergutzumachen." Ganz ähnlich äußerte sich Dror, ein israelischer Student der Naturwissenschaften in seinen Zwanzigern, der die Mahnmale einen „gescheiterten Versuch der Wiedergutmachung" nannte. Yoav schließlich, ein Personal Trainer Anfang dreißig, verwies auf den Tourismus um die Monumente herum, mit dem Deutschland einen großen wirtschaftlichen Gewinn erzielt.

Etliche Israelis mit Mizrahi-Hintergrund (d. h. mit nahöstlicher und nordafrikanischer Herkunft), die derzeit in Berlin leben, berichteten, dass sie sich von der nationalen Holocaust-Identität ausgeschlossen fühlten, als sie in Israel aufwuchsen. Einige erzählten, dass sie eine etwas andere Form von Antisemitismus erlebt hätten, die sie als „Orientalen" stigmatisierte, eine Kategorie der Diskriminierung, die doch etwas ganz anderes war als der Völkermord, von dem die jüdischen Gemeinden mit europäischem Hintergrund geprägt waren.[24] Trotz der soliden Holocaust-Erziehung an öffentlichen Schulen in Israel haben viele Mizrahi keine emotionale Verbindung zum Holocaust, wie dies bei Mitschülerinnen und Mitschülern der Fall ist, deren Eltern oder Großeltern direkt verfolgt worden waren und die an den damit verbundenen Traumata leiden. Rafi, ein Doktorand aus Holon, Mitte dreißig, sagte zum Beispiel, dass seine Klasse eines Tages die Aufgabe bekam, die Geschichten ihrer Großeltern zu erzählen und sie mit Bildern oder Gegenständen zu bereichern. Er ärgerte sich darüber, dass der Holocaust in seiner Familie keine Rolle gespielt hatte, und schämte sich, dass er über nichts mehr zu berichten hatte als über ein „langweiliges Leben in einer marokkanischen Bauernfamilie". Dennoch berührt der Holocaust nach wie vor das Leben jüdischer Israelis aus allen Gesellschaftsschichten. Dasselbe gilt für den Unabhängigkeitskrieg. Doch alle Bemühungen innerhalb Israels, der Nakba, die immer als Ereignis und als historische Erzählung marginalisiert wurde, zu gedenken oder sie öffentlich anzuerkennen, sind von der israelischen Regierung zunehmend verboten oder im Keim erstickt worden – was nur zu einer weiteren Verfestigung des schon bestehenden Tabus in der israelischen Gesellschaft beitrug.

---

24 Zur Komplexität der Mizrahi-Identität, vor allem im Hinblick auf Berlin, siehe Yael Almog, „Migration and Its Discontents: Israelis in Berlin and Homeland Politics," *Transit* 10, no. 1 (2015): 1–7.

In einem Artikel über Holocaust-Erziehung in der israelischen Zeitung *Haaretz* verglich Gideon Greif, ein Holocaust-Historiker aus Israel, der jedes Jahr vor Tausenden von deutschen Studierenden Vorträge hält, die Holocaust-Erziehung in Israel mit der Holocaust-Erziehung in Deutschland. Er schreibt: „Deutsche Jugendliche [darunter auch Palästinadeutsche] zeigen immer mehr Interesse am Holocaust – das Gegenteil der Situation, die wir in der Vergangenheit befürchtet hatten. Sie lernen über alle Aspekte des Holocaust. Ihre Lehrerinnen und Lehrer widmen dem Thema sehr viel Zeit. Sie gehen auf Bildungsreisen nach Auschwitz und beschäftigen sich intensiver mit dem Thema, als es der Lehrplan verlangt."[25] Ähnlich äußerte sich Aya Zarfati, eine zweiunddreißigjährige Israelin, die in Berlin lebt und an drei Holocaust-Orten – dem Jüdischen Museum, dem Konzentrationslager Sachsenhausen und dem Haus der Wannsee-Konferenz – als Fremdenführerin arbeitet: „Holocaust-Studien sind in Deutschland genauso gründlich wie in Israel, wenn nicht sogar gründlicher."[26]

Im Gegensatz zu den Deutschen hatten die meisten der von uns interviewten Israelis von der Nakba gehört oder besaßen wenigstens einige Kenntnisse darüber. Etliche linksorientierte Israelis, die der israelischen Regierung kritisch gegenüberstehen, kommentierten die Unsichtbarkeit der Nakba im öffentlichen Diskurs und im privaten Raum in Deutschland. Einige beklagten sich zudem darüber, dass es selbst unter liberalen Deutschen mit einem höheren Maß an sozialem Bewusstsein und Engagement nicht nur einen auffälligen Wissensmangel über die Nakba gab, sondern häufig auch absolut keine Interesse daran, mehr zu erfahren. Dror hatte den Eindruck, dass „über die Nakba zu sprechen als direkte Kritik an Israel erfahren wird, was die Sache in Deutschland unzulässig macht." Yonatan, Mitte dreißig und als Postdoc in den Geisteswissenschaften tätig, erzählte uns, dass er einen Universitätskurs über die Nakba anbieten wollte. Er dachte, für ihn als israelischen Juden sei es leichter, ein Thema einzubringen, das im deutschen universitären Curriculum an den Rand gedrängt oder sogar völlig unterdrückt wird, als dies für Deutsche oder Angehörige anderer Nationalitäten der Fall sei, die an den Universitäten, den vielen Instituten und den Bildungszentren der Stadt arbeiteten.

---

25 Ofer Aderet, „Teaching the Holocaust in Germany," *Haaretz*, 4.4.2014.
26 Siehe Aderet, „Teaching the Holocaust in Germany."

Der Holocaust-Nakba-Nexus und die Palästinenser

Die meisten Palästinenser, die wir interviewten, wussten gut Bescheid über den Holocaust und die zentrale Rolle, die dem Genozid in der Erziehung und der kollektiven Erinnerung in Deutschland und Israel zukommt. Die Mehrheit von ihnen, einschließlich einem jüngst aus Gaza Geflüchteten und einem Flüchtling aus Syrien, erfuhren die Erinnerung als angemessen und wichtig. Viele drückten jedoch ihre Besorgnis darüber aus, dass es eine große Wissenslücke bei den meisten Deutschen gibt, wenn es um Palästinenser geht, und auch einen Mangel an Mitgefühl. Etliche vertraten sogar den Standpunkt, dass sie indirekt zu Opfern des Holocaust wurden und dass die Nakba eine direkte Folge des Zweiten Weltkriegs war – eine Auffassung, die im deutschen öffentlichen Diskurs im Grunde nicht vorkommt. In den Worten von Dima, einer palästinensisch-deutschen Flugbegleiterin Mitte dreißig: „Ihr Holocaust ist auch unser Holocaust, aber das wollen sie uns gegenüber nicht anerkennen." Einige Befragte berichteten von Angst und Zensur, wenn sie in Berlin offen über die Vertreibung aus ihrem Land sprachen. Muhammad, Mitte vierzig, Geschäftsmann und Vater von fünf Kindern, brachte seinen Wunsch zum Ausdruck, Deutschen zu erklären, dass „es einige Ähnlichkeiten zwischen der militärischen Besetzung des Gazastreifens und dem Westjordanland durch Israel und der deutschen militärischen Besetzung Europas gibt." Doch er hatte das Gefühl, dass ein solcher Vergleich seine Karriere und vermutlich auch die Sicherheit seiner Familie gefährden könnte. Samir, als Kind von Flüchtlingseltern im Libanon geboren, inzwischen über fünfzig und Besitzer eines Restaurants, das er mit seinen vier Söhnen betreibt, sagte: „Die Schwierigkeiten in unserem Leben als Flüchtlinge oder als Nachkommen von Flüchtlingen zu beschreiben, würde die Deutschen beleidigen." Samir war den Deutschen sehr dankbar, die ihm geholfen hatten, nach Deutschland zu kommen, und die ihm beim Aufbau eines neuen Lebens hier zur Seite gestanden hatten. Doch zugleich brachte er seine Frustration darüber zum Ausdruck, dass es keine Möglichkeit gab, über das palästinensische Trauma zu sprechen und wie dies mit der Vertreibung seiner Familie aus Israel/Palästina verbunden war. Etliche der von uns Befragten machten klar, dass sie nicht nur soziale und berufliche Marginalisierung, sondern auch eine endgültige und unwiderrufliche Ausgrenzung riskieren würden, wenn sie vom allgemein erwarteten Standarddiskurs zum Leiden des Holocaust abweichen und von ihren persönlichen Assoziationen und Erfahrungen berichten würden.

Die Nakba, so etliche unserer palästinensischen Befragten, war ein Thema, das sie nur in der eigenen Gruppe diskutieren konnten. Fadi, ein palästinensischer Medizinstudent in seinen Zwanzigern, der in Ramallah geboren und aufgewachsen war, hielt fest: „Warum verstehen Deutsche nicht, dass das, was sie den Juden angetan haben, Ähnlichkeiten hat mit dem, was Israelis den Palästinensern angetan haben?" Es war ihm klar, dass man einen solchen Vergleich in Berlin nicht öffentlich aussprechen kann und dass die überwältigende Mehrheit der Deutschen dies als historisch unzutreffend und als eine Form von Antisemitismus kritisieren würde. Salma ist ebenfalls Palästinenserin, doch geboren und aufgewachsen ist sie in Berlin; inzwischen in ihren Vierzigern und Mutter von drei Kindern, arbeitet sie als Raumpflegerin in einem Berliner Krankenhaus. Sie erzählte uns von einem Gespräch, das sie in der Mittagspause mit einer Kollegin hatte. Als Salma versuchte, ihrer Mitarbeiterin, die sie als ihre einzige deutsche Freundin betrachtet hatte, zu erklären, dass das Leid ihrer Familie direkt mit dem Holocaust zusammenhing, löste die Antwort ihrer Kollegin – „Nicht nur, dass dein Volk ihnen das Land stiehlt, jetzt wollt ihr ihnen auch noch den Holocaust wegnehmen!" – sowohl Scham als auch Wut bei ihr aus. Rashid, ein erfolgreicher Rechtsanwalt Mitte vierzig, erzählte uns von seinen Eltern, die beide als libanesische Flüchtlinge nach Deutschland kamen; beide waren Analphabeten. Von seinen acht Geschwistern durften nur er selbst und sein jüngerer Bruder das Gymnasium besuchen. Obwohl er öffentlich für die Unterrichtung von muslimischen Schulkindern und, seit kurzem, auch von Flüchtlingsgruppen über den Holocaust eintritt, hinge doch „tagein, tagaus der Schatten der Nakba" über ihm, wie er uns erzählte. Er führt ein angenehmes Leben, und seine Freund*innen und Kolleg*innen gehören der Berliner sozioökonomischen Elite an. Doch die meisten seiner Verwandten – abgesehen von seinem jüngeren Bruder, der als Arzt arbeitet – leben in Verhältnissen, die noch immer die Narben des Flüchtlingslebens tragen, trotz seiner Bemühungen, sie finanziell und emotional zu unterstützen. Rashid versichert: „Wenn ich meine Ansichten über die Nakba öffentlich äußern würde, oder Israel kritisieren würde, auch wenn das noch so vorsichtig und nuanciert geschähe, wäre ich erledigt. Manchmal wünschte ich, ich könnte einfach weggehen, nach Amerika oder Kanada. Doch ich kann nicht einfach packen und meine vierzig oder fünfzig Angehörigen mitnehmen."

Wenn sich jemand in Deutschland für Holocaust-Erinnerung und -Erziehung einsetzt, kann das ihren oder seinen Erfolg bei der sozialen und ökonomischen Integration beeinflussen. Darin sind sich alle einig, egal aus welchem sozialen Milieu oder aus welcher Altersgruppe. Als Schülerinnen und Schüler einer Kreuzberger Schule, einschließlich Palästinensern, im Jahr 2012 Yad Vashem, die offizielle israelische Gedenkstätte für die Opfer des Holocaust, besuchten, hörten sie die Geschichte von Refik Veseli, einer siebzehnjährigen Muslima aus Albanien, die während des Holocaust eine jüdische Familie gerettet hatte. Sie wurde als eine der Gerechten unter den Nationen geehrt. Die Schülerinnen und Schüler waren sehr berührt. Zurück in Berlin, kontaktierten sie die Behörden und beantragten eine Namensänderung für die Schule. Ihrem Antrag wurde stattgegeben, und jetzt heißt die Schule nach Refik Veseli.[27]

Das Gegenteil ist der Fall, wenn sich jemand in Deutschland für die Erinnerung an die Nakba einsetzt. Nicht nur, dass dies soziale Integration, Anerkennung und Erfolg behindern würde, selbst die bloße Nennung des mit den Ereignissen verbundenen Traumas – vor allem aufseiten der Palästinenser – könnte verheerende Auswirkungen haben, vom Verlust beruflicher Möglichkeiten bis hin zur Infragestellung eines Lebens in Sicherheit und Würde.

Deutschland hat bemerkenswerte Anstrengungen unternommen, sich in allen Bereichen der Gesellschaft mit dem Holocaust auseinanderzusetzen und dabei Politik, öffentlichen Diskurs, Bildung und eine neue deutsche Identität zu definieren. Während viele Deutsche und Israelis den Unabhängigkeitskrieg und die Gründung des Staates Israel feiern, werden die verheerenden Auswirkungen, die diese historischen Ereignisse weiterhin auf die Palästinenser haben, im öffentlichen Diskurs in Deutschland weitgehend ignoriert. Für die Israelis in Berlin ist die greifbare Präsenz des Holocaust aufgrund seiner ähnlich prominenten Stellung in den israelischen Bildungsforen, aber auch in der Stadtlandschaft und in der Öffentlichkeit bekannt. Die meisten dieser Israelis sind sich jedoch gleichzeitig der Nakba und ihrer Bedeutung für die palästinensische Identität und Erfahrung bewusst. Palästinenser in Berlin nehmen den Holocaust als ein komplexes und sensibles Thema wahr: als bestimmend, wenn es um ihre erfolgreiche Integration in die deutsche Mehrheitsgesellschaft geht, aber auch als Quelle der Frustration angesichts der mangelnden öffentlichen Anerkennung der Nakba. Wir behaupten, dass das moralische Dreiecksverhältnis von Deutschen, Israelis und Palästinensern von allen drei Parteien ein integratives Ethos verlangt, das Raum für die Anerkennung des Holocaust wie auch der Nakba schafft.

---

27 Aderet, „Teaching the Holocaust in Germany."

2 Opfer und Täter

Aufgezwungene Rollen und angenommene Identitäten

Zu den am häufigsten verwendeten charakterisierenden Substantiven in Literatur und Medien, die sich mit Nazideutschland und dem Holocaust befassen, aber auch im Kontext des israelisch-palästinensischen Konflikts, gehören „Opfer" und „Täter". Heutzutage wird der Holocaust in Deutschland und Israel vor allem im Zusammenhang mit Erinnerungen und Erfahrungen von Nachkommen der zweiten, dritten und sogar vierten Generation behandelt. Die Unruhen in Israel/ Palästina sind jedoch ein fortwährender Prozess mit aktuellen Ereignissen, die immer wieder neue Realitäten prägen.[28] Heute ist man sich im Allgemeinen darüber einig, dass während des Zweiten Weltkriegs Nazideutsche die Täter waren und die Juden zusammen mit anderen diskriminierten und verfolgten Gruppen die Opfer. In seinem Buch *Zweierlei Holocaust. Der Holocaust in den politischen Kulturen Israels und Deutschlands* untersucht der israelische Soziologe Moshe Zuckermann, wie die beiden Länder ein Bündnis eingegangen sind, das ihre Beziehung weitgehend als ein Verhältnis zwischen dem „Land der Opfer" und dem „Land der Täter" definiert.[29] Ersteres bezieht sich auf Israel, letzteres auf Deutschland. Die Relevanz dieser Begriffe für den israelisch-palästinensischen Konflikt und ihre binäre Position ist, obwohl sie auf einen stereotypen hegemonialen Diskurs verweisen, eindeutig komplexer. Von Interesse ist für uns, wie verschiedene staatliche Narrative und Ideologien diese Begriffe verwenden und wie sie Gemeinschaften und Individuen, insbesondere in Berlin, prägen können.

Verglichen mit dem Opferthema, das im Hinblick auf den israelisch-palästinensischen Konflikt eine große Rolle spielt, wird sowohl in der Wissenschaft als auch in den westlichen Medien die Frage des Täterstatus viel weniger behandelt.[30]

---

28 Zur Generationenfrage bei Täter*innen des Holocaust siehe Thomas Blass, „Psychological Perspectives on the Perpetrators of the Holocaust: The Role of Situational Pressures, Personal Dispositions, and Their Interactions," *Holocaust and Genocide Studies* 7, no. 1 (1993): 30–50; Dan Bar-On, „Holocaust Perpetrators and Their Children: A Paradoxical Morality," *Journal of Humanistic Psychology* 29, no. 4 (1989): 424–43.

29 Moshe Zuckermann, *Zweierlei Holocaust. Der Holocaust in den politischen Kulturen Israels und Deutschlands* (Göttingen: Wallstein, 1998), 7.

30 Zur Frage der Objektivität bei der medialen Darstellung von Israelis und Palästinensern als Täter*innen siehe Annelore Deprez und Karin Raeymaeckers, „Bias in the News? The Representation of Palestinians and Israelis in the Coverage of the First and Second Intifada," *International Communication Gazette* 72, no. 1 (2010): 91–109; Matt Viser, „Attempted Objectivity: An Analysis of the New York Times and Haaretz and Their Portrayals of the Palestinian-Israeli Conflict," *In-*

https://doi.org/10.1515/9783110729931-005

Die verschiedenen Aspekte der Viktimisierung – psychologische, soziologische und ideologische – werden sowohl in Bezug auf die israelische als auch auf die palästinensische Identität häufig diskutiert.

Opfervorstellungen der Israelis wurzeln in der Tatsache, dass Juden über Jahrhunderte Diskriminierung und Verfolgung erlebt haben, und zwar weltweit. Dies begann schon in der Antike mit den biblischen Erzählungen von Sklaverei in Ägypten und der Zerstörung und Entheiligung der beiden Jerusalemer Tempel, und es erreichte seinen Höhepunkt in den Pogromen der Moderne und dem Holocaust.[31] Aus der Sicht der israelischen Staatsnarrative und der zionistischen Ideologie ist der Jude/Israeli (was oft in eine einzige Kategorie zusammenfällt) das „Opfer des Konflikts und der ungerechten arabischen Aggression".[32] In den frühen Jahren der ersten jüdischen Siedlungen in Palästina „wurden Versuche, Juden physisch zu Schaden zu bringen, ihre Einwanderung zu stoppen oder sie daran zu hindern, sich im Heimatland niederzulassen, von den zionistischen Juden als Beweis für ihre Viktimisierung angesehen".[33] Diese Ansicht hielt sich weiter, als „nach der Gründung des Staates Israel Palästinenser und die arabischen Staaten versuchten, den neuen Staat zu vernichten und ihn immer wieder angriffen".[34] Die „Kriege, die gekämpft wurden, das arabische Handelsembargo gegen Israel, die Terroranschläge auf israelische und nicht-israelische Juden, all das bestätigte den israelischen Juden ihren Opferstatus."[35] Über Opfervorstellungen unter israelischen Juden finden sich Berichte auf individueller und gesellschaftlicher Ebene. Auf der individuellen Ebene wurden sie als „Belagerungsmentalität" beschrieben und als „ein psychischer Zustand, in dem die Gruppenmitglieder der festen Überzeugung sind, dass der Rest der Welt ihnen gegenüber negative Verhaltensabsichten hegt."[36] Auf der kollektiven Ebene wird die Opferrolle als ein grund-

---

ternational Journal of Press/Politics 8, no. 4 (2003): 114–20. Zum Unterschied in der Wahrnehmung von israelischen und palästinensischen Täter*innen siehe Shaul Kimhi, Daphna Canetti-Nisim und Gilad Hirschberger, „Terrorism in the Eyes of the Beholder: The Impact of Causal Attributions on Perceptions of Violence," *Peace and Conflict* 15, no. 1 (2009): 75–95.

31 Johanna Ray Vollhardt, „The Role of Victim Beliefs in the Israeli-Palestinian Conflict: Risk or Potential for Peace?," *Peace and Conflict* 15, no. 2 (2009): 139.

32 Daniel Bar-Tal und Gavriel Salomon, „Israeli-Jewish Narratives of the Israeli-Palestinian Conflict: Evolution, Contents, Functions, and Consequences," in *Israeli and Palestinian Narratives of Conflict: History's Double Helix*, hrsg. von R. I. Rotberg (Bloomington: Indiana University Press, 2006), 31.

33 Siehe Bar-Tal und Salomon, „Israeli-Jewish Narratives of the Israeli-Palestinian Conflict."

34 Siehe Bar-Tal und Salomon, „Israeli-Jewish Narratives of the Israeli-Palestinian Conflict."

35 Daniel Bar-Tal und Dikla Antebi, „Beliefs about Negative Intentions of the World: A Study of the Israeli Siege Mentality," *Political Psychology* 13, no. 4 (1992): 633–45.

36 Siehe Bar-Tal und Antebi, „Beliefs about Negative Intentions of the World," 633.

legender gesellschaftlicher Glaubenssatz in Israel bezeichnet, der in politischen Reden, im Mediendiskurs, in Literatur, Bildung, Filmen und öffentlichen Umfragen zum Ausdruck kommt.[37]

Aus der Perspektive der palästinensischen individuellen und nationalen Identitätsnarrative ist das Gefühl von Viktimisierung und Ungerechtigkeit ebenso ausgeprägt wie bei Israelis; Erfahrungen von Verlust, Enteignung, Zerstreuung, Besatzung und mangelnder Anerkennung spielen eine entscheidende Rolle. Die historischen Wurzeln des damit verbundenen Leids gehen vermutlich auf die Kreuzzüge zurück, die als Beginn einer historischen Kette von Ereignissen angesehen werden, die zur britischen Kolonisierung Palästinas, zur Vertreibung der Palästinenser aus dem neu geschaffenen Staat Israel 1948 und zu den Massakern in palästinensischen Dörfern und Flüchtlingslagern führte.[38] In jüngerer Zeit hat der Bau der israelischen Mauer und der Siedlungen tief im Westjordanland die Situation weiter zugespitzt; die Palästinenser betrachten die Mauer und die Siedlungen als ein Symbol für ihre Erfahrungen der Kolonisierung von Land und Ressourcen, Not und Unterdrückung.[39] Die Erinnerung an diese historischen und heutigen Ereignisse hat bei den Palästinensern, sowohl individuell als auch kollektiv, zu einer starken Opfervorstellung geführt, die durch Erzählungen und Symbole in der palästinensischen Literatur, Kunst, Bildung und bei Gedenkfeiern vermittelt wird.[40]

Da der Diskurs über jüdische Opferschaft im Hinblick auf den Holocaust häufig im Zusammenhang mit dem israelisch-palästinensischen Konflikt thematisiert wird, erfahren die Palästinenser die Belastung oft indirekt. Dieses Gefühl wird von vielen palästinensischen Intellektuellen zum Ausdruck gebracht. Emil

---

37 Daniel Bar-Tal, *Shared Beliefs in a Society: Social Psychological Analysis* (Thousand Oaks, CA: Sage, 2000); Jacob Shamir und Khalil Shikaki, „Self-Serving Perceptions of Terrorism among Israelis and Palestinians," *Political Psychology* 23 (2002): 537–57.

38 Siehe Vollhardt, „The Role of Victim Beliefs in the Israeli-Palestinian Conflict," 140.

39 Siehe N. Shalhoub-Kevorkian, „Negotiating the Present, Historicizing the Future: Palestinian Children Speak about the Israeli Separation Wall," *American Behavioral Scientist* 49 (2006): 1101–24.

40 Zu persönlichen Narrativen und gemeinschaftlichen Erinnerungen siehe Laleh Khalilli, *Heroes and Martyrs of Palestine: The Politics of National Commemoration* (New York: Cambridge University Press, 2007). Zu Erziehungsmethoden siehe Nafez Nazzal und Laila Nazzal, „The Politicization of Palestinian Children: An Analysis of Nursery Rhymes," *Palestine-Israel Journal of Politics, Economics and Culture* 3, no. 1 (1996): 26–36; Sami Adwan, „Schoolbooks in the Making: From Conflict to Peace," *Palestine-Israel Journal of Politics, Economics and Culture* 8, no. 2 (2001): 57–69. Zu Literatur siehe Salim Tamari, „Narratives of Exile: How Narratives of the Nakba Have Evolved in the Memories of Exiled Palestinians," *Palestine-Israel Journal of Politics, Economics and Culture* 9, no. 4 (2002).

Habibi etwa notiert: „Euer Holocaust ist unsere Katastrophe", und Edward Said schreibt über die Palästinenser: „Wir sind die ‚Opfer der Opfer, die Flüchtlinge der Flüchtlinge.'"[41]

Untersuchungen bestätigen, dass Viktimisierung nicht persönlich erlebt werden muss: Menschen können auch auf Ereignisse reagieren, die andere Mitglieder ihrer Gemeinschaft geschädigt haben, oder auf Ereignisse, die Generationen zuvor stattgefunden haben. Mit anderen Worten: „Opfervorstellungen können sich über Generationen hinweg erstrecken, und oft werden sie durch Familiengeschichten weitergegeben." Sie können zudem „kollektive oder kulturelle Traumata beinhalten, die durch kollektive Narrative, etwa persönliche Erzählungen, Geschichtsschreibung, Bücher, politische Reden, Gedenkfeiern und eine Vielzahl anderer kultureller Produkte weitergegeben werden."[42] Während die generationenübergreifenden Auswirkungen der Opferrolle im Zusammenhang mit jüdischen, israelischen und palästinensischen psychologischen Traumata und Identitätspolitik ausführlich untersucht wurden, sind die langfristigen Auswirkungen der Handlungen und Verhaltensmuster der Täter in Bezug auf Israelis und Palästinenser weniger erforscht. Es gibt jedoch umfangreiche Literatur über die psychologischen Auswirkungen von Nazitätern auf ihre Nachkommen.[43] Wissenschaftliche Untersuchungen haben die Schwierigkeit und Bedeutung der Anerkennung gegensätzlicher Perspektiven oder Narrative in Bezug auf die Konzepte von Opfer und Täter aus psychologischen Gründen, aber auch als Strategie der Konfliktlösung herausgearbeitet.[44]

---

41 Zu Emil Habibis Kommentaren siehe Shifra Sagy, Sami Adwan und Avi Kaplan, „Interpretations of the Past and Expectations for the Future among Israeli and Palestinian Youth," *American Journal of Orthopsychiatry* 72 (2002): 28. Das Zitat von Edward Said findet sich in Edward Said, „The One-State Solution," *New York Times*, 10.1.1999.
42 Vollhardt, „The Role of Victim Beliefs in the Israeli-Palestinian Conflict," 137.
43 Siehe u. a. Bar-On, „Holocaust Perpetrators and Their Children"; Blass, „Psychological Perspectives on the Perpetrators of the Holocaust."
44 Siehe z. B. Dan Bar-On und Fatma Kassem, „Storytelling as a Way to Work through Intractable Conflicts: The German-Jewish Experience and Its Relevance to the Palestinian-Israeli Context," *Journal of Social Issues* 60, no. 2 (2004): 289–306; Vollhardt, „The Role of Victim Beliefs in the Israeli-Palestinian Conflict," 135–59; Nurith Shnabel, Samer Halabi und Masi Noor, „Overcoming Competitive Victimhood and Facilitating Forgiveness through Re-categorization into a Common Victim or Perpetrator Identity," *Journal of Experimental Social Psychology* 49, no. 5 (2013): 867–77.

Stereotype überwinden

Unsere ethnografische Studie hat gezeigt, dass es trotz vorherrschender stereo-
typer Darstellungen von Opfern und Tätern in offiziellen staatlichen und nationalen Diskursen in keiner der von uns befragten Gruppen ein einheitliches Verständnis dieser Konzepte gibt. Die individuellen Ansichten und Interpretationen
unter Deutschen, Israelis und Palästinensern waren sehr unterschiedlich. Bei
unseren Befragten konstatierten wir einen Unterschied zwischen denjenigen, die
die Begriffe „Opfer" und „Täter" für das Verständnis des deutsch-israelisch-palästinensischen Dreiecksverhältnisses als relevant erachteten, und denjenigen,
die der Meinung waren, dass diese binäre Konstruktion die Komplexität
menschlicher Erfahrungen weder in Bezug auf historische noch auf aktuelle
Konflikte zu erfassen vermag. Fast niemand betrachtete Deutsche als Opfer. Die
meisten, darunter viele Deutsche, assoziierten Deutsche mit der Täterkategorie.
Friedrich, Büroleiter einer Versicherungsgesellschaft in seinen Fünfzigern, der
Familienmitglieder hatte, die in die Judenverfolgung verwickelt waren, erklärte:
„Ich sehe mich selbst als mitbeteiligter Täter des Holocaust." Die bereits genannte
Christiane, die einen großen Teil ihrer beruflichen Laufbahn dem Judentum und
Israel gewidmet hatte, beschrieb eine Berufsreise nach Jerusalem, wo deutsche
und israelische Kolleginnen und Kollegen mehrere Tage zusammen verbrachten,
sich miteinander anfreundeten und schließlich sogar eine enge und fröhliche
Einheit bildeten, die viele historische und kulturelle Lücken überbrückte. Dann,
so Christiane weiter, zeigte sich während eines organisierten gemeinsamen Be-
suchs in Yad Vashem eine überraschende, aber deutlich erkennbare Spaltung
innerhalb der Gruppe, in der „wir [die Deutschen] plötzlich und eindeutig die
Täter waren". Andere sagten, dass sie sich „indirekt mit den Tätern verwandt"
fühlten, eine Art Erbschuld, die, wie ein Informant es ausdrückte, „sozusagen
genetisch übertragen werden konnte, selbst wenn es keine nachvollziehbaren
familiären Bindungen gab".

Bettina, eine prominente Förderin der Berliner Kunstszene – sowohl in der
darstellenden als auch in der bildenden Kunst – zeigte sich erleichtert: „Ich hatte
Glück, dass mein Vater nicht zu den Tätern gehörte." Ihr Vater war Mitglied einer
Widerstandsgruppe gewesen, die ein Attentat auf Hitler plante. Er hatte Caesar
von Hofacker nahe gestanden, der von Frankreich aus operierte, wo Bettinas Vater
für die Übersetzung von Gesprächen aus dem Französischen ins Deutsche und
umgekehrt zuständig war. Viele verwiesen auf die zunehmende zeitliche Distanz
zum Zweiten Weltkrieg und waren der Meinung, dass die Deutschen angesichts
der Tatsache, dass Deutschland sich zu den Schrecken und Fehlern der Vergangenheit bekennt, weder als Opfer noch als Täter angesehen werden könnten und
sollten. Thomas, mit Anfang fünfzig Abteilungsleiter in einem der führenden

Berliner Krankenhäuser, sagte zum Beispiel, dass seine Großeltern Nazis gewesen waren, dass er sich jedoch an ihrer Täterrolle nicht beteiligt fühlte. Er betonte, es sei an der Zeit, sich anderen, dringenderen Lebensfragen zuzuwenden. Thomas ist mit Mahira verheiratet, die aus Pakistan stammt. Beide haben erfolgreiche Karrieren; sie sind international sichtbar und erhalten regelmäßig Stellenangebote aus dem Ausland. Neben der Erziehung zweier begabter Kinder und einem überaus erfolgreichen Berufsleben widmen sie ihre Zeit der Hilfe für unterprivilegierte Einwanderer in Berlin.

Einige Deutsche stellten fest, dass ihre Fähigkeit zu Mitgefühl durch das, was sie als „Erinnerungsmüdigkeit" erlebten, beeinträchtigt wurde. Mehrere merkten an, dass sie sich manchmal unter Druck gesetzt fühlten, etwas über die Vergangenheit zu hören, dass die Tendenzen zur historischen Rückschau in der deutschen Gesellschaft übertrieben seien und dass es für sie eine ungerechte Belastung sei, für Sünden zu büßen, die nicht ihre eigenen waren. Silke zum Beispiel, Ende fünfzig und Kassiererin in einem Supermarkt, sagte: „Ich bin es satt. Ich habe meinen Beitrag für alle Täter bezahlt. Jetzt muss ich mir überlegen, wie ich jeden Tag über die Runden komme und wie ich dafür sorge, dass ich meine Kinder ernähren kann." Eine Handvoll Deutsche und Palästinenser sahen die Deutschen als Opfer. Sie stützten sich auf antisemitische Tropen von jüdischer Kontrolle und leugneten den Holocaust und sein Ausmaß, aber auch andere Formen jüdischen Leidens. Jürgen, der an einer Tankstelle arbeitete und Mitte zwanzig war, teilte uns mit: „Sie haben damals von uns gestohlen, und sie stehlen heute von uns. Wir müssen uns verteidigen." Monika, Mittvierzigerin und Taxifahrerin, sprach über ihre Nöte und wie die Deutschen heutzutage erneut „von den Juden regiert" würden.

Einige der palästinensischen Befragten waren frustriert über den deutschen Diskurs über jüdische Opferschaft; sie hatten das Gefühl, dass dies die Anerkennung ihrer eigenen Opferschaft ausschließe, und sie waren besorgt, dass, wenn Palästinenser Israelis als historische oder gegenwärtige Opfer identifizieren würden, dies die Sichtbarkeit ihres eigenen Leidens als Palästinenser negieren würde. Sie drückten ihre tiefe Beunruhigung über die Instrumentalisierung der israelischen Opferrolle aus, um die israelische Unterdrückung der Palästinenser zu rechtfertigen. Wie Fadi, der Medizinstudent, bemerkte: „Wie können [Deutsche] uns immer wieder auffordern, den Schmerz der Israelis anzuerkennen und darüber zu sprechen, wenn wir hier keine Möglichkeit haben, um über unseren eigenen Schmerz zu sprechen? Wir sind auch Opfer!"

Einige deutsche, israelische und palästinensische Befragte schlugen uns vor, zwischen jüdischer und israelischer Opferschaft zu unterscheiden. Mehrere wiesen darauf hin, dass die deutschen Opfer europäische Juden seien und dass die Mehrheit der jüdischen Israelis nicht europäischer – und noch weniger deutscher – Abstammung sei. Stefan, ein Student der Politikwissenschaft, Mitte zwanzig, der in einer Wohngemeinschaft lebte, unter anderem mit einem Israeli iranischer Abstammung, sagte: „Ich weiß, dass [mein Mitbewohner] jüdisch ist, und ich weiß, dass er Israeli ist. Und obwohl ich nie ganz vergesse, was unsere Großeltern ihnen angetan haben, sage ich mir manchmal: Aber wir haben seiner Familie nicht wirklich etwas angetan. Es sind unsere eigenen Nachbarn, die wir getötet haben – die deutschen Juden." Andere wiesen auf Israels Macht über die Palästinenser, seine insgesamt starke Position im Nahen Osten und die Unterstützung Israels durch Deutschland und die Vereinigten Staaten als Beweis dafür hin, dass die Israelis heute nicht als Opfer betrachtet werden können. Der Geschäftsmann Muhammad zum Beispiel hielt fest: „Ein Opfer ist schwach und hilflos, nicht ein Soldat mit Waffen und mächtigen Freunden." Einige unserer Befragten verwiesen auf die israelische Besetzung der palästinensischen Gebiete und andere Menschenrechtsverletzungen, sodass man Israelis ganz offensichtlich als Täter und Palästinenser ganz eindeutig als Opfer definieren müsse. Der Dokumentarfilm *Back to the Fatherland* („Zurück ins Vaterland") beispielsweise untersucht die Reisen mehrerer Israelis, die sich entschieden haben, nach Berlin zu ziehen, darunter ein Enkelkind von Holocaust-Überlebenden.[45] Einer dieser Israelis, Dan, ein Restaurantbesitzer Anfang fünfzig, berichtet, dass er nicht nach Israel zurückkehren möchte: „Ich habe beschlossen, wegzurennen und nicht mehr dort zu sein", und er fügt hinzu, dass seine Auswanderung durch die Unterdrückung der Palästinenser durch Israel motiviert war. „In manchen Gebieten Israels gibt es echte Apartheid, und wenn ich dort bin, werde ich Teil der Tätergruppe."[46]

Eine Reihe von Deutschen zeigte sich zurückhaltend bei der Frage, ob sie Palästinenser als Opfer sahen, und fühlte sich wohler, in diesem Zusammenhang ausschließlich über Juden und Israelis zu sprechen. Dies waren in der Regel dieselben Personen, die nicht über die Nakba sprechen wollten oder auch gar keine Kenntnisse darüber hatten. Etliche Israelis, aber auch manche Deutsche, sahen Israelis als alleinige Opfer des Konflikts und die Palästinenser ganz klar als Täter. Einige von ihnen bezeichneten die Gewalt unter Palästinensern als Terrorakte. Ron, ein Netzwerkingenieur Mitte dreißig, der ein Jahr zuvor mit seiner Frau und seinen zwei Kindern nach Berlin gekommen war, nannte die Palästinenser „nur Opfer ihrer eigenen Führer". Er war zudem der Meinung, Israelis

---

45 *Back to the Fatherland* ist eine Dokumentation aus dem Jahr 2017 von Gil Levanon und Kat Tohrer. Sie erzählt die Geschichte von jungen Menschen, die ihr Heimatland verlassen und ihr Glück woanders suchen.
46 Judy Maltz, „Why Would an Israeli Grandchild of Holocaust Survivors Move to Germany?," *Haaretz*, 6.10.2017.

seien ganz sicher keine Opfer und benötigten keinerlei Hilfe, weder von Deutschland noch von den Vereinigten Staaten; Israel sei „bestens vorbereitet, um sich gegen die Aggressionen und die Gewalt der Araber zu verteidigen".

In einigen der Diskussionen wurde eine Verbindung zwischen Nazis und Palästinensern hergestellt – oder, häufiger, indirekte Assoziationen oder Projektionen, die eine Beziehung zwischen den beiden konstruierten. Mehrere Palästinenser teilten uns mit, dass sie sich von Berlinerinnen und Berlinern verurteilt fühlten und in eine Schublade gesteckt würden, die mit der Erinnerung an die deutsche Vergangenheit zu tun habe. Sami, ein Kellner in seinen Dreißigern, der in Berlin geboren und aufgewachsen ist und dessen Großeltern 1948 aus Safed in Galiläa geflohen waren, berichtete: „Ich habe das Gefühl, dass sie [die Deutschen und Israelis] mich wie einen Nazi betrachten. Aber was [in Deutschland] in den 40er Jahren geschah, war nicht meine Schuld. Das geschah außerhalb des Nahen Ostens, und der heutige Konflikt mit Israel ist darauf zurückzuführen, wie sie die Palästinenser unterdrücken." Ron, der bereits erwähnt wurde, verwies zustimmend auf die Behauptung des israelischen Ministerpräsidenten Benjamin Netanjahu, dass Adolf Hitler ursprünglich keine Juden töten wollte; dass es in Wirklichkeit ein Palästinenser, der Großmufti von Jerusalem, war, der Hitler bei einem Besuch in Berlin auf diese Idee brachte. Netanjahu machte diese Aussage im Jahr 2015, was zu einer unmittelbaren Reaktion der deutschen Regierung führte, die Deutschlands Täterschaft des Holocaust bestätigte und sich bemühte, Netanjahus falsche Behauptung zu korrigieren.[47] Mehrere Palästinenser sprachen davon, dass sie als „Mitsemiten" von den Nazis genauso hätten behandelt werden können wie die Juden. Die Flugbegleiterin Dima zum Beispiel sagte: „Die Arier hätten uns [Palästinenser und andere Araber] auf die gleiche Liste unerwünschter und minderwertiger Menschen gesetzt"; daher „hätte uns das gleiche Vernichtungsschicksal ereilt wie das jüdische Volk." Ya'acov, in Israel geboren und jetzt in seinen Sechzigern, stützte seine Überlegungen auf zwei Jahrzehnte Arbeit als Psychiater, vor allem mit deutschen und israelischen Patientinnen und Patienten. „Deutsche haben das Bedürfnis, die Israelis als Opfer zu sehen, um ihre Schuld zu kanalisieren und in Israel die Markierung einer postnazistischen Ära zu erkennen", sagte er. „Durch ihre Unterstützung für den israelischen Staat können sich die Deutschen von dieser Schuld freisprechen und die Vergangenheit zu einem abgeschlossenen Kapitel erklären." Und weiter: „Israelisches Leiden ist schmerzhaft für diese Deutschen, weil es eine Erinnerung daran ist, dass ihr Fehlverhalten weitergetragen wurde und dass deshalb die Sicherheit für Juden auf der ganzen Welt nicht garantiert werden kann. Dies führt dann zu Ressentiments

---

47 Siehe David Kaiser, „What Hitler and the Grand Mufti Really Said," *Time*, 22.10.2015.

gegenüber palästinensischer Gewalt, zu noch mehr Leiden und zur Unfähigkeit, mit der palästinensischen Opferschaft umzugehen." Diese Analyse kann Aufschluss über die herausragende Stellung Israels in der deutschen politischen Vorstellungswelt geben. „Der Holocaust ist vorbei", so Ya'acov. „Juden sind keine Opfer mehr; Deutsche sind keine Täter mehr; und Juden können sich jetzt in einem starken und erfolgreichen eigenen Land sicher fühlen – oder ihre Sicherheit durch geheimdienstliche und militärische Bemühungen verteidigen. Doch die Tatsache, dass jüdische Israelis weiterhin die Opferrolle erfahren und dass sie Täter gegenüber Palästinensern sind, kompliziert den Impuls, die Ära des Traumas als der fernen Vergangenheit zugehörig zu erklären."

Fadi, einer unserer palästinensischen Gesprächspartner, und Einat, eine unserer israelischen Gesprächspartnerinnen, wiesen darauf hin, dass unsere Kategorien von Opfern und Tätern im Grunde unzulänglich sind, wenn es um die Beschreibung ganzer Bevölkerungen geht. Sie erläuterten, dass einige Deutsche Täter und andere Opfer gewesen seien, und das Gleiche sollte für Israelis und Palästinenser gelten. In ganz ähnlicher Weise betonten mehrere Befragte die Heterogenität der deutschen, israelischen und palästinensischen Bevölkerung. Yoav, der Personal Trainer, meinte, dass „jede Bevölkerung ihre Opfer und Täter hat", und Stefan stellte fest: „Jeder Einzelne kann gleichzeitig Opfer und Täter sein."[48] Andere Befragte sprachen über die erheblichen Asymmetrien zwischen Israelis, Palästinensern und Deutschen, was es schwierig mache, Parallelen herzustellen – zum Beispiel die unverhältnismäßig große Macht, die Israelis als Besatzer gegenüber den Palästinensern als Besetzte ausüben. Dasselbe gilt für den Vergleich zwischen Deutschen und Palästinensern, bei dem die Deutschen wirtschaftliche und rechtliche Stabilität genießen können, während die Palästinenser Flüchtlinge sein können.

Trotz des breiten Spektrums von Ansichten und Gefühlen unter den von uns Befragten bezüglich der Kategorien von Opfern und Tätern und ungeachtet der offensichtlichen Heterogenität jeder der drei Gemeinschaften konnten wir einige allgemeine Tendenzen ausmachen. Die meisten Deutschen reagierten zweideutig oder zögerlich, wenn es um die Definition des Opfer-/Täterstatus von Palästinensern ging. Im Gegensatz dazu betrachtete die Mehrheit dieser Deutschen die Israelis und Juden (meist als austauschbare Bezeichnungen verwendet) als die eindeutigen und letztendlichen Opfer, fand es jedoch schwierig, wenn nicht gar

---

48 Dies fügt sich gut in unser Verständnis der Werke der Philosophin Hannah Arendt, vor allem ihre Diskussionen zum Eichmann-Prozess. Siehe Hannah Arendt, *Eichmann in Jerusalem: A Report on the Banality of Evil* (New York: Viking, 1963). Die englische Originalausgabe wurde in Zusammenarbeit mit der Autorin zwei Jahre später ins Deutsche übersetzt: *Eichmann in Jerusalem. Ein Bericht von der Banalität des Bösen* (München: Piper, 1965).

unmöglich, zwischen den Juden, die während des Holocaust verfolgt wurden, und den Israelis, die die Last des gewaltsamen Konflikts im Nahen Osten in jüngster und heutiger Zeit tragen, zu unterscheiden. Diese Fluidität zeigt sich auch in den öffentlichen und offiziellen Medien und im Regierungsdiskurs in Deutschland. Die meisten Israelis und Palästinenser, mit denen wir in Berlin ins Gespräch kamen, hatten ein klares Verständnis davon, wer die Täter und wer die Opfer des israelisch-palästinensischen Konflikts sind. Dies war besonders deutlich bei jenen, die sich jeweils auf der linken oder rechten Seite des politischen Spektrums verorteten. Äußerten sich Deutsche oft zweideutig über Palästinenser und klarer im Hinblick auf ihre Meinung zu Israelis, betrachteten Palästinenser fast durchweg die Israelis als Täter und die Palästinenser als Opfer. Linksgerichtete Israelis neigten dazu, den Palästinensern zuzustimmen und hatten ähnliche, wenn nicht identische Ansichten. Rechtsgerichtete Israelis, die in der größeren israelischen Gemeinde in Berlin eine Minderheitenansicht vertraten, beurteilten Palästinenser fast eindeutig als Täter und Israelis als Opfer. Es ist jedoch wichtig, darauf hinzuweisen, dass einige Palästinenser, von denen die meisten aus einem hoch privilegierten Umfeld stammen, einräumten, dass Palästinenser bisweilen auch Täter und Israelis Opfer sein konnten.

Obwohl der Opfer-Täter-Diskurs meist auf Deutschland im Kontext der Nazizeit oder auf den israelisch-palästinensischen Konflikt im Nahen Osten gerichtet ist, ist er für Israelis und Palästinenser im heutigen Berlin von unmittelbarer Bedeutung. Nur sehr wenige Israelis berichteten davon, in Berlin Antisemitismus erlebt zu haben, und doch drückte Ori, einer unserer Gesprächspartner, tiefe Besorgnis, ja sogar Angst darüber aus, dass „Juden wieder zu Opfern werden", und das im Zusammenhang mit „dem jüngsten Anstieg von Antisemitismus und Gewalt als Folge der neuen Flüchtlingskrise". Wir trafen Ori und seine Familie in einem der privaten Strandclubs Berlins. Er arbeitet in der Bau- und Immobilienbranche und ist mit seiner Frau Natasha, einer deutschen Jüdin russischer Abstammung, die er in Israel kennengelernt hat und die in einer Boutique für Damenbekleidung arbeitet, aus Netanya nach Berlin gekommen. Die Furcht Oris, Opfer der „zunehmenden Gewalt gegen Juden in Deutschland" zu werden, ist bei den Mitgliedern der deutsch-jüdischen Gemeinschaft deutlich stärker ausgeprägt; in diese Gemeinschaft ist Ori stärker integriert als die Mehrheit der in Berlin lebenden Israelis.[49]

---

49 Zu der seltenen Erfahrung von Antisemitismus bei Israelis in Berlin siehe Gilead Fortuna und Shuki Stauber, *Israelis in Berlin: A Community in the Making* [Hebräisch] (Haifa: Samuel Neaman Institute, 2016), 49.

Die Opfererfahrung ist bei den in Berlin lebenden Palästinensern viel klarer ausgeprägt als bei den Israelis, was vor allem mit einer realen Notlage zu tun hat, in der sich die Mehrheit dieser Bevölkerungsgruppe befindet. Die Sozialwissenschaftlerin Nikola Tietze untersuchte die Rolle von Opfererfahrung unter Palästinensern in Berlin.[50] Sie führte neunundzwanzig Interviews mit Palästinensern mit libanesischem Flüchtlingshintergrund und fand übereinstimmende Muster von Opfererzählungen, die auf Erfahrungen von Leid und Ungerechtigkeit in der deutschen Gesellschaft gründen. Ihre Ergebnisse fanden bei einigen der von uns interviewten Personen Bestätigung. So sprach Hisham, ein arbeitsloser Vater von vier Kindern in seinen Vierzigern, über „das Gepäck meines Großvaters, das Gepäck meines Vaters und mein eigenes Gepäck, das ich nur abstellen und auspacken kann, wenn ich nach Hause kommen kann." Das Gepäck symbolisiert für ihn den Zustand, ständig von zu Hause weg zu sein, ein Gefühl und eine Realität, die von Generation zu Generation weitergegeben werden. Dima drückte die Last der weitergegebenen Viktimisierung folgendermaßen aus: „Selbst wenn ich versuche, meine ganze Kraft und Konzentration in den Erfolg zu stecken und meine Talente zu zeigen, werden sie [die Deutschen] es mir nicht erlauben, ganz nach oben zu kommen. Ich kann der Tragödie meiner Großeltern nie ganz entkommen."

Unsere Gespräche mit Deutschen, Israelis und Palästinensern zeigen, wie dominant diese Opfer-Täter-Diskurse tatsächlich sind. Sie prägen die Wahrnehmung des Holocaust und des israelisch-palästinensischen Konflikts sowie die Frage, wie das Leben in Berlin davon beeinflusst wird. Die Verschmelzung von Vergangenheit und Gegenwart, von Opfer- und Täterstatus ist besonders für die Deutschen eine große Herausforderung, weil dem öffentlichen Diskurs in Deutschland weitgehend die Nuancierung fehlt, die notwendig wäre, um die Komplexität dieser Themen zu erfassen. Die Deutschen sind häufig darauf aus, eine gewisse physische, zeitliche und psychologische Distanz zum Holocaust und zum israelisch-palästinensischen Konflikt zu wahren, indem sie sich mit diesen Traumata über Normen und Regeln auseinandersetzen, denen es bisweilen an Kohärenz und Logik mangelt. Israelis und Palästinenser sind dagegen direkter in die Folgen verwickelt, selbst an ihrem neuen Wohnort. Ihre immer größer werdenden Gemeinschaften in Berlin zwingen die Deutschen, ihre eigene Nähe zu diesen Traumata ernstzunehmen, denen letztlich niemand entkommen kann. Wir erachten es als notwendig, die binäre Konstruktion von „Opfer" und „Täter" zu problematisieren und gleichzeitig tiefgreifende Machtasymmetrien zwischen und innerhalb dieser Gemeinschaften zu identifizieren.

---

50 Siehe See Nikola Tietze, *Imaginierte Gemeinschaft. Zugehörigkeiten und Kritik in der europäischen Einwanderungsgesellschaft* (Hamburg: Hamburger Edition, 2012), 114, 126.

Man kann nicht genug betonen, wie sehr die Kategorien von „Opfer" und „Täter"
Deutschen, Israelis und Palästinensern auferlegt und von allen drei Gruppen
verinnerlicht werden. Dennoch haben sich viele der von uns Befragten kreativ
und kritisch mit den Begriffen und ihrer Beziehung zu ihnen auseinandergesetzt.
Auch wenn wir die Angemessenheit und Nützlichkeit jener Begriffe in diesem
konkreten Zusammenhang durchaus anerkennen, problematisieren wir die Tendenz, ganze Nationen kollektiv in einer derart polarisierenden Weise zu definieren. Es ist notwendig, die Bandbreite der Positionen und politischen Überzeugungen zu verdeutlichen, die gesellschaftliche Akteure in sich selbst und in
Interaktion mit anderen kultivieren. Für die meisten der von uns befragten
Deutschen war es in Ordnung, Israelis als Opfer zu identifizieren, doch sie fanden
es unangemessen, Palästinenser öffentlich als Opfer zu definieren (privat konnten
sie durchaus andere Meinungen vertreten). Die meisten Israelis in Berlin sind sich
ihrer Verbindungen zu jüdischen Opfern des Holocaust bewusst. Sie verstehen,
dass Israelis heute von Palästinensern zu Opfern gemacht werden können, aber
auch, dass Israel als Besatzungsmacht gegenüber Millionen palästinensischer
Zivilisten unverhältnismäßig viel Macht ausübt. Die Mehrheit der Palästinenser
erkennt privat das jüdische und israelische Leid an, befürchtet aber, dass die
öffentliche Aufmerksamkeit für den Holocaust und für die jüdischen Leiden dazu
benutzt werden könnte, die Palästinenser weiter zum Schweigen zu verurteilen
und Israel in seiner Unterdrückung der Palästinenser moralische Legitimität zu
verleihen.

3 Deutschland und Israel/Palästina

Verbrechen der Vergangenheit und Verantwortung in der Gegenwart

Trotz des Anspruchs auf Gleichbehandlung aller Bürgerinnen und Bürger sind die Politik und das Handeln Deutschlands weitgehend von der offiziellen Staatsraison geprägt, die in der historischen Verpflichtung zur Aufarbeitung der Verbrechen des NS-Regimes wurzelt.[46] In dieser Hinsicht gibt es zwischen den großen politischen Parteien in Deutschland auch keine wesentlichen Unterschiede, wenn es um ihre Einstellung zum israelisch-palästinensischen Konflikt geht.[47] Auch abweichende Meinungen einzelner Politikerinnen und Politiker haben den Status quo des Dreiecksverhältnisses zwischen Deutschen, Israelis und Palästinensern auf Dauer nicht verändert. Diese Realität betrifft nicht nur den zäh laufenden Friedensprozess im Nahen Osten, sondern letztlich auch die Politik gegenüber Israelis und Palästinensern, die auf deutschem Boden leben.

Die Nachkriegsbeziehungen zwischen Deutschland und Israel begannen 1952, als der bundesdeutsche Kanzler Konrad Adenauer und der israelische Ministerpräsident David Ben-Gurion den Vertrag von Luxemburg unterzeichneten.[48] Das Abkommen und die sich entwickelnden Beziehungen zwischen den beiden Ländern wurden weitgehend durch die Zusage westdeutscher Reparationszahlungen an Israel bestimmt.[49] Vollwertige diplomatische Beziehungen zwischen

---

46 Zum Konzept der deutschen Staatsräson siehe Markus Kaim, „Israels Sicherheit als deutsche Staatsräson. Was bedeutet das konkret?," *Aus Politik und Zeitgeschichte* 65 (2015): 8–13. Über Deutschlands Verhältnis zu Israel/Palästina im Allgemeinen siehe Anne-Kathrin Kreft, „The Weight of History: Change and Continuity in German Foreign Policy towards the Israeli-Palestinian Conflict," Masterarbeit, Western Washington University, Washington, DC, 2010.
47 Zum Sachverhalt, dass selbst die linksgerichteten Parteien in Deutschland eine beinah bedingungslose Unterstützung Israels propagieren, siehe Leandros Fischer, „The German Left's Palestine Problem," *Jacobin*, 12.3.2014.
48 Zum Vertrag von Luxemburg und dem Verhältnis zwischen Konrad Adenauer und David Ben-Gurion siehe Niels Hansen, *Aus dem Schatten der Katastrophe. Die deutsch-israelischen Beziehungen in der Ära Konrad Adenauer und David Ben Gurion. Ein dokumentierter Bericht*, Forschungen und Quellen zur Zeitgeschichte, Bd. 38 (Düsseldorf: Droste, 2002).
49 Zu den Reparationszahlungen siehe Constantin Goschler, *Schuld und Schulden. Die Politik der Wiedergutmachung für NS-Verfolgte seit 1945* (Göttingen: Wallstein, 2005). Siehe auch den jüngeren Beitrag von Frederick Honig, „The Reparations Agreement between Israel and the Federal Republic of Germany," *American Journal of International Law* 48, no. 4 (2017): 564–78. Zu den Wiedergutmachungsvereinbarungen zwischen Israel und Deutschland, einschließlich dem Originaltext des Abkommens und den Reaktionen in Israel siehe die National Library of Israel,

https://doi.org/10.1515/9783110729931-006

der Bundesrepublik Deutschland und Israel wurden jedoch erst 1965 offiziell aufgenommen.[50] Dagegen waren Beziehungen zwischen der Deutschen Demokratischen Republik, zu der natürlich auch Ostberlin gehörte, und Israel so gut wie nicht existent.[51]

Das historisch sensible Verhältnis zwischen Israel und der BRD machte es schwierig, bilaterale Politik mit staatenlosen palästinensischen Gemeinschaften zu betreiben. Kontakte fanden daher meist auf niedrigeren und inoffiziellen Ebenen statt, die mit den humanitären Bedingungen in den besetzten Gebieten zu tun hatten.[52] Anders als die BRD unterhielt die DDR offizielle diplomatische Kontakte mit der Palästinensischen Befreiungsorganisation (PLO).[53] So bewandelte das geteilte Deutschland in diesen frühen Nachkriegsjahren in seinem Engagement gegenüber Israel/Palästina zwei unterschiedliche politische Wege. Nach der Wiedervereinigung Deutschlands im Jahr 1990 – insbesondere nach den Osloer Abkommen von 1993 – wurde das Engagement in Palästina rechtlich eindeutig geregelt.[54] Von da an leistete Deutschland Finanzhilfe für die Palästinenser und entwickelte sich zu einem der wichtigsten finanziellen Unterstützer für die palästinensische Sache, wobei sich Deutschland in der Regel für das pa-

http://web.nli.org.il/sites/NLI/English/collections/personalsites/Israel-Germany/Division-of-Germany/Pages/Reparations-Agreement.aspx.

50 Zu den Anfängen der diplomatischen Beziehungen zwischen Deutschland und Israel nach dem Krieg siehe Pól Ó Dochartaigh, „Philo-Zionism as a German Political Code: Germany and the Israeli-Palestinian Conflict since 1987," *Journal of Contemporary Central and Eastern Europe* 15, no. 2 (2007): 233–35.

51 Zur Beziehung zwischen der ehemaligen DDR und Israel siehe Stefan Meining, *Kommunistische Judenpolitik: die DDR, die Juden und Israel*, Diktatur und Widerstand, Bd. 2 (Berlin: LIT, 2002).

52 Zu den humanitären Bedenken Deutschlands im Zusammenhang mit den deutschen Interessen in Palästina siehe Kaim, „Israels Sicherheit als deutsche Staatsräson." Muriel Asseburg empfiehlt Deutschland eine aktive politische Rolle bei der Unterstützung der palästinensischen Sache; siehe Muriel Asseburg, „Palästinas verbauter Weg zur Eigenstaatlichkeit," *Vereinte Nationen*, März 2018, 105–10, https://www.swp-berlin.org/fileadmin/contents/products/fachpublikationen/03_Asseburg_VN_3-2018_7-6-2018.pdf.

53 Zum Verhältnis zwischen der DDR und der PLO siehe Lutz Maeke, *DDR und PLO: Die Palästinapolitik des SED-Staates* (Berlin: Walter de Gruyter, 2017).

54 Zum Verhältnis zwischen Deutschland und Israel/Palästina nach der Wiedervereinigung 1990, und dann besonders nach dem Osloer Abkommen 1993, siehe Phillip Ayoub, „From Payer to Player? Germany's Foreign Policy Role in Regards to the Middle East Conflict," Masterarbeit, University of North Carolina, Chapel Hill, 2005, 5, 16. Als eine Kurzübersicht zu Deutschlands Verhältnis mit Israel/Palästina siehe Martin Beck, „Germany and the Israeli-Palestinian Conflict," in *Germany's Uncertain Power: Foreign Policy of the Berlin Republic*, hrsg. von H. Maull (London: Palgrave Macmillan, 2006), 260–72.

lästinensische Selbstbestimmungsrecht einsetzte.[55] Während die historische Verantwortung und die Verpflichtung, die Sicherheit eines Staates für Juden zu unterstützen, das Verhältnis Deutschlands zu Israel bestimmte, wurde das deutsche Interesse an den Palästinensern durch humanitäre Anliegen sowie das allgemeine Interesse der Europäischen Union an regionaler Stabilität genährt und legitimiert.

Obwohl sich nicht alle deutschen Politikerinnen und Politiker darin einig waren, dass der Krieg von 1967 Israel eher in die Defensive (wie Israel argumentierte) als in die Offensive manövriert hatte, hielt die westdeutsche Regierung – trotz einiger Kritik aufseiten der linken Parteien – an ihrer Unterstützungsposition fest. Kritischere Ansichten der Deutschen zu Israel wurden während der Ersten Intifada (1987–1993) und der Zweiten Intifada (2000–2005), also der palästinensischen Aufstände gegen die israelische Besatzung, geäußert, vor allem im Hinblick auf die israelischen Gegenschläge, aber auch als Reaktion auf die Kriege Israels, insbesondere den Libanonkrieg (1982), den Golfkrieg (1991 und 2003) und den Krieg im Gazastreifen (zwischen 2008 und 2014).[56] Dennoch wurde Deutschlands fortwährende Unterstützung Israels während des eigenen Transformationsprozesses – der zum Fall der Berliner Mauer 1989 und zur deutschen Wiedervereinigung 1990 führte – sowohl intern als auch extern als „Maßnahme der Wiedereingliederung in die Reihen der zivilisierten Nationen" verstanden.[57] Die Fähigkeit Deutschlands, sich angesichts seiner vergangenen Verbrechen zu einer „normalen" internationalen politischen Kraft zu entwickeln, wurde immer wieder in Frage gestellt. Tatsächlich ist das Argument, dass Deutschlands Vergangenheit das Land von jeder Art der Beteiligung am israelisch-palästinensischen Friedensprozess abhalten sollte, bei der Mehrheit der Israelis noch immer sehr verbreitet, weil man den An-

---

55 Zu Deutschlands jüngsten Anstrengungen zur Verbesserung der humanitären Situation in Palästina siehe „Germany Contributes EUR 23.15 Million to UNRWA for Projects in Gaza," UNRWA, 22.12.2017, https://www.unrwa.org/newsroom/press-releases/germany-contributes-eur-2315-mil lion-unrwa-projects-gaza; „Germany to Boost Funds to UNRWA amid Reports of Cuts by U.S.," Deutsche Presse-Agentur und *Haaretz*, 31.8.2018. Zu Merkels kürzlichen Weigerung, Palästina als Staat anzuerkennen, siehe Michael Nienaber und Andreas Rinke, „Merkel against Unilaterally Recognizing Palestine as a State," Reuters, 21.11.2014.
56 Zu Deutschlands Position im Hinblick auf die Haltungen Israels während der Kriege und Intifada-Aufstände siehe Ó Dochartaigh, „Philo-Zionism as a German Political Code," 234. Zu kritischen Positionen gegenüber der Politik Israels und Spannungen mit der Regierung Netanjahu in den letzten Jahren siehe z.B. Ralf Neukirch, „Tensions Flare in German-Israel Relations," *Spiegel Online*, 18.2.2014, https://www.spiegel.de/international/germany/relations-between-ger many-and-israel-at-all-time-low-for-merkel-a-954118.html.
57 Zu Deutschlands moralischen Verpflichtungen in der Zeit nach der Nazidiktatur siehe Ó Dochartaigh, „Philo-Zionism as a German Political Code," 233–34.

sprüchen auf deutsche Neutralität misstrauisch gegenübersteht. Obwohl die Bedenken bezüglich der deutschen Neutralität in vielerlei Hinsicht berechtigt sind, können sie natürlich auch dazu dienen, sich von einem echten Engagement für Gerechtigkeit für die Palästinenser abzuwenden; die Sorgen sind dann nichts weiter als ein Überrest der alten Voreingenommenheit gegenüber der deutschen Außen- und Innenpolitik.

Im internationalen Vergleich ist die Europäische Union gegenüber Israel im Allgemeinen kritischer eingestellt und gegenüber den Palästinensern positiver als die Vereinigten Staaten.[58] Obwohl Deutschland sich oft der Linie der meisten europäischen Staaten und auch der USA angeschlossen hat, welche die israelische Besetzung der 1967 eroberten Gebiete – eine völkerrechtswidrige Handlung, die auch gegen die Resolutionen der Vereinten Nationen verstößt – hat dies an Deutschlands fortdauernder Unterstützung des israelischen Staates ganz offensichtlich nichts geändert. Das besondere Verhältnis und die historischen Bindungen Deutschlands zu Israel haben die Wahrnehmung Deutschlands als unvoreingenommenem und selbstbewusstem politischen Akteur stark beeinträchtigt, und tatsächlich hat die deutsche Politik zahlreiche EU-Initiativen blockiert, die als zu „pro-palästinensisch" oder „anti-israelisch" eingestuft wurden.[59] Dies wurde umso deutlicher, nachdem Angela Merkel an die Spitze der Christlich Demokratischen Union (CDU) gewählt wurde. So war Deutschland im Jahr 2012 einer von nur vierzehn Staaten, die gegen die Aufnahme der Palästinenser in die Organisation der Vereinten Nationen für Bildung, Wissenschaft, Kultur und Kommunikation (UNESCO) gestimmt haben.[60] Im selben Jahr übte Deutschland, als es die tunesische Regierung bei der Ausarbeitung der neuen Verfassung beriet, Druck aus, um einen Satz zu streichen, in dem Zionismus als Rassismus definiert wurde; der endgültige Text erschien dann ohne diesen Satz.[61] 2008 sprach Merkel als erste deutsche Bundeskanzlerin vor der Knesset (dem israelischen Parlament), und bei der Gelegenheit machte sie erneut klar, dass die Gewährleistung der Sicherheit Israels ein wesentlicher Bestandteil der deutschen Staatsräson sei. Zwar waren viele Israelis und Deutsche tief bewegt, doch mehrere Mitglieder der Knesset verließen den Saal, um gegen die Tatsache zu protestieren, dass bei der Veranstaltung

---

58 Zur Haltung der Europäischen Union gegenüber dem Israel/Palästina-Konflikt siehe Ayoub, „From Payer to Player?," 11; Ó Dochartaigh, „Philo-Zionism as a German Political Code," 238, 240.
59 Zu Deutschlands Widerstand gegen verschiedene EU-Initiativen, da diese zu „pro-palästinensisch" oder „anti-israelisch" seien, siehe Ayoub, „From Payer to Player?," 12–14, 26–28.
60 Siehe Amy Schwartz, „Inside the Germany/Israel Relationship," *Moment*, 8.7.2018.
61 Siehe Schwartz, „Inside the Germany/Israel Relationship."

Deutsch gesprochen wurde.[62] Eine etwas kritischere Haltung gegenüber der israelischen Politik formierte sich unter Christoph Heusgen, der im Juli 2017 zum deutschen Botschafter bei der UNO ernannt wurde.[63]

Die Konstanz des politischen Establishments steht im Gegensatz zur Heterogenität der Berliner Zivilgesellschaft, die sich aus dem kritischen Dreieck von Deutschen, Israelis und Palästinensern zusammensetzt. Diese Gesellschaft umfasst verschiedene ethnische und religiöse Gemeinschaften, Bürgerinitiativen und eine Reihe von aktivistischen Gruppen, die gemeinsam oder getrennt, in Übereinstimmung oder in Opposition zueinander agieren.

Im Unterschied zum offiziellen politischen Engagement Deutschlands gegenüber Israel, das am deutlichsten in der fortgesetzten finanziellen Unterstützung zum Ausdruck kommt (vor allem im militärischen Bereich, in jüngerer Zeit aber auch in den Bereichen Bildung und Forschung), scheint die Haltung der Öffentlichkeit vielfältiger und kritischer zu sein.[64] Umfragen haben ergeben, dass die Deutschen zwar nicht feindseliger gegenüber Israel sind als andere Europäer, die Kluft zwischen ihren Ansichten und der Position des politischen Establishments jedoch größer ist. Eine Umfrage aus dem Jahr 2012 ergab, dass 60 Prozent der Befragten Israel für eine „aggressive" Nation hielten, und etwa der gleiche Anteil meinte, Deutschland habe keine „besondere Verpflichtung" gegenüber dem Staat Israel.[65] Das Unbehagen der meisten Deutschen scheint in direktem Zusammenhang mit der israelischen Siedlungspolitik und dem Militär zu stehen.

An der Schnittstelle zwischen der deutschen Regierung und der Berliner Zivilgesellschaft gibt es eine Reihe von Organisationen, Bewegungen und aktivistischen Gruppen mit Sitz in der Stadt, die sich direkt mit dem israelisch-palästinensischen Konflikt befassen. Dazu gehören zum Beispiel Dabkeh Al-Awda Berlin, eine Tanzgruppe, die mit traditionellen Tänzen die palästinensische Kultur zum Ausdruck bringt und damit das Recht der Palästinenser auf Rückkehr nach Palästina unterstreicht; das American Jewish Committee (AJC) Berlin, eine jüdische Interessenvertretung, die sich für die Verbesserung der jüdischen Sicherheit

---

62 Siehe Ulrike Putz, „Merkel in the Knesset: We Would Never Abandon Israel," *Spiegel Online*, 18.3.2008, https://www.spiegel.de/international/world/merkel-in-the-knesset-we-would-never-abandon-israel-a-542311.html.

63 Benjamin Weinthal, „German MPs Slam F[oreign] M[inister] Maas for Abandoning Israel at U.N.," *Jerusalem Post*, 23.11.2018.

64 Zu Deutschlands Unterstützung des israelischen Militärs siehe Neukirch, „Tensions Flare in German-Israel Relations"; Kaim, „Israels Sicherheit als deutsche Staatsräson."

65 Zur Meinung von Deutschen, die sich vom öffentlichen und politischen Diskurs unterscheidet, siehe Ó Dochartaigh, „Philo-Zionism as a German Political Code," 243; Schwartz, „Inside the Germany/Israel Relationship."

durch die amerikanisch-deutsch-israelische Partnerschaft einsetzt; die Antideutsche Aktion Berlin, eine linksradikale Organisation, die sich gegen den deutschen Nationalismus wendet und für bedingungslose Solidarität mit Israel eintritt; Berlin Against Pinkwashing, eine aktivistische Bewegung, die sich gegen die israelische Instrumentalisierung von LGBTQ-Themen wendet, die lediglich die israelische Menschenrechtsverletzungen im besetzten Palästina kaschieren solle; BDS Berlin, eine gewaltlose Boykottbewegung gegen die israelische Besetzung; die Jüdische Antifaschistische Aktion Berlin (Jewish Antifa Berlin), eine linksgerichtete jüdische Gruppe, die vor allem von Einwanderern aus Israel gebildet wird, die sich mit Palästinensern solidarisch erklären; und schließlich die Jüdische Stimme für Gerechten Frieden in Nahost, der Berliner Zweig der größeren europäischen Organisation Jews for a Just Peace, die von Israelis aufgerichtet wurde. Mit Ausnahme von AJC und der Antideutschen Aktion Berlin sind alle genannten Organisationen kritisch gegenüber der israelischen Besetzung und Menschenrechtsverletzungen. Eine weitere Organisation, die ganz auf der Seite der israelischen Regierungspolitik steht, was die ungleiche Behandlung seiner nicht-jüdischen Bürgerinnen und Bürger, aber auch die Politik im Westjordanland und im Gazastreifen angeht, ist der Zentralrat der Juden in Deutschland. Im Unterschied zu AJC und der Antideutschen Aktion Berlin wird der Zentralrat massiv von der deutschen Regierung unterstützt. Er ist Mitglied des Jüdischen Weltkongresses, der seit seiner Gründung im Jahr 1950 die moralische Pflicht auf sich genommen hat, Deutschland immer wieder an seine Nazivergangenheit zu erinnern.

Deutsche, israelische und palästinensische Perspektiven

Die meisten der Personen, mit denen wir sprachen, waren selber nicht aktivistisch, aber sie beschäftigten sich auf jeden Fall mit Fragen des Verhältnisses Deutschlands zu Israel/Palästina. Unsere Feldstudie ergab unterschiedliche Einstellungen zu den historischen und politischen Dimensionen des Konflikts. Die meisten unserer Befragten waren der Ansicht, dass die deutsche Intervention in den israelisch-palästinensischen Konflikt angesichts des langen Schattens der Vergangenheit unzulänglich oder erklärlicherweise voreingenommen war. Freundliche Kritiken wiesen auf Unkenntnis und unbeabsichtigte Unbeholfenheit der deutschen Bemühungen hin; weniger freundliche stellten die deutschen Bemühungen entweder als unrechtmäßig einseitig und pro-israelisch oder als strikt pro-palästinensisch dar.

„Die deutsche Regierung ist bestrebt, in ihrer Haltung gegenüber dem israelisch-palästinensischen Konflikt fair und unparteiisch zu bleiben", sagte Rudi, ein deutscher Jude Ende sechzig, der in einer der Berliner jüdischen Institutionen eine geachtete und öffentlich sichtbare Stellung innehat. Dies lasse sich am besten durch die Tatsache belegen, dass jede große deutsche politische Partei eine Stiftung habe, jeweils mit einer Zweigstelle in Israel und einer in den Besetzten Palästinensischen Gebieten: die CDU habe ein Büro ihrer Konrad-Adenauer-Stiftung in Westjerusalem und eines in Ramallah; die SPD habe eine Zweigstelle ihrer Friedrich-Ebert-Stiftung in Herzliya Pituach und eine in Ostjerusalem; die Heinrich-Böll-Stiftung der Grünen habe eine Vertretung in Tel Aviv und eine in Ramallah. Rudi erläuterte sodann, warum diese Bemühungen um Fairness meist erfolglos blieben. „Der Hauptgrund für das Versagen deutscher Politik war das fehlende Verständnis des Konflikts aufseiten des Personals [dieser Organisationen], was man zum Beispiel am Versuch erkennen kann, gemeinsame Veranstaltungen in Israel zu organisieren. Trotz der geografischen Nähe – Ramallah ist gerade mal 60 Kilometer von Tel Aviv entfernt – hatten die deutschen Mitarbeiterinnen und Mitarbeiter keine Vorstellung von den physischen und politischen Grenzen, die eine Zusammenarbeit zwischen Israelis und Palästinensern sowie eine palästinensische Mobilität unmöglich machten."

Der deutsch-jüdische Psychoanalytiker Martin meinte, die deutsche Haltung gegenüber Israel sei eindeutig zugunsten der Palästinenser voreingenommen. „Deutschland steht immer auf der Seite der Palästinenser", sagte er. „Das sehen wir sehr deutlich in den Medien. Nie zeigt sich Sympathie für Israel oder sein Handeln. Wann immer über Kampfhandlungen berichtet wird, scheint den Deutschen nicht bewusst zu sein, dass das israelische Militär versucht, seine Bürger zu schützen, die ständig von palästinensischer Gewalt bedroht sind. Die Medien wissen halt, wie sie die Realität verzerren können."

Die Krankenschwester Simone meinte, die unparteiische Intervention Deutschlands in den israelisch-palästinensischen Konflikt sei im Bereich des begrenzten und streng überwachten deutschen Beitrags zum israelischen Militär sichtbar. Sie verwies darauf, dass die deutsche Finanzierung ausschließlich U-Boote betraf – also Waffen, die nicht für militärische Aktionen gegen Palästinenser geeignet seien. Diese Einschätzung war unter Deutschen verbreitet; sie waren der Ansicht, dass Deutschland im Allgemeinen versucht, im Konflikt unparteiisch oder neutral zu bleiben. Auch wenn ein Teil der deutschen Unterstützung für das israelische Militär nach wie vor als geheim eingestuft wird, wurde die fortdauernde Bereitstellung von Waffen und Technologie, einschließlich der Ausrüstung mit nuklearem Potenzial, immer wieder eingeräumt.[66] Tatsächlich

---

66 Siehe z. B. Carla Bleiker, „A Special Case: The German-Israeli Security Cooperation," *Deutsche Welle*, 12.5.2015, https://www.dw.com/en/a-special-case-the-german-israeli-security-cooperati

gab es in den letzten Jahren einen Trend zum weiteren Ausbau der Zusammen-arbeit zwischen Deutschland und Israel auf dem Gebiet der militärischen Aus-bildung und wissenschaftlichen Expertise, was das unerschütterliche Bekenntnis Deutschlands zur militärischen Macht Israels unterstreicht.

Die meisten der von uns Befragten wussten, implizit oder explizit, um die besondere Unterstützung Deutschlands für Israel. Die meisten deutschen Juden befürworteten dieses einseitige Engagement, eine Ansicht, die von Deutschen geteilt wurde, die sich als christlich oder säkular mit christlichem Hintergrund bezeichneten. Wie die Supermarktkassiererin Silke es ausdrückte: „Natürlich helfen wir Israel. Es ist unsere Pflicht – verständlicherweise – dass wir ihr Leben und ihre Grenzen schützen." Deutsche Muslime hatten eher gemischte Gefühle bei der einseitigen Unterstützung, waren aber nicht unbedingt besser informiert über die historischen Details der politischen Beziehungen zwischen Deutschen, Israelis und Palästinensern. Die meisten Palästinenser verstanden die histori-schen Gründe für die fortdauernde Unterstützung, waren aber der Meinung, dass das deutsche Engagement für Israel nicht auf Kosten der palästinensischen Menschenrechte gehen sollte. Sie hatten den Eindruck, dass das deutsche Ver-ständnis des israelisch-palästinensischen Konflikts im Grunde auf die Kompen-sation vergangener Vergehen reduziert sei, nicht aber auf einer fairen Bewertung des Konflikts aufbaue. „Sie [die Deutschen] zahlen für all das Töten in der Ver-gangenheit und sehen das Töten heute nicht mehr", wie es der Medizinstudent Fadi formulierte. „Oder sie sehen vielleicht, wenn wir [die Palästinenser] die Ju-den töten, aber sie sehen nicht, wenn sie [die Israelis] uns töten." Das undiffe-renzierte Verständnis der Deutschen für die israelischen und palästinensischen Gesellschaften lässt sich auch daran ablesen, dass viele deutsche Befragte Israel mindestens einmal besucht hatten, dass sich ihre Begegnung mit den Besetzten Gebieten jedoch auf einen Besuch der Altstadt in Ostjerusalem beschränkte. Die meisten waren sich nicht einmal darüber im Klaren, dass sie mit der Einreise nach Ostjerusalem einen Fuß in das von Israel besetzte Westjordanland gesetzt hat-ten.[67] Während unseres Gesprächs bekundete der Politologiestudent Stefan gro-ßes Interesse an einem Besuch im Westjordanland. Als wir sagten, dass Ostjeru-salem, obwohl es von Israel als integraler Bestandteil der „ewig vereinigten Hauptstadt Israels" betrachtet wird, völkerrechtlich besetztes Gebiet und Teil des

---

on/a-18444585; Kaim, „Israels Sicherheit als deutsche Staatsräson"; Anna Ahronheim, „Germa-ny's Heckler & Koch to Stop Selling Guns to Israel," *Jerusalem Post*, 20.9.2017; Schwartz, „Inside the Germany/Israel Relationship."
67 Während internationales Recht Ostjerusalem als Teil des Besetzten Palästinensischen West-jordanlands definiert, betrachten die meisten Israelis Ostjerusalem seit der israelischen Erobe-rung des Gebietes 1967 als integralen Teil Israels.

Westjordanlandes sei, schien er fassungslos und wollte sogleich die historischen und rechtlichen Aspekte der Situation nachschlagen.

Die israelische Gruppe der Befragten war in zwei Fraktionen gespalten. Mehr als die Hälfte war gut informiert und kritisch gegenüber der israelischen Regierung und der deutschen Voreingenommenheit gegenüber Israel im Hinblick auf den Konflikt. Eine Minderheit stellte sich auf die Seite des offiziellen zionistischen Staatsnarrativs, und für die meisten von diesen Personen gründete die Begegnung mit den Lebensbedingungen der Palästinenser – von den Medien abgesehen – allein auf ihren Erfahrungen als israelische Soldatinnen und Soldaten, die in die Besetzten Palästinensischen Gebieten entsandt worden waren oder dem israelischen Militär auf andere Weise gedient hatten. Ron sagte zum Beispiel, dass „Israels militärische Stärke und Unabhängigkeit so stark entwickelt und ausgereift sind, dass eine Einmischung durch irgendeine Nation oder ein Land, einschließlich Deutschland, ungerechtfertigt ist".

Rüdiger, ein Polizeibeamter Ende dreißig, sprach leidenschaftlich über das, was er Israels ungerechte und gewalttätige Behandlung des palästinensischen Volkes nannte. An Debatten über eine deutsche Entschädigung oder Überkompensation des Holocaust war er nicht interessiert; sein Interesse lag in der möglichen Komplizenschaft, die sich aus der direkten deutschen Unterstützung des israelischen Militärs ergibt. Rüdiger formulierte seine Kritik an der deutschen Politik mit den Worten: „Ich lese die Zeitungen, und eines ist klar: Israel unterdrückt die Palästinenser jeden Tag, und darüber sollten wir reden."

Während sich einige deutsche Befragte jahrelang intensiv mit Studien und Literatur zum Holocaust und zum israelisch-palästinensischen Konflikt befasst hatten, waren viele von ihnen einfach nicht interessiert. In einigen Fällen äußerten sie Vorbehalte gegen eine Analyse der jüngsten Geschichte der gewaltsamen Auseinandersetzung oder gegen ein vertieftes Verständnis des Konflikts. Martin, einer der deutschen Juden, mit denen wir über muslimische Flüchtlinge in Berlin im Allgemeinen und Palästinenser im Besonderen sprachen, sagte, er habe zwar „Dinge und Fakten über sie [die Palästinenser] gehört", sei aber nicht in der Lage, „sich an die Argumente zu erinnern, die sie untermauern würden". Wiederholt hielt er fest, er sei nicht imstande, sein Herz zu öffnen oder seinen Kopf von anderen Dingen freizumachen, um die Sache oder die Perspektive der Palästinenser besser zu verstehen. Die pensionierte Informationswissenschaftlerin Martina äußerte sich zurückhaltend über die Möglichkeit, den israelisch-palästinensischen Konflikt anders zu bewerten. Obwohl sie bereit war, offen und kritisch über ihre Mitschuld am Holocaust und die moralische Verpflichtung der Deutschen gegenüber den Juden zu sprechen, zeigte sie kein großes Interesse an einer Diskussion der Israel/Palästina-Frage. Martina sagte, sie habe die Region nie besucht, sei aber eingeladen worden, sich einer Delegation auf einer Reise nach Israel und in die Besetzten Palästinensischen Gebiete anzuschließen. Sie gab zu, dass sie dies abgelehnt hatte, weil sie befürchtete, etwas zu entdecken, was ihr „nicht gefallen würde".

Das offizielle Verhältnis zwischen Deutschland und Israel/Palästina war seit seinem Beginn im Jahr 1952 von relativer Beständigkeit geprägt – es wurde nämlich dadurch definiert, dass Deutschland Entschädigung zahlte für seine Kriegsverbrechen an jüdischen Europäern und dies in Unterstützung für Israel umsetzte. Trotz der engen Beziehung zwischen der vormaligen DDR und der PLO brachte die spätere Wiedervereinigung Deutschlands keine wesentlichen Änderungen im Hinblick auf das Bündnis Deutschlands mit Israel. Die besondere Verbundenheit zwischen Deutschland und Israel wurde durch militärische Unterstützung und Partnerschaften sowie durch gemeinsame Kultur- und Bildungsinitiativen beider Länder festgeschrieben. Die finanzielle Hilfe Deutschlands für die Palästinenser erfolgte hauptsächlich in Form von humanitärer Hilfe für die Besetzten Gebiete. Es besteht allerdings eine klare Diskrepanz zwischen dem offiziellen, vom politischen Establishment vorangetriebenen öffentlichen Diskurs in Deutschland, in dem Kritik an Israel weitgehend tabuisiert wird, und einer basisdemokratischen, für ein breiteres Meinungsspektrum offenen Zivilgesellschaft in Berlin. Insgesamt vertraten sowohl Israelis als auch Palästinenser die Auffassung, dass es wichtig sei, diese Kluft zu überbrücken und ein differenzierteres deutsches Engagement im israelisch-palästinensischen Konflikt zu ermöglichen.

4 Deutschland und Migration

Migration in der Nachkriegszeit

Berlin mit seinen zwölf Bezirken gilt als die multikulturellste Stadt Deutschlands. In den pulsierenden Bezirken Kreuzberg und Neukölln leben neben Israelis und Palästinensern auch viele andere ethnische Gemeinschaften (darunter Menschen mit chinesischer, kurdischer, nahöstlicher, nordafrikanischer, polnischer, russischer und türkischer Herkunft). Mehr als 40 Prozent der Bevölkerung in diesen Bezirken hat einen sogenannten Migrationshintergrund, und die bunte ethnische Vielfalt hat die Gebiete zu beliebten Drehscheiben für junge Kunstschaffende und Intellektuelle aus der ganzen Welt gemacht.[68] Neben Deutsch wird auf den Straßen und im öffentlichen Raum auch Arabisch, Englisch, Türkisch und Hebräisch gesprochen. Besonders interessant für unsere Untersuchung waren die zahlreichen Straßen-, Laden- und Restaurantschilder in arabischer Sprache, wobei gelegentlich auch einige hebräische Schilder auftauchten, insbesondere in Vierteln mit einer hohen Konzentration von Israelis und anderen Menschen aus dem Nahen Osten.

Nach dem Zweiten Weltkrieg wurde Deutschland zu einem der Länder in Europa, die ein hohes Maß an Einwanderung erlebten. Zu den ersten Einwanderungsgruppen gehörten Deutschstämmige aus Osteuropa, bald gefolgt von sogenannten Gastarbeitern, die in den 1950er und 1960er Jahren sowohl von der Bundesrepublik Deutschland als auch von der Deutschen Demokratischen Republik angeworben wurden. Das aktive Anwerben ausländischer Arbeitskräfte endete 1973 infolge der wirtschaftlichen Rezession, aber Familienangehörige von bereits heimisch gewordenen Arbeitnehmerinnen und Arbeitnehmern kamen auch weiterhin hinzu. Zwischen 1988 und 2004 zogen drei Millionen Spätaussiedler*innen nach Deutschland, was zu staatlichen Einreisebeschränkungen sowohl für Spätaussiedler*innen als auch für Arbeitsmigrant*innen führte.[69] Gleichzeitig zog jedoch infolge der Erweiterung der Europäischen Union in den Jahren 2004 und 2007 weiterhin eine konstante Zahl von Menschen nach

---

68 Zu Berlins Multikulturalismus im Vergleich der verschiedenen Bezirke siehe Wolfgang Kil und Hilary Silver, „From Kreuzberg to Marzahn: New Migrant Communities in Berlin," *German Politics and Society* 81, no. 24.4 (2006): 95 – 120; Annika Marlen Hinze, *Turkish Berlin: Integration Policy and Urban Space* (Minneapolis: University of Minnesota Press, 2013), 111 – 44.

69 Zur Priorisierung von Ethnizität bei der Einwanderung, mit einem Vergleich zwischen deutscher und israelischer Politik, siehe Christian Joppke und Zeev Roshenhek, „Ethnic-Priority Immigration in Israel and Germany: Resilience versus Demise," Working Paper no. 45, Center for Comparative Immigration Studies, University of California, San Diego, 2001.

https://doi.org/10.1515/9783110729931-007

Deutschland, vor allem motiviert durch einen starken Arbeitsmarkt.[70] Bis 2011 erreichte die Zahl der in Deutschland lebenden Ausländerinnen und Ausländer rund elf Millionen.[71] Der jüngste Anstieg erfolgte im Sommer 2015 mit fast einer Million Flüchtlingen, die vor allem aus Syrien, Afghanistan und dem Irak nach Deutschland kamen. Davon ließen sich 79.000 in Berlin nieder.[72] Seitdem hat es immer wieder kleinere Ein- und Ausreisewellen gegeben, in der Presse und im öffentlichen Diskurs häufig als „Flüchtlingskrise" bezeichnet.

Die Einstellungen gegenüber diesen neuen Bevölkerungsgruppen reichten von einer positiven Willkommenskultur über den Erlass strengerer Asylvorschriften bis hin zum politischen Aufstieg der Alternative für Deutschland, die im September 2017 als erste rechtsextreme nationalistische Bewegung nach dem Zweiten Weltkrieg in den Bundestag einzog. Sowohl die AfD als auch ihr ideologischer Verbündeter Pegida sind offen fremdenfeindlich.[73] Obwohl Experten, die die Auswirkungen der Migration weltweit und speziell in Deutschland untersuchen, die klaren wirtschaftlichen und sozialen Vorteile von Einwanderung nachweisen, haben populistische Bewegungen und der Diskurs in den Medien Angst, Rassismus und Vorurteile unter den Deutschen sehr stark gefördert. Bundeskanzlerin Angela Merkel, die für ihre Unterstützung der Freizügigkeit über die Grenzen Europas hinweg und für die Aufnahme von Hunderttausenden von Flüchtlingen bekannt wurde, stimmte kürzlich einer – zumindest vorüberge-

---

70 Zur Geschichte der Migration in Deutschland siehe Shahd Wari, *Palestinian Berlin: Perceptions and Use of Public Space*, Schriften zur Internationalen Stadtentwicklung, Bd. 22 (Zürich: LIT, 2017), 62–78.

71 Das Bundesamt für Migration und Flüchtlinge publiziert monatliche Berichte mit Statistiken und Informationen zu Bewerbungen und Entscheidungen in erster Instanz. 2017 hatten 50.422 Syrer und 4.444 „undefinierte" Personen einen Antrag gestellt und bekamen in erster Instanz einen Schutzstatus. In dieser Statistik werden Palästinenser nicht als eigene Gruppe geführt. Für mehr Information siehe die Website des Informationsverbunds Asyl und Migration unter http://www.asylumineurope.org/reports/country/germany/statistics#footnote1_rnogd6q.

72 Bruce Katz, Luise Noring und Nantke Garrelts, „Cities and Refugees: The German Experience," Brookings Institution, 18.9.2016, https://www.brookings.edu/research/cities-and-refugees-the-german-experience/rehner.

73 Zur Ankunft der Flüchtlinge im Jahr 2015 und den Auswirkungen auf die deutsche Identität siehe Herfried Münkler, „Die Mitte und die Flüchtlingskrise," *Aus Politik und Zeitgeschichte* 14–15 (2016): 3–8. Zur Willkommenskultur siehe Fatima El-Tayeb, „Deutschland post-migrantisch? Rassismus, Fremdheit und die Mitte der Gesellschaft," *Aus Politik und Zeitgeschichte* 14–15 (2016): 15; Priska Daphi, „Zivilgesellschaftliches Engagement für Flüchtlinge und lokale ‚Willkommenskultur,'" *Aus Politik und Zeitgeschichte* 14–15 (2016): 35–39. Zu AfD und Pegida siehe Alexander Häusler, Hrsg., *Die Alternative für Deutschland. Programmatik, Entwicklung und politische Verortung* (Wiesbaden: Springer, 2016). Zur erstaunlichen Innovationsfähigkeit von Städten wie Berlin angesichts der Krise siehe Katz, Noring und Garrelts, „Cities and Refugees."

henden – Wiederherstellung der Grenzkontrollen und der Einrichtung von Lagern, sogenannten „Transitzentren", entlang der deutschen Grenzen zu, um Einreisende auf ihren Status als Asylsuchende hin zu überprüfen.[74]

Merkels drastischer Wandel in der Einstellung zur Migrationspolitik wurde als Reaktion auf den starken Druck von Rechtsextremen und Konservativen in ihrer Regierungskoalition interpretiert, ein alarmierender Schritt angesichts der zunehmenden nationalistischen und populistischen Strömungen im Land.[75] Dennoch hat Deutschland mehr Asylanträge bearbeitet als alle siebenundzwanzig anderen EU-Länder zusammen. Nach Angaben des europäischen Statistikamtes Eurostat hat das Bundesamt für Migration und Flüchtlinge im ersten Halbjahr 2017 über 388.201 Asylanträge entschieden.[76]

Integration

Öffentliche und politische sowie wissenschaftliche Debatten über die sich wandelnde Identität der deutschen Gesellschaft lassen sich bis in die 1980er Jahre zurückverfolgen.[77] In den letzten Jahren hat sich das öffentliche Interesse an

---

74 Zu Merkels Unterstützung von Strategien der Inklusion und wie sie dafür sowohl von rechter als auch von linker Seite kritisiert wird – nämlich als zu viel oder zu wenig Inklusion – siehe Maria Shahin, „The New Germans," *Al Jazeera*, 24.5.2017. Zu ihrer Reaktion auf den Druck von verschiedenen politischen Parteien siehe Melissa Eddy, „Germany's Angel Merkel Agrees to Limits on Accepting Refugees," *New York Times*, 9.10.2017. Zu Merkels Entscheidung, Transitlager einzurichten, siehe Katrin Bennhold und Melissa Eddy, „Merkel, to Survive, Agrees to Border Camps for Migrants," *New York Times*, 2.7.2018.

75 Es gab eine Diskussion zur Frage, ob die massenhafte sexuelle Belästigung in Köln in der Silvesternacht 2015 – 16 zu einer plötzlichen Verhärtung der Meinungen gegen Immigration und zu Angriffen auf Einwander*innen geführt hat; siehe dazu Laura Backes, Anna Clauss, Maria-Mercedes Hering, Beate Lakotta et al., „Is There Truth to Refugee Rape Reports?," *Spiegel Online*, 17.1.2018, https://www.spiegel.de/international/germany/is-there-truth-to-refugee-sex-offense-reports-a-1186734.html; Christian Jakob, „Die Bleibenden. Flüchtlinge verändern Deutschland," *Aus Politik und Zeitgeschichte* 14 – 15 (2016): 14.

76 Siehe Jon Sharman, „Pilots Stop 222 Asylum Seekers Being Deported from Germany by Refusing to Fly," *Independent*, 5.12.2007; „Asylum: Germany Processes More Applications than Other EU States Combined," *Deutsche Welle*, 19.3.2018. Für einen mehr theoretischen Ansatz bei Fragen von Migration und Identität siehe Andreas Huyssen, „Diaspora and Nation: Migration into Other Pasts," *New German Critique* 88 (2003): 147 – 64.

77 Siehe hierzu etwa El-Tayeb, „Deutschland post-migrantisch?," 16. Zu weiteren Details der Geschichte der Migrationsforschung in den 1980er Jahren siehe Ralph Ghadban, *Die Libanon-Flüchtlinge in Berlin. Zur Integration ethnischer Minderheiten* (Berlin: Das Arabische Buch, 2008), 10 – 17.

diesem Wandel weiter gefestigt, nicht zuletzt durch unterschiedliche Interpretationen eines berühmten Ausspruchs von Angela Merkel am 31. August 2015 – „Wir schaffen das" – wodurch die Diskussion darüber entfacht wurde, wen dieses „wir" einschließt und wie „Ausländer" und Flüchtlinge am besten in Deutschland integriert werden können.[78] Auch wenn eine homogene, ethnisch deutsche Gesellschaft eine von nationalistischer Ideologie geprägte soziale Konstruktion ist, wurde die deutsche Staatsbürgerschaft bis zum Jahr 2000 durch die Abstammung (*ius sanguinis*) und nicht durch den Geburtsort (*ius soli*) definiert.[79] In den letzten Jahren hat sich ein positiver Trend entwickelt, der die Tatsache anerkennt, dass es für die deutsche Gesellschaft klare negative Folgen hat, wenn Flüchtlingen wirtschaftliche und soziale Rechte vorenthalten werden. Asylsuchenden und Flüchtlingen das Recht zu verweigern zu studieren, zu arbeiten und Sprachkurse zu besuchen, und sie auf engstem Raum einzuquartieren, um einen langfristigen Aufenthalt zu erschweren, ist als Modell eindeutig gescheitert.[80] Genau wie die frühere Welle von temporären Gastarbeiter*innen, die sich schließlich doch in Deutschland niederließen, schienen auch diese Flüchtlinge nicht nur „auf der Durchreise" zu sein, sondern bleiben zu wollen.[81]

Im August 2015 erklärte Joachim Gauck, ein pensionierter deutscher Bürgerrechtler und überparteilicher Politiker, der von 2012 bis 2017 das Amt des Bundespräsidenten bekleidete: „Man muss sich von dem Bild einer Nation lösen, die sehr homogen ist, in der fast alle Menschen Deutsch als Muttersprache haben, überwiegend christlich sind und hellhäutig." Stattdessen müssten wir die Nation neu definieren als „eine Gemeinschaft der Verschiedenen, die allerdings eine gemeinsame Wertebasis zu akzeptieren hat."[82]

Wolfgang Schäuble, Bundesfinanzminister von 2009 bis 2017, erinnerte die deutsche Öffentlichkeit im November 2016 daran, dass die Aufnahme von Flüchtlingen nicht nur ein Akt der Solidarität ist, sondern auch das Wirtschafts-

---

78 Zu „Wir schaffen das" siehe Tina Hildebrandt und Bernd Ulrich, „Angela Merkel. Im Auge des Orkans," *Zeit*, 20.9.2015. Zur Frage, ob Massenmigration bewältigt werden kann, siehe Volker Kronenberg, „Schaffen wir das? Über Patriotismus in Krisenzeiten," *Aus Politik und Zeitgeschichte* 14–15 (2016): 22–27.
79 Zu den politischen Veränderungen im Hinblick auf *ius sanguinis* und *ius soli* siehe Sina Arnold und Sebastian Bischoff, „Wer sind wir denn wieder? Nationale Identität in Krisenzeiten," *Aus Politik und Zeitgeschichte* 14–15 (2016): 29.
80 Zum gescheiterten Modell, Flüchtlingen Bildung, Arbeit und andere soziale und wirtschaftliche Rechte vorzuenthalten, siehe Jakob, „Die Bleibenden," 14.
81 Siehe Rita Chin, *The Guest Worker Question in Postwar Germany* (Cambridge: Cambridge University Press, 2007).
82 Zu Joachim Gaucks Äußerung siehe Arnold und Bischoff, „Wer sind wir denn wieder?," 31.

wachstum unterstützt.[83] Kürzlich berichtete der *Economist* über von Deutschland veröffentlichte Zahlen, wonach mehr als 300.000 Flüchtlinge Arbeit gefunden haben.[84] Holger Seibert, Alfred Garloff und Oskar Jost vom Institut für Arbeitsmarkt- und Berufsforschung, einer Abteilung der Bundesagentur für Arbeit, bestätigten uns in einem gemeinsamen Treffen, dass ihre demografischen und statistischen Analysen eindeutig belegen, dass nach Deutschland einwandernde Migranten einen positiven Nettoeffekt auf die wirtschaftliche Entwicklung des Landes haben.

Diese bestätigenden Aussagen werden von vielen deutschen Politiker*innen, führenden Persönlichkeiten des öffentlichen Lebens und der Zivilgesellschaft sowie von Migrationswissenschaftler*innen geteilt.[85] Darüber hinaus brachte der Wunsch, negative Stereotypen über Flüchtlinge abzubauen und die Stärke der kulturellen Vielfalt zu fördern, die Initiative „Deutschland neu denken" hervor: Rund einhundert neu gegründete Organisationen, alle von Menschen mit Migrationshintergrund geleitet, forderten darin eine kritische Neubewertung der Migration in Deutschland.[86]

Fremdenfeindlichkeit

Diskussionen über Rasse wurden im Nachkriegsdeutschland praktisch nicht geführt, beziehungsweise galten sie als Tabu. Das fällt besonders im Vergleich mit den Vereinigten Staaten auf. In Deutschland wird der Begriff „Migrationshintergrund" verwendet, wenn man diese Bevölkerungsgruppen von der weißen,

---

83 Zu Wolfgang Schäubles Äußerung siehe Arnold und Bischoff, „Wer sind wir denn wieder?," 30. Zur Mediendebatte über die wirtschaftlichen Folgen von Migration siehe Mark Melin, „Here's How the Refugee Crisis Is Impacting Germany's Economy," *Business Insider*, 29.3.2016. Aus wissenschaftlicher Perspektive dazu Pekkala Sari Kerr und William R. Kerr, „Economic Impacts of Immigration: A Survey," NBER Working Paper Series, National Bureau of Economic Research, Cambridge, 2011; Timothy J. Hatton, „The Economics of International Migration," *Labour Economics* 30 (2014): 43–50; Giovanni Peri, „Immigrants, Productivity, and Labor Markets," *Journal of Economic Perspectives* 30, no. 4 (2016): 3–30.

84 Siehe Jill Petzinger, „More than 300,000 Refugees Have Now Found Jobs in Germany," *Quarts*, 21.8.2018.

85 Siehe, neben unzähligen anderen Artikeln, Hatton, „The Economics of International Migration"; Peri, „Immigrants, Productivity, and Labor Markets."

86 Zur Bewegung „Deutschland neu denken" siehe Arnold und Bischoff, „Wer sind wir denn wieder?," 31.

christlichen Mehrheitsgesellschaft unterscheiden möchte.[87] Der Begriff hat inzwischen eine negative Konnotation und stigmatisiert viele Menschen, die in die Kategorie „Migrationshintergrund" fallen.

Dass es seit Hunderten von Jahren eine homogene nationale deutsche Identität gibt, die sich der Aufnahme oder Integration von Massen „Anderer" widersetzt, ist eine Vorstellung, die von Pegida- und AfD-Verantwortlichen und ihrer Anhängerschaft kolportiert, aber auch von vielen aus der politischen Mitte geteilt wird. In einer 2014 durchgeführten Umfrage gaben 53 Prozent der die politische Mitte vertretenden Deutschen an, Deutschland sei „durch die vielen Ausländer in einem gefährlichen Maß überfremdet".[88] Alle Diskursformen, die von einer ursprünglichen, homogenen deutschen Gesellschaft ausgehen, vernachlässigen jedoch die lange Geschichte der Migration in das Gebiet, das heute als Bundesrepublik Deutschland bekannt ist. So besteht unter den Deutschen sowohl in der Zivilgesellschaft als auch im öffentlichen und politischen Diskurs erhebliche Uneinigkeit darüber, ob die gesellschaftliche Integration von Zuwanderern über den Bildungs-, Berufs- und Rechtsbereich auf eine Art gelingen kann, die Raum für kulturelle und religiöse Vielfalt lässt, oder ob diese „Andersartigkeit" Deutschland zerstören wird.[89] Die Diskussionen über den deutschen Multikulturalismus richteten sich vor allem auf Gastarbeiter*innen, die dominierende tür-

---

87 Zur Tatsache, dass der Rassendiskurs in der deutschen Wissenschaft den Nachkriegskontext nur marginal behandelt, siehe El-Tayeb, „Deutschland post-migrantisch?," 20. Zur Frage, wie diese Diskussionen in Deutschland mit ähnlichen Trends in anderen europäischen Ländern zusammenhängen, siehe Rita Chin, *The Crisis of Multiculturalism in Europe: A History* (Princeton, NJ: Princeton University Press, 2019); Fatima El-Tayeb, *European Others: Queering Ethnicity in Postnational Europe* (Minneapolis: University of Minnesota Press, 2011).
88 Zu der Äußerung, Deutschland sei „durch die vielen Ausländer in einem gefährlichen Maß überfremdet", siehe Michael Kraske, „Rechtsextremismus. Das braune Gift der Mitte," *Zeit*, 27.11. 2008. Zur jüngsten Besorgnis über rechtsradikale Tendenzen innerhalb der deutschen Mehrheitsbevölkerung und einer nationalistischen und populistischen Neigung sogar innerhalb der sogenannten „Mitte", die früher von der SPD und CDU/CSU repräsentiert wurde, siehe Andreas Zick und Anna Klein, Hrsg., *Fragile Mitte. Feindselige Zustände. Rechtsextreme Einstellungen in Deutschland 2014* (München: Friedrich-Ebert-Stiftung, 2014); Viola Neu und Sabine Pokorny, „Ist ‚die Mitte' (rechts)extremistisch?," *Aus Politik und Zeitgeschichte* 65 (2015): 3 – 8; Frank Decker, „AfD, Pegida und die Verschiebung der parteipolitischen Mitte," *Aus Politik und Zeitgeschichte* 65 (2015): 27 – 32.
89 Die beiden gegensätzlichen Trends und Haltungen innerhalb der deutschen Öffentlichkeit waren Thema der Podiumsdiskussion „Beyond ‚Willkommenskultur' – Artistic and Academic Approaches to Integration from a Transatlantic Perspective," die im Februar 2018 an der Staatsbibliothek zu Berlin stattfand.

kische Gemeinschaft und in jüngster Zeit auch auf andere dunkelhäutige Minderheiten.[90]

Es könnte sich hier durchaus ein zyklisches Muster herausbilden, in dem sich
politische Bemühungen, Migration positiv zu bewerten und Integration zu fördern, mit Rückschlägen abwechseln, die durch den Druck radikal-nationalisti-
scher und populistischer Kräfte verursacht werden. Viele befürchten, dass der
Aufstieg der AfD zur drittgrößten Partei im Bundestag den Beginn einer Rückkehr
zu einer streng rassistischen Ideologie darstellt. Der Anstieg der deutschen
Fremdenfeindlichkeit ist zweifellos alarmierend.

Viele Deutsche, mit denen wir sprachen – darunter sowohl Arbeitslose aus
den unteren sozioökonomischen Schichten, die die AfD unterstützten, als auch
finanziell und beruflich erfolgreiche Personen mit hohem Bildungsniveau – äußerten sich besorgt über die Anwesenheit von Einwanderern in Deutschland und
insbesondere in Berlin. In diesem Zusammenhang äußerten mehrere Befragte
eklatant rassistische, fremdenfeindliche und islamfeindliche Äußerungen, wie
zum Beispiel: „Die bekommen Hartz IV und haben es besser als wir";[91] „Seit die
hier sind, ist alles anders"; „Wir sind hier nicht mehr zu Hause"; „Neukölln ist
gefährlich"; „Es gab einen radikalen Anstieg der Kriminalität"; „Die meisten von
ihnen können nicht einmal lesen"; „Es ist eine andere Kultur"; „Sie töten ihre
Kinder und Frauen auf offener Straße"; „Die Terroranschläge haben das Leben
hier unmöglich gemacht"; „Ich bin eine Feministin, und ich kann es nicht ertragen, wie sie ihre Frauen behandeln"; und „Es ist hier wie im Nahen Osten:
dreckig und unordentlich". Marie, eine Ballettlehrerin in ihren Fünfzigern, die
auch als Verkäuferin in einem hochwertigen Kunst- und Antiquitätengeschäft
arbeitet, verglich die Kriminalität in Deutschland mit der Gewalt in Israel und
sagte: „Wir können uns in unserer Stadt nicht mehr sicher fühlen. Sie stechen uns
ab hier. Berlin ist wie Jerusalem geworden." Marie, deren Familie jüdischer Herkunft ist und die mehrmals nach Israel, vor allem nach Tel Aviv, reiste, sagte, sie

---

90 Zur Geschichte der Gastarbeiter*innen in Deutschland siehe Chin, *The Guest Worker Question
in Postwar Germany*. Zur Integration der türkischen Gemeinschaft in Deutschland siehe Patricia
Ehrkamp, „Placing Identities: Transnational Practices and Local Attachments of Turkish Immigrants in Germany," *Journal of Ethnic and Migration Studies* 31, no. 2 (2005): 345–64; Jan
Skrobanek, „Perceived Discrimination, Ethnic Identity and the (Re-) Ethnicisation of Youth with a
Turkish Ethnic Background in Germany," *Journal of Ethnic and Migration Studies* 35, no. 4 (2009):
535–54; Yasemin Yildiz, „Turkish Girls, Allah's Daughters, and the Contemporary German Subject: Itinerary of a Figure," *German Life and Letters* 62, no. 3 (2009): 465–81. Zur Rolle der Ge-
schlechterpolitik siehe Damani J. Partridge, *Hypersexuality and Headscarves: Race, Sex, and Citizenship in the New Germany* (Bloomington: Indiana University Press, 2012).
91 Hartz IV ist eine umstrittene Sozialversicherungsreform, die 2003 von der SPD-geführten
Regierungskoalition eingeführt wurde.

weigere sich, Zeitungen zu lesen, weil die deutsche Presse Geschichten erfinde, die Migranten in ein positives Licht rückten.

Einige Israelis, meist mit niedrigem Bildungs- oder Berufsniveau, gaben ähnlich negative Urteile ab. Liat zum Beispiel, eine Lehrerin Anfang dreißig, sagte: „Ich habe ja nichts gegen die Einwanderer, und ich will nichts Negatives sagen, aber ich fühle mich als Frau, die in Kreuzberg lebt, schon von den Arabern bedroht." Auch Ori, der in der Bau- und Immobilienbranche arbeitet, drückte uns gegenüber die Sorge um seine Familie aus: „Seit der Ankunft der Flüchtlinge sind wir nicht mehr sicher. Wenn das so weitergeht, müssen wir nach Israel zurückkehren."

Omar, ein Palästinenser Anfang zwanzig, der eine Berufsschule in Neukölln besucht und Gelegenheitsarbeiten verrichtet, sagte, dass „es seit der Ankunft der syrischen Flüchtlinge Spannungen in der Sonnenallee [einer Hauptstraße in seiner Nachbarschaft] gibt. Wir kommen nicht wirklich miteinander aus." Die Palästinenser, die sich bereits in Berlin niedergelassen hatten, solidarisierten sich also nicht immer mit den neueren palästinensischen Flüchtlingen aus Syrien oder den syrischen Flüchtlingen im Allgemeinen.

Willkommenskultur?

Trotz der in den letzten Jahren deutlich gestiegenen Fremdenfeindlichkeit und der Kritik an Merkels Politik der Aufnahme einer großen Zahl von Flüchtlingen aus Syrien und anderen Ländern des Nahen Ostens hat sich in Deutschland und insbesondere in Berlin eine spürbare Willkommenskultur herausgebildet. Ärzte, Lehrer, Sozialarbeiter und viele andere Fachleute haben kostenlos ihre Dienste angeboten, um den überforderten staatlichen Stellen bei der Aufnahme und Integration von Flüchtlingen zu helfen. Andere haben Lebensmittel, Kleidung und Sachmittel gespendet, haben eine Unterkunft zur Verfügung gestellt oder einfach ihren guten Willen und ihre Wärme demonstriert, um diese Fremden willkommen zu heißen und ihnen den Übergang in ihre neuen Lebensverhältnisse zu erleichtern, sei es für einen vorübergehenden, einen langfristigen oder sogar dauerhaften Aufenthalt.

Meytal Rozental, eine israelische Kulturwissenschaftlerin aus Haifa mit den Schwerpunkten Migration und Ethnizität, die seit 2011 in Neukölln lebt, hat im Rahmen ihrer Forschung mit Flüchtlingen gearbeitet. Ihr Hintergrund als junge Migrantin hat sie einfühlsamer gemacht; sie versuche, so sagte sie, „Menschen zu helfen, die keine Privilegien haben."[92] Etliche Personen, mit denen wir sprachen, meist jene mit hohem Bildungsniveau und in erfolgreichen Berufen, berichteten von ihrem aktiven Engagement in Initiativen zur Unterstützung von Flüchtlingen, entweder als Freiwillige oder als bezahlte Sachverständige.

Zu unseren deutschen Gesprächspartnerinnen gehörte die ehemalige Intendantin der Stiftung Berliner Philharmoniker Pamela Rosenberg, die vor rund fünfzig Jahren nach Deutschland kam und zusammen mit Marie Kogge im Jahr 2016 den Verein MitMachMusik gründete, eine Organisation, die Flüchtlingen in mehreren Sammelunterkünften in Berlin Musikunterricht anbietet. Wir trafen uns auch mit der Ärztin Marie Warburg und ihrem Ehemann Michael Naumann, dem ehemaligen deutschen Staatsminister für Kultur und Medien und jetzigen Rektor der Barenboim-Said-Akademie. 2015 luden sie die syrischen Flüchtlingsaktivisten und Journalisten Mazen Darwish und Yara Bader ein, für mehrere Monate bei ihnen zu leben, damit sie sich beruflich und wirtschaftlich stabilisieren könnten. Im Jahr 2016 gründeten der international renommierte Pianist Saleem Ashkar, ein Palästinenser aus Nazareth, der 1999 nach Berlin gezogen war (Abbildung 3), und der deutsche Dirigent Felix Krieger die Al-Farabi Musikakademie für Flüchtlingskinder und -jugendliche. Wir besuchten die Akademie und trafen uns sowohl mit deutschen und internationalen Lehrern, Erziehern und Sozialarbeitern als auch mit etwa zwanzig der am Programm teilnehmenden Jugendlichen. Am Maxim Gorki Theater, einem der führenden Stadttheater Berlins, haben die Intendanten Shermin Langhoff und Jens Hillje mit dem Exil Ensemble eine Plattform für professionelle Künstlerinnen und Künstler geschaffen, die gezwungen sind, im Exil zu leben. Seit 2016 haben sieben Schauspielerinnen und Schauspieler aus Syrien, Palästina und Afghanistan an verschiedenen nationalen und internationalen Gastspielen teilgenommen, darunter die *Winterreise* unter der Regie von Yael Ronen (Abbildung 4). Wir sprachen mit palästinensischen Schauspielerinnen und Schauspielern aus dem Westjordanland – Maryam Abu Khaled aus Dschenin und Karim Daoud aus Qalqilya – sowie mit dem Schauspieler und Regisseur Ayham Majid Agha, der früher Professor an der Akademie der Darstellenden Künste in Damaskus war. Wir trafen auch mit mehreren Palästinensern zusammen, die selbst erst vor kurzem nach Berlin gezogen waren, darunter Najib aus Amman, der Anfang dreißig war und als Sozialarbeiter in einem der Berliner Flüchtlingsheime arbeitete, und Tamara Masri aus Ramallah, die Ende zwanzig war und in einem anderen Flüchtllingsheim Yoga unterrichtete. Masri erzählte uns, wie bewegend es sei, mit einer israelischen Yogalehrerin zusammenzuarbeiten, die ebenfalls ehrenamtlich im Heim arbeitete. Dies sind nur einige Bei-

---

92 Siehe Amelie Müller, „Drei Fragen an ... Meytal Rozental," *Aktuell*, no. 101, Juni 2018, 65.

spiele dafür, wie Deutsche und neu in die Stadt eingewanderte Menschen, Privilegierte und weniger Privilegierte, sich in einem Geist der Großzügigkeit und echten Solidarität für die verwundbarste Bevölkerungsgruppe einsetzen.

Abbildung 3: Der palästinensische Pianist Saleem Ashkar. Fotografie von Luidmila Jermies. Mit freundlicher Genehmigung von Askonas Holt.

Israelis und Palästinenser als Migrantinnen und Migranten

Israelis und Palästinenser erreichen Berlin zumeist unter sehr unterschiedlichen Bedingungen. Obwohl beide Gruppen aus der gleichen Konfliktregion stammen – und es steht außer Frage, dass Krieg, Gewalt und Besatzung alle betreffen, unabhängig davon, auf welcher Seite der Grenzen und der israelischen Mauer sie leben – haben Israelis in Israel/Palästina eklatante politische, rechtliche und sozioökonomische Vorteile gegenüber den Palästinensern aus der Region. Dies gilt auch für den Status der israelischen Einwanderer in Berlin. Die meisten kommen freiwillig nach Berlin (mit Ausnahme von Minderjährigen oder manchmal auch Partnerinnen und Partnern) und können eine Vielzahl von wirtschaftlichen, schulischen und beruflichen Möglichkeiten nutzen, um ihre Lebensqualität zu verbessern. Somit ist die große Mehrheit der in Berlin lebenden israelischen Einwanderer relativ privilegiert.

Die Mehrheit der Palästinenser in Berlin hat dagegen einen Flüchtlingshintergrund, ein Trend, der in den 1970er Jahren mit der Ankunft der ersten Palästinenser vor allem aus dem Libanon begann.[93] Dass sie oder ihre Familien nach Deutschland kamen, war in den meisten Fällen nicht das Ergebnis ihrer eigenen Wahl, und sie verließen ihr ursprüngliches Heimatland oder vorübergehende Aufnahmeländer nicht freiwillig.

Darüber hinaus war die Reise, die sie nach Deutschland führte, oft mit Entbehrungen verbunden, ein Zustand, der nicht einfach vorüber war, nachdem sie sich in Berlin niedergelassen hatten. Der Flüchtlingshintergrund der meisten Palästinenser in Berlin ist daher trotz jüngster politischer Veränderungen und spürbarer Verbesserungen ihrer sozioökonomischen Integration – und das ist in der Tat ihr Erfolg – nicht mit irgendwelchen Privilegien verbunden.

Im Jahr 2018 veröffentlichte das populäre Magazin *Aktuell*, das offiziell das Berliner Rathaus und insbesondere den Regierenden Bürgermeister Michael Müller vertritt, ein Interview mit Meytal Rozental, einer neu in Berlin lebenden Einwanderin aus Israel. Der Artikel zitiert Rozental über ihren kürzlichen Umzug in die deutsche Hauptstadt mit den Worten: „Als ‚privilegierte Migrantin' habe ich eigentlich nichts für meine Privilegien getan. Ich musste nur in der ungarischen Botschaft in Tel Aviv ein Formular unterschreiben und schon hatte ich einen EU-Reisepass. Jetzt kann ich hier bleiben und überall hin reisen."[94] Auch die Journalistin Orit Arfa beschreibt das Privileg der Israelis, die sich in Berlin niederlassen wollen. So schreibt sie über Dan Billy, einen gebürtigen Israeli aus der Stadt Rishon LeZion, der „buchstäblich morgen umziehen kann." Im Jahr 2013 profitierte Billy von der Regelung, die Arfa als *sal klita* bezeichnet: Finanzhilfen, die der deutsche Staat Menschen anbietet, deren Vorfahren Deutschland wegen des Holocaust verlassen haben und die nun zurückkehren wollen. *Sal klita* ist auch der Ausdruck für Subventionen und Unterstützungen, die jüdische Neueinwan-

---

93 Wari, *Palestinian Berlin*, 132. Zu den fehlenden Privilegien für Palästinenser im Besonderen, auch in den letzten Jahren, siehe „Germany Grants the Temporary Residency to the Palestinians of Syria Refugees That Prevents Them to Reunion," Action Group for Palestinians of Syria, August 29, 2016, http://www.actionpal.org.uk/en/post/3828/germany-grants-the-temporary-residency-to-the-palestinians-of-syria-refugees-that-prevents-them-to-reunion. Als eher persönlichen Bericht siehe „German Palestinians in the Cross-Fire," *Deutsche Welle*, 29.4.2002. Khaled al-Khatib, ein Palästinenser aus Bethlehem, der in Berlin studiert, geht in diesem Interview auf die Vorurteile gegen Araber/Palästinenser ein.

94 Siehe Müller, „Drei Fragen an ... Meytal Rozental," 65.

Abbildung 4: Yael Ronen, die israelische Intendantin am Maxim Gorki Theater. Fotografie von Esra Rotthoff.

derer in Israel von der israelischen Regierung erhalten, eine Politik, die darauf abzielt, die Zahl der Juden im Land zu vergrößern.[95] Der Titel eines Kommentars in *Haaretz* bringt die Sache auf den Punkt: „Nach Berlin umzuziehen ist kein ideologischer Akt – es ist schlichtweg ein altes Privileg."[96]

Im Gegensatz dazu führte die Soziologin Pénélope Larzillière 1998 Interviews durch, welche die schwierigen Bedingungen aufzeigten, die viele palästinensische Flüchtlinge hinter sich lassen, wenn sie sich in Deutschland niederlassen. Einer ihrer Interviewpartner, Musa, war vierundzwanzig Jahre alt, als er in jenem

---

95 Siehe Orit Arfa, „Berlin Becomes a Musical Playground for Israeli Artists," *Jerusalem Post*, 16.5.2017.

96 Dror Etkes, „No, Moving to Berlin Isn't an Ideological Act – It's Just Plain Old Privilege," *Haaretz*, 23.8.2016.

Jahr nach Berlin zog. „Ich möchte in Berlin bleiben, weil man in Gaza nicht leben kann", beschrieb er seine Erinnerungen an die Notlage. „Dort gibt es nichts. Und alle beobachten dich und jede deiner Bewegungen. Du kannst nichts tun. Du kannst nicht rausgehen. Es macht mir nichts aus, zu studieren und zu arbeiten. Ich will woanders sein."[97] Für die große Mehrheit der Palästinenser ist der Umzug nach Deutschland allerdings keine Garantie für Stabilität, Sicherheit oder Integration. Die Soziologin Nikola Tietze hat 2012 ebenfalls eine Reihe von Palästinensern interviewt, die in Berlin leben. Unter ihnen war Yassir, der mit sieben Jahren mit seinen Eltern in die deutsche Hauptstadt gezogen und zum Zeitpunkt des Interviews arbeitslos war: „Die meisten von uns arbeiten nicht. [...] Die Palästinenser werden seltsam behandelt [...]. Nehmen wir zum Beispiel an, ich gehe irgendwo hin und bewerbe mich um einen Job. Ich werde ihn nicht bekommen. Das weiß ich ganz sicher." Ganz ähnlich äußerte sich Husam, ein anderer junger Erwachsener in Tietzes Studie, der ebenfalls als Kind nach Berlin eingewandert und zum Zeitpunkt des Interviews arbeitslos war: „Es gibt viele Nachteile, wenn man Palästinenser ist, besonders jetzt [nach dem 11. September 2001]. Ich habe das Gefühl, dass Palästinenser ziemlich übel dargestellt werden."[98]

Unter den Israelis, die wir befragten, fanden sich auch einige, die in Deutschland geboren worden waren. Die überwiegende Mehrheit jedoch stammt aus Israel und ist irgendwann innerhalb der letzten dreißig Jahre ausgewandert. Fast alle Israelis, mit denen wir sprachen, waren der Ansicht, dass ihr Migrantenstatus ein Privileg sei. Mehrere berichteten darüber, wie leicht sie finanzielle, rechtliche und soziale Unterstützung erhalten hatten. Die Mehrheit der Israelis hatte schlechte Deutschkenntnisse, konnte sich aber auf israelische Freunde oder auf Netzwerke verlassen, um die bürokratischen Prozesse zu bewältigen, die für die Anmeldung in Berlin oder den Erhalt von Arbeits- oder Studiengenehmigungen erforderlich waren. Unter den Israelis, die wir trafen, fühlte sich niemand aufgrund ihres oder seines Migrantenstatus spürbar diskriminiert. Die meisten fühlten sich sogar „genervt" oder „müde" als Folge der besonderen Aufmerksamkeit, die ihnen von den Deutschen entgegengebracht wurde. „Sie sind niemals gleichgültig, wenn man ihnen sagt, dass man Israeli ist", sagte Yossi, ein israelischer Einwanderer deutscher Abstammung, Mitte zwanzig. Yossi war etwa ein Jahr vor unserem Treffen nach Deutschland eingereist. Er hatte noch keine genauen Pläne über seine Ausbildungs- und Berufszukunft in Berlin. Aber er genoss den Geist der Freiheit und Offenheit in Berlin. Was er am meisten kriti-

---

97 Als Kontext für dieses Interview siehe Péneloppe Larzillière, *To Be Young in Palestine* (Paris: HAL Archives-Ouvertes, 2010), 170.
98 Für den Kontext dieser Interviews siehe Tietze, *Imaginierte Gemeinschaft*, 114.

sierte, war die unbeholfene und verquere Haltung der Deutschen gegenüber Israelis sowie ihre offensichtliche Voreingenommenheit gegenüber Israel. Gleichzeitig sprachen mehrere Israelis in Berlin mit uns über ihren Kampf bei der Bewältigung der sprachlichen und bürokratischen Herausforderungen sowie die Schwierigkeit, eine sichere, langfristige Anstellung zu finden. Sie erwogen die Möglichkeit, nach Israel zurückzukehren oder in andere Länder zu ziehen. Wir hörten auch von Israelis, die Berlin tatsächlich verlassen hatten, nachdem ihnen klar geworden war, dass sie ein viel zu romantisches Verständnis davon hatten, wie einfach es sein würde, nach Deutschland überzusiedeln. Israelis in Berlin arbeiten im Großen und Ganzen hart, um sich ihren Platz zu verdienen und die hohen Steuern zu zahlen; sie werden nicht unbedingt mit Unterstützung aus Deutschland „gepäppelt", ein idealisiertes Bild, das in den Medien aber gern vermittelt wird.

Zu den von uns befragten Palästinensern gehörten Angehörige der ersten, zweiten und dritten Generation in Deutschland. Einige waren erst vor kurzem aus Syrien gekommen; andere waren Kinder von Flüchtlingen; ein paar waren mehr als einmal vertrieben worden. Mehr als die Hälfte der Palästinenser besaß entweder eine unbefristete Aufenthaltserlaubnis oder die deutsche Staatsbürgerschaft. Alle unsere Befragten waren der Ansicht, ihr Flüchtlingshintergrund sei Teil ihrer Identität, und das galt auch für jene, deren rechtliche und sozioökonomische Situation abgesichert war, und jene, die in Deutschland geboren worden waren und einwandfrei und akzentfrei Deutsch sprachen. Fadi zum Beispiel, der aus dem Libanon stammt und mit fünf Jahren nach Berlin kam, sprach perfekt Deutsch. Er beschrieb sich selbst stolz als einen der besten Schüler seiner Klasse, sowohl in der Oberschule als auch an der Universität. Er merkte zudem an, dass seine Freundin Deutsche sei – „eine echte blonde Deutsche, mit deutschen Eltern" – und doch sprach er über seine Angst, als Außenseiter gebrandmarkt zu werden. Wie er es ausdrückte: „Ich werde nie vergessen, woher meine Eltern kamen und was ihnen angetan wurde. Aber [die Deutschen] werden es mir auch nie erlauben, das zu vergessen, selbst wenn ich mich entschließen würde, bei Null anzufangen, egal, wie sehr ich es auch versuche."

Alle von uns interviewten Einwanderer, die keine Papiere hatten oder deren Status rechtlich unsicher war (z. B. Flüchtlinge und Personen mit befristeter Arbeitserlaubnis), drückten Gefühle der Entfremdung und Diskriminierung durch Deutsche aus. Einige Palästinenser mit einem sicheren, dauerhaften Aufenthaltsstatus oder der Staatsbürgerschaft drückten allerdings auch Dankbarkeit gegenüber der Regierung aus und versicherten, sie fühlten sich in der deutschen Gesellschaft akzeptiert. „Die Deutschen sind gut", sagte Samir, der seit fast zwanzig Jahren in Berlin lebte. „Ich habe nie eine negative Erfahrung gemacht und nie Anzeichen dafür gesehen, dass sie das Gefühl haben, wir seien anders oder schlecht." Wieder andere, darunter hochgebildete, beruflich erfolgreiche und wirtschaftlich wohlhabende Personen, hatten den Eindruck, dass sie sich der Kategorie „Migranten" oder „mit Migrationshintergrund" niemals entziehen können. Der Anwalt Rashid, zum Beispiel, trotz seines eleganten und kultivierten Auftretens, gab an, er werde oft mit Verachtung behandelt, etwa wenn die Deutschen mit lauterer Stimme oder langsam und in einer herablassenden Weise zu ihm sprechen: „Sie sehen meine Hautfarbe und denken, dass ihr heller Hauttyp ihnen ein überlegenes Gehirn geben würde." Amir beschrieb ein ähnliches Gefühl: „Wenn Leute über mich reden, bin ich nicht Amir. Ich bin ‚Amir mit Migrationshintergrund', ‚Amir der Palästinenser'". Yasmin, eine erst kürzlich aus Gaza eingewanderte Sportlerin Mitte zwanzig, die sich bereits beruflich in Deutschland etabliert und in den Medien Anerkennung gefunden hat, meinte, sie müsse „alles auf einem viel höheren Niveau hinbekommen als alle anderen, um zu beweisen, dass wir Flüchtlinge ebenfalls intelligent und erfolgreich sein können. Wir müssen ständig beweisen, dass wir auch Menschen sind," sagte sie.

Im Juli 2015 kursierte ein Video mit einer vierzehnjährigen palästinensischen Asylbewerberin namens Reem Sahwil, die vier Jahre zuvor aus dem Libanon nach Deutschland gekommen war, überall in deutschen sozialen Netzwerken und sogar weltweit. Es zeigt Sahwil, wie sie in fließendem Deutsch Bundeskanzlerin Merkel von ihren Hoffnungen und Träumen und ihrer Angst vor der Abschiebung erzählt. Merkel antwortet: „Politik ist manchmal hart. Du stehst jetzt direkt vor mir, und du bist ein sehr netter Mensch. Aber du weißt auch, dass in den palästinensischen Flüchtlingslagern im Libanon Abertausende von Menschen leben, und wenn wir sagen würden, ‚ihr könnt alle kommen', [...] würden wir das einfach nicht bewältigen."[99] Daraufhin bricht Sahwil in Tränen aus, und Merkel kommt auf sie zu, berührt ihre Schulter und fügt hinzu: „Du warst großartig [...]. Ich weiß, dass es schwierig für dich ist, und du hast die Situation, in der sich viele andere befinden, sehr gut dargestellt."[100]

Diese Begegnung berührte die Herzen vieler. Linksgerichtete Deutsche, die Flüchtlingsrechte in Deutschland unterstützen, lobten Sahwil dafür, wie sie Merkel herausgefordert hatte, und kritisierten die Bundeskanzlerin, dass sie nicht mehr Mitgefühl gezeigt hatte. Rechtsgerichtete Deutsche hingegen sahen das Ereignis als sinnbildlich für Merkels übertriebene „Weichheit" gegenüber Flüchtlingen und warfen ihr vor, nicht hart genug gegen Asylsuchende vorgegangen zu sein. Sahwil gelang es in den zwei darauffolgenden Jahren, sich noch

---

99 Siehe Kate Connolly, „Angela Merkel Comforts Sobbing Refugee but Says Germany Can't Help Everyone," *Guardian*, 16.7.2015 (Rückübersetzung aus dem Englischen).
100 Siehe Melanie Hall, „Angela Merkel Reduces Girl to Tears over Asylum Policy," *Telegraph*, 16.7.2015 (Rückübersetzung aus dem Englischen).

einmal mit Merkel zu treffen und den Aufenthalt von ihr und ihrer Familie in Deutschland verlängern zu lassen.

Dieser in den Medien weithin publizierte Fall fand bei vielen der von uns befragten Palästinenser starken Widerhall, und sie verfolgten mit großer Spannung und Neugierde, was die Zukunft für Sahwil bereithielt. Sie äußerten aber auch ihre Frustration darüber, dass es für die meisten Deutschen nicht nachvollziehbar ist, dass der Völkermord an den europäischen Juden in direktem Zusammenhang mit der Vertreibung der Palästinenser aus Palästina steht. Wie Muhammad, der Geschäftsmann und Vater von fünf Kindern, es ausdrückte: „Warum denken sie [die Deutschen] nicht darüber nach, warum Reem überhaupt eine Heimat in Deutschland suchen muss? Für sie [die Deutschen] ist sie einfach eine von einer Million Flüchtlingen, nicht eine Palästinenserin mit einer Vergangenheit, die Wurzeln in der deutschen Geschichte hat."

Diese Debatten um Migration, Flüchtlinge und Familienzusammenführung haben den öffentlichen Diskurs in Deutschland dominiert und zu erheblichen Meinungsverschiedenheiten geführt, die in den Medien aufgegriffen und in allen politischen Parteien diskutiert werden.[101] Im Juli 2018 stellte Bundesinnenminister Horst Seehofer seinen „Masterplan Migration" vor, um die Migration stärker zu steuern, und an seinem neunundsechzigsten Geburtstag feierte er öffentlich die Abschiebung von neunundsechzig Migranten nach Afghanistan.[102] Nach der Bundestagswahl im September 2017 verzögerte sich die Koalitionsbildung erheblich, da sich Politiker nicht darüber einig werden konnten, ob Familienangehörige aus Konfliktregionen zu ihren Verwandten nach Deutschland nachziehen dürfen. Aufgrund ihrer Verbindungen zum Nahen Osten und zum Islam fühlen sich Palästinenser in Berlin oft als unerwünschte Bevölkerungsgruppe, während sich Israelis als privilegierte Einwanderer in Deutschland willkommen und angenommen fühlen. Progressive deutsche Kräfte setzen sich weiterhin in Berlin dafür ein, dass alle Einwanderer, sowohl Palästinenser als auch Israelis, sich in der Stadt sicher und akzeptiert fühlen können.

---

101 Siehe etwa „Migration. Streit um Familiennachzug für Flüchtlinge verschärft sich," Deutsche Presse-Agentur, 8.4.2018; Guy Chazan, „Refugee Rights Drive Wedge between German Coalition Parties," *Financial Times*, 28.1.2018.
102 Hannibal Hanschke, „Germany's Seehofer Launches Migrant Plan with ‚Birthday' Jab at Deportees," Reuters, 10.7.2018.

5 Demografische Ungereimtheiten

Zwischen Atheismus und Religion

Es ist äußerst schwierig, wenn nicht gar unmöglich, die genaue Zahl der Israelis und Palästinenser in Berlin zu ermitteln. Die Diskrepanzen zwischen Medienschätzungen und offiziellen Statistiken sind oft erheblich, und keine dieser Quellen verfügt über wirklich konkrete Daten. Auch wenn die meisten Israelis in Berlin Juden und die Mehrheit der in der Hauptstadt lebenden Palästinenser Muslime sind, ist es unmöglich, die genaue Anzahl von Menschen mit diesen religiösen Identitäten zu bestimmen, ebensowenig wie den zahlenmäßigen Umfang dieser Gemeinschaften im Allgemeinen.

Etwa 60 Prozent der Berliner Bevölkerung hat keine registrierte Religionszugehörigkeit. Tatsächlich wird die Stadt häufig als atheistische Hauptstadt Europas bezeichnet.[103] Die geschätzte Zahl der Muslime in der Stadt lag 2010 bei 200.000–350.000, was 6–10 Prozent der Bevölkerung mit deutschem Pass ausmacht, die überwiegend einen türkischen Hintergrund hat. Die geschätzte Zahl der Juden betrug 30.000–45.000 oder weniger als 1 Prozent der Gesamtbevölkerung, und davon waren nur 12.000 registrierte Mitglieder religiöser Organisationen.[104] Während sich die meisten Israelis in Berlin als jüdisch und säkular darstellen, bezeichnet sich ein großer Teil der Palästinenser als religiöse Muslime. Obwohl die Religion ein wichtiger Faktor für die gemeinschaftliche Identität dieser Bevölkerungsgruppen ist, sind offizielle Statistiken über die Religionszugehörigkeit in Berlin nur von begrenztem Wert für die Bestimmung der Zahl der Israelis und Palästinenser in der Stadt.

Israelis

Auch wenn wir die israelische Einwanderung nach Deutschland bis in die späten 1950er Jahre zurückverfolgen können, blieb die Zahl der Einwanderer in den ersten Jahrzehnten nach Aufnahme diplomatischer Beziehungen zwischen Deutschland und Israel unbedeutend. Nach Angaben von Fania Oz-Salzberger

---

103 Siehe John Keenan, „Where Is the World's Most ‚Godless' City?," *Guardian*, 7. 12. 2016.
104 Siehe „Religionszugehörigkeiten," Forschungsgruppe Weltanschauungen in Deutschland, Evangelische Kirche in Deutschland, Bischofskonferenz, 2016, https://fowid.de/meldung/religionszugehoerigkeiten-deutschland-2017.

https://doi.org/10.1515/9783110729931-008

lebten 1993 etwa 1.900 Israelis in Berlin.[105] Heute sind die meisten in Berlin lebenden Israelis junge Erwachsene, die in den 2000er Jahren einreisten; damit
stellt die Mehrheit der Israelis in der deutschen Hauptstadt die erste im Land
lebende Generation dar. Doch auch hier ist es schwierig, genaue Zahlen zu ermitteln. Ein Grund dafür ist, dass viele Israelis doppelte oder mehrfache Staats-
bürgerschaften haben, und wenn sie deutsche, andere europäische oder US-
amerikanische Pässe besitzen, sind sie nicht offiziell als israelische Staatsbürger
registriert.[106] Nach Angaben der *Deutschen Welle* und der *Times of Israel* aus dem
Jahr 2018 haben zwischen 2000 und 2015 33.000 Israelis die deutsche Staatsbürgerschaft erhalten.[107] Einige Israelis haben – aus verschiedenen Gründen –
ihre israelische Staatsbürgerschaft aufgegeben und die deutsche Staatsbürgerschaft angenommen. Manche Israelis sind in Berlin gemeldet, leben aber nur
vorübergehend dort. Andere leben in zwei oder mehr Städten oder Ländern zugleich. Die Mobilität junger Israelis, insbesondere nach Beendigung ihres Mili-
tärdienstes, ist wohlbekannt; ein vorübergehender Aufenthalt in Deutschland
muss daher nicht unbedingt zu einer langfristigen oder endgültigen Übersiedlung
führen.[108] Neben den Menschen, die sich vorübergehend oder dauerhaft in Berlin
aufhalten, reisen immer mehr Israelis als Touristen in die Stadt, um Familie oder
Freunde zu besuchen, die dorthin gezogen sind, oder um die vielen Sehenswür-
digkeiten zu erkunden.[109] In ihrem Buch über queere israelische Migration nach
Berlin verweist Hila Amit auf die „Politik der Statistik" und zeigt, wie problematisch es ist, wenn man die Aufmerksamkeit auf die Zahl der Israelis in
Deutschland richtet, da dies unweigerlich mit Fragen der Politik nach dem
Holocaust und ihrem Verhältnis zum Zionismus in Zusammenhang steht.[110]

---

105 Fania Oz-Salzberger verweist auf das Statistische Landesamt Berlin; siehe Fania Oz-Salzberger, *Israelis in Berlin* (Berlin: Jüdischer Verlag, 2001), 9.
106 Siehe Dani Kranz, *Israelis in Berlin. Wie viele sind es und was zieht sie nach Berlin?*, Kooperationsprojekt mit dem Deutschlandradio „Faszination und Befremden – 50 Jahre deutsch-
israelische Beziehungen" (Gütersloh: Bertelsmann, 2015), 9–10; Yoav Sapir, „Berlin, Berlin! Junge
Israelis und die deutsche Hauptstadt. Kritische Auseinandersetzung eines Befangenen – Essay,"
Aus Politik und Zeitgeschichte 65 (2015): 1–3.
107 Siehe „Over 33,000 Israelis Have Taken German Citizenship since 2000," *Times of Israel*, 2.9.
2018; „German-Israeli Relations: What You Need to Know," *Deutsche Welle*, 17.4.2018.
108 Sie z.B. Daria Maoz, „Backpackers' Motivations: The Role of Culture and Nationality," *Annals
of Tourism Research* 34, no. 1 (2007): 122–40; Chaim Noy und Erik Cohen, Hrsg., *Israeli Backpackers: From Tourism to Rite of Passage* (Albany: State University of New York Press, 2005).
109 Siehe z.B. Danny Sade, „Israeli Tourists Take Berlin," Ynetnews.com, 28.10.2014.
110 Hila Amit, *A Queer Way Out: The Politics of Queer Emigration from Israel* (Albany: State
University of New York Press, 2018), 9, 26.

Die Medien in Israel und Deutschland haben zur allgemeinen Wahrnehmung beigetragen, dass die israelische Zuwanderung nach Berlin um das Jahr 2014 herum plötzlich sprunghaft angestiegen ist.[111] Im Gegensatz dazu deuten offizielle Statistiken des Statistischen Bundesamtes darauf hin, dass der Anstieg der israelischen Einwanderung nach Deutschland zwischen 2010 und 2017 allmählich erfolgte und dass sich daran auch im Jahr 2014 oder kurz danach nichts wesentlich verändert hat.[112] Man darf wohl davon ausgehen, dass beide Befunde einen wahren Kern enthalten.

Nach Meinung des Anthropologen Dani Kranz sind Medienschätzungen von 17.000 bis 40.000 in Berlin lebenden Israelis tendenziell übertrieben; Kranz plädiert für eine vorsichtigere Schätzung von 11.000.[113] Nach Angaben des Statistischen Bundesamtes waren im Jahr 2017 13.795 Israelis in Berlin registriert. Im selben Jahr waren nur 1.398 Israelis als erwerbstätig und 168 Israelis als arbeitslos gemeldet.[114] Hierbei muss man immer beachten, dass die übergroße Mehrheit der Israelis in Berlin in keiner dieser Statistiken auftaucht, was mit ihren verschiedenen Pässen, ihrem Aufenthaltsstatus und Kriterien bei der Meldung von Beschäftigung in Deutschland zu tun hat. Während unseres Treffens im Juni 2018 schätzte Jeremy Issacharoff, der Botschafter Israels in Deutschland, dass etwa zwanzigtausend Israelis in Berlin leben, doch auch er räumte ein, dass es schwierig sei, eine genaue Zahl zu ermitteln.

Palästinenser

Zu den Palästinensern in Berlin gehören Menschen der ersten, zweiten, dritten und inzwischen auch vierten Generation, von denen ein erheblicher Teil in Deutschland geboren wurde; etwa 60 Prozent von ihnen sind nach offiziellen

---

111 Siehe u. a. Ruth Eglash, „Young Jews See Bright Future in Berlin but Past Weighs Heavily in Israel," *Guardian*, 10.11.2014; Meron Rapoport, „The Sour Taste of Milky Pudding: The Cost of Living in Israel," *Middle East Eye*, 9.10.2014; Jodi Rudoren, „In Exodus from Israel to Germany, a Young Nation's Fissures Show," *New York Times*, 16.10.2014.

112 Zur Dokumentation der Bevölkerung in Deutschland durch das Statistische Bundesamt zwischen 2010 und 2017 siehe *Bevölkerung und Erwerbstätigkeit. Ausländische Bevölkerung. Ergebnisse des Ausländerzentralregisters*, Statistisches Bundesamt, Fachserie 1, Reihe 2, 2017.

113 Siehe Kranz, *Israelis in Berlin*, 8–9.

114 Für Beschäftigungsstatistiken siehe *Basisbericht, Bestand Beschäftigte*, Berichtsmonat, November 2017. Für Statistiken zur Arbeitslosigkeit siehe *Basisbericht, Bestand Arbeitslose*, Berichtsmonat, November 2017.

Angaben eingebürgert.[115] Diese Zahlen spiegeln die Tatsache wider, dass die Geburt in Deutschland nicht automatisch zur deutschen Staatsbürgerschaft berechtigt. Ralph Ghadban zufolge, einem in Berlin ansässigen libanesischen Islamwissenschaftler, stellten palästinensische Flüchtlinge aus dem Libanon Anfang der 2000er Jahre mehr als 44 Prozent der arabischen Gemeinschaft in Berlin und mehr als 75 Prozent der palästinensischen Gemeinschaft in Deutschland dar.[116] Nach ihrer Einbürgerung konnten jedoch viele der Palästinenser, die sich in Berlin niedergelassen hatten, ihren Familienangehörigen und Verwandten helfen, legal nach Deutschland einzuwandern. Andere Palästinenser, die sich in Berlin niedergelassen haben, besitzen die israelische, amerikanische, kanadische, jordanische oder eine andere europäische Staatsbürgerschaft. Die syrische Flüchtlingswelle nach Deutschland im Jahr 2015 umfasste eine beträchtliche Zahl von Menschen palästinensischer Herkunft. Somit fällt die große Mehrheit der Palästinenser in Berlin in keine statistisch klar definierte Kategorie.

Schätzungen aus den frühen 2000er Jahren für die Untergruppe der Palästinenser, die Flüchtlinge aus dem Libanon sind, lagen zwischen 8.000 und 35.000.[117] Die Stadtforscherin Shahd Wari hat auf die widersprüchlichen Zahlen in verschiedenen Regierungsberichten hingewiesen. So schätzte das Statistische Amt Berlin-Brandenburg für das Jahr 2011 die Zahl der in Berlin lebenden Palästinenser auf 14.227. Im selben Jahr veranschlagte eine andere Quelle die Anzahl bei 22.314. Zwei Jahre später, im Jahr 2013, schätzte das Statistische Amt Berlin-Brandenburg die Zahl der Palästinenser auf 11.753; ein 2010 veröffentlichter Bericht von Berlin International behauptete jedoch, dass mehr als dreißigtausend Palästinenser in der Stadt lebten. Waris Interviews mit palästinensischen Gemeindevorstehern und Organisationen in der Stadt legten indes nahe, dass die Zahl eher bei fünfundvierzigtausend liegt.[118]

Da es weder einen palästinensischen Staat noch eine souveräne, autonome palästinensische Behörde gab, fiel diese Bevölkerungsgruppe bis Mitte der 1980er Jahre in der offiziellen deutschen Statistik unter die Kategorie der „Staatenlosen".

---

115 Angaben nach Palestinian Federation of Businessmen Associations, *Palestinian Diaspora: Germany*, Diaspora Mapping Working Group, 2014.

116 Ralph Ghadban, *Die Libanon-Flüchtlinge in Berlin*, 34, https://www.pba.ps/files/Palestinian %20Diaspora-Germany%20(2).pdf.

117 Ghadban schätzt die Zahl der palästinensischen Flüchtlinge aus dem Libanon um das Jahr 2000 auf 8.000; Ghadban, *Die Libanon-Flüchtlinge in Berlin*, 191. Ein Lexikon zu ethnischen Minderheiten in Deutschland nennt dagegen für dieselbe Zeit eine Zahl von 35.000; Cornelia Schmalz-Jacobsen, Georg Hansen und Rita Polm, Hrsg., *Kleines Lexikon der ethnischen Minderheiten in Deutschland* (München: C.H. Beck, 1997), 120.

118 Shahd Wari, *Palestinian Berlin: Perceptions and Use of Public Space*, Schriften zur internationalen Stadtentwicklung, Bd. 22 (Zürich: Lit, 2017), 74–75.

Das Bundesinnenministerium entschied jedoch 1985, dass es angesichts der unklaren politischen Situation der Palästinenser aus rechtlicher Sicht sinnvoller sei, den Status der palästinensischen Flüchtlinge als „ungeklärt" zu betrachten.[119] Seither werden offizielle palästinensische Flüchtlinge von der Bundesregierung statistisch zur gleichen Gruppe gezählt wie Flüchtlinge aus Kriegs- und Krisengebieten sowie Einwanderer aus dem Irak, Sri Lanka, der Republik Kongo, Angola und Afghanistan.[120]

Nach Angaben des Statistischen Bundesamtes waren im Jahr 2017 3.770 Personen aus den Palästinensischen Gebieten, 11.520 Jordanier, 41.375 Libanesen und 698.950 Syrer in Berlin registriert. Im selben Jahr betrug die Zahl der Jordanier, die Arbeit gefunden hatten, 372, die der Libanesen 2.706 und die der Menschen aus den Palästinensischen Gebieten 314.[121] Die Zahl der arbeitslosen Jordanier belief sich auf 149, die der Libanesen auf 76 und die der Menschen aus den Palästinensischen Gebieten auf 21.[122] Es ist unmöglich zu bestimmen, wie viele Menschen in der jordanischen, libanesischen und syrischen Bevölkerungsgruppe sich als Palästinenser bezeichnen. So konnten sich beispielsweise christliche und auch wohlhabende Palästinenser, die als Flüchtlinge im Libanon waren, die libanesische Staatsbürgerschaft sichern. Darüber hinaus sind mehr als die Hälfte der jordanischen Bürgerinnen und Bürger palästinensischer Herkunft. Und schließlich machen palästinensische Ausweisinhaber aus den Besetzten Palästinensischen Gebieten nur einen kleinen Prozentsatz der gesamten palästinensischen Gemeinschaft in Berlin und in ganz Deutschland aus.

Im Juni 2018 trafen wir mit einem Mitarbeiter im Büro von Botschafterin Khouloud Daibes zusammen, der als Missionsleiter der Palästinensischen Vertretung in Berlin tätig war. Der Mitarbeiter schätzte die Zahl der in Berlin lebenden Palästinenser auf sechzigtausend bis achtzigtausend. Die Einreise von Palästinensern aus Syrien kurz zuvor könnte zumindest teilweise ein Grund für diese deutlich höhere Zahl sein.

---

119 Siehe Ghadban, *Die Libanon-Flüchtlinge in Berlin*, 68–69. Nach der offiziellen Statistik der Bundesregierung für 2017 gab es 160 „staatenlose" Personen und 201 Personen mit „ungeklärtem" Status in Berlin, die als ausländische Einwohner*innen geführt wurden und sich 2016 in Deutschland niedergelassen hatten: „Statistischer Bericht: Einwohnerinnen und Einwohner im Land Berlin am 31. Dezember 2016." In *Statistischer Bericht* (Berlin: Amt für Statistik Berlin-Brandenburg, 2017), 46, https://www.statistik-berlin-brandenburg.de/publikationen/stat_berich te/2017/SB_A01-05-00_2016 h02_BE.pdf.
120 Siehe Tietze, *Imaginierte Gemeinschaft*, 274–75.
121 Für Beschäftigtenstatistiken siehe *Basisbericht, Bestand Beschäftigte*.
122 Für Arbeitslosenstatistiken siehe *Basisbericht, Bestand Arbeitslose*.

Demografische Konnotationen

Israelis, die das Land verlassen und dazu beitragen, dass die jüdische Bevölkerung in Israel abnimmt, während sie stattdessen in Deutschland zunimmt, werden bisweilen durchaus negativ wahrgenommen. Während jemand, der nach Israel einwandert, als *oleh* (hebräisch für eine „hinaufsteigende Person") bezeichnet wird, wird jemand, der Israel verlässt oder aus Israel auswandert, als *yored* (eine „hinabsteigende Person") bezeichnet. Die meisten Israelis empfinden Olehs als Stützen des zionistischen Projekts und Yoreds als Verräter an der Pionierarbeit, die Zahl der Juden im Heiligen Land zu erhöhen. So wie es in Israel stigmatisierend ist, den Militärdienst zu verweigern, sind in Israel auch all jene Personen weitgehend verpönt, die zu einem Exodus aus dem Land beitragen. Ausgerechnet Deutschland als Immigrationsland zu wählen, ist besonders heikel. Einige der Israelis, mit denen wir in Berlin sprachen, berichteten, dass sie gemischte Reaktionen von den Deutschen erhielten, die sie in der Regel als „philosemitisch" oder „philozionistisch" bezeichneten. Yonatan, der Postdoktorand, äußerte sich zwiespältig über das, was er die „gekünstelte, aber doch starke Begeisterung" vieler Deutscher, denen er begegnet, nannte: „[Diese Deutschen] schätzen den Beitrag [der Israelis] zur Wiederbelebung des jüdischen Lebens in Berlin, beschuldigen uns aber auch, das zionistische Projekt zu verraten, weil wir Israel im Stich gelassen haben."

Für Palästinenser, die außerhalb der Palästinensischen Gebiete leben, wird die gemeinsame Identität weitgehend durch die Sehnsucht bestimmt, in die Heimat ihrer Vorfahren zurückzukehren. Während Israelis Israel freiwillig verlassen, ist die Entfremdung der Palästinenser von Israel/Palästina eine Folge der von Israel erzwungenen Vertreibung aus ihrer Heimat. Die meisten der Palästinenser, mit denen wir sprachen, fühlten sich in Deutschland generell nicht angenommen; sie verwiesen in diesem Zusammenhang oft auf die rechtsgerichteten Kräfte in der deutschen Gesellschaft, die verhindern wollten, dass die Zahl der Araber und Muslime zunimmt. Wie Salma, die Raumpflegerin im Krankenhaus, erklärte: „Wenn [die Deutschen] mein Kopftuch sehen, ist es ihnen egal, ob ich aus Palästina oder einem arabischen Land komme. Ich bin einfach die muslimische Frau, und ihnen gefällt nicht, wie wir aussehen. Und weil es so viele von uns gibt, wollen sie nicht, dass wir mehr werden und ihnen ihre Stadt wegnehmen." Viele sagten, sie hätten das Gefühl, es gebe wenig Raum, sie selbst zu sein, und dass sie, um in Berlin voll akzeptiert zu werden, entweder sich selbst als Palästinenser unsichtbar machen oder sich den Erwartungen anderer anpassen müssten, sowohl in Bezug auf ihr Aussehen als auch auf das, was sie sagen und tun. Einige waren der Meinung, dass sie härter als die meisten anderen arbeiten müssten, um den Wert, den sie für die Gesellschaft darstellen, zu beweisen, anstatt dass die Kreativität, Intelligenz, die Fähigkeiten und das Engagement gesehen werden, die sie für die Entwicklung Deutschlands einbringen. Deshalb müssten sie sich nicht nur als Einzelpersonen, sondern auch als Vertreter*innen einer viel größeren Gemeinschaft beweisen. Der Anwalt Rashid drückte es so aus: „Ich muss mich nicht nur deshalb besonders auszeichnen, weil ich erfolgreich sein und ein gutes Leben führen und meine Familie stolz machen will. Ich muss brillieren, damit ich alle Palästinenser vertreten kann; damit sie [die Deutschen] erkennen, dass wir es zu etwas bringen, wenn man uns nur eine Chance gibt."

Die individuelle Geschichte, der soziale und rechtliche Status und der Integrationsstand der israelischen und palästinensischen Gemeinschaften sind sehr unterschiedlich. Daher können Statistiken nur ein unvollständiges Bild der Anwesenheit und der Rolle dieser Einwanderer in der deutschen Gesellschaft vermitteln. Der vielleicht bedeutendste Eindruck, den man von den Zahlen zurückbehält, ist die Dominanz der israelischen Gemeinschaft im öffentlichen Diskurs. Die israelischen Einwanderer werden von den Durchschnittsdeutschen überwiegend positiv gesehen, während die palästinensische Gemeinschaft, obwohl viel größer, meist unsichtbar ist. Wenn Palästinenser in Deutschland wahrgenommen werden, ist das Bild im Allgemeinen negativ. Die Mehrheit unserer Befragten, darunter Deutsche, Israelis und sogar Palästinenser, war durchaus überrascht vom Ausmaß der palästinensischen Einwanderung nach Berlin.

Der Politikwissenschaftler Phillip Ayoub befasst sich mit dem Verhältnis von Sichtbarkeit, Normen und der Entstehung von Bewegungen in Europa. Er unterscheidet zwischen „interpersonaler Sichtbarkeit" (d. h., das, was „Individuen in Interaktion mit Menschen bringt") und „öffentlicher Sichtbarkeit" (d. h., „das Kollektiv, das aus einer Gruppe hervorgeht, um sich zu engagieren und von Gesellschaft und Staat gesehen zu werden").[123] Dabei geht er nuanciert mit Fragen der Macht – wie auch des hemmenden Potenzials – von Sichtbarkeit um. Wie wir in diesem Kapitel gesehen haben, lassen sich bloße Zahlen nicht immer in politische Macht oder Sichtbarkeit (für Palästinenser) übersetzen, auch wenn das im wissenschaftlichen und populären Diskurs gerne angenommen wird. Es ist immer möglich, Zahlen und Darstellungen zu verschönern, und das macht die zwischenmenschliche und öffentliche Sichtbarkeit von Israelis und Palästinensern nur noch umstrittener. Ayoubs Forschungen zur europäischen Politik zeigt diese Komplexität.

---

123 Siehe Phillip Ayoub, *When States Come Out: Europe's Sexual Minorities and the Politics of Visibility* (Cambridge: Cambridge University Press, 2016), 23.

Ausgehend von der Annahme, dass es derzeit unmöglich ist, die genaue Größe der israelischen und palästinensischen Bevölkerung in Berlin auf der Grundlage der verfügbaren Schätzungen zu bestimmen, schlagen wir einen groben Mittelwert von etwa fünfundzwanzigtausend für Israelis und etwa sechzigtausend für Palästinenser vor. Wir können in jedem Fall als Ergebnis festhalten, dass es in der deutschen Hauptstadt mehr als doppelt so viele Palästinenser wie Israelis gibt. Während die Zahl der Israelis in Berlin von vielen Deutschen als Zeichen einer jüdischen Wiedergeburt gefeiert wird, scheint diese hohe Präsenz von Palästinensern aufgrund ihrer schwierigen Anfänge als benachteiligte Flüchtlinge weitgehend ausgeblendet oder mit einem Stigma versehen zu sein.

6 Neue Heimat Berlin?

Israelis in Berlin

Das deutsche Engagement für Israel steht außer Zweifel. Das gilt auch für die Bemühungen des Landes, Israelis in die Gesellschaft der Hauptstadt zu integrieren und willkommen zu heißen. Die Frage jedoch, ob sich die Israelis in Berlin wohl oder sogar „zu Hause" fühlen, ist sehr komplex und vielschichtig.

Persönliche und psychologische Traumata zwischen Deutschland und Israel heilen langsamer als die diplomatischen Beziehungen zwischen den beiden Ländern. Diese offiziellen Beziehungen wurden etwa sieben Jahre nach der Gründung Israels im Jahr 1948 unter dem Eindruck der Nachkriegsverbrechen und irreparabler menschlicher und physischer Verlusterfahrungen aufgenommen. In Berlin tauchten mehr Juden unter und überlebten den Krieg als in jeder anderen deutschen Stadt.[124] Auch wenn ein gewisses Maß an „jüdischem Leben" in Berlin weiterbestand, war der alte Geist einer blühenden und überaus erfolgreichen jüdischen Gemeinschaft, die auch viele Intellektuelle umfasste, nach dem Holocaust weitgehend verschwunden. Nach dem Krieg wuchs die jüdische Bevölkerung langsam an, wobei zu den ursprünglich einheimischen Berliner Juden bald auch Juden aus der ganzen Welt hinzukamen, die meisten davon aus Osteuropa.[125] Bis 1956 wurden israelische Pässe mit den hebräischen Worten „kol ha'arzot prat le'germania" („gültig für alle Länder außer Deutschland") versehen.[126] Das Stigma der Rückkehr an den Ort der „Endlösung" war gewaltig und ist bis heute nicht ganz verschwunden. Doch im Laufe einer Generation sollten auch diese Wunden zu heilen beginnen – oder zumindest sollten sie zu Schorf werden, aus dem sich schließlich weiterhin sichtbare, aber doch verblassende Narben entwickeln würden.

2001 veröffentlichte Fania Oz-Salzberger, Historikerin an der Universität Haifa, das erste Buch zum Thema Israelis in Berlin.[127] Ihre Arbeit belegte die in

---

124 Siehe z. B. Leonard Gross, *The Last Jews of Berlin* (New York: Open Road, 1981); Beate Meyer und Hermann Simon, Hrsg., *Juden in Berlin, 1938–1945* (Berlin: Neue Synagoge Berlin – Centrum Judaicum, 2000).

125 Zur Geschichte des jüdischen Berlin nach dem Krieg siehe Ulrich Eckhardt and Andreas Nachama, Jüdische Berliner Leben nach der Schoa (Berlin: Jaron, 2003); Alexander Jungmann, *Jüdisches Leben in Berlin. Der aktuelle Wandel in einer metropolitanen Diasporagemeinschaft* (Bielefeld: Transcript, 2007).

126 Dani Kranz, „Forget Israel – the Future Is in Berlin! Local Jews, Russian Immigrants and Israeli Jews in Berlin and across Germany," *Shofar* 34, no. 4 (2016): 5.

127 Fania Oz-Salzberger, *Israelis in Berlin* (Berlin: Jüdischer Verlag, 2001).

https://doi.org/10.1515/9783110729931-009

Deutschland und in Israel weitverbreitete Wahrnehmung, die auch den öffentlichen Diskurs prägt, dass die jüdisch-deutsche Beziehung tief in der Vergangenheit verankert ist. Dementsprechend stellt ihre Darstellung das zeitgenössische Stadtbild der blühenden jüdischen Gemeinde in Berlin vor dem Nationalsozialismus und vor dem Zweiten Weltkrieg den traumatischen Entwicklungen, die sie beendet haben, gegenüber. Ihre Berichte über das Berlin der Vorkriegszeit kontrastieren mit mehreren Begegnungen mit jüdischen, deutschen und israelischen Personen, die heute die Stadt besuchen oder in ihr leben. Literarische, intellektuelle und wissenschaftliche Arbeiten zur Auseinandersetzung deutscher Juden mit der Vergangenheit und dem jüdischen Leben in Deutschland gab es auch schon vor ihrem Buch.[128] Oz-Salzbergers Beitrag ist jedoch der erste, der Israelis und das israelisch-deutsche Verhältnis in diesen Kontext einbezieht, ein Zugang, der durch den Holocaust und seine irreparable Zerstörung menschlichen Lebens überaus schwierig ist.

Oz-Salzbergers Porträt eines von Erinnerungen an den Holocaust durchdrungenen Berlin nahm die Präsenz der Palästinenser in der Stadt überhaupt nicht zur Kenntnis, geschweige denn ihre Verluste und Traumata. Die völlige Abwesenheit dieser Gemeinschaft in ihrem Buch ist auffällig. Seit Ende der 1990er Jahre sind die Palästinenser eine bedeutende Gruppe in Berlin, vor allem im Vergleich zu der damals bescheidenen Anzahl von Israelis. Wir behaupten nicht, dass eine Studie über Israelis in Berlin – und dann noch die erste dieser Art – notwendigerweise Palästinenser einbeziehen muss; es ist durchaus sinnvoll, jede Gemeinschaft für sich zu betrachten und in ihrer eigenen Komplexität zu verstehen. Doch innerhalb der politischen Landschaft Deutschlands und Israels ist die Ausblendung der Palästinenser aus den Diskussionen über die Folgen des Zweiten Weltkriegs ein konstantes Merkmal sowohl wissenschaftlicher als auch populärer Arbeiten geblieben. Während Oz-Salzbergers Buch die ersten Jahre der sich entwickelnden Partnerschaft zwischen Deutschland und Israel beschreibt, haben die jüngeren Generationen von Israelis und Deutschen eine neue Phase eingeläutet. Neben der Weiterführung der ersten intellektuellen und kulturellen Kontakte sind die jüngsten Einreisewellen von Israelis auch durch sozioökonomische Faktoren sowie – zumindest bis zu einem gewissen Grad – durch ein wachsendes Unbehagen gegenüber der politischen Führung in Israel motiviert.

Das Jahr 2014, das Jahr des sogenannten *Milky Protest* in Israel, steht symbolisch für die verstärkte Zuwanderung von Israelis nach Berlin. In zahlreichen

---

128 Zu frühen Bemühungen, die Beziehungen zwischen Deutschland und Juden zu verbessern, siehe auch Gershom Scholem, „Against the Myth of the German-Jewish Dialogue," in *On Jews and Judaism in Crisis: Selected Essays*, hrsg. von Werner J. Dannhauser (New York: Schocken, 1976), 61–64.

Artikeln, Essays, Berichten und Büchern wurde gezeigt, dass diese jüngste Migrationswelle weitgehend durch wirtschaftliche, bildungspolitische und berufliche Chancen bestimmt war, ein Trend, den wir aufgrund unserer Interviews bestätigen können.[129] Für die israelische Präsenz in Berlin umfasst die Kette der Ereignisse rund um den *Milky Protest* alle Aspekte der neuen Situation, von „unmöglich" über „tabu" bis hin zu „zulässig" und sogar „attraktiv". Angeregt durch eine Facebook-Seite mit dem Titel „Olim L'Berlin" (hebräisch für „Lasst uns nach Berlin hinaufsteigen", mit dem Verb „hinaufsteigen", das zur Definition der zionistischen Einwanderung nach Israel verwendet wird), besteht die Anziehungskraft der deutschen Stadt in ihren niedrigen Lebenshaltungskosten.[130] Dies wurde am Beispiel des israelischen „Milchpudding" belegt, der in seinem Produktionsland Israel wesentlich teurer ist als in Deutschland. Als Besitzer der Facebook-Seite stellte sich Naor Narkis heraus, ein fünfundzwanzig Jahre alter ehemaliger israelischer Geheimdienstoffizier. Auch wenn man nicht genau sagen kann, inwieweit diese Seite zum Anstieg der israelischen Einwanderung nach Berlin beigetragen hat, zeigt die Berichterstattung in den israelischen Medien doch, wie sensibel das Thema „Israelis in Berlin" ist.[131] Yair Lapid, der damalige israelische Finanzminister, nannte Narkis einen Antizionisten, was noch einmal den Streit um die Werbung für die einstige Nazi-Hauptstadt als das neue „gelobte Land" für Israelis unterstreicht. Israel hatte den größten Teil der Holocaust-Überlebenden aufgenommen, und ihr Leiden hat allmählich und in zunehmendem Maße das Selbstverständnis Israels als eines Staates definiert, der auf der

---

129 Siehe, unter vielen anderen Artikeln, Michael Borchard, „Vereinte Erbsenzähler. Genau wie in Deutschland kann auch in Israel eine Kleinigkeit eine politische Grundsatzdebatte auslösen. Dieses Mal: ein Schokopudding," *Debatten Magazin*, 14.10.2014; Lahav Harkov, „‚Milky Protest' Leader in Berlin Moving Back to Israel," *Jerusalem Post*, 26.10.2014; „‚Milky Protest' Not about the Chocolate Pudding," *Deutsche Welle*, 17.10.2014; Victoria Schneider, „Israelis Flock to Berlin for Better Life," *Al Jazeera*, 9.3.2013; Ted Thornhill, „Israel's Fury at the Young Jews Moving to Berlin for a Cheaper Life and ‚Abandoning Their Homeland for a Pudding,'" *Daily Mail*, 16.10.2014. Siehe ferner den jüngeren Beitrag von Sally McGrane, „So Long, Israel; Hello, Berlin," *New Yorker*, 20.6. 2017.

130 Ausdrücke wie „Olim L'Berlin" und „Aliyah", die beide auf die hebräische Wurzel mit der Bedeutung „Aufstieg" oder „aufsteigen" zurückgehen, bilden eine ironische Referenz an zionistische Ideologie, die darauf abzielt, alle Juden nach Israel zu bringen; siehe z.B. Orit Arfa, „Making ‚Aliyah' to Berlin," *Jewish Journal*, 14.2.2017.

131 Zum überwältigenden Medieninteresse am Phänomen der jüngsten israelischen Auswanderungswelle nach Berlin siehe Ruth Eglash und Stephanie Kirchner, „Young Jews See Bright Future in Berlin but Past Weighs Heavily in Israel," *Washington Post*, 10.11.2014; Anthony Faiola und Ruth Eglash, „Former Nazi Capital Becomes a New Beacon for Israelis," *Washington Post*, 21.10.2014; Adi Hagin, „Why Are Israelis Moving to Germany?," *Haaretz*, 16.9.2011.

Asche dieser schrecklichen Periode errichtet worden war.[132] Viele Israelis weigern sich bis heute, in Deutschland hergestellte Produkte zu kaufen, weil man sie nach wie vor mit dem vergangenen Völkermord in Verbindung bringt. Israels Landwirtschaftsminister Yair Shamir brachte diese Haltung auf den Punkt, als er auf der *Olim L'Berlin*-Seite kommentierte: „Mir tun die Israelis leid, die sich nicht mehr an den Holocaust erinnern und Israel für einen Pudding verlassen."[133] Ein Kommentar (unter vielen auf der Facebook-Seite geposteten) fasste die Empörung einiger Israelis in Israel folgendermaßen zusammen: „Sind die Gaskammern in Berlin auch billiger als hier?"[134]

Trotz ihrer Heterogenität und je eigenen persönlichen Geschichten konnten wir vier verschiedene Untergruppen unter der stetig wachsenden Zahl von Israelis in Berlin identifizieren: (1) Israelis, die wegen eines deutschen Partners oder Ehegatten nach Berlin ziehen; (2) Israelis, die aufgrund eines Stipendiums oder einer Arbeitsmöglichkeit übersiedeln; (3) Israelis, die ihren Aufenthalt als vorübergehend oder als experimentelle Phase ihres Lebens betrachten; und (4) Israelis, die einfach Touristen sind oder Verwandte und Freunde besuchen, die in die Stadt gezogen sind.

Viele unserer israelischen Befragten waren überrascht zu erfahren, dass bis 1956 alle israelischen Pässe mit dem Vermerk „gültig für alle Länder außer Deutschland" versehen waren. Und obwohl die direkte Erinnerung an die Schrecken der Vergangenheit allmählich schwindet, bleibt die Wahl Deutschlands als neue Heimat für Israelis eine heikle Angelegenheit. Viele berichteten, dass sie sich mit Fragen von Familie und Freunden auseinandersetzen mussten, die verdutzt auf ihre Entscheidung reagierten, in Deutschland leben zu wollen. „Mein Vater sprach ein Jahr nicht mehr mit mir, als ich ihm sagte, dass ich nach Berlin ziehen würde", sagte Rina, die ein großzügiges Stipendium eines renommierten Konservatoriums erhalten hatte, wo sie ihre Ausbildung zur klassischen Musikerin fortsetzen konnte. Andere berichteten, dass die kritischen Kommentare und peinlichen Fragen weitergingen, wenn sie zu Besuchen nach Israel kamen. Yoav, der Personal Trainer, sagte, seine Großmutter frage immer wieder: „Fühlt es sich nicht komisch an, wenn du Deutsche in Polizeiuniform siehst?" Ravit, eine Künstlerin Anfang dreißig, erzählte uns von ihrer Nachbarin, Tochter von Holocaust-Überlebenden, die sagte: „Die jungen Leute sind vielleicht freundlich und

---

132 Zu Yair Lapids Reaktion auf die Auswanderung von Israelis nach Berlin siehe Ben Ariel, „Head of Berlin Protest: Lapid Destroyed Our Chances to Buy Homes," *Arutz Sheva*, 8.10.2014.
133 Yehuda Sharon, „„I Pity Those Who No Longer Remember the Holocaust and Abandon Israel for a Pudding,'" *Jerusalem Post*, 13.10.2014.
134 Matthew Schofield, „Israeli's Praise of Life in Germany Sets Off Fury on Facebook," *McClatchy*, 27.10.2014.

unschuldig. Aber die Alten, da weiß man nie, was sie getan oder nicht getan haben." Doch trotz der Erinnerung an und der Assoziationen mit vergangenen Gräueltaten nimmt der Zustrom von Israelis nach Berlin stetig zu. Trotz des bleibenden Stigmas hat die Stadt eine große Beliebtheit unter vielen jungen Erwachsenen aus Israel erlangt, was der komplexen Realität eine weitere Dimension hinzufügt. Die meisten Israelis, ob in Deutschland oder in Israel, sind sich dessen sehr bewusst.

Ein Faktor, der zu dieser Migration beiträgt, sind die vielen Anreize, die die Bundesregierung bereitstellt, um die Einreise der Israelis logistisch zu ermöglichen und in vielerlei Hinsicht auch höchst attraktiv zu machen. Unsere Untersuchung bestätigt frühere Studien, die wirtschaftliche Motive als einen der Gründe für die Umsiedlung von Israelis nach Berlin ausmachen.[135] Die sozialen Proteste in Israel im Jahr 2011 unterstrichen den zunehmenden Neoliberalismus im Land unter der Führung von Ministerpräsident Benjamin Netanjahu und den Anstieg der Lebenshaltungskosten. Infolgedessen haben junge Berufstätige, Familien aus der Mittelschicht und andere mit gestiegenen Mieten, Preisen für Wohneigentum und Lebenshaltungskosten zu kämpfen. Berlin ist deutlich erschwinglicher als Tel Aviv; eine durchschnittliche Einzelperson in Berlin verfügt über mehr Kaufkraft als in Tel Aviv. Weitere wichtige Anziehungspunkte für Israelis sind Bildungs- und Berufschancen, von denen viele von der deutschen Regierung sowie von verschiedenen Institutionen und Stiftungen finanziert werden.[136] Omri Ben-Yehuda, der mit Unterstützung eines Minerva-Postdoc-Stipendiums zur Forschung am Institut für Deutsche Philologie der Freien Universität Berlin nach Deutschland kam, schreibt beispielsweise: „Heimat ist heute: Sprache und Alltag statt Zugehörigkeit zu einer Nationalkultur. In Zeiten der Globalisierung ist man dort heimisch, glaube ich, wo man seine gewohnten Vorlieben pflegen kann."[137] Einat hielt fest: „Ich liebe Berlin und seine Weltoffenheit. Vielleicht bleibe ich sogar länger hier, als ich ursprünglich geplant hatte. Aber für mich bedeutete [nach Berlin zu kommen], für eine Weile von zu Hause wegzu-

---

135 Siehe z. B. Gilead Fortuna und Shuki Stauber, *Israelis in Berlin: A Community in the Making* [hebräisch] (Haifa: Samuel Neaman Institute, 2016), 50.

136 Zu den zahlreichen Stiftungen, die deutsch-israelische wissenschaftliche Zusammenarbeit unterstützen, gehören die German-Israeli Foundation for Scientific Research and Development, die Deutsch-Israelische Projektkooperation, die Deutsche Forschungsgemeinschaft, der Stiftungsfond Martin-Buber-Gesellschaft und die Alexander-von-Humboldt-Stiftung. Für eine kurze historische Übersicht zur deutsch-israelischen Wissenschaftskooperation siehe die Website der Deutsch-Israelischen Zusammenarbeit unter https://www.cogeril.de/de/296.php.

137 Siehe Omri Ben-Yehuda, „Ewig wartend. Was bedeutet Heimat in Zeiten der Globalisierung? Sprache und Alltag, sagt ein Israeli, der in Deutschland ein zweites Zuhause fand," *Der Freitag*, März 2015.

gehen und eine gute Arbeit zu finden, die es mir ermöglichen würde, meinen Lebensunterhalt zu bestreiten und um die Welt zu reisen. Das kann ich auch von hier aus tun. Und ich muss meine israelische Identität dafür nicht aufgeben."

Ein zusätzlicher, wenn auch weniger hervorstechender Faktor, der zur Attraktivität Berlins für viele Israelis beiträgt, ist der große Unterschied im politischen Klima zwischen Israel und Berlin. Während sich die israelische Politik weiter nach rechts verschiebt, hat Berlin – insbesondere in der Zivilgesellschaft – progressive Werte im Wesentlichen beibehalten. Oftmals isoliert durch den Rassismus und die Gewalt zu Hause, sehen viele Israelis auf der linken Seite des politischen Spektrums in Berlin die Möglichkeit, den Stress in Israel hinter sich zu lassen. Sie freuen sich darauf, in Berlin ein neues Leben zu beginnen. Der Journalist Ariel zum Beispiel erinnerte sich an den Gaza-Krieg von 2014: „Gerade als Tzuk Eitan (Operation Protective Edge) vorbei war, sagte ich: Es ist genug! Ich werde meine Familie dem nicht länger aussetzen. Lass uns irgendwohin gehen, wo wir einfach das Leben genießen und uns sicher fühlen können. Berlin schien einfach zu sein, denn wir haben eine Reihe von Freunden, die vor nicht allzu langer Zeit dahin umgezogen sind."

In der deutschen Hauptstadt ist das Erleben von kultureller Vielfalt, Sozialstaat und linker Politik viel wahrscheinlicher als in vielen anderen europäischen Kontexten und ganz sicher stärker als in Israel, trotz der weitgehend westlichen Ausrichtung der dortigen Gesellschaft. Wie in wissenschaftlichen Arbeiten und in der Medienberichterstattung dokumentiert wird, und was mehrere unserer Befragten bestätigten, ziehen viele Israelis mit LGBTQ-Identität nach Berlin, auch weil die Gemeinschaft dort freier und respektierter ist als in Israel. Einige LGBTQ-Israelis, mit denen wir in Berlin sprachen, berichteten, sie seien umgesiedelt, weil sie glaubten, die LGBTQ-Community werde in Israel für „pinkwashing" missbraucht – Versuche des israelischen Staates, die Aufmerksamkeit auf den Grad der Akzeptanz und Toleranz gegenüber der LGBTQ-Community zu lenken, um damit von ihren Verletzungen der palästinensischen Menschenrechte abzulenken.[138] Ronit, Mitte dreißig und lesbisch, die als Bibliothekarin arbeitet, sprach über den Druck, den sie in Israel verspürte, zu heiraten und Kinder zu bekommen:

---

138 Unter den zahlreichen Artikeln in verschiedenen Medien siehe Avner Shapira, „Berlin: The ‚New Zion' for LGBTQ Israelis?," *Haaretz*, 11.6.2014. Zum „pinkwashing" siehe Sofia Lotto Persio, „Israeli LGBT Activists Accuse Country of ‚Pinkwashing' over Berlin Pride Booth," *PinkNews*, 30.7. 2018, https://www.pinknews.co.uk/2018/07/30/israel-berlin-pride-pinkwashing-surrogacy/. Als wissenschaftliche Arbeiten zur israelischen LGBTQ-Community in Berlin siehe Hila Amit, *A Queer Way Out: The Politics of Queer Emigration from Israel* (Albany: State University of New York Press, 2018); Ruth Preser, „Lost and Found in Berlin: Identity, Ontology and the Emergence of Queer Zion," *Gender, Place and Culture* 24, no. 3 (2016): 413–25.

„Selbst als meine Eltern endlich akzeptierten, wer ich bin, wollten sie immer noch, dass ich mich mit jemandem niederlasse und ihnen Enkelkinder schenke." Aryeh, ein schwuler politischer Aktivist Ende zwanzig, der als Hebräischlehrer arbeitet, erzählte, dass seine Freunde in Israel nicht alle den liberalen Stereotypen entsprechen würden, die die israelischen Medien vermitteln, wenn sie Tel Aviv als Zufluchtsort für queere Menschen darstellen. Seine Freundin Ayala, deren Familie aus Äthiopien stammt und in Bat Yam lebt, wurde gezwungen, einen Mann zu heiraten. „Immer wenn ich an ihrem Hochzeitstag an sie denke, bekomme ich Tränen in den Augen", sagte Aryeh. Rina, die klassische Musikerin, erzählte von einem palästinensischen Freund in Lod, der „von Mitgliedern des Mossad [dem Nationalen Geheimdienst Israels] angesprochen wurde, die ihm drohten, ihn gegenüber seiner Familie zu outen, wenn er nicht bereit sei, Informationen über Verwandte im Westjordanland zu liefern."

Viele Israelis, die wir befragten, bestätigten unseren Eindruck, dass die Mehrheit der Israelis, die innerhalb der letzten zehn Jahre nach Berlin gezogen waren, relativ jung und politisch links orientiert ist.[139] Zu ihnen gehören viele Künstler, Intellektuelle, Akademiker, Unternehmer und IT-Spezialisten. Während die Mehrheit der Berliner Israelis eher linksgerichtet ist, teilt sich der Rest auf in jene, die der politischen Mitte angehören (d. h. Kritik an der israelischen Regierung äußern, aber weitgehend die israelische Politik unterstützen, die den jüdischen Staatsbürgern Vorrang einräumt) und jene mit rechtsgerichteten Anschauungen (also jene, die mit der Regierung und ihrer Politik übereinstimmen). Viele der Befragten waren der Meinung, dass die Zahl der konservativen und rechtsgerichteten Israelis in Berlin langsam zugenommen hat, ein Phänomen, das – zumindest teilweise – mit den zunehmenden Möglichkeiten in Start-up-Unternehmen und in der Technologiebranche in Verbindung gebracht werden kann.

Es gibt zwar einige Überschneidungen zwischen der israelischen und der jüdischen Gemeinschaft in Berlin, aber im Grunde sind diese Milieus voneinander getrennt. Ungefähr 85 Prozent der jüdischen Gemeinschaft in Berlin ist russischer Herkunft und kam nach dem Fall der Sowjetunion nach Deutschland.[140] Die

---

139 Unsere Forschungen bestätigen im Großen und Ganzen frühere Studien zu Israelis in Berlin; siehe u. a. Dani Kranz, Uzi Rebhun und Heinz Sünker, „The Most Comprehensive Survey among Israelis in Germany Confirms the Image: Secular, Educated, and Left" [hebräisch], *Spitz*, 4.12. 2015. Als jüngere Publikation siehe Fortuna und Stauber, *Israelis in Berlin*.

140 Zur jüdischen Migration von Russland nach Deutschland siehe Barbara Dietz, „Jewish Immigrants from the Former Soviet Union in Germany: History, Politics and Social Integration," *East European Jewish Affairs* 33, no. 2 (2003): 7–19; Madeleine Tress, „Soviet Jews in the Federal Republic of Germany: The Rebuilding of a Community," *Jewish Journal of Sociology* 37, no. 1 (1995):

Mehrheit der russischen Juden, und zwar in ganz Deutschland, unterstützt die rechtsgerichtete Politik Israels.[141] Viele jüdische Israelis in Berlin verstehen sich als säkular, obwohl eine bedeutende Anzahl unter ihnen die Synagoge als einen Ort schätzt, der Traditionen und Zusammenhalt bewahrt, indem er verschiedene Generationen mit dem Glauben und der jüdischen Gemeinschaft verbindet. Jüdische Organisationen in Berlin, insbesondere solche, die sich an der öffentlichen Debatte beteiligen und politischen Einfluss genießen, werden überwiegend von deutschen Juden und nicht von Israelis geleitet. Zu ihnen gehören der Zentralrat der Juden in Deutschland, der seit 1990 seinen Sitz in Berlin hat und 2014 Josef Schuster zu seinem Vorsitzenden wählte, und die Jüdische Gemeinde zu Berlin.[142]

Viele Israelis sprechen kein Deutsch, können aber ihre Englischkenntnisse für ihr tägliches und berufliches Leben in Berlin nutzen. Andere lernen Deutsch, und wieder andere beherrschen die Sprache fließend. Etliche Israelis in Berlin bieten professionelle Dienstleistungen an, die anderen Israelis helfen, sich im Rechts- und Verwaltungssystem der Stadt zurechtzufinden, mit dem Ziel, ihren Umzug nach Deutschland zu erleichtern und ihnen dabei zu helfen, eine neue Heimat in der Stadt zu finden. Immer mehr Israelis haben einen deutschen Wohnsitz oder die deutsche Staatsangehörigkeit erworben, oder sie haben nichtjüdische Deutsche geheiratet.[143]

Die Privilegien, die Israelis in Deutschland genießen – wie der Erhalt eines Visums bei der Ankunft am Flughafen, der Zugang zu staatlichen Geldern und ein allgemein herzlicher Empfang in Berlin – gelten nicht nur für aschkenasische Juden, sondern auch für Mizrahi-Juden und palästinensische Bürger Israels. Dies stellte sich als Konfliktpunkt bei unserer Untersuchung heraus: Einerseits ergaben unsere Interviews, dass Mizrahi und palästinensische Israelis in Berlin Möglichkeiten haben, sich auf eine Art und Weise auszudrücken, wie sie es in Israel wegen Rassismus und Diskriminierung nicht konnten; andererseits, da Mizrahi und palästinensische Israelis keine direkten Verbindungen zu den Opfern des Holo-

---

46–47. Zur Situation in Berlin siehe Judith Kessler, „Jüdische Immigration seit 1990. Resümee einer Studie über 4.000 jüdische Migranten aus der ehemaligen Sowjetunion in Berlin," *Zeitschrift für Migration und Soziale Arbeit* 19 (1997): 40–47.

141 Melissa Eddy, „Seeing Ally against Muslims, Some German Jews Embrace Far Right, to Dismay of Others," Agence France-Presse, 26.9.2018. Zu den Gründen, warum Russen sich dazu entscheiden, nach Deutschland oder Israel auszuwandern, siehe Yvonne Schütze, „Warum Deutschland und nicht Israel?, Begründungen russischer Juden für die Migration nach Deutschland," *Zeitschrift Biographieforschung und Oral History* 10, no. 2 (1997): 186–208.

142 Schusters Familie stammt ursprünglich aus Deutschland. Er wuchs in Deutschland auf und verbrachte die meiste Zeit seines Lebens dort, doch geboren wurde er in Haifa.

143 Siehe „Over 33,000 Israelis Have Taken German Citizenship since 2000," *Times of Israel*, 2.9. 2018.

caust haben, können ihre Rechtsansprüche in Deutschland nicht mit den gleichen Argumenten untermauert werden wie die der aschkenasischen Israelis, von denen viele Nachkommen von Holocaust-Überlebenden sind.

So berichtete der Doktorand Rafi von der Diskriminierung, die seine Familie in Israel erfahren hat, nachdem sie aus Marokko dorthin eingewandert war. Er lebt heute im Berliner Stadtteil Kreuzberg. „Zum ersten Mal hatte ich das Gefühl, kein Bürger zweiter Klasse zu sein", sagte er. In Berlin konnte er Freundschaften mit Menschen aus unterschiedlichen Ländern Nordafrikas und des Nahen Ostens schließen, darunter auch Palästinenser. „Dieser Mix aus so vielen verschiedenen Menschen machte mir klar, dass mich hier niemand einfach nur ansehen und in eine Schublade stecken könnte", erzählte er von seiner ersten Woche in Berlin. Fadi, der Medizinstudent, sprach mit uns über seine palästinensischen Freunde, die aus Israel nach Deutschland kamen, und erklärte: „Wir verstehen uns gut. Unsere Großeltern kamen aus benachbarten Dörfern. Wir sprechen dieselbe Sprache und essen dasselbe. Aber sie haben nicht die gleichen Schwierigkeiten wie wir. Sie kommen als ‚Israelis' hierher, und dadurch stehen ihnen alle Türen einfach offen." Und Rachel, die Sozialarbeiterin, kommentierte: „Ich schätze wirklich all die Möglichkeiten, die wir haben, hier zu studieren und zu arbeiten. Ich finde es super, dass sie [die Deutschen] das Gefühl haben, die Taten ihrer Vergangenheit wiedergutmachen zu müssen. Aber einige von uns [Israelis] haben nicht wirklich eine Verbindung zu dem, was hier passiert ist."

Einige israelische Befragte berichteten, dass die Deutschen ihrer Meinung nach die Unterstützung des deutschen Staates für Israelis in Berlin völlig über-schätzen würden. Es war ihnen wichtig, deutlich zu machen, dass die Privilegien, zu denen sie Zugang haben, relativ basal sind, wie etwa die Möglichkeit, einen anderen Visastatus zu beantragen, wenn sie bereits im Land sind – auch wenn dies den Angehörigen der meisten anderen nationalen Gruppen in Deutschland nicht möglich ist. Yonatan, der Postdoktorand, sagte zum Beispiel: „Ich hasse es, wenn sie denken, ich hätte dieses Stipendium bekommen, weil ich Israeli bin, und dass sie [die Deutschen] solche Stipendien einfach vergeben, sobald man ihnen seinen Pass zeigt." Die meisten Israelis sagten in der einen oder anderen Form, dass viele Deutsche irgendwie übertrieben reagieren, wenn sie erfahren, dass sie mit einem Israeli sprechen. „Sie [die Deutschen] denken immer, dass sie sicher-stellen müssen, dass wir wissen, wie freundlich sie uns gesinnt sind", sagte Ofira, die Managerin für Marken-Performance. „Und sie [die Deutschen] sagen Dinge wie: ‚Oh, du hast *sooo* einen tollen Namen! Ich *liebe* den Strand in Tel Aviv! Ich habe *sooo* viele israelische Freunde'". Etliche der Befragten äußerten den Wunsch, von den Deutschen „normal" behandelt zu werden – also als eigen-ständige Person, aber weder mit negativen noch mit positiven Bewertungen. So sagte beispielsweise Dan, der Enkel von Holocaust-Überlebenden: „Ich wünschte, [die Deutschen] würden mich einfach so sehen, wie ich bin, und mit diesem ganzen Getue aufhören, wenn sie erfahren, dass ich aus Jerusalem komme." Unter solchen Israelis gab es eine Sehnsucht nach einem natürlichen und weniger gestelzten Umgang mit den Deutschen. Sie befürchteten, dass die Herausstellung ihrer israelischen Identität dazu führe, dass sie nicht mehr als Individuen mit eigenen, einzigartigen menschlichen Qualitäten gesehen würden.

Mehrere Israelis zeigten sich überzeugt davon, dass sie in Berlin niemals voll und ganz als Gleichberechtigte akzeptiert werden könnten und dass sie von den deutschen Eliten immer als Außenseiter, als anders und vielleicht sogar als minderwertig betrachtet werden würden. Einige Israelis kehren nach Israel zurück, wenn ihre Erwartungen nicht erfüllt werden, am häufigsten im Hinblick auf die erhofften wirtschaftlichen oder beruflichen Vorteile. Andere kehren zurück, weil ihre Aussichten auf soziale Integration und Lebensqualität nicht realisiert wurden. Aber dennoch bekunden die meisten Israelis in Berlin eine Liebe und Begeisterung für die Stadt und das Leben, das sie dort aufbauen können. Viele erzählen von guten Beziehungen zu Deutschen, sowohl beruflich als auch privat. Einige berichten von engen Freundschaften und selbst intimen Beziehungen, mit oder ohne langfristige Bindungen.

Viele Deutsche sind von dieser Entwicklung begeistert und feiern das neue jüdische Leben in Berlin. Christiane, die deutsche Frau Mitte sechzig, sagte: „Es macht mir richtig Freude, wenn ich in einem Café sitze und am Nachbartisch Hebräisch gesprochen wird. Ich habe dann dieses Gefühl, dass wir nach einem schwierigen Kapitel eine neue Seite aufschlagen können. Wir [Deutsche] bekommen eine neue Chance zu zeigen, dass es hier Platz für Juden gibt. Wir wollen, dass sie sich zu Hause und sicher fühlen." Somit stellen die israelischen Einwanderer in der deutschen Wahrnehmung in gewisser Weise eine Fortsetzung der Opferhilfe dar. Ob diese „Opfer" nun Juden der Vergangenheit oder der Gegenwart sind, Israelis werden von vielen Deutschen als Teil eines historischen Kontinuums gesehen. Das Wohlergehen der Israelis in Berlin oder Deutschland stellt für viele Deutsche eine Möglichkeit für die Wiedergutmachung vergangener Verbrechen dar.

Viele Israelis kommen nach Berlin und wissen, dass die meisten Deutschen dort mehr als bereit sind, sie zu akzeptieren. Ernüchterung und Konflikte treten dann auf, wenn die Mehrheit dieser Israelis erkennt, dass ihre kritischen Ansichten gegenüber Israel nicht mit den Erwartungen und Standards übereinstimmen, die von den Deutschen auf sie projiziert werden. Viele, wenn nicht die meisten Deutschen in Berlin unterstützen zwar den israelischen Staat, sind aber weniger über die Realität vor Ort in Israel/Palästina informiert als Israelis, die sich in Berlin niederlassen. Diese Kluft kann zu Spannungen und politischen Meinungsverschiedenheiten zwischen Deutschen und Israelis führen. Die Deutschen müssen der Tatsache ins Auge sehen, dass nicht alle Israelis die guten zionistischen Menschen sind, die sie im Kontext von Holocaustverarbeitung als notwendig erachten. Viele Israelis vermeiden es, mit Deutschen über israelisch-palästinensische Politik zu diskutieren. Ofer, ein Discjockey Ende zwanzig, sagte zum Beispiel: „Ich würde gar nicht erst probieren, ihnen [den Deutschen] zu erklären, warum ich Israel verlassen habe. Sie denken nur an den Strand und die Sonne, die ich gegen diese langen und dunklen Winter eingetauscht habe." Anat, die Restaurantbesitzerin, sprach über die Reaktion einer deutschen Freundin, die sie über Israels diskriminierende kommunale Dienstleistungen in palästinensischen Vierteln, Städten und Dörfern informierte: „Ich hatte fast das Gefühl, das war das Ende unserer Freundschaft. Sie [die deutsche Freundin] sah mich an, als ob ich mich plötzlich von ihrer guten jüdischen Freundin in ein Monster verwandelt hätte."

Wir stellten fest, dass die bekanntesten israelischen Persönlichkeiten des öffentlichen Lebens in Berlin ihre kritische und linksgerichtete Haltung gegenüber Israel relativ offen zeigen. Zu den israelischen Dissidenten, die Berlin zu ihrer Heimat gemacht haben und deren Bekanntheit über die Grenzen Deutschlands hinausreicht, gehören die Künstlerin Yael Bartana und der Dirigent Daniel Barenboim (Abbildungen 5 und 6). Bartana, die als kritische Beobachterin ihres Heimatlandes Israel bekannt ist, bearbeitet Visualisierungsmedien – Videos, Fotografien und Installationen – um heutige israelische Rituale so darzustellen, als seien sie heilige Zeremonien einer vorgeschichtlichen Gesellschaft.

Ihre Arbeiten wurden in Museen und kulturellen Institutionen weltweit ausgestellt, darunter die Solomon R. Guggenheim Foundation, das Tel Aviv Museum of Art, das Museum für Moderne Kunst in Warschau, das Van Abbemuseum in Eindhoven, MoMA PS1 in New York City und das Moderna Museet Malmö. Sie hat auch zahlreiche Auszeichnungen und Preise erhalten. In Berlin war ihr Film *Inferno*, eine provokante filmische Darstellung des Wiederaufbaus des Jerusalemer Tempels durch evangelikale Christen in Rio de Janeiro, bei den Internationalen Filmfestspielen Berlin 2014 zu sehen; der Film war auch einer der Höhepunkte der Sonderausstellung „Welcome to Jerusalem" im Jüdischen Museum Berlin.[144]

Barenboim, ein weltbekannter Pianist und Dirigent, ist Generalmusikdirektor der Staatsoper Unter den Linden und der Staatskapelle Berlin. Zu seinen zahlreichen Preisen und Auszeichnungen zählen das Große Verdienstkreuz mit Stern und Schulterband der Bundesrepublik Deutschland, der Toleranzpreis der Evangelischen Akademie Tutzing, die Buber-Rosenzweig-Medaille, das Ritter-

---

144 Zu Yael Bartanas *Inferno* siehe Igal Avidan, „An ‚Inferno' Erupts at the Berlin Film Festival," *Times of Israel*, 18.2.2014.

Abbildung 5: Die israelische Künstlerin Yael Bartana an der Volksbühne. Fotografie von Birgit Kaulfuß.

großkreuz des Verdienstordens der Italienischen Republik, die Goethe-Medaille, der japanische Praemium Imperiale, der International Service Award for the Global Defense of Human Rights, die Goldmedaille der Royal Philharmonic Society, der Preis für das Lebenswerk des Internationalen Musikfestivals Istanbul, der Grand Officier der Légion d'Honneur und die Otto-Hahn-Friedensmedaille in Gold der Deutschen Gesellschaft für die Vereinten Nationen, Berlin-Brandenburg. Er ist hoch angesehen für seine Bemühungen um Frieden, Gerechtigkeit, Menschlichkeit und Völkerverständigung.

Barenboims Karriere ist auch mit seinem politischen Engagement verbunden, das junge arabische und israelische Musikerinnen und Musiker zusammenbringen soll. Dieses Projekt begann als eine gemeinsame Initiative mit dem palästinensischen Intellektuellen Edward Said; zusammen riefen sie das West-Eastern Divan Orchestra ins Leben, das dann zur Gründung der in Berlin ansässigen Barenboim-Said-Akademie führte, deren Präsident er ist. Barenboim ist ein entschiedener Kritiker der israelischen Besetzung der Palästinensischen Gebiete und erhielt in Anerkennung seiner Solidarität mit den Palästinensern einen palästi-

Abbildung 6: Der israelische Pianist und Dirigent Daniel Barenboim. Fotografie von Holger Kettner.

nensischen Pass.[145] Als Israel 2018 das jüdische Nationalstaatsgesetz verabschiedete, kommentierte Barenboim: „Heute schäme ich mich, Israeli zu sein."[146]

Sowohl Bartana als auch Barenboim machen keinen Hehl aus ihren Haltungen zur rechtsgerichteten und rassistischen Politik der israelischen Regierung, und sie äußern sich offen dazu. Ihre Meinungen sind ein integraler Bestandteil des beruflichen Engagements dieser international gefeierten israelischen Künstler in Berlin. Gleichzeitig bieten ihnen ihr Erfolg und ihr internationales Ansehen – und vielleicht auch ihre jüdische und israelische Identität – eine gewisse Immunität vor dem, was im offiziellen Diskurs in Deutschland als antisemitisch angesehen werden könnte, wenn es von einer anderen Person oder jemandem mit einem anderen Glauben oder einer anderen Nationalität (insbesondere einem Deutschen, Palästinenser oder Muslim) vorgebracht würde.

---

145 Sie z. B. Kate Connolly, „Barenboim Becomes First to Hold Israeli and Palestinian Passports," *Guardian*, 14.1.2008.
146 Daniel Barenboim, „Today, I Am Ashamed to Be an Israeli," *Haaretz*, 22.7.2018.

Palästinenser in Berlin

Die meisten der Palästinenser, die in den 1940er und 1950er Jahren nach Berlin kamen, waren gebildet und wollten dort studieren, mit der Absicht, nach Palästina zurückzukehren. Viele blieben jedoch in der deutschen Hauptstadt. Ab den 1960er Jahren kamen neue Wellen von Palästinensern als Arbeitssuchende aus Jordanien; die meisten von ihnen ließen sich in der ehemaligen DDR und insbesondere in Ost-Berlin nieder.[147] Erst in den 1970er Jahren begannen Palästinenser als Flüchtlinge einzureisen, vor allem aus dem Libanon als Folge des libanesischen Bürgerkriegs (1975–1990), aber auch aus Syrien, Jordanien, Kuwait und dem Irak.[148] Der jüngste signifikante Zuwachs der palästinensischen Gemeinschaft in Berlin resultiert aus dem Zustrom von Flüchtlingen aus Syrien ab dem Sommer 2015.[149]

In einer ersten Phase waren die palästinensischen Flüchtlinge aus dem Libanon mit ihren Asylanträgen in Deutschland in der Regel erfolglos. Da die libanesischen Behörden sich jedoch weigerten, sie aufzunehmen, wenn sie in den Libanon zurückgeschickt würden, konnten die Deutschen sie nicht abschieben. Die deutschen Behörden definierten diese Palästinenser offiziell nicht als „Ausländer" oder „Flüchtlinge", was zu administrativen Ungereimtheiten führte: In der offiziellen Statistik fielen sie zunächst in die Kategorie der „Staatenlosen", ab 1985 dann in die Kategorie „ungeklärt". Diese Änderung wurde vom Bundesinnenministerium vorgenommen, und zwar mit der Begründung, dass diese Bevölkerungsgruppe in Ermangelung eines palästinensischen Staates oder einer palästinensischen Autonomiebehörde keiner der bestehenden nationalen Kategorien Deutschlands zugeordnet werden könne. Außerdem entsprachen die Pa-

---

147 Siehe Tietze, *Imaginierte Gemeinschaft*, 274.

148 Siehe Shahd Wari, *Palestinian Berlin: Perceptions and Use of Public Space*, Schriften zur Internationalen Stadtentwicklung, Bd. 22 (Zürich: LIT, 2017), 68; Tietze, *Imaginierte Gemeinschaft*, 275.

149 Zur doppelten Vertreibung und zur jüngsten palästinensischen Flüchtlingswelle aus Syrien siehe Jehan Alfarra, „Palestinians of Syria: Refugees Once More," *Middle East Monitor*, 23.6.2016; Kait Bolongaro, „Palestinian Syrians: Twice Refugees," *Al Jazeera*, 23.3.2016; Talbot Rohan, „Syria's Double Refugees: Palestinians Forced to Risk Everything to Reach Europe," *Medact*, 12.9.2017. Zu ihrer Migration nach Deutschland im Besonderen siehe „Germany Grants the Temporary Residency to the Palestinians of Syria Refugees That Prevents Them to Reunion," Action Group for Palestinians of Syria, 29.8.2016, http://www.actionpal.org.uk/en/post/3828/germany-grants-the-temporary-resi dency-to-the-palestinians-of-syria-refugees-that-prevents-them-to-reunion. Am 14. Oktober 2016 organisierte das ICI Berlin eine ähnliche Veranstaltung, allerdings mit Fokus auf die doppelte Migration von Palästinensern als Flüchtlinge in Berlin; siehe dazu die Website der ICI Berlin unter https://www.ici-berlin.org/events/twice-a-refugee.

lästinenser in Berlin als abgelehnte Asylsuchende, die dennoch nicht abgeschoben werden können, nicht der Definition von „Flüchtlingen" der Genfer Konventionen. Daher wurde ihnen der Status der „Duldung" zuerkannt, was auch beinhaltete, dass sie nicht von Berlin aus in andere deutsche Bundesländer verbracht werden dürfen.[150] Dieser prekäre Status führte zu einer rechtlichen Benachteiligung der palästinensischen Flüchtlinge; insbesondere verhinderte er ihre Integration in den lokalen Arbeitsmarkt. Da sie nicht arbeiten durften, konnten sie keine soziale Unabhängigkeit erlangen und waren daher auf staatliche und humanitäre Unterstützung angewiesen.

Weitere Schritte, die die Regierung unternahm, um die Assimilation dieser Flüchtlinge in die deutsche Gesellschaft zu verhindern, waren die Einschränkung oder Verhinderung des Zugangs zu Schule, Berufsausbildung, Gesundheitsleistungen und Wohnraum. So gab es beispielsweise in Berlin keine Schulpflicht für palästinensische Flüchtlingskinder und Jugendliche, und die Schulen waren nicht gesetzlich verpflichtet, sie aufzunehmen. Hinzu kam die große Beeinträchtigung, dass Asylsuchende jahrelang in Sammelunterkünften untergebracht waren, was sie daran hinderte, im Familienverband zu leben. Diese und weitere diskriminierende Maßnahmen – von Ralph Ghadban als Mittel der Abschottung und Abschreckung definiert – wurzelten in der Annahme, dass diese Einwanderer aus wirtschaftlichen Gründen nach Deutschland gekommen waren.[151] Die deutsche Regierung hoffte, dass die Einschränkung ihres Zugangs zu einem stabilen sozioökonomischen Status sie zum Verlassen des Landes veranlassen würde. Dies geschah jedoch nicht, denn die meisten Palästinenser hatten keine andere Wahl, als in Deutschland zu bleiben.[152]

Die Bedingungen extremer sozialer Marginalisierung führten zu einem erheblichen humanitären Problem, das schon bald in ganz Deutschland zum Gegenstand öffentlicher und politischer Debatten wurde. So vermutete die Polizei in den 1980er Jahren, dass jeder zweite libanesische Flüchtling kriminell sei; dieses Stigma, das die gesamte palästinensische Bevölkerung des Landes betrifft, be-

---

150 Ralph Ghadban, *Die Libanon-Flüchtlinge in Berlin*, 9.

151 Ghadban zeigt, dass die Maßnahmen zur Isolierung der Palästinenser in Berlin und ihrem Fernhalten von allen Anreizen, sich dauerhaft in Deutschland niederzulassen, sich aus der Hoffnung der Deutschen ergaben, dass die Palästinenser das Land bald wieder verlassen würden. Für eine tiefgehende Analyse dieser Zusammenhänge siehe Ghadban, *Die Libanon-Flüchtlinge in Berlin*, 157–62. Als eine Diskussion der Ausgrenzungsstrategien im deutschen Kontext im Allgemeinen, und dann vor allem mit Blick auf die jüdischen und türkischen Minderheiten, siehe Gökce Yurdakul und Michal Bodemann, Hrsg., *Staatsbürgerschaft, Migration und Minderheiten: Inklusion und Ausgrenzungsstrategien im Vergleich* (Berlin: Springer, 2010).

152 Ghadban, *Die Libanon-Flüchtlinge in Berlin*, 160–77.

steht unter den Deutschen nach wie vor.[153] „Die Palästinenser in Berlin sind die schlimmste Mafia", bekamen wir von Richard, einem führenden deutschen Filmregisseur, in herablassendem Ton zu hören. „Selbst die Polizei traut sich nicht, in ihre Viertel zu gehen." Zugleich gab es auch positivere Entwicklungen, darunter Druck von verschiedenen Flüchtlingsinitiativen, Kirchen, sozialen Organisationen und einer politischen Partei – den Grünen – um die Marginalisierung dieser Bevölkerungsgruppe zu beenden und ihre sozialen und rechtlichen Bedingungen zu verbessern. Inzwischen hat sich die Erkenntnis durchgesetzt, dass die Verweigerung grundlegender humanitärer Unterstützung für Flüchtlinge und die Einschränkung ihrer Möglichkeiten zur erfolgreichen Integration letztlich nicht nur die palästinensische Gemeinschaft Berlins, sondern auch die deutsche Gesellschaft insgesamt treffen.

In den 1980er Jahren unternahm der Berliner Senat verschiedene rechtliche Schritte – die sogenannten Altfallregelungen von 1984, 1987 und 1989 – um den Status der palästinensischen Flüchtlinge zu verbessern. Eine weitere Verbesserung erfolgte 1990 mit der Reform des Ausländergesetzes, das Palästinensern, die für eine Dauer von zwei Jahren den Status der Duldung hatten, das Recht gab, eine Aufenthaltserlaubnis zu beantragen; nach weiteren acht Jahren konnten sie eine unbefristete Aufenthaltserlaubnis beantragen, und nach weiteren drei Jahren waren sie berechtigt, eine unbegrenzte Arbeits- und Aufenthaltserlaubnis zu beantragen. 2005 wurde eine zusätzliche Regierungsgesetzgebung eingeführt, um eine Marginalisierung von Flüchtlingen im Allgemeinen zu verhindern.[154] Gleichwohl bedarf es noch weiterer Anstrengungen, um die Auswirkungen der strengen Regelungen, denen palästinensische Flüchtlinge über Jahre, ja Jahrzehnte, ausgesetzt waren, tatsächlich umzukehren.

Die öffentliche Aufmerksamkeit für die palästinensische Bevölkerung Berlins konzentrierte sich fast ausschließlich auf die Geschichte der ersten Flüchtlinge aus dem Libanon und die sozialen und wirtschaftlichen Herausforderungen, mit denen sie konfrontiert waren. Palästinenser, die nicht als Flüchtlinge kamen – einschließlich der frühen, hochgebildeten Einwanderer und des jüngsten Zustroms sehr erfolgreicher und prominenter Persönlichkeiten – sind im deutschen öffentlichen Diskurs weitgehend ignoriert worden. Wir halten es für essenziell, die Not der palästinensischen Flüchtlinge in Berlin anzuerkennen, die sich aus den historischen Versäumnissen Deutschlands ergibt, diesen Bevölkerungsgruppen soziale, politische und humanitäre Unterstützung zu gewähren. Gleichzeitig ist es aber auch wichtig, sich nicht ausschließlich auf die palästinensische Flücht-

153 Ghadban, *Die Libanon-Flüchtlinge in Berlin*, 181.
154 Tietze, *Imaginierte Gemeinschaft*, 277.

lingsgemeinschaft zu konzentrieren. Die Komplexität des palästinensischen Lebens in der deutschen Hauptstadt zeigt sich erst, wenn wir die Vielfalt der palästinensischen Geschichten, Stimmen und Erfahrungen in Berlin ins Bild rücken.

In ähnlicher Weise hat sich auch ein Großteil der wissenschaftlichen Arbeiten zur palästinensischen Gemeinschaft in Berlin auf die negativen Auswirkungen der diskriminierenden Bedingungen der frühen Flüchtlingswellen konzentriert. So untersuchte etwa Dima Abdulrahim die Destabilisierung der sozialen Dorfstruktur palästinensischer Familien, zunächst nach der Vertreibung dieser Familien aus der nördlichen Region des heutigen Israel, dann im Kontext der verarmten Bedingungen der libanesischen Flüchtlingslager und schließlich in Berlin in einer Situation, die insbesondere Frauen benachteiligte. Abdulrahim beschrieb neben anderen diskriminierenden Faktoren die Wiedereinführung der Polygamie unter den Palästinensern in Deutschland, wobei sie die Migrationsmuster aus dem Nahen Osten und die strukturelle Ausgrenzung aus den deutschen Institutionen mit Genderstrukturen in Beziehung setzt.[155] Sie führt aus:

> Wenn die Familie und die Gemeinschaft den Zugang zur deutschen sozioökonomischen Struktur behindern, wirft das Fragen auf, und zwar zunächst nach dem Verhältnis zwischen der Frau in der Minderheitsgruppe und dem Staat, der Gesellschaft und der Wirtschaft in Deutschland. Palästinenserinnen und Palästinenser in Westberlin werden zum Teil durch ihre Position in einem Staat definiert, der die Integration der Geschlechter fördert, der aber zugleich die Asylsuchenden und die ethnischen Minderheiten marginalisiert. Auch in Westberlin wird das Verhältnis der Minderheitsfrau zur deutschen Gesellschaft teilweise durch individuellen Rassismus sowie institutionelle Diskriminierungen in der Bildungspolitik und auf dem Arbeitsmarkt bestimmt. Vom ersten Schultag an ist das Migrantenkind in den Grundfertigkeiten benachteiligt und gerät in den Teufelskreis aus schlechten Schulleistungen, fehlender Ausbildung und Qualifikation, schlecht bezahlter Arbeit und Arbeitslosigkeit.
>
> Während die Geschlechtersegregation in der palästinensischen Gemeinschaft in Westberlin eine neue Bedeutung und einen neuen Stellenwert erhält, wird diese Segregation durch die wirtschaftliche Marginalität der Gemeinschaft, insbesondere der Frauen, weiter verstärkt. Die Arbeit, die einer Frau zur Verfügung steht, stellt keine wirkliche Alternative zu ihrer öffentlichen Nichterwerbstätigkeit dar. Die Verbesserung der wirtschaftlichen Rolle der Frauen im Haushalt muss sich auf ihre selbstbestimmte Teilhabe an der deutschen Gesellschaft insgesamt durch Zugang zu Schule, Ausbildung und besserer Beschäftigung stützen. Dieser Zugewinn an Selbstbestimmung muss mit einem radikalen Wandel in der offiziellen Ausländer*innenpolitik einhergehen.[156]

---

155 Dima Abdulrahim, „Islamic Law, Gender, and the Politics of Exile: The Palestinians in West Berlin. A Case Study," in *Islamic Family Law*, hrsg. von Chibli Mallat und Jane Connors (London: Graham and Trotman, 1990), 190.

156 Abdulrahim, „Islamic Law, Gender, and the Politics of Exile," 201.

Auch wenn Abdulrahims Arbeiten im Kontext der späten 1980er Jahre entstanden, sind sie auch heute noch relevant, erinnern sie uns doch daran, dass die Integration von Migrantinnen in den öffentlichen Raum auch zu höherer Selbstbestimmung im häuslichen Bereich beiträgt.

Auch Ghadbans Forschung ist ein wichtiger Beitrag zu unserem Wissen über palästinensische Deutsche. Seine umfassenden Feldstudien über die palästinensisch-libanesische Flüchtlingsgemeinschaft in Berlin – die erste 1988 und die zweite 1994–1995 – haben die langfristigen Auswirkungen der anfänglichen rechtlichen Beschränkungen Deutschlands in Bezug auf diese Bevölkerungsgruppe nachgewiesen; auch nach der Umsetzung verbesserter Regelungen kam es nicht zu einer entscheidenden Verbesserung der Lebensqualität für Palästinenser mit Flüchtlingshintergrund. Trotz besserer Lebens- und Arbeitsbedingungen lebten die Palästinenser weiterhin in gettoisierten Gemeinschaften, und fast 90 Prozent der palästinensischen Flüchtlinge aus dem Libanon blieb arbeitslos. In diesem Zusammenhang schätzte Ghadban, dass ein Drittel dieser Bevölkerungsgruppe Analphabeten waren und insgesamt ein niedriges Bildungsniveau aufwiesen. Die weitgehend gescheiterten deutschen Integrationsinitiativen zeigten sich in den Ergebnissen seiner Umfrage der Jahre 1994–1995, die klarmacht, dass etwa 80 Prozent der libanesischen Flüchtlingsgemeinschaft sich in Deutschland diskriminiert fühlte, dass sie sich nicht als Teil der deutschen Gesellschaft erfuhren, wenig Kontakt zu Deutschen hatten (das galt insbesondere für palästinensische Frauen) und ihre Beteiligung an deutschen Medien und deutscher Kultur äußerst begrenzt war. Und doch berichteten die meisten von Ghadbans Befragten, dass sie Deutschland nicht verlassen wollten.

Ghadban führt aus, dass der wichtigste kulturelle Nenner für die Palästinenser in Berlin ihre gemeinsame arabische Sprache war, die Kinder und Jugendliche im Rahmen ihres Religionsunterrichts in islamischen Einrichtungen in Berlin lernen konnten. Hinzu kam der Kampf gegen Israel, der die palästinensische Identität noch stärker prägte als die Religion.[157] Deshalb, so Ghadban, unterstützten Organisationen für palästinensisch-libanesische Flüchtlinge in Berlin bis in die 1980er Jahre die Palästinensische Befreiungsorganisation (PLO); die spätere Schwächung der PLO hatte eine Zunahme islamistischer Stimmungen und Aktivitäten in der Berliner Palästinensergemeinschaft zur Folge. Dies war einer der Gründe für die Einrichtung des Berliner Islamischen Zentrums im Jahr 1995. In den 1990er Jahren kam es in der deutschen Hauptstadt zu einer Unterstützung für die islamistische Hamas, vor allem unter palästinensischen Studierenden aus Jordanien und den Besetzten Gebieten. Der Einfluss der Hamas auf diese Paläs-

---

157 Ghadban, *Die Libanon-Flüchtlinge in Berlin*, 202–37.

tinenser war jedoch begrenzt. Nachdem Israel und die Palästinensische Autonomiebehörde 1993 das Friedensabkommen von Oslo unterzeichnet hatten,
gründeten die Palästinenser in Berlin eine Reihe neuer Organisationen – allen
voran die Palästinensische Gemeinschaft in Deutschland, deren Mitglieder Verbindungen zur säkularen PLO unterhielten.[158]

In ihrer vergleichenden Studie zu Identitätspolitik bei deutschen und französischen Flüchtlingsgemeinschaften von Muslimen, Berbern und Palästinensern
hält Nikola Tietze fest, dass die rechtlichen Verbesserungen für Palästinenser in
Berlin, die in den 1980er Jahren eingeführt wurden, eigentlich zu spät kamen.[159]
Im Jahr 2007 führte Ulrike Heitmüller eine Studie über palästinensische Drogenhändler in einem öffentlichen Park in Berlin durch. In ihrer Vorbemerkung
hält sie fest, dass die von ihr interviewten „20 oder 30 Drogenhändler [...] eine
verschwindend geringe Minderheit unter den Palästinensern in Berlin darstellen."
Dennoch fände sie diese Personen für ihre Untersuchung interessanter als die viel
größere Gruppe integrierter und gesetzestreuer Palästinenser in Berlin; darum
bitte sie „die 8.000 bis 32.000 nicht mit Drogen handelnden Berliner Palästinenser, nicht beleidigt zu sein."[160]

Die Arbeit von Pénélope Larzillière über palästinensische Jugendliche be-
schreibt die Not und Verzweiflung dieser Gemeinschaft und stellt fest, dass sich
nur eine kleine Minderheit der politischen, wirtschaftlichen und kulturellen Eliten
Palästinas in Berlin niedergelassen hat.[161] Als jüngste Untersuchung sei auf
Shahd Wari verwiesen, die auf der Basis einiger von ihr geführter Interviews
schreibt, dass viele Palästinenser Berlin als das größte palästinensische
„Flüchtlingslager" außerhalb des Nahen Ostens bezeichnen. Und sie fügt hinzu:
„Unabhängig von ihrem rechtlichen Status und aufgrund ihrer starken Identität
[werden] Palästinenser sich immer als palästinensische Flüchtlinge definieren,
auch nach ihrer Einbürgerung, um ihr Recht auf Rückkehr nach Palästina zu
betonen."[162]

Wir konnten keine statistischen Schlussfolgerungen ziehen, wie viele Palästinenser in Berlin von den schwierigen und lang anhaltenden Folgen der pro-

---

158 Ghadban, *Die Libanon-Flüchtlinge in Berlin*, 262–66.
159 Tietze, *Imaginierte Gemeinschaft*, 277
160 Ulrike Heitmüller, *Eine Gruppe palästinensischer Drogenhändler in Berlin. Innere soziale
Ordnung und äußere Einflüsse. Studienarbeit* (München: Grin, 2008), 3.
161 Pénélope Larzillière, „Palästinensische Studenten in Deutschland und Frankreich im Vergleich: Netzwerkmechanismen und Wege der Identitätskonstruktion," in *Islam und Moderne. Der
gesellschaftliche Umgang mit dem Islam in Frankreich und Deutschland*, hrsg. von Alexandre Escudier (Göttingen: Wallstein Collection, 2003), 47–52.
162 Siehe Wari, *Palestinian Berlin*, 67.

blematischen rechtlichen Situation der palästinensisch-libanesischen Flüchtlinge betroffen sind. Die wissenschaftlichen Arbeiten, die wir konsultiert haben, stehen vor der gleichen Herausforderung. Unsere Studie befasst sich allerdings auch weder ausschließlich noch vorrangig mit diesem besonderen Segment der Berliner palästinensischen Gemeinschaft. Unter den Palästinensern, die wir befragten, waren Menschen mit unterschiedlichem Hintergrund, darunter Angehörige der sozialen, wirtschaftlichen, intellektuellen und politischen Eliten Berlins, aber auch Flüchtlinge, die von den verbesserten rechtlichen Regelungen in Deutschland profitieren konnten, sowie Menschen, die noch immer unter diskriminierenden Bedingungen und Regelungen leiden. Unsere Studie legt den Schluss nahe, dass die deutschen Gesetzesänderungen erst Ende der 1990er Jahre spürbare Auswirkungen auf die Berliner Palästinensergemeinschaft hatten. Mit dem Zugang zu Bildung und zum Arbeitsmarkt begann sich eine hochgebildete und erfolgreiche Generation junger Palästinenser gesellschaftlich zu festigen. Ebenso talentierte und gebildete Palästinenser kommen auch weiterhin nach Berlin, zum Teil als Flüchtlinge aus dem Gazastreifen, dem Westjordanland, Jordanien, Syrien und dem Libanon, aber auch aus anderen Teilen Europas. Etliche Palästinenser sind hochmobile Zuwanderer, einschließlich Personen mit europäischen, israelischen oder anderen Pässen.

Während die ursprünglichen Migrationsmuster von Palästinensern als Flüchtlinge in Berlin über Jahrzehnte weiterbestanden, besonders auch durch den Zusammenschluss und das Anwachsen von Familien in Deutschland, kamen Palästinenser in denselben Jahrzehnten nicht nur als Flüchtlinge, sondern zum Beispiel auch als Rechts-, Medizin- und Ingenieurstudenten, Intellektuelle und Künstler oder als Unternehmer nach Berlin. Im Laufe der Zeit haben viele dieser Palästinenser Deutsche geheiratet, deutsche Familien gegründet und einen deutschen Wohnsitz oder die deutsche Staatsbürgerschaft erhalten. In den letzten zwei Jahrzehnten ist auf diese Weise eine beträchtliche Zahl von Palästinensern zu einem integralen Bestandteil des sozialen Gefüges Berlins geworden. Ihre Bedeutung und ihre Erfolgsgeschichten sind jedoch im öffentlichen und wissenschaftlichen Diskurs in Deutschland weitgehend unbemerkt geblieben.

Im Licht unserer Untersuchung kann man sagen, dass die Palästinenser in Berlin in drei Kategorien fallen: (1) Palästinenser aus den unteren und mittleren Gesellschaftsschichten, die in Deutschland weder wirtschaftliche Sicherheit noch einen angemessenen rechtlichen Status genießen; (2) Palästinenser aus den unteren und mittleren Gesellschaftsschichten, deren wirtschaftliche Stabilität und rechtlicher Status in Berlin gesichert ist; und (3) eine palästinensische Elite, die in der Lage ist, soziales, finanzielles, kulturelles und politisches Kapital aufzubauen.

In den Antworten, die wir von den Palästinensern in jeder dieser Kategorien erhielten, zeigten sich unterschiedliche Muster. Diejenigen, die keinen wirtschaftlichen und rechtlichen Schutz hatten, berichteten, dass sie den höchsten Grad an antiarabischem Rassismus und Islamfeindlichkeit erlebten. Während sich die meisten von ihnen gern in die deutsche Gesellschaft integrieren würden, wurden sie von Gefühlen der Entfremdung und der Angst vor ihrer prekären Realität geradezu aufgefressen. Ihre Existenzangst war so groß, dass es ihnen nicht einmal in den Sinn kam, sich als Palästinenser in der Öffentlichkeit zu zeigen und auszudrücken. Khaled zum Beispiel, ein junger Flüchtling aus Syrien Anfang zwanzig, dessen Asylantrag noch nicht bearbeitet worden war, sagte: „Jedes Mal, wenn ich versuche, einen Tagesjob zu bekommen, nehmen sie die Weißen, auch wenn sie alt oder müde aussehen. Jeden Morgen versuche ich es aufs Neue und hoffe, dass der nächste Tag besser wird." Der Asylantrag von Nadia, einer Mutter von zwei Kleinkindern, die ihren Mann kurz nach ihrer Abreise aus Syrien verloren hat, wurde bewilligt. Sie sprach mit uns über ihre unklare gegenwärtige Situation: „Jeden Tag, wenn ich aufwache, vergewissere ich mich, dass meine Kinder am Leben sind, und danke Gott, dass wir einen Platz zum Schlafen und etwas zu essen haben. Die Frau, mit der wir ein Zimmer teilen, riet mir, nicht zu erwähnen, dass wir Palästinenser sind. Ich weiß nicht, was ich sagen kann und was ich nicht sagen kann, um sicherzugehen, dass wir nicht wieder weggeschickt werden." Während der Umstand, jahrelang nicht arbeiten oder gar die Schule besuchen zu können, viele Palästinenser über Generationen hinweg nachhaltig geprägt hat, haben viele der jüngeren Generation Wege gefunden, dieser rechtlichen Falle zu entkommen und Möglichkeiten für soziale Mobilität zu finden.

Diejenigen der zweiten Gruppe – aus der Unter- oder Mittelschicht, aber dennoch wirtschaftlich und rechtlich einigermaßen abgesichert – waren eher geneigt, sich in der Öffentlichkeit als Palästinenser zu erkennen zu geben. Etliche trugen zum Beispiel Halsketten mit einer Karte des historischen Palästina und in den Farben der palästinensischen Flagge. Sie äußerten im Allgemeinen keine größeren politischen Ambitionen. „Ich kann meine Flagge tragen. Meinem Chef macht das nichts aus", wie Sami, der Kellner, es ausdrückte. „Doch ich werde niemandem erzählen, dass mein Traum darin besteht, in mein Heimatland zurückzukehren, nach Palästina. Das muss ich für mich, in meinem Herzen, behalten." Diese Personen gaben auch an, dass sie sich weitgehend integriert fühlten, keinen substanziellen Rassismus erlebten und ihre deutschen Freunde und Nachbarn in Berlin als warmherzig und einladend empfanden. Vor allem diejenigen, die aus dem Libanon gekommen waren, wo palästinensische Flüchtlinge furchtbar behandelt und ihnen grundlegende sozioökonomische und bürgerlich-politische Rechte verweigert werden, zeigten sich der deutschen Gesellschaft gegenüber dankbar dafür, dass sie ihnen ein menschenwürdiges Wohnen und Leben und den Zugang zu beachtlichen sozialen Dienstleistungen ermöglicht. Farouk, ein Taxifahrer in seinen Fünfzigern, erzählte uns die Geschichte seiner Familie und sagte, wie dankbar er Deutschland und den Deutschen sei, dass sie ihm ein neues Leben und eine neue Heimat gegeben haben: „Wir hatten nichts zu essen, und wir waren zehn Menschen, die in einem Raum von der Größe eines Badezimmers schliefen. Sie [die Libanesen] behandelten uns schlechter als Ratten. Wir sind froh, hier [in Deutschland] zu sein. Jeder behandelt uns hier mit Respekt.“

Die palästinensische Elite schließlich berichtete fast ausnahmslos, sich im deutschen Mainstream unsichtbar zu fühlen. Diese Menschen sagten, dass sie viele Aspekte des deutschen Systems zutiefst schätzten und auch stolz auf ihre Leistungen und Beiträge zur deutschen Gesellschaft seien. Einige beklagten allerdings, dass die meisten Deutschen nicht wüssten, wie kreativ, intelligent und erfolgreich die in Berlin lebenden palästinensischen Deutschen sein können. „Ich habe das Glück, an einer ausgezeichneten Uni studieren zu können, und die Studierenden und Professoren behandeln mich, als wäre ich eine von ihnen“, erzählte uns Suha, Doktorandin an einer der Berliner Universitäten. „Ich bin nicht die Einzige, die keine ‚echte Deutsche‘ ist. Aber manchmal in der Stadt, wenn ich die S-Bahn oder die U-Bahn nehme oder in einen Laden gehe, werde ich wie ein Nobody behandelt.“ Walid, ein Arzt in seinen Vierzigern, bemerkte, dass manche Patientinnen und Patienten überrascht reagieren, wenn sie von seinem Hintergrund erfahren. „‚Sie sind Palästinenser? Wirklich?‘, sagen sie. Dann würde ich ihnen am liebsten sagen: Ja, und meine Schwestern und Brüder sind auch [Palästinenser]. Auch sie haben die Universität besucht, haben Abschlüsse, sind gebildet und haben ein gutes Leben.“

Bei den Personen auf Elitenebene war zudem ein weit verbreitetes Gefühl des „Erstickens“, der „Angst“ und der „Beunruhigung“ aufgrund des Klimas der Zensur in Berlin zu spüren. Viele Interviewpartner sagten, wenn sie sich wirklich als Palästinenser äußerten, ihren Schmerz und ihr Trauma artikulierten und die israelischen Menschenrechtsverletzungen kritisierten, würde man ihnen Antisemitismus und Gewaltsympathien vorwerfen, was sie ihre Karriere und ihre sozialen Stellung kosten könnte. Der Anwalt Rashid stellte fest, dass seine Kolleginnen und Kollegen manchmal die Bedeutung dessen, was er sagte, veränderten und das dann gegen ihn verwenden würden. „Vor nicht allzu langer Zeit“, so Rashid, „habe ich jemandem in meiner Kanzlei erklärt, dass wir mehr tun müssen, um den Antisemitismus zu bekämpfen.“ Darauf habe sein Kollege geantwortet: „Diese Palästinenser wollen immer kämpfen. Sie glauben nicht, dass man Probleme ohne Gewalt lösen kann.“ Fadi sprach davon, dass er sich unter seinen Mitstudierenden nur wohlfühle, solange er seine Ansichten zu Israel/Palästina für sich behalte. „Ich kann über alles reden“, sagte Fadi. „Ich fühle mich sicher und akzeptiert, selbst wenn ich über sehr private Angelegenheiten oder über

Weltpolitik spreche. Doch sobald ich eine Meinung über Israel äußere, werde ich zum Außenseiter. Das habe ich sehr schnell gelernt. Wenn ich das Gefühl haben möchte, einer von ihnen [den Deutschen] zu sein, und wenn ich erfolgreich sein will, dann muss ich die Worte ,Juden' und ,Israelis' aus meinem Wortschatz streichen."

Etliche Personen aus der palästinensischen Elite räumten ein, dass sich viele Deutsche in Berlin offen für palästinensische Meinungen zeigen und dass Gespräche auf privater und individueller Ebene möglich sind. Der Sozialarbeiter Najib zum Beispiel sprach über seinen Freundeskreis, zu dem viele Deutsche gehören: „Sie [Najibs deutsche Freunde] verstehen die Situation. Sie verstehen meine Frustration über die israelische Politik und über die Vertreibung und Besetzung. Sie sind auf meiner Seite. Und oft bitten sie mich, ihnen mehr über meine Erfahrungen und die meiner Familie zu erzählen, aus unserer Zeit dort [in Jordanien]." Aber es gibt Grenzen dessen, was man als Palästinenser in Berlin öffentlich sagen kann – und diese Grenzen haben nach Ansicht vieler der von uns Befragten auch mit kritischen Beurteilungen zu tun, die aus den latenten antiarabischen und antimuslimischen Vorurteilen der Deutschen resultieren, die den Palästinensern letztlich ihre Menschlichkeit absprechen.

Die meisten Palästinenser in Berlin bezeichnen sich als praktizierende Muslime oder als kulturell muslimisch. In den meisten Fällen fühlen sie sich als integraler Bestandteil der größeren muslimischen Gemeinde Berlins, und zugleich möchten sie sich in die deutsche Gesellschaft integrieren. Eine solche Integration beinhaltet die Auseinandersetzung mit christlichen Deutschen, die der Meinung sind, dass Menschen mit nahöstlicher oder muslimischer Abstammung – auch wenn sie säkular oder christlich sind – nicht als Teil der deutschen nationalen Kultur und Politik akzeptiert werden können. Dies wiederum erschwert es palästinensischen Deutschen, sowohl Christen als auch Muslimen, sich in Berlin zu Hause zu fühlen. Reem, Verkäuferin in einem Berliner Kaufhaus und Mutter von vier Kindern, schien dies zum Ausdruck zu bringen, als sie sagte: „Ich kann mich zu Hause fühlen, wenn ich zur Arbeit gehe und wenn ich in ein Café gehe, auch mit meinen deutschen Kollegen oder Freunden. Ich fühle mich auch zu Hause, wenn ich in die Moschee gehe. Aber diese beiden Welten muss ich strikt getrennt halten."

In mehreren Interviews wurde der politische Erfolg von zwei palästinensischdeutschen Akteuren in Berlin als Quelle des Stolzes, der Hoffnung und der Inspiration für die Palästinenser in Deutschland angeführt. Sawsan Chebli (Abbildung 7) und Raed Salah sind beide prominent aktiv in der Sozialdemokratischen Partei Deutschlands (SPD). Chebli, die Tochter palästinensischer Flüchtlinge, war in den Jahren 2014–2016 stellvertretende Sprecherin des Auswärtigen Amtes unter Außenminister Frank-Walter Steinmeier in der Regierung von Bundeskanzlerin Angela Merkel. Seitdem ist sie Staatssekretärin für Bürgerschaftliches Engagement und Internationales sowie Bevollmächtigte des Landes Berlin beim Bund in der Berliner Landesregierung von Bürgermeister Michael Müller.

Abbildung 7: Die palästinensisch-deutsche Staatssekretärin Sawsan Chebli. Fotografie von Sharon Back.

Chebli spricht offen über ihren muslimischen Glauben und auch darüber, wie der Islam und die muslimische Gemeinschaft so vielen deutschen Muslimen Trost schenkt. 2016 wurde sie in einem Interview mit der *Frankfurter Allgemeinen Zeitung* mit einem Kommentar zur Rolle der Scharia (also dem islamischen Recht) wie folgt zitiert: „Scharia heißt auf Deutsch: Weg zur Quelle, also der Weg zu Gott. Sie regelt zum größten Teil das Verhältnis zwischen Gott und den Menschen. Es geht um Dinge wie das Gebet, um Fasten, um Almosen. Das stellt mich als Demokratin doch vor kein Problem im Alltag, sondern ist absolut kompatibel, wie es für Christen, Juden und andere auch der Fall ist."[163] Ihre Äußerungen haben zu Kontroversen geführt, kurz nachdem sie in ein leitendes Regierungsamt in Berlin berufen wurde.[164] In der deutschen Presse ist Chebli auch für ihre Verurteilung von Populismus und der anti-islamischen Tendenzen aufseiten rechtsgerichteter Bewegungen bekannt. Der *Frankfurter Allgemeinen Zeitung* gegenüber erklärte sie: „Mein Vater ist ein frommer Muslim, spricht kaum Deutsch, kann weder lesen noch schreiben, ist aber integrierter als viele Funktionäre der AfD, die unsere Verfassung in Frage stellen."[165] Ihre Haltung wurde hinterfragt und bisweilen auch kritisiert, doch zugleich wurde Chebli für ihren Kampf gegen Antisemitismus gerühmt. So schlug sie vor, als Antwort auf den alarmierenden Anstieg des Antisemitismus in Deutschland – in den Medien und im öffentlichen Diskurs meist mit den neuen Einwanderern in Verbindung gebracht – den Besuch von Gedenkstätten der nationalsozialistischen Konzentrationslager verpflichtend zu machen, ein Vorschlag, der einige Wirkung entfaltete.[166]

Der in Palästina geborene Raed Saleh kam im Alter von fünf Jahren als Sohn eines ehemaligen palästinensischen Gastarbeiters in Westberlin nach Deutschland. Er ist dafür bekannt, dass er sich für Einwanderergemeinschaften und die Notwendigkeit einer besseren Integration einsetzt. Neben der Unterstützung muslimischer Minderheiten hat Saleh, wie Chebli, politische Kampagnen initiiert, um den Antisemitismus in Deutschland zu bekämpfen.[167] Viele palästinensische Deutsche, mit denen wir sprachen, sehen Chebli und Saleh – zusammen mit anderen, die es in Berlin an die Spitze ihrer jeweiligen Profession gebracht haben – als beispielhaft für das, was Palästinenser in Europa erreichen können, wenn ihnen eine faire Erfolgschance geboten wird.

Weitere erfolgreiche Palästinenser in Berlin sind Nizaar Maarouf, stellvertretender Geschäftsführer von Vivantes International Medicine, Deutschlands größtem kommunalen Klinikkonzern, und zudem Cheblis Ehemann. Das Ehepaar kann somit als Beispiel und Inspiration dafür dienen, wie man mit Talent, Ehrgeiz

---

163 Jasper von Altenbockum und Rainer Hermann, „Müller und Chebli im Interview: ‚ … Als würden Muslime für Aliens gehalten,'" *Frankfurter Allgemeine Zeitung*, 3.10.2016.

164 Ulrich Kraetzer, „Ärger um muslimische Staatssekretärin Sawsan Chebli," *Berliner Morgenpost*, 8.12.2016.

165 Von Altenbockum und Hermann, „Müller und Chebli im Interview."

166 Rick Gladstone, „German Idea to Fight Anti-Semitism: Make Immigrants Tour Concentration Camps," *New York Times*, 10.1.2018.

167 Zu Sawsan Cheblis Initiativen siehe z.B. Katrin Bennhold, „,Never Again': Fighting Hate in a Changing Germany with Tours of Nazi Camps," *New York Times*, 11.3.2018. Zu Raed Salehs Engagement siehe Micki Weinberg, „Berlin's Palestinian Mayoral Candidate Proud of City's Jewish Revival," *Times of Israel*, 14.10.2014.

und Engagement die Hürden, die ein Flüchtlingshintergrund darstellt, überwinden und sich auf höchster Ebene der deutschen Gesellschaft profilieren kann.

Der in Nazareth geborene und aufgewachsene Konzertpianist Saleem Ashkar, der seit dem Jahr 2000 in Berlin lebt, dürfte der bedeutendste Palästinenser der Stadt mit internationalem Renommee sein. Ashkar gab sein Debüt mit zweiundzwanzig Jahren und hat seither mit vielen der führenden Orchester der Welt zusammengearbeitet, darunter das London Symphony Orchestra, das La Scala Orchester und die Wiener Philharmoniker. Er trat mit den Dirigenten Zubin Mehta, Daniel Barenboim und Riccardo Muti auf. Außerdem ist er Botschafter des Music Fund, der Musikerinnen und Musiker sowie Musikschulen in Konfliktgebieten und Entwicklungsländern unterstützt, und darüber hinaus Gründungsdirektor der Berliner Al-Farabi Musikakademie für Flüchtlingskinder und -jugendliche.

Auch die Geschichte von Tarek Al Turk ist eine große Inspirationsquelle für viele palästinensische Deutsche. Als palästinensischer Flüchtling aus Syrien, der 2015 nach Berlin zog, fand Al Turk schnell Erfolg, indem er an Wolkenkratzern auf der ganzen Welt Tanz und Akrobatik aufführte (Abbildung 8). Er wird wegen seiner Rolle als Gründer und Manager der Akrobatiktruppe Flyscrapers auch gern „Arab Spiderman" genannt.

Trotz der wachsenden Zahl von Palästinensern, die sich sozioökonomisch und beruflich etabliert haben – einige von ihnen haben sogar nationale und internationale Berühmtheit erlangt – scheint die palästinensische Gemeinschaft in Berlin insgesamt einer gewissen Diskriminierung durch Deutsche ausgesetzt zu sein, auch wenn ihre Mitglieder in die höchsten Ränge der Gesellschaft aufsteigen.

Ungeachtet der Umstände, die die unterschiedlichen Bedingungen der israelischen und palästinensischen Einwanderer in Berlin bestimmen, ist ihr Leben in Deutschland nur selten vollständig von dem ihrer ursprünglichen kulturellen Gemeinschaften getrennt, und ihre Identität wird fast nie ausschließlich als deutsch erlebt. Während viele Israelis und Palästinenser in Berlin Deutschland nicht als ihre eigentliche Heimat betrachten, hängt der Grad ihrer Integration in die deutsche Gesellschaft nicht ausschließlich von ihren Zielen und Motivationen ab. Ihre Integration hängt ebenso stark, wenn nicht sogar noch mehr, von der Bereitschaft des Gastlandes ab, sie willkommen zu heißen. Die meisten Israelis, auch diejenigen, die der israelischen Politik kritisch gegenüberstehen, berichteten, dass ihre Verbundenheit mit der israelischen Kultur und den israelischen Traditionen (insbesondere der hebräischen Sprache) sowie ihre Verbindungen zu anderen Israelis für sie auch in Berlin weiterhin wichtig seien. Die Mehrheit fühlte sich aber in Berlin wohl, auch diejenigen, die kein Deutsch sprechen und ihren Aufenthalt in Berlin als vorübergehend betrachten.

Abbildung 8: Tarek Al Turk, Tänzer und Akrobat, palästinensischer Flüchtling aus Syrien, schwebend an einem Haus in Berlin.

Während Israelis immer die Möglichkeit haben, nach Israel zurückzukehren, ist es den meisten Palästinensern nicht möglich, nach Palästina zurückzukehren. Trotz der Herausforderungen, vor denen sie in Berlin stehen, artikulierten die von uns befragten Palästinenser den Wunsch, in Deutschland zu bleiben, eine Zukunft für sich und ihre Familien aufzubauen und einen Beitrag zur deutschen Gesellschaft zu leisten.

Israelis und Palästinenser sind eng mit ihrer Heimatkultur und -identität verbunden. Ganz gleich, wie wohl sie sich in Berlin fühlen, es gibt immer ein tiefes Gefühl, dass dies nicht wirklich Heimat ist. Viele schätzen zwar die Möglichkeiten, ihren Horizont mit den Vorteilen zu erweitern, die Mobilität, Globalisierung und Weltoffenheit mit sich bringen, aber nur wenige Israelis und Palästinenser verlieren ihre Verbindungen zum Nahen Osten je aus den Augen.

Immer mehr Menschen beider Bevölkerungsgruppen leben heute in Beziehungen zu Deutschen oder sind sogar mit Deutschen verheiratet. Deutschland macht es jedoch jüdischen Israelis mit europäischem Hintergrund leichter, in Berlin einen angemessenen sozialen Status zu erreichen, was vor allem auf die Holocaust-Schuld und auf weiße Privilegien zurückzuführen ist. Für die meisten Palästinenser, auch für diejenigen mit deutscher Staatsbürgerschaft, deutschen Partnern und sicheren Stellungen, ist es selbst im multiethnischen Berlin nicht selbstverständlich, sich wirklich zu Hause zu fühlen. Trotz verschiedener Hürden – seien es nun auferlegte Vorschriften oder individuelle Erfahrungen – wer-

den jedoch immer mehr Israelis und Palästinenser Teil des deutschen Sozialge-
füges werden und Wege finden, die persönlichen Infrastrukturen aufzubauen, die
sie brauchen, um Erfolg zu haben und sich als zugehörig zu erfahren.

7 Moralische Verantwortung

Theorien moralischer Verantwortung

In *The Fateful Triangle: The United States, Israel, and the Palestinians* untersucht der amerikanische Intellektuelle Noam Chomsky die „besondere Beziehung" zwischen Israel und den Vereinigten Staaten. Er erklärt, wie die Unterstützung des amerikanischen Staates für Israel in der Vergangenheit diplomatischer, materieller und ideologischer Natur war. Außerdem kritisiert er die weitverbreitete amerikanische Wahrnehmung, Israel sei von „einem hohen moralischen Ziel" geleitet.[168] Chomsky ist sicherlich einer der prominentesten jüdischen Intellektuellen weltweit, und er ist bekannt für seine Solidarität mit dem palästinensischen Kampf für Menschenrechte.

Zu Deutschlands Bündnis mit Israel (das nach dem US-amerikanischen Bündnis mit Israel weltweit an zweiter Stelle steht) sowie Deutschlands Beziehungen zu den Palästinensern gibt es in Wissenschaft und Politik bislang noch viel zu wenig theoretische Untersuchungen. Es besteht ein dringender Bedarf an mehr Forschung zu den Beziehungen zwischen Deutschen, Israelis und Palästinensern innerhalb der Grenzen des heutigen Deutschlands. Unsere Analyse zeigt, wie wichtig es ist, die moralischen Dimensionen des deutsch-israelisch-palästinensischen Dreiecksverhältnisses in Berlin zu untersuchen. In unseren Interviews drängte sich die Frage nach der moralischen Verantwortung Deutschlands gegenüber Israelis und Palästinensern immer wieder auf, und die Bandbreite der Antworten, insbesondere auf deutscher Seite, war groß. Bei der Analyse von ethischen Fragen zum Verhältnis zwischen Israel und der Weltmacht USA wird erhebliches intellektuelles Kapital eingesetzt. Der Aufstieg Deutschlands zum mächtigsten und wohlhabendsten Land Europas und die Tatsache, dass Deutschland die Unterstützung für Israel zu seiner wichtigsten Staatsräson gemacht hat, verdienen jedoch ebenso große wissenschaftliche Aufmerksamkeit. Zwar glauben viele Deutsche, dass Palästinenser vom deutschen politischen Diskurs und der Diskussion um moralische Verantwortung ausgeschlossen werden sollten, aber diese Überzeugung ist einem Veränderungsprozess unterworfen. Immer mehr Deutsche, insbesondere junge Deutsche, sind offen für Alternativen, die Raum für palästinensische Sensibilitäten und Standpunkte schaffen.

In Debatten über moralische Verantwortung oder deren Fehlen ist es wichtig, zwischen Opfern und Tätern, Vergangenheit und Gegenwart sowie geografischer

---

168 Siehe Noam Chomsky, *The Fateful Triangle: The United States, Israel and the Palestinians* (London: Pluto, 1982), 32.

https://doi.org/10.1515/9783110729931-010

Ein- und Ausschließung zu unterscheiden. Zudem ist es notwendig, die Verbindung zwischen Individuum und Kollektiv genau zu definieren.[169] Und dann muss geklärt werden: Welches Verhältnis besteht zwischen moralischer Verantwortung und Gefühlen wie Schuld? Ist die Unterscheidung zwischen Opfern und Tätern immer eindeutig? Wie viele Generationen lang bleiben Opfer und Täter als solche bestehen, und kann dies an die Nachkommen weitergegeben werden, wenn die Gräueltaten vorüber sind? Ist es überhaupt möglich, Gräueltaten als ein Relikt der Vergangenheit zu betrachten? Sollte die Anwesenheit von Menschen innerhalb oder außerhalb der geografischen nationalen Grenzen das Mitgefühl und die Verantwortung beeinflussen, die ihnen zuteil werden? Bestimmt die Zugehörigkeit zu einem nationalen Kollektiv automatisch eine kollektive Verantwortung, und sollte sich das auf die individuelle Verantwortung auswirken?

Es gibt eine umfangreiche philosophische Literatur zum Konzept der moralischen Verantwortung, und viele theoretische Beiträge haben Verbindungen zu Fragen des Affekts, der Definition des Subjekts, der Zeitlichkeit, der Geografie und der Gruppenzugehörigkeit untersucht. Die Philosophin Janna Thompson hat die deutsche Wiedergutmachung für die Opfer der Naziherrschaft als historische Grundlage für ihr normatives Argument genommen, dass Bürger die Verantwortung ihrer Vorgängergenerationen übernehmen sollten. Sie hält dies für wichtig im Interesse der moralischen Entwicklung und für den Aufbau moralischer Institutionen. Sie schreibt: „Die Bürgerinnen und Bürger haben stillschweigend oder explizit ihr Einverständnis gegeben, an die Entscheidungen der legitimen Behörden ihres Staates gebunden zu sein, und [...] damit übernehmen sie Verantwortung für dessen Vergangenheit."[170] Weiterhin problematisiert Thompson das „Ausschließungsprinzip", welches besagt, dass „Einzelpersonen oder Kollektive nur dann Anspruch auf Wiedergutmachung haben, wenn sie diejenigen waren, denen das Unrecht angetan wurde."[171] Um zu zeigen, dass Nachkommen Unrecht erlitten und Anspruch auf Wiedergutmachung haben, beschränkt sie das

---

169 Zu den relevanten Arbeiten zur moralischen Verantwortung im Allgemeinen gehören Jeffrey Blustein, „On Taking Responsibility for One's Past," *Journal of Applied Philosophy* 17, no. 1 (2000): 1–19; Seumas Miller, „Collective Moral Responsibility: An Individualist Account," *Midwest Studies in Philosophy* 30 (2006): 176–93; Angela M. Smith, „On Being Responsible and Holding Responsible," *Journal of Ethics* 11, no. 4 (2007): 465–84; Angela M. Smith, „Responsibility as Answerability," *Interdisciplinary Journal of Philosophy* 58, no. 2 (2015): 99–126; Michael J. Zimmerman, „Moral Responsibility and the Moral Community: Is Moral Responsibility Essentially Interpersonal?," *Ethics* 20 (2016): 247–63.
170 Janna Thompson, „Collective Responsibility for Historic Injustices," *Midwest Studies in Philosophy* 30, no. 1 (2006): 154–67.
171 Janna Thompson, „Historical Injustice and Reparation: Justifying Claims of Descendants," *Ethics* 112, no. 1 (2001): 116.

Argument für Wiedergutmachungen auf Vererbung (und nicht auf die Verursachung des Schadens). Sie argumentiert weiter, dass „Ungerechtigkeit einen langen Schatten werfen kann. Sie verletzt nicht nur die Opfer. Nachkommen von Opfern fehlt es wahrscheinlich an Ressourcen oder Möglichkeiten, die sie wahrscheinlich gehabt hätten, wenn das Unrecht nicht begangen worden wäre, oder sie sind auf andere Weise durch das Leid ihrer Eltern oder Großeltern benachteiligt. Gerechtigkeit als Gleichheit könnte erfordern, dass sie dafür entschädigt werden, dass sie in eine nachteilige soziale Position hineingeboren wurden."[172] Nach Thompsons Ansicht kann Wiedergutmachung in Form von Entschuldigungen, Vergünstigungen für die Nachkommen, öffentlichen Zeremonien oder entsprechenden Anpassungen in der offiziellen Geschichte einer Nation erfolgen.[173]

Wir wurden auch auf die Arbeit der Philosophin Krista Karbowski Thomason über moralische Verantwortung aufmerksam. Während ihr Hauptaugenmerk der Frage gilt, wie sich diese Verantwortung bei von Kindersoldaten in Konfliktgebieten begangenen Gräueltaten darstellt, ist ihre theoretische Analyse breiter gefasst und kann deshalb auf die Debatten über die moralische Verantwortung Deutschlands für Israel/Palästina angewandt werden. Thomason umreißt die wichtige Beziehung zwischen Schuld und moralischer Verantwortung mit dem Argument, dass „wir andere und uns selbst als moralische Akteure anerkennen, wenn wir uns schuldig fühlen. Überdies sind Schuldgefühle Teil der Bewältigung der eigenen Vergangenheit, was auch die Möglichkeit eröffnet, sich selber zu vergeben."[174] Sie führt aus: „Verantwortungsgefühle, selbst wenn sie anderen fehlgeleitet oder irrational erscheinen, sind Teil des Prozesses, die verschwommenen moralischen Linien neu zu definieren."[175] Für Thomason ist es von entscheidender Wichtigkeit für die moralische Verantwortung und Rechenschaftspflicht, dass festgestellt wird, wer Opfer und wer Täter ist.

Auch der politische Theoretiker Farid Abdel-Nour ist für unser Thema wichtig, denn er interpretiert moralische Verantwortung im Hinblick auf die Verantwortung der Bürgerinnen und Bürger, die früheren Verfehlungen ihres Staates zu akzeptieren. Er definiert dies als individuelle nationale Verantwortung, das heißt als eine Last, die aufgrund der Staatsangehörigkeit, der politischen Beteiligung und der Rolle der Bürgerschaft in der Staatsstruktur angenommen wird.[176]

---

172 Thompson, „Historical Injustice and Reparation," 116–17.
173 Thompson, „Historical Injustice and Reparation."
174 Krista K. Thomason, „Guilt and Child Soldiers," *Ethical Theory and Moral Practice* 19, no. 1 (2016): 115–27.
175 Krista K. Thomason, „Seeing Child Soldiers as Morally Compromised Warriors: The Ambiguous Moral Responsibility of Child Soldiers," *Critique Magazine*, 2016, 11.
176 Farid Abdel-Nour, „National Responsibility," *Political Theory* 31, no. 5 (2003): 693–719.

Schließlich sei auch die Philosophin Margaret Gilbert genannt und ihre These, dass man Mitgliedern einer Gesellschaft, die während der schuldhaften Handlung nicht Teil des Kollektivs waren, nicht vorwerfen kann, Mitglieder dieses Kollektivs zu werden oder zu bleiben. Die Teilnahme an den konstitutiven gemeinsamen Verpflichtungen des Kollektivs jedoch heißt für die Mitglieder, dass sie eingestehen: „Es ist unsere Schuld".[177]

Der deutsche Philosoph Karl Jaspers unterscheidet in seinem Buch *The Question of German Guilt* vier Arten von Schuld: (1) die strafrechtliche Schuld, die mit offensichtlichen Taten verbunden ist; (2) die politische Schuld, bei der Bürgerinnen und Bürger mit Handlungen der Nation konfrontiert sind; (3) die moralische Schuld, die der privaten und individuellen Sphäre angehört; und (4) die metaphysische Schuld des „am Leben seins", weil man sich, in diesem spezifischen Fall, den Nazis nicht widersetzt hat. „Tausende in Deutschland suchten oder fanden schließlich den Tod im Kampf gegen das Regime, die meisten von ihnen anonym", schreibt er. „Wir Überlebenden haben ihn nicht gesucht. Wir gingen nicht auf die Straße, als unsere jüdischen Freunde abgeführt wurden; wir schrien nicht, bis auch wir vernichtet wurden. Wir zogen es vor, am Leben zu bleiben, mit der schwachen, wenn auch logischen Begründung, dass unser Tod niemandem hätte helfen können. Wir sind schuldig, am Leben zu sein."[178]

Für Jaspers ist moralische Schuld auf einer zutiefst individuellen und persönlichen Ebene angesiedelt und kann nicht erzwungen werden. Er sieht einen Zusammenhang zwischen Schuld und Verantwortung und kritisiert die Mechanismen, mit denen viele Deutsche unmittelbar nach dem Holocaust versuchten, sich der Übernahme moralischer Verantwortung im Angesicht der Schuld zu entziehen. Letztendlich verschränkt er Schuld, Verantwortung und Freiheit miteinander und hält fest: „Das Schuldgefühl, das uns dazu bringt, Verantwortung zu übernehmen, ist der Beginn des inneren Umsturzes, der politische Freiheit verwirklichen will."[179]

In ihren Aufsätzen über persönliche und kollektive Verantwortung, als *Responsibility and Judgment* erschienen, geht die in Deutschland geborene jüdischamerikanische Philosophin Hannah Arendt auch auf die moralische Verantwortung Deutschlands nach dem Holocaust ein. Ausgehend von der Moralphilosophie untersucht sie Fragen der persönlichen Verantwortung unter Bedingungen

---

177 Margaret Gilbert, „Who's to Blame? Collective Moral Responsibility and Its Implications for Group Members," *Midwest Studies in Philosophy* 30, no. 1 (2006): 94–114.

178 Siehe Karl Jaspers, *The Question of German Guilt*, übers. von E. B. Ashton (New York: Fordham University Press, 2000), 66. Das Original erschien 1946 als *Die Schuldfrage* (Heidelberg: Schneider).

179 Jaspers, *The Question of German Guilt*, 71.

von Diktatur sowie Konzepte kollektiver Verantwortung. Arendt unterscheidet zwischen moralischen Fragen auf der einen Seite und der juristischen Rechenschaftspflicht auf der anderen Seite und stellt fest: „Rechtliche und moralische Fragen sind keineswegs dasselbe, aber sie haben eine gewisse Affinität zueinander, weil beide die Urteilskraft voraussetzen."[180] Arendt ist der Meinung, dass Individuen eine moralische Pflicht zum Ungehorsam gegen unmoralische Gesetze haben. Über die innere moralische Argumentation derer, die sich dieser Pflicht entziehen, schreibt sie: „Sie fragten sich, inwieweit sie noch in Frieden mit sich selbst leben könnten, nachdem sie bestimmte Taten begangen hatten; und sie entschieden, dass es besser sei, nichts zu tun, nicht weil dann die Welt zum Besseren verändert würde, sondern weil sie nur unter dieser Bedingung überhaupt mit sich selbst weiterleben könnten."[181] Dies erinnert an die Dynamik, die Jaspers in seiner Analyse der Deutschen beschreibt, die sich ihrer Verantwortung entziehen.

Wenn wir die Überlegungen von Jaspers und Arendt miteinander verbinden, können wir die Dynamik der Schuld und ihr zutiefst moralisches Fundament erkennen, das zur individuellen und kollektiven Verantwortung in einer Gesellschaft beiträgt, in der groß angelegte Verbrechen mit Unterstützung oder Duldung der Bevölkerung begangen wurden. Das Vermächtnis beider Intellektueller, mit ihren je eigenen persönlichen Verbindungen zu Deutschland und zum Holocaust, zeigt noch einmal die Dringlichkeit, die Dauerhaftigkeit der moralischen Verantwortung der Deutschen in der Gegenwart nicht aus den Augen zu verlieren.

Alle von uns angeführten Wissenschaftlerinnen und Wissenschaftler tragen mit ihren jeweiligen Ansätzen und Einsichten zu einem Verständnis der Komplexität der Fragen nach moralischer Verantwortung in Gesellschaften bei, die sich mit vergangenen und gegenwärtigen Formen von Unrecht konfrontiert sehen. Die Auseinandersetzung mit dieser moralischen Verantwortung auf staatlicher, gesellschaftlicher oder individueller Ebene erfordert ein moralisches Bewusstsein sowohl über den Opfer- als auch den Täterstatus. In der vorliegenden Studie stützen wir uns auf wissenschaftliche Arbeiten, die anerkennen, dass vergangene Verbrechen einen Widerhall in der Gegenwart haben, und wir behaupten, dass Gesellschaften – sowohl auf kollektiver als auch auf individueller Ebene – mit diesem Erbe von Unrecht aktiv umgehen und sich dabei klar machen müssen, dass jenes Erbe noch immer unsere gegenwärtige Realität formt. Oft versuchen Individuen jedoch, von ihrer eigenen Handlungskompetenz abzusehen und sich

---

180 Siehe Hannah Arendt, *Responsibility and Judgment*, hrsg. von Jerome Kohn (New York: Schocken, 2003), 22.
181 Arendt, *Responsibility and Judgment*, 44.

hinter dem Kollektiv zu verstecken, wenn es um die Artikulation und Umsetzung moralischer Verantwortung geht. In unseren Interviews haben wir, trotz einer klaren Ausrichtung auf moralische Verantwortung, die Befragten niemals gezwungen, zwischen Individuum und Kollektiv zu unterscheiden. Diese Unterscheidung wurde jedoch immer wieder vorgebracht, insbesondere im Vergleich zwischen dem öffentlichen und dem privaten Diskurs. Die große Mehrheit der Befragten erkannte, dass ihre individuellen Ansichten und Erfahrungen nicht immer mit dem öffentlichen Diskurs im heutigen Deutschland übereinstimmen. Viele äußerten, dass sie angesichts der staatlich propagierten Ideologie und der politischen Initiativen, die die deutsche moralische Verantwortung gegenüber Israelis und Palästinensern definieren, als Individuen nur begrenzt handlungsfähig seien.

Deutsche Meinungen zu moralischer Verantwortung

Unter den Deutschen, also einem Drittel der von uns befragten Personen, fand sich ein breites Spektrum von Ansichten zur Frage der moralischen Verantwortung. Sie lassen sich gleichmäßig in fünf Gruppen oder Denkschulen einteilen, die wir im Laufe unserer Interviews identifizieren konnten. Die erste Gruppe sah eine moralische Verantwortung Deutschlands nur gegenüber Israelis und fühlte sich schuldig wegen der Verbrechen des Holocaust. Diese Personen sahen Israelis als Opfer und Palästinenser als Täter oder als nichtexistent, wobei sie auf die Gewalt und den Antisemitismus der Palästinenser verwiesen. Die Tatsache, dass seit dem Holocaust siebzig Jahre vergangen seien, dürfe die vorbehaltlose Unterstützung Deutschlands für Israel heute nicht schmälern; diese Personen waren durchdrungen von der Solidarität mit den Israelis in Israel und in Deutschland. Sie sahen diese Verantwortung auf individueller und kollektiver Ebene. Da die deutsche Politik und der öffentliche Diskurs eng mit dem Kampf gegen Antisemitismus verbunden sind, waren sie sich sicher, dass man sich heute als verantwortungsbewusste, aufgeklärte und respektierte Einwohner*innen oder Bürger*innen Deutschlands ganz klar zu Philosemitismus und zu einer prozionistischen Haltung bekennen muss. Bei einigen dieser Befragten spielten antiarabischer Rassismus und Islamfeindlichkeit eine deutliche Rolle. Was die Generationenverteilung angeht, stellten wir fest, dass viele ältere Deutsche sich dieser Denkrichtung verpflichtet fühlten, und wir gehen davon aus, dass dies mit ihrer zeitlichen Nähe zum Holocaust und ihrer direkteren Verbindung zum nationalsozialistischen Geschehen zu tun hat.

Die Deutschen der zweiten Gruppe betrachteten ebenfalls nur eine Bevölkerungsgruppe als der moralischen Verantwortung würdig, doch nun waren es die

Palästinenser und nicht die Israelis. Etwa die Hälfte dieser Befragten gab an, dass sie der Meinung waren, Deutschland müsse sich um die Notlage sowohl der Israelis als auch der Palästinenser kümmern, aber angesichts der derzeitigen Machtasymmetrie zwischen ihnen sei das Leiden der Palästinenser stärker ausgeprägt. Angesichts der militärischen Besetzung Palästinas durch Israel sahen die meisten von ihnen Israelis als Täter und Palästinenser als Opfer, und oft brachten sie palästinensische Erfahrungen mit antiarabischem Rassismus und Islamfeindlichkeit in Berlin mit allgemeineren fremdenfeindlichen Strömungen im heutigen Deutschland in Verbindung. Die Deutschen, die sich gegen eine solche Diskriminierung wandten, waren der festen Überzeugung, dass ihre Solidarität mit diesen Einwanderern dazu beitragen würde, die Modernität, den Kosmopolitismus, die Demokratie und den Pluralismus ihrer Stadt zu bewahren, die ihnen so viel bedeutet. Für sie waren die Gräueltaten der Vergangenheit noch nicht vorbei, solange die Palästinenser unter militärischer Besatzung leiden und der Schatten des Holocaust weiterhin über allen drei Gemeinschaften liegt. Viele dieser Befragten zeigten Sympathie für die Palästinenser sowohl in Deutschland als auch im Nahen Osten. Sie hatten auch ihren eigenen Verantwortungsdiskurs, der die Deutschen als Kollektiv mit den Deutschen als Individuen verbindet. Viel eher als andere unserer deutschen Befragten machten sie allgemeine Menschenrechte geltend und knüpften ihre Solidarität mit den Palästinensern an eine weltweite Bewegung, die Palästina als wichtiges Beispiel für Frieden und Gerechtigkeit betrachtet.

Die Deutschen der dritten Gruppe artikulierten die Notwendigkeit einer moralischen Verantwortung sowohl gegenüber Israelis als auch Palästinensern im heutigen Berlin, konnten sich aber nicht wirklich für eine der Parteien entscheiden. Wir fragten uns daher, ob dies vielleicht mit unserer Anwesenheit zu tun hatte – eine israelische Wissenschaftlerin und ein palästinensischer Wissenschaftler. Einige Befragte sagten, sie sähen unter diesen Bevölkerungsgruppen sowohl Opfer als auch Täter. Ein Deutscher zum Beispiel meinte, dass palästinensische Führer ihr eigenes Volk schlecht behandeln können und dass Palästinenser Israelis Schaden zufügen können, selbst wenn sie israelischer Gewalt ausgesetzt sind. Viele dieser Gruppe stellten auch fest, dass Israel, obwohl es die Opferrolle sozusagen geerbt hat, nun selbst Gräueltaten an Palästinensern begeht. Auch sie waren der Meinung, dass die Vergangenheit bei der Entscheidung, ob Deutschland als Staat und Gesellschaft Israelis und Palästinenser unterstützen sollte, nicht vernachlässigt werden dürfe. Einige meinten, diese Verantwortung sollte nur für Israelis und Palästinenser innerhalb der deutschen Grenzen gelten. Häufig betrachteten auch sie deutsche Einzelpersonen und das nationale Kollektiv bei der Auseinandersetzung mit diesen Fragen als eine Einheit und sahen sich selbst keineswegs losgelöst von der nationalen moralischen Verantwortung.

Die Deutschen in der vierten Gruppe, die keine moralische Verantwortung gegenüber Israelis und Palästinensern sahen, zeigten unterschiedliche Ansichten. Wir stellten fest, dass diese Haltung in der Regel entweder mit islamfeindlichen oder antisemitischen Gefühlen – oder auch mit beidem – einherging. Diese Personen zeigten auch ein gewisses Ressentiment, wenn sie äußeren Druck verspürten, sich schuldig zu fühlen; in einigen Fällen bestanden sie darauf, dass die Deutschen stattdessen stolz auf ihre nationale Geschichte sein sollten. Etliche von ihnen vertraten die Ansicht, dass es ganz falsch sei, Deutschlands Verantwortung gegenüber anderen Bevölkerungen zu konstatieren, und dass die Deutschen in Wirklichkeit, sowohl in der Vergangenheit als auch in der Gegenwart, Opfer innerer und äußerer Feinde seien. Einige aus dieser Gruppe widersetzten sich Versuchen, die Verantwortung für Verbrechen der Vergangenheit in die Gegenwart auszudehnen, mit der Begründung, Deutschland schulde niemandem mehr etwas außer den Deutschen. Sie behaupteten, moralische Verantwortung könne nicht siebzig Jahre oder länger fortbestehen.

Die fünfte und letzte Gruppe von Deutschen war gegenüber diesen Fragen unentschieden oder gleichgültig. Einige fühlten sich entweder nicht gut genug informiert, um eine Meinung zu haben, oder die Frage betraf sie und ihre Gemeinschaften nicht; jedenfalls hatte die Sache mit ihrem eigenen Leben nicht viel zu tun. Andere ärgerten sich darüber, dass die Deutschen im Jahr 2018, als der Holocaust zeitlich und Israel/Palästina geografisch so weit weg schien, angehalten wurden, sich mit diesen Fragen auseinanderzusetzen. Sie hatten nicht unbedingt Schuldgefühle oder den Eindruck, einem deutschen nationalen Kollektiv anzugehören. Einige teilten uns mit, wir seien die Ersten, die ihnen jemals solche Fragen gestellt hätten, und dass die Thematik sie nicht interessiere oder ihr politisches Wissen übersteige.

Obwohl wir alle unsere deutschen Gesprächspartner einer dieser fünf Gruppen zuordnen konnten, gab es in jeder dieser Denkrichtungen einige wenige Befragte, die unseren Interpretationsrahmen der moralischen Verantwortung infrage stellten. Einige äußerten Bedenken darüber, dass wir dazu beitragen könnten, den deutschen Exzeptionalismus zu verstärken. Sie lehnten die Vorstellung ab, dass Deutschland für Verbrechen in der Vergangenheit herausgestellt werden sollte, ohne Vergleiche zu zahlreichen anderen Gräueltaten in der Menschheitsgeschichte anzulegen, insbesondere angesichts der bemerkenswerten Bemühungen Deutschlands um den Aufbau einer gerechten, großzügigen und gewissenhaften Gesellschaft in der Gegenwart. Etliche sagten, dass deutscher Exzeptionalismus den deutschen Nationalismus nähren könnte und dass die Geschichte zeige, wie gefährlich Nationalismus sei und wie wichtig der Widerstand dagegen sein sollte. Andere gaben zu bedenken, dass die Idee der deutschen nationalen Verantwortung dazu führen könnte, dass Deutsche, die keine direkte Verbindung zum Holocaust haben oder die die deutschen Positionen gegenüber Israel nicht teilen, ausgeschlossen würden. Sie erinnerten uns daran, wie wichtig es sei, die Heterogenität der deutschen Gesellschaft anzuerkennen und zu betonen, dass die Debatten über die moralische Verantwortung Deutschlands zutiefst kontrovers geführt werden.

Andere Deutsche, darunter mehrere jüdische Befragte, erhoben Einwände dagegen, dass Deutschlands moralische Verantwortung so eng mit Israel und Israelis und nicht mit Juden verbunden ist. Sie hielten fest, dass nicht alle Israelis Juden sind, dass nicht alle jüdischen Israelis europäische oder Holocaust-Verbindungen haben und dass viele Juden mit Holocaust-Verbindungen wiederum keine Kontakte zu Israel haben. Ferner wiesen sie darauf hin, dass der Holocaust zwar zur moralischen Rechtfertigung der Gründung des Staates Israel beigetragen habe, die zionistische Bewegung dem Holocaust jedoch tatsächlich vorausgegangen sei; Israel auf ein politisches Projekt zu reduzieren, das an den Holocaust geknüpft ist, habe daher gravierende Auswirkungen. Andere Befragte warnten uns davor, eine kurzsichtige und partikularistische Sichtweise zu verstärken, nach der die deutsche moralische Verantwortung auf Israelis und Palästinenser angewandt werden sollte; stattdessen sollten wir ein universelles moralisches Verständnis von Verantwortung handhaben, das auch auf andere Gruppen ausgedehnt werden kann. Ihre Logik bestand darin, dass die moralische Verantwortung Deutschlands gegenüber Israelis und Palästinensern nicht als etwas „Besonderes" herausgestellt werden dürfe und weniger mit Geschichte und Geografie als vielmehr mit den materiellen Bedingungen der Gegenwart verbunden sei, nämlich mit der Tatsache, dass das reichste Land Europas die Verantwortung habe, alles in seiner Macht Stehende zu tun, um die Verwundbarsten innerhalb und außerhalb seiner Grenzen zu unterstützen.

Israelis und Palästinenser zu moralischer Verantwortung

Im Gegensatz zum großen Spektrum von Meinungen unter den von uns befragten Deutschen gab es signifikant mehr Übereinstimmung zu diesen Fragen in den israelischen und palästinensischen Gemeinschaften. Da die Mehrheit der Israelis in Berlin politisch eher linksgerichtet ist, nannten viele auf die Frage, wer heute die Hauptopfer unter den drei Gruppen – Deutsche, Israelis und Palästinenser – sind, die Palästinenser. Deshalb fanden sie es unangemessen, dass die Palästinenser aus den deutschen Vorstellungen von moralischer Verantwortung in der Öffentlichkeit ausgeschlossen werden. Dennoch schätzten sie weitestgehend die in Deutschland artikulierte moralische Verantwortung gegenüber Israel als Nation. Diese moralische Verantwortung gegenüber Israelis sowie die Anerkennung des Holocaust und die Notwendigkeit, den Antisemitismus zu bekämpfen, geben diesen Israelis das Gefühl, in Berlin gut behandelt zu werden. Die deutsche moralische Verantwortung sollte nach Ansicht der meisten Israelis, die in der Stadt leben, auch auf die Palästinenser ausgedehnt werden.

Auch Palästinenser bezeichneten sich selbst im Großen und Ganzen als die Hauptopfer. Oft artikulierten sie ihre Sorge, dass die deutsche moralische Verantwortung sie in der Öffentlichkeit weitgehend ausschließt. Uneinig waren sie in der Frage, ob die deutsche moralische Verantwortung gegenüber Israelis bestehen bleiben sollte. Einige hielten es für lobenswert, dass der deutsche Staat und die deutsche Gesellschaft Israelis so tatkräftig unterstützen. Andere sahen in der heutigen Situation die Israelis als die Haupttäter unter den drei Gruppen und schlugen vor, den Schwerpunkt darauf zu legen, Israel für seine anhaltenden Menschenrechtsverletzungen an Palästinensern zur Rechenschaft zu ziehen.

Das Dreiecksverhältnis austarieren

Wie bereits ausgeführt, gibt es in Berlin die größte palästinensische Gemeinschaft in Europa und eine der größten israelischen Gemeinschaften der Welt. Unsere Untersuchung deckt die asymmetrischen Erfahrungen dieser beiden Formen von Diaspora auf und analysiert jene Erfahrungen im Hinblick auf die offiziellen deutschen Haltungen und Diskurse – vor allem die Auswirkungen des als Vergangenheitsbewältigung bekannten Prozesses. Die tief empfundene Schuld am Holocaust, die Ablehnung jedweden Antisemitismus und die besonderen Beziehungen Deutschlands zum israelischen Staat sind einige der Faktoren, die die Vorzugsbehandlung der Israelis in Deutschland erklären. Palästinenser berichten dagegen von diversen Formen der Zensur. Die palästinensische Diaspora befindet sich zudem infolge des zunehmenden Rassismus in Deutschland in einer prekären Lage. Etliche Palästinenser wiederum haben in Berlin ein beachtliches soziales Kapital und ein besseres Leben aufbauen können. In diesem Buch gehen wir den verschiedenen Erfahrungen von Israelis und Palästinensern in Berlin nach und diskutieren die vielfältigen Auswirkungen der moralischen Dreiecksbeziehung zwischen Israelis, Palästinensern und Deutschen.

Unsere Analyse ist dabei zweigeteilt. Zum einen geht es um die Frage nach der moralischen Verantwortung des deutschen Staates und der deutschen Gesellschaft gegenüber Israelis und Palästinensern, die heute in Deutschland leben. Wir stellten fest, dass das Mitgefühl, das viele Deutsche in ihrer Anerkennung der moralischen Verantwortung gegenüber Israelis zeigen – und das unserer Ansicht nach völlig zu Recht – den Palästinensern im Grunde vorenthalten wird. Dieses ethische Manko sollte korrigiert werden. Zweitens untersucht unser Projekt, wie

Berlin zu einem Ort der Möglichkeiten geworden ist, ein Ort, wo Raum für die Auseinandersetzung mit Trauma und Ungerechtigkeit und für den Aufbau alternativer multikultureller, multiethnischer und multireligiöser Öffentlichkeiten geschaffen wird. Dies hat es Israelis und Palästinensern in der Stadt ermöglicht, Schnittpunkte zu identifizieren und ihr Leben nebeneinander mit einem Gefühl der Gleichheit und gegenseitigen Anerkennung zu gestalten.

Diese beiden Aspekte – einerseits das Ungleichgewicht der deutschen moralischen Verantwortung gegenüber Israelis und Palästinensern, andererseits das Angebot Berlins an Israelis und Palästinenser, eine Gesellschaft zu gestalten, die nicht durch Diskriminierung und Unterdrückung belastet ist – sind auf durchaus unterschiedlichen Ebenen angesiedelt. Und doch sind sie eng miteinander verbunden. Deutschland hat den Palästinensern in Palästina symbolische Gesten der humanitären Hilfe angeboten, den meisten palästinensischen Deutschen ein menschenwürdiges Leben gesichert und Berlin als Zufluchtsort für palästinensische Flüchtlinge und andere gefährdete Gemeinschaften offengehalten. Dennoch offenbart die Verleugnung der Palästinenser im deutschen öffentlichen Diskurs (verglichen mit der allgemeinen Anerkennung israelischer Beiträge) eine große Lücke, die es noch zu schließen gilt. Viele nichtstaatliche deutsche Akteure, vor allem auf zivilgesellschaftlicher Ebene und an der Basis, haben das Problem erkannt und arbeiten an einer Lösung.

Die deutsch-israelischen Beziehungen in Berlin sind beispielhaft für ein Modell der *restorative justice*, und in der Stadt gibt es ernsthafte Bemühungen, *restorative justice* auch zwischen Israelis und Palästinensern herzustellen. Wir hoffen, dass diese getrennten Anstrengungen dabei helfen werden, auch die deutsch-palästinensischen Beziehungen weiterzuentwickeln. Die Dreieckskomponente dieser Beziehung gewinnt ihre moralische Kraft, wenn Deutschland zu einem zentralen Ort für die Artikulation und Verwirklichung von *restorative justice* zwischen Israelis und Palästinensern wird. Personen aus allen drei Gruppen, die sich der deutschen moralischen Verantwortung sowohl gegenüber Israelis als auch Palästinensern verpflichtet fühlen, erkennen an, dass Palästinensern in der gegenwärtigen Situation noch nicht der gleiche Grad an Anerkennung und respektvoller Behandlung zuteil wird wie Israelis. Die palästinensische Seite des moralischen Dreiecks muss in den Blick genommen werden, damit die Traumata der Vergangenheit und Gegenwart auf der kollektiven Ebene für alle drei Gemeinschaften überwunden werden können. Wir gehen davon aus, dass diese Entwicklungen auf individueller, zivilgesellschaftlicher und basisdemokratischer Ebene aller Voraussicht nach die zukünftige Anerkennung der moralischen Verantwortung des deutschen Staates gegenüber den Palästinensern beeinflussen werden.

Das Konzept der moralischen Verantwortung fasst ein großes Spektrum von Teilgebieten zusammen, einschließlich Fragen von Opfer versus Täter, die Auswirkungen der Vergangenheit auf die Gegenwart, geografische Positionierungen sowie die Politik von Inklusion und Exklusion. Moralische Verantwortung wird oft von Gefühlen wie etwa Schuld geprägt; davon, wie mit dieser Schuld umgegangen werden sollte; und der Frage, wie lange diese Schuld im deutschen Gewissen verankert bleiben sollte. Deutsche haben unterschiedliche Ansichten zur Frage, ob sie Israelis und Palästinensern heutzutage Unterstützung und Solidarität schulden; in dieser Hinsicht gibt es keinen Konsens. Im Großen und Ganzen sind Israelis und Palästinenser dankbar für jede Unterstützung, die sie von deutscher Seite erhalten, und letztendlich möchten sie ein normales Leben in Berlin führen, ohne ständig als etwas „Besonderes" behandelt zu werden, sei dies nun im positiven oder negativen Sinne.

8 Rassismus, Antisemitismus, Islamophobie

In diesem Kapitel untersuchen wir eines der emotional brisantesten Themen in unserer Studie über Israelis, Palästinenser und Deutsche in Berlin: die immer wieder diskutierten Phänomene von Antisemitismus und Islamophobie, sowie von Rassismus im Allgemeinen. In der Wissenschaft, in den Medien und in der Politik werden diese Themen einzeln oder in Zusammenschau behandelt. Die steigende Zahl der gemeldeten Übergriffe auf religiöse Minderheiten, die Ankunft zahlreicher Flüchtlinge nach dem Sommer 2015 und der Einzug der populistischen Alternative für Deutschland in den Bundestag sind eng mit diesen Debatten verknüpft. Obwohl die deutsche Gesellschaft überwiegend christlich ist und Juden und Muslime als religiöse Minderheiten gelten, sollten wir nicht vergessen, dass einige Deutsche Juden oder Muslime sind; einige Israelis sind Christen oder Muslime; und einige Palästinenser sind Christen, nicht Muslime – ganz zu schweigen davon, dass die meisten Muslime in Berlin keine Palästinenser und zahlreiche Juden in Berlin keine Israelis sind.

Diese Fragen – für die von uns untersuchten Gemeinschaften von überaus großer Relevanz – sind nicht ausschließlich auf das deutsch-israelisch-palästinensische Dreiecksverhältnis beschränkt, noch sind sie in irgendeiner Weise direkt korreliert oder symmetrisch. Vielmehr betreffen sie ein viel breiteres Spektrum der Berliner und auch der deutschen Gesellschaft. Diese verschiedenen Formen religiöser Diskriminierung, die zu rassistisch motivierter Gewalt führen können, sind zwar ein Thema heutiger Gesellschaften, sie sollten aber weder von der Geschichte des Holocaust und seinen Auswirkungen noch vom Nahostkonflikt getrennt werden. Wir behandeln im Folgenden zunächst die Debatten um Antisemitismus, dann die um Islamophobie, und abschließend bringen wir beide miteinander ins Gespräch.

Antisemitismus

Antisemitismus, also die Angst vor und der Hass auf Menschen jüdischen Glaubens, ist eine Variante des Judenhasses, die nach 1870 aufkam und mit wissenschaftlichen Behauptungen einhergeht. Diese gründen zunächst auf einer Hierarchie von Sprachen und dann auf der rassistischen Annahme einer Minderwertigkeit (oder bisweilen auch Überlegenheit) des jüdischen Körpers. Während der Antisemitismus in Deutschland in der Gegenwart fortbesteht, sind seine verheerendsten Erscheinungsformen auf den Aufstieg des Nationalsozialismus zurückzuführen. Historisch gesehen war der Judenhass von der Antike bis

https://doi.org/10.1515/9783110729931-011

in die Mitte des neunzehnten Jahrhunderts religiös definiert. Seit dem Mittelalter umfasste die Wahrnehmung der Juden sowohl theologische als auch wirtschaftliche und soziale Dimensionen. Im neunzehnten Jahrhundert entwickelte sich der Antisemitismus zu einer pseudowissenschaftlichen Rassentheorie mit radikalen politischen Implikationen, eine Bewegung, die vor allem in Deutschland verankert war.[182] Sie gipfelte zwischen 1933 und 1945 in dem Ziel, alle Juden im Zuge der nationalsozialistischen Diktatur Adolf Hitlers in Deutschland zu vernichten, was zur Ermordung von sechs Millionen Juden führte.

Die überwiegende Mehrheit unserer Befragten wusste um die verheerenden Auswirkungen des Antisemitismus und wandte sich strikt gegen dieses System der Entmenschlichung. Die meisten glaubten, dass die deutsche Gesellschaft sich für die Bekämpfung des Antisemitismus einsetzt, und lobten solche Versuche. Dies war bei fast allen Israelis und den meisten Palästinensern, mit denen wir sprachen, der Fall. Eine Reihe unserer Befragten – einige von ihnen Deutsche, andere Palästinenser – scheuten sich jedoch nicht, antisemitische Vorstellungen zu äußern. Heike, eine Friseurin in ihren Fünfzigern, sagte: „[Die Juden] strömen nach Deutschland, übernehmen Arbeitsplätze und Immobilien und glauben, sie könnten uns wegen der Geschichte manipulieren." Palästinensische Befragte äußerten sich in formellen und informellen Interviews nur dann antisemitisch, wenn die israelische Interviewerin (Katharina Galor) nicht anwesend war. Yousef, ein Mann in seinen Dreißigern, der als Barkeeper arbeitet, behauptete zum Beispiel, dass „der Holocaust ein Mythos ist, und wir alle wissen, dass die Juden Deutschland, Amerika und die ganze Welt kontrollieren. [Die Juden] sind in allen Machtzentren, in allen Regierungen, in der Finanzwelt und in den Medien." Ausgehend von seinem Verständnis der islamischen Geschichte führte er außerdem an, dass die Juden monolithisch seien, seit der Zeit des Propheten Mohammed bestünden und durchweg eine „betrügerische", auf der ganzen Welt verachtete Bevölkerungsgruppe gewesen seien, der man nicht trauen könne, weil sie nur „Probleme schaffen". Eine unserer palästinensischen Gesprächspartnerinnen, Ghadir, eine Vorschullehrerin Ende zwanzig, erklärte, dass ihr einige der antisemitischen Äußerungen unangenehm waren, die sie während der Teilnahme am Al-Quds-Marsch hörte (einer jährlichen Veranstaltung, die am letzten Freitag des Ramadan stattfindet, um Solidarität mit der palästinensischen Sache zu zeigen und den Idealen des Zionismus und Israels entgegenzutreten; häufig nehmen Neonazis an dem Marsch teil).

---

182 Siehe Matti Bunzl, „Between Anti-Semitism and Islamophobia: Some Thoughts on the New Europe," *American Ethnologist* 32, no. 4 (2005): 502.

Die Mehrheit der von uns befragten Israelis ist sich zwar bewusst, dass es in Deutschland und anderswo antisemitische Einstellungen gibt, die meisten von ihnen sagten jedoch, dass sie in Berlin noch nie körperliche oder verbale antisemitisch motivierte Angriffe erlebt hätten. Mehrere gaben an, dass sie sich in Berlin sicherer fühlten als in Israel. Aryeh, der schwule politische Aktivist, sagte zum Beispiel: „Ich habe mich noch nie so vor Hass und Diskriminierung geschützt gefühlt wie hier in Berlin. Ich zeige meine Identität immer offen, und doch hat mir noch nie jemand das Gefühl gegeben, nicht willkommen zu sein." Die Restaurantbesitzerin Anat sprach über die „Toleranz [der Deutschen]. Sie haben so viel Angst vor den Schatten der Vergangenheit, dass sie es nie wagen würden, uns schlecht zu behandeln." Zu den Formen antisemitischer Erfahrungen, von denen wir erfuhren, gehören „das Gefühl, nicht willkommen" oder „anders" zu sein, weil man jüdisch ist, „sich von der deutschen Künstlerelite entfremdet zu fühlen" und „sich nicht zu trauen, jüdische Symbole wie die Kippa oder eine Halskette mit Davidstern in der Öffentlichkeit zu tragen". Die einschneidendste Erfahrung unter den Israelis, die wir befragten, machte Noah, eine sechzehnjährige Schülerin, die eine der zweisprachigen Schulen in Berlin besucht. Sie berichtete, dass sie eines Morgens in ihr Klassenzimmer kam und ein Hakenkreuz entdeckte, das auf ihr Kunstprojekt gezeichnet war. Noah sagte uns auch, dass sie den Vorfall nicht gemeldet habe. Ein anderes Beispiel beschrieb Liat, eine israelische Frau Anfang dreißig, die sagte, sie habe Angst davor, eine israelische Flagge aus dem Fenster ihrer Wohnung in Neukölln hängen zu lassen. Sie sagte, dass sie am Boden zerstört war, als sie die palästinensischen Solidaritätsproteste auf der Straße vor ihrem Haus beobachtete, mit Sprechchören zur Unterstützung der Boycott, Divestment and Sanctions Bewegung (BDS) gegen Israel. „Es war [auch] niederschmetternd für mich zu sehen, wie diese ‚weißen' Deutschen bei den Protesten an der Seite von Palästinensern und anderen marschierten", sagte sie. Liat verstand diese Märsche als klare Zeichen der Kritik an Israel, was sie mit Antisemitismus gleichsetzte. Obwohl er dies nicht mit einem konkreten Vorfall in Verbindung brachte, berichtete Ori, der in der Bau- und Immobilienbranche tätig ist, von einer gewissen Besorgnis, ja sogar Angst vor dem neu aufkommenden Antisemitismus in Deutschland. „Um meine Familie, meine Frau und meine beiden Töchter zu schützen", sagte er, „treffen wir uns nur mit unseren jüdischen und israelischen Freunden und Verwandten. Nur so können wir uns vor Angriffen [durch arabische Flüchtlinge] und der ganzen Gewalt schützen." Als wir ihn fragten, ob er oder ihm nahestehende Personen jemals irgendeine Form antisemitischer Belästigung oder Aggression erlebt hätten, antwortete er mit einem klaren „Nein".

Die deutsch-jüdischen Befragten, die politisch konservativer zu sein schienen als die meisten Israelis, mit denen wir sprachen, waren wesentlich besorgter über mögliche antisemitische Vorfälle. Das mag daran liegen, dass die Angst vor Antisemitismus einen wichtigen Bestandteil der deutsch-jüdischen Identität dieser Gruppe darstellt. Jüngste und aktuelle Fälle offener und expliziter Belästigungen oder Angriffe, die das deutsch-jüdische Bewusstsein weiterhin prägen, werden durch die Erinnerung an den Holocaust zusätzlich verstärkt. Wenn in den deutschen Medien über antisemitische Übergriffe berichtet wird, verbreiten sich diese Informationen schnell innerhalb der jüdischen Gemeinschaft, und die damit einhergehende Angst und Empörung führen häufig zu einem Gefühl der Verbundenheit, das ihre Identität als marginalisierte Gruppe innerhalb Deutschlands prägt.[183] Die große Mehrheit unserer israelischen Befragten schien diese Ereignisse nicht in derselben Weise zu erleben. Im Unterschied zu Noah, Liat und Ori berichtete niemand der Israelis von Sorge oder Angst, wenn über den zunehmenden Antisemitismus in Deutschland berichtet wird. Diese Angst scheint auch kein zentrales Merkmal ihrer Identität als Juden oder Israelis zu sein.

Ármin Langer, ein ungarischer Germanist, Journalist und Schriftsteller, außerdem ein ehemaliger Rabbinerschüler und praktizierender Jude, hat sein Leben der Förderung jüdisch-muslimischer Beziehungen gewidmet. Zu diesem Zweck gründete er 2013 die Salaam-Schalom-Initiative. Langer sprach mit uns über sein Verständnis von Antisemitismus im heutigen Berlin, ein Thema, das er in seinem Buch *Ein Jude in Neukölln* ausführlich behandelt. Zwar sei, so Langer, Antisemitismus in diesem Bezirk Berlins zu finden, doch es gebe auch viele Beispiele für Toleranz und friedliches Zusammenleben. Bei unserem Treffen erklärte er: „Viele Deutsche werden niemals Neukölln betreten, denn sie betrachten es als ‚No-Go-Zone' für Juden und andere, vor allem wegen der großen palästinensischen, muslimischen und anderen ‚nicht-westlichen' Gemeinschaften, die dort leben. Unter vielen Berlinern, die nicht in Neukölln leben oder nicht in die Gegend kommen, gibt es so eine Art sensationelles Verständnis der Kriminalitätsraten – eine Sichtweise, die von den Medien gefördert wird."[184] Viele Deutsche, Israelis und Palästinenser, mit denen wir sprachen, die entweder in dem Bezirk leben oder viel Zeit dort verbringen, hatten eine ganz andere Sicht auf das Leben in Neukölln. Mehrere sprachen über die Gentrifizierung des Viertels und beschrieben seine Lebendigkeit und Vielfalt sowie die Fülle an Kultur und Geschäften.

Najib, der Sozialarbeiter, erwähnte, dass er kürzlich eine deutsche Frau mit einer Kippa in Neukölln gesehen habe, wo er lebte. „Sie kleidet und verhält sich

---

183 Wie Antisemitismus in den Medien häufig falsch dargestellt wird, beschreibt Emily Dische-Becker, „Massenhafte ‚Tod den Juden'-Rufe am Brandenburger Tor?," *Spiegel Online*, 19.12.2017, https://uebermedien.de/23715/massenhafte-tod-den-juden-rufe-am-brandenburger-tor/.
184 Siehe Ármin Langer, *Ein Jude in Neukölln: Mein Weg zum Miteinander der Religionen* (Berlin: Aufbau, 2016).

provozierend und singt Slogans, um die muslimische Bevölkerung zu provozieren", sagte er. „Sie hat ein klares Ziel vor Augen: Sie will zeigen, dass es Antisemitismus unter den Leuten hier gibt, indem sie bewusst versucht, sie aufzustacheln." Andere von uns interviewte Anwohnende aus dem Bezirk kannten die Frau ebenfalls und beschrieben sie als „verrückt" oder „geistesgestört". Nach Angaben unserer Befragten hat niemand der Anwohnenden auf das provozierende Verhalten der Frau reagiert. Einige Palästinenser beschrieben, wie beleidigend diese und ähnliche Vorfälle für sie seien. Sie betonten auch, wie entmenschlichend es für sie war, automatisch als von Natur aus und unwiderruflich antisemitisch wahrgenommen und eingestuft zu werden. Der Medizinstudent Fadi zum Beispiel sagte: „[Die Deutschen] gehen einfach davon aus, dass wir alle Antisemiten sind. Sie [...] wollen nur, dass wir das sagen, was ein Araber oder Palästinenser ihrer Meinung nach so sagt. Sie fühlen sich anscheinend besser, wenn sie die Aufmerksamkeit von den Dingen ablenken können, die sie früher gesagt haben, und einen neuen Schuldigen ausmachen können."

Wir haben in Berlin auch zahllose Initiativen von Palästinensern, Arabern, Türken und Menschen aus dem Nahen Osten gesehen – viele von ihnen Muslime – die sich gegen Antisemitismus wenden, was uns beeindruckte und ermutigte. Wir erfuhren von anderen Projekten, die nicht ausschließlich auf die Bekämpfung des Antisemitismus abzielten, sondern ganz allgemein darauf, Brücken zwischen interreligiösen und internationalen Gemeinschaften zu bauen. Obwohl sie nicht ausdrücklich darauf ausgerichtet waren, Israelis und Palästinenser in einen Dialog zu bringen, denken wir, dass sie dennoch auf diese Gruppen angewandt werden könnten.

Trotz der progressiven und positiven Tendenzen, die wir in der Berliner Zivilgesellschaft und in kommunalen und staatlichen Netzwerken feststellen konnten, kursieren in der deutschen politischen Elite nach wie vor rassistische Äußerungen. Die Bezeichnung der Juden als „Tätervolk" in einer Rede im Oktober 2004 führte zum Ausschluss des Unionspolitikers Martin Hohmann aus dem Bundestag. Jüngste Äußerungen des AfD-Vorsitzenden Alexander Gauland, der im Juni 2018 die NS-Zeit als „Vogelschiss" in tausend Jahren erfolgreicher deutscher Geschichte bezeichnete, führten dagegen auf öffentlichen Druck hin lediglich zu einer Entschuldigung.[185]

---

185 Zu Gaulands antisemitischen Äußerungen siehe „Gauland: NS-Zeit nur ein ‚Vogelschiss in der Geschichte,'" Deutsche Presse-Agentur, 2.6.2018. Zu Hohmanns antisemitischen Äußerungen siehe „Top General Sacked as Anti-Semitism Scandal Spreads," *Deutsche Welle*, 5.11.2003.

Insgesamt bleibt das Engagement gegen Antisemitismus in Deutschland jedoch unverändert stark.[186] In der Presse finden Angriffe auf Juden große Beachtung, wie etwa der Anschlag auf Rabbiner Daniel Alter oder das Mobbing jüdischer Kinder in deutschen Schulen.[187] Darüber hinaus untersuchen Forschungsinitiativen der Bundesregierung die Wurzeln, die Geschichte und die jüngsten Tendenzen des Antisemitismus mit dem Ziel, strukturelle Veränderungen und politische Maßnahmen einzuleiten, die diesen alarmierenden Entwicklungen entgegenwirken. Im Jahr 2006 haben die Wissenschaftlichen Dienste des Bundestages eine Studie mit dem Titel „Fragen zu Antisemitismus, Antizionismus, Islamismus, islamistischem Terrorismus (Definitionen, Ausprägungen und Zusammenhänge im Nahen Osten)" durchgeführt. Nur etwa drei Seiten sind der Geschichte des Antisemitismus von seinen Anfängen bis in die NS-Zeit gewidmet, und die Beschreibung des Nachkriegsantisemitismus in Deutschland wird auf etwas mehr als einer Seite abgehandelt. Der größte Teil des vierundsechzigseitigen Berichts befasst sich mit der Kritik an Israel als einer Form des Antisemitismus, vor allem im Kontext von Islam und Nahostpolitik.[188] Auch wenn die Studie klar unterscheidet zwischen dem europäischen Antisemitismus, den sie als ideologisch motiviert versteht, und dem arabisch-islamischen Antisemitismus, den sie als in geopolitischen Konflikten verankert betrachtet, wird hier die Auffassung vertreten, dass Israelkritik, Antizionismus und negative religiöse Projektionen auf Juden zunehmend miteinander verflochten sind. Dies impliziert, dass die meisten Formen der politischen Kritik an Israel zwangsläufig ein gewisses Maß an Antisemitismus mit sich bringen.[189]

---

186 1982 richtete die Technische Universität Berlin das Zentrum für Antisemitismusforschung ein, einschließlich zwei Stiftungsprofessuren zum Thema. Zur Geschichte der Antisemitismusforschung in Deutschland siehe Stefanie Schüler-Springorum, „Non-Jewish Perspectives on German Jewish History: A Generational Project?," in *The German-Jewish Experience Revisited*, hrsg. von Steven E. Aschheim und Vivian Liska (Berlin: Walter de Gruyter, 2015), 193–205.
187 Zum Angriff auf Rabbi Daniel Alter siehe z. B. M. Niewendick, „Großes Potenzial an Judenhass kommt nach Deutschland," *Welt*, 24.4.2018, https://www.welt.de/politik/deutschland/arti cle175765161/Antisemitismus-Rabbiner-Daniel-Alter-mahnt-Kippa-Traeger-zur-Vorsicht.html. Zu Mobbing an Berliner Schulen siehe beispielsweise F. Bachner, „Antisemitismus an Berliner Schulen. Sein Vergehen: Er ist Jude," *Tagesspiegel*, 10.4.2018, https://www.tagesspiegel.de/ber lin/antisemitismus-an-berliner-schulen-sein-vergehen-er-ist-jude/21156700.html.
188 Siehe *Fragen zu Antisemitismus, Antizionismus, Islamismus, islamistischem Terrorismus. Definitionen, Ausprägungen und Zusammenhänge im Nahen Osten* (Berlin: Wissenschaftliche Dienste des Deutschen Bundestages, 2007), 11–65.
189 *Fragen zu Antisemitismus, Antizionismus, Islamismus, islamistischem Terrorismus*, 18. Zum deutschen Tabu der Kritik an Israel und zur Verwechslung von Antizionismus und Antisemitismus siehe ferner Susan Abulhawa, „Why Are Palestinians Paying for Germany's Sins?," *Electronic Intifada*, 11.2.2017.

Im Januar 2018 veröffentlichte der Bundestag einen Vorschlag zur Bekämpfung von Antisemitismus, in dem sich alle großen Parteien (außer der AfD) zur besonderen Verantwortung Deutschlands für Israel als „jüdischer und demokratischer Staat" und für seine Sicherheit bekannten.[190] Empfohlen werden verbesserte Methoden der Koordination im Kampf gegen den Antisemitismus. Zusammengefasst geht es dabei um (1) Investitionen in die Förderung des sozialen und historischen Bewusstseins für heutige sowie historische Formen des Antisemitismus im öffentlichen, politischen und kulturellen Bereich Deutschlands; (2) Verbesserung der rechtlichen und strafrechtlichen Maßnahmen gegen Antisemitismus, einschließlich Strafen für das öffentliche Verbrennen der israelischen Flagge; (3) Bekämpfung und Sanktionierung von Aktionen, die von der BDS-Bewegung ausgehen; (4) Unterstützung verschiedener Bildungs- und Forschungsinitiativen zu Holocaust, Judentum und Antisemitismus; (5) Förderung des jüdischen Lebens in Deutschland; und (6) Austausch zwischen deutschen und israelischen Jugendlichen.

Strukturell war eine der ersten Folgen dieses Vorschlags die Ernennung von Felix Klein zum ersten deutschen Antisemitismus-Beauftragten der Bundesregierung im April 2018. Seitdem wurde eine Vielzahl von politischen, wissenschaftlichen und kulturellen Veranstaltungen organisiert, welche vom Büro des Regierenden Bürgermeisters in Berlin und in enger Abstimmung mit der israelischen Botschaft sowie Institutionen wie dem Zentralrat der Juden in Deutschland und dem American Jewish Committee Berlin begleitet wurden. Der Schwerpunkt lag dabei auf israelbezogenen Aktivitäten. Diese Entscheidung hat bei Palästinensern und progressiven Israelis, mit denen wir sprachen, Besorgnis ausgelöst; sie beklagten die falsche Charakterisierung jeder Kritik am israelischen Staat als grundsätzlich antisemitisch sowie die Umleitung von Ressourcen, die besser für Bemühungen zur Bekämpfung echter Formen von Antisemitismus in der Stadt verwendet werden könnten.

Islamophobie

Islamophobie wird in erster Linie als ein postkolonialer westlicher Trend gesehen, der mit der Migration nach dem Zweiten Weltkrieg und der Einreise von Gastarbeiter*innen aus weniger entwickelten Ländern in Europa zusammenhängt; dies ist vor allem im Hinblick auf die große türkische Bevölkerungsgruppe relevant,

---

190 Siehe *Antisemitismus entschlossen bekämpfen. Antrag der Fraktionen CDU/CSU, SPD, FDP und Bündnis 90/Die Grünen* (Berlin: Deutscher Bundestag, 2018).

die heute die größte ethnische Minderheit in Berlin ist und etwa 5 Prozent der Stadtbevölkerung ausmacht.[191] Islamfeindlichkeit hat in Deutschland eine besondere Relevanz und Dringlichkeit. Ähnlich wie beim Antisemitismus wird eine Kombination religiöser, sozialer und rassischer Argumente eingesetzt, um die „Anderen" vom „wir" als Deutsche zu unterscheiden. Eine deutliche Zunahme der Islamfeindlichkeit in ganz Europa ist mit den Anschlägen vom 11. September 2001 in den Vereinigten Staaten verbunden, auf die eine Welle von Terroranschlägen in Europa folgte, sowie mit dem massiven Zustrom von Flüchtlingen nach Deutschland im Jahr 2015.[192] Die Deutschen sind sich der muslimischen Präsenz in ihrem Land zunehmend bewusst. Forschungen haben ergeben, dass viele Deutsche den Anteil von Muslimen im Land auf 20 Prozent der Gesamtbevölkerung schätzen, obwohl sie in Wirklichkeit weniger als 6 Prozent ausmachen, was eine „Kluft zwischen Bild und Wirklichkeit" zeigt. Islamfeindlichkeit verschärft diese Wahrnehmung.[193]

Islamophobie, also Furcht oder Hass gegenüber muslimischen Menschen, war in unseren Interviews ebenfalls ein überaus wichtiges Thema, wobei Palästinenser wie auch Deutsche mit muslimischem und arabischem Hintergrund große Besorgnis über die Zunahme und die Normalisierung islamfeindlicher Tendenzen in Berlin und in Deutschland im Allgemeinen zum Ausdruck brachten. Nur eine Handvoll der jüdischen Befragten, darunter Deutsche und Israelis, machten abfällige oder eindeutig rassistische Bemerkungen über die muslimischen, arabischen oder palästinensischen Gemeinschaften Berlins, Gruppen, die weitgehend als austauschbar wahrgenommen wurden.

Im Gegensatz zu der Infrastruktur und den Bemühungen, dem Antisemitismus entgegenzutreten, gibt es keine staatlichen Forschungsinitiativen oder Regierungsorgane, die strategischen Maßnahmen im Kampf gegen Islamfeindlichkeit in Deutschland gewidmet wären. Verschiedene individuelle, akademische

191 Siehe „Statistischer Bericht: Einwohnerinnen und Einwohner im Land Berlin am 31. Dezember 2016," in *Statistisches Jahrbuch Berlin 2017* (Berlin: Amt für Statistik Berlin-Brandenburg), 15–17.
192 Siehe Sina Arnold, „Which Side Are You On? Zum schwierigen Verhältnis von Antisemitismus und Rassismus in der Migrationsgesellschaft," in *Das Phantom „Rasse." Zur Geschichte und Wirkungsmacht von Rassismus*, hrsg. von Naika Foroutan, Christian Geulen, Susanne Illmer, Klaus Vogel und Susanne Wernsing (Wien: Böhlau, 2018), 192. Dass die Berichterstattung in den Medien zu einem negativen Bild von Flüchtlingen beitragen kann, etwa durch die Behauptung, es gebe einen Zusammenhang zwischen Flüchtlingen und Terrorismus, zeigt Holger Nehring, „The Berlin Attack Could Undo Angela Merkel's Humanitarianism in Germany," *International Business Times*, 22.12.2016.
193 Nitzan Horowitz, „‚Europe Is Ruined': Conversations with Israelis in Berlin," *Haaretz*, 4.7. 2017.

und intellektuelle Initiativen in Berlin und anderswo haben es sich jedoch zur Aufgabe gemacht, Vorfälle von Islamfeindlichkeit zu dokumentieren, mit dem Ziel, didaktische, staatsbürgerliche und politische Kampagnen gegen die jüngsten Entwicklungen zu initiieren. Dazu gehört die SETA Stiftung für politische, wirtschaftliche und gesellschaftliche Forschung, ein gemeinnütziges Forschungsinstitut mit Sitz in Ankara, Türkei, das innovative Studien zu nationalen, regionalen und internationalen Themen durchführt. Im Jahr 2015 begann SETA mit der Vorlage des jährlichen *European Islamophobia Report*, in dem verschiedene Themen im Zusammenhang mit Rassismus, Geschlecht und anderen Formen der Diskriminierung in 33 Ländern dokumentiert und analysiert werden, darunter fast alle EU-Mitgliedstaaten und weitere Länder wie Russland und Norwegen.[194] Bemerkenswert ist in diesem Zusammenhang die Tatsache, dass Deutschland 2017 als erstes Land Islamfeindlichkeit als Unterkategorie von „Verbrechen aus Hass" in die amtliche Polizeistatistik für „politisch motivierte Straftaten" aufgenommen hat.[195] Der SETA-Bericht 2017 über Deutschland enthielt mehrere interessante Punkte und Statistiken, die für unsere Untersuchung relevant sind. Dazu gehören Bedenken gegenüber den deutschen Medien; der Bericht stellte fest, dass 60 – 80 Prozent der Darstellungen von Muslimen und des Islam diese als körperlich gewalttätig, gender-diskriminierend, religiös fanatisch und/oder fundamentalistisch sowie als sozial und kulturell rückständig beschreiben. Darüber hinaus hat die Europäische Koalition gegen Rassismus ihre Empfehlung für einen Aktionsplan für 2018 – 19 zur Bekämpfung der Islamfeindlichkeit in der Europäischen Union veröffentlicht. Der Plan stellt das Thema Islamfeindlichkeit in den Mittelpunkt und fordert das Europäische Parlament nachdrücklich auf, eine Entschließung zur Bekämpfung von Islamfeindlichkeit zu verabschieden, wie es dies auch bei der Bekämpfung von Antisemitismus und der Diskriminierung von Sinti und Roma getan hat.[196]

---

194 SETA wird von der heutigen türkischen Regierung finanziell unterstützt; es gibt viel Kritik aus Wissenschaft und Medien. Siehe z. B. T. Ögreten, „Mitarbeiter westlicher Medien im Visier der AKP," *Welt*, 9.7.2019, https://www.welt.de/politik/ausland/article196596995/Journalisten-Kartei-Mitarbeiter-westlicher-Medien-im-Visier-der-AKP.html. Siehe auch Enes Bayrakli und Farid Hafez, Hrsg., *European Islamophobia Report 2017* (Istanbul: SETA, 2018).
195 Zu Berlins Polizeistatistiken und den verschiedenen Kategorien von Hassverbrechen, einschließlich Islamophobie, siehe https://www.berlin.de/polizei/verschiedenes/polizeiliche-kriminalstatistik/.
196 Sabine Schiffer, „Der Islam in deutschen Medien," *Aus Politik und Zeitgeschichte* 20 (2005), 20, 23 – 30; eadem, *Darstellung des Islams in der Presse. Sprache, Bilder, Suggestionen. Eine Auswahl von Techniken und Beispielen* (Würzburg: Ergon Verlag, 2005); K. Hafez, „Islam in den Medien. Der Islam hat eine schlechte Presse," *Zeit Online*, 21.2.2017, https://www.zeit.de/gesellschaft/zeitgeschehen/2016-12/islam-verstaendnis-medien-berichterstattung-populismus-gefahr.

Islamfeindliche Vorfälle werden, ganz im Gegensatz zu antisemitischen Vorfällen, in Deutschland kaum registriert und weitestgehend in ihrer Bedeutung heruntergespielt. Über gewalttätige und kriminelle Taten, von Ausländern oder Flüchtlingen begangen, wird breit in den Medien berichtet, und Orte wie der Berliner Alexanderplatz werden als Sammelpunkte für illegale Asylbewerber und Flüchtlinge sowie als kriminelle Hotspots ausgemacht.[197] Im März 2018 erklärte Innenminister Horst Seehofer (CSU): „Der Islam gehört nicht zu Deutschland", eine Aussage, die unmittelbar von Bundeskanzlerin Angela Merkel gerügt wurde. Flüchtlingskritische Bewertungen sind jedoch im Bundestag ganz eindeutig Allgemeingut geworden, am radikalsten unter den AfD-Politiker*innen.[198]

Zu den Bestsellern, die islamfeindliches Gedankengut propagieren, gehört Thilo Sarrazins *Deutschland schafft sich ab*. Das 2010 erschienene Buch behauptet, dass „die richtige Sorte deutscher Frauen" zu wenig Kinder bekomme und „die falsche Sorte" – nämlich Muslime und Menschen mit geringer Bildung – dagegen zu viele. Das Ergebnis sei nicht nur, dass die Bevölkerung Deutschlands schrumpfe; sie werde auch dümmer.[199] Sarrazins Verteidigung der Eugenik in Form einer Politik, die die Fruchtbarkeit von Frauen mit hohem IQ fördert, hat in verschiedenen Kreisen Erinnerungen an die Nazizeit geweckt. Das Buch hat „eine riesige Anhängerschaft in der [deutschen] Gesamtbevölkerung generiert".[200] Trotz Bestrebungen innerhalb der SPD, sich von ihm zu distanzieren, hat Sarrazin seine Mitgliedschaft in der Partei entschlossen aufrechterhalten, was bezeichnend für seine Ansicht ist, dass die „Themen, die er diskutiert, von den großen politischen Parteien behandelt werden sollten, [...] nicht links von rechtsradikalen Kräften, die er als ‚sehr gefährlich' betrachtet."[201] Der israelische Schriftsteller David Ranan appelliert in ähnlicher Weise an die Ängste der Deutschen im Zusammenhang mit dem Zustrom muslimischer Flüchtlinge in *Muslimischer Antisemitismus. Eine Gefahr für den gesellschaftlichen Frieden in Deutschland?* Das 2018 erschienene Buch argumentiert explizit, dass Antisemitismus unter Muslimen am weitesten

---

Siehe außerdem https://www.enar-eu.org/Open-letter-A-meaningful-coordinator-on-anti-Muslim-hatred-to-transform-EU-1523.

197 „On Patrol with Police at Berlin's Alexanderplatz, Crime Hotspot in the Capital," *Deutsche Welle*, 13.11.2017.

198 Siehe „Seehofer: Der Islam gehört nicht zu Deutschland," Deutsche Presse-Agentur, 15.3. 2018.

199 Siehe Tilo Sarrazin, *Deutschland schafft sich ab. Wie wir unser Land aufs Spiel setzen* (München: Deutsche Verlags-Anstalt, 2010).

200 Siehe „The Man Who Divided Germany: Why Sarrazin's Integration Demagoguery Has Many Followers," *Spiegel Online*, 9.6.2010, https://www.spiegel.de/international/germany/the-man-who-divided-germany-why-sarrazin-s-integration-demagoguery-has-many-followers-a-715876.html.

201 Siehe „An Immigration Row in Germany: Sarrazin vs the Saracens," *Economist*, 1.9.2010.

verbreitet ist, und implizit, dass die „Flüchtlingskrise" mit einer offensichtlichen Eskalation antisemitischer Vorfälle zusammenhängt.[202]

Islamfeindlichkeit prägt das Leben der Palästinenser in Berlin auf spürbare Weise, wie in unseren Interviews immer wieder deutlich wurde. Diejenigen Palästinenser, die in Berlin rechtliche und wirtschaftliche Sicherheit genießen, berichteten am wenigsten über Begegnungen mit Islamfeindlichkeit und am häufigsten über Gefühle der Akzeptanz in der breiteren deutschen Gesellschaft. Bei den anderen Palästinensern war jedoch eine weit verbreitete Sorge über Islamfeindlichkeit vertreten sowie das Gefühl, dass das Problem im allgemeinen öffentlichen Diskurs in Deutschland nicht richtig benannt oder angesprochen wird.

Etwa die Hälfte der zur Berliner Elite gehörenden Palästinenser, die wir sprachen, hat einen christlichen Hintergrund, und mit einer Ausnahme erklärten alle, dass sie Islamfeindlichkeit ernstnehmen würden, zumal man sie oft für Muslime halte und sie mit den entsprechenden Reaktionen umgehen müssten. Layla zum Beispiel ist Ende vierzig und arbeitet als Gymnasiallehrerin. Ihr Vater stammt aus Nablus, ihre Mutter ist Deutsche; Layla ist mit einem deutschen Mann verheiratet, und sie haben zwei Kinder. Sie sagte: „Meine Kollegen wissen, dass mein Mann Deutscher ist, hier geboren und aufgewachsen. Sie wissen, dass wir Weihnachten feiern. Ich bin nicht religiös und auch nicht besonders interessiert an Ritualen oder Zeremonien. Aber wenn sie [meine deutschen Kollegen] mich immer wieder mit allen Muslimen in einen Topf werfen, habe ich das Gefühl, dass ich deutlicher zeigen muss, wer ich bin. Ich habe angefangen, ein Kreuz zu tragen, aber selbst das scheint ihnen noch nicht dabei zu helfen, mich einzuordnen. Ich weiß nicht, was es ist – meine semitischen Züge, mein Akzent, meine dunkle Hautfarbe?"

Mehrere Israelis, die wir interviewt haben, vor allem diejenigen mit Mizrahi-Hintergrund, nahmen die Islamfeindlichkeit ebenfalls ernst, denn auch sie berichteten, von vielen Deutschen als Muslime angesehen zu werden. Der Postdoktorand Yonatan zum Beispiel erklärte: „In Israel weiß jeder, wo er mich unterbringen kann [...] vor allem, wenn sie mich sprechen hören. Ich bin durch und durch Israeli. Aber hier in Berlin... Deutsche und Leute aus anderen Ländern gehen davon aus, dass ich Muslim oder Araber bin. Na ja, ich bin schon Araber. Aber es ist komplizierter, und in den meisten Fällen habe ich keine Lust zu erklären, warum ,jüdisch' und ,arabisch' sich nicht gegenseitig ausschließen und warum ,arabisch' nicht unbedingt ,muslimisch' bedeutet."

---

202 Siehe David Ranan, *Muslimischer Antisemitismus. Eine Gefahr für den gesellschaftlichen Frieden in Deutschland?* (Bonn: Dietz, 2018).

Der Islam ist bei vielen Deutschen zutiefst negativ besetzt. Selbst im fort-schrittlichen Berlin sind Debatten über die Vereinbarkeit des Islam mit der Mo-derne an der Tagesordnung.[203] Orhan, ein Professor türkischer Abstammung Anfang sechzig, erhob Einwände gegen den Begriff „Islamfeindlichkeit" und plädierte stattdessen für die Verwendung des Begriffs „antimuslimischer Rassis-mus". Der erstgenannte Begriff signalisiere eine Furcht, die gerechtfertigt sein könne, sagte er, während der zweite deutlich mache, dass es sich um eine Form von Rassismus handele. Weiter führte er aus, dass man antimuslimischen Ras-sismus in Deutschland als eng verbunden mit allen Formen des Rassismus gegen Minderheiten begreifen müsse.

Frauen, die den Hidschab (das islamische Kopftuch) tragen, waren nach ei-genen Aussagen am häufigsten Opfer von Islamfeindlichkeit. Sie hatten nicht nur verbale Belästigungen, sondern auch körperliche Angriffe zu befürchten. Im Juni 2018, als wir unsere Interviews führten, hörten wir zahlreiche Kommentare zu den seit 2017 verstärkt geführten Debatten über das Verbot des Tragens der Burka, die den Körper vollständig verschleiert und von einer kleinen Anzahl muslimischer Frauen in Berlin getragen wird.[204] Einige Palästinenser und Deutsche mit musli-mischem Hintergrund äußerten ihre Frustration über die fehlende Unterschei-dung zwischen der Burka und dem Hidschab (letzterer bedeckt nur die Haare). Salma, die Raumpflegerin im Krankenhaus, die den Hidschab trägt, erzählte uns zum Beispiel, dass eine ihrer Kolleginnen ihr gesagt habe: „Bald musst du [deinen Hidschab] ausziehen und wie der Rest von uns aussehen. Wenn du nach Hause [in den Libanon] gehst, kannst du ihn anbehalten." Einige muslimische Frauen trugen den Hidschab bewusst als Antwort auf solche Art der Repression und Marginalisierung, nämlich als ein wichtiges Symbol ihrer muslimischen Identität. Özge, die Medizinstudentin mit türkischem Hintergrund, sagte:

> In der Schule habe ich den Hidschab nicht getragen, und meine Familie ist auch nicht be-sonders religiös. Meine Mutter und meine Großmutter sind mehr kulturell türkisch, und das Tragen eines Kopftuches ist nicht unbedingt ein Zeichen dafür, dass man eine fromme Muslima ist. Ich selber bin auch nicht besonders religiös. Aber ich will nicht, dass sie [die Deutschen] denken, ich würde all meine Traditionen und meine türkische Identität aufge-

---

203 Besonders wichtig in diesem Zusammenhang ist Esra Özyürek, *Being German, Becoming Muslim: Race, Religion and Conversion in the New Europe* (Princeton, NJ: Princeton University Press, 2014).
204 Siehe z. B. „Bundestag beschließt Verschleierungsverbot," *Welt*, 28. 4. 2017. Zum Antrag der AfD, das Verbot per Gesetz in Deutschland einzuführen, siehe Eva Bräth und Mara Küpper, „Debatte über Vollverschleierung. Worum es beim Burkaverbot geht," *Spiegel Online*, 22. 2. 2018, https://www.spiegel.de/politik/deutschland/afd-antrag-zu-vollverschleierung-worum-geht-es-beim-burka-verbot-a-1194929.html.

ben. Seit ich an der Universität bin, trage ich den Hidschab, weil ich will, dass sie wissen, dass ich mich nicht schäme, Muslima zu sein. Ich kann Muslima und Türkin und Deutsche und gut gebildet sein. Für viele ist das immer noch schwer zu verstehen oder zu akzeptieren.

Andere, mit denen wir sprachen, erzählten von den gewaltigen Herausforderungen für Frauen, die den Hidschab tragen, wenn sie in Berlin studieren, arbeiten oder auch nur leben. Sie waren alarmiert, dass Deutschland in vielerlei Hinsicht Frankreich als Vorbild für den Umgang mit sichtbar muslimischen Frauen in der Öffentlichkeit betrachtet. Eine deutsche Frau, Petra, eine Studentin Anfang zwanzig, die als Praktikantin bei einer der führenden Berliner Nachrichtenagenturen arbeitet, konvertierte zum Islam und trägt nun den Hidschab. Sie erzählte uns, dass sie kürzlich in einem Bus von Jugendlichen belästigt worden sei. Sie saßen ihr gegenüber und kommentierten ihre goldene Uhr und ihr iPhone. Als sie miteinander sprachen – in der Annahme, dass sie kein Deutsch verstünde – hörte sie sie sagen, dass sie, wie alle „muslimischen Flüchtlinge", ihr Geld nehme und teure Dinge kaufe. Petra, die zwar leise und ruhig spricht, aber selbstbewusst ist, mischte sich in das Gespräch ein. Die Jugendlichen waren schockiert, eine muslimische Frau perfekt Deutsch sprechen zu hören.[205]

Munira, eine Palästinenserin in ihren Vierzigern, die als Kassiererin in einem Supermarkt arbeitet, war bestürzt darüber, dass bestimmte Berliner Stadtviertel als „No-Go-Zonen" für Juden charakterisiert würden. Viele ihrer jüdischen Nachbarn in Kreuzberg lebten friedlich und würden nicht belästigt, sagte sie. Sie beklagte zudem, dass niemand öffentlich über die „No-Go-Zonen" für Frauen mit Hidschab sprechen würde. „Es gibt viele Orte in Berlin, wo ich mich nicht traue, hinzugehen, besonders mit meinen Kindern", sagte sie. „Viele meiner Freundinnen sind angebrüllt oder sogar angegriffen worden, weil sie sich ebenfalls die Haare bedecken." Sie war der Meinung, dass über solche Angriffe in Berlin zu wenig berichtet werde und sie von den Massenmedien und politischen Entscheidungsträgern weitgehend unbeachtet blieben. Munira sprach auch über die Gleichgültigkeit, mit der sie oft konfrontiert wurde, wenn sie versuchte, deutschen Bekannten ihre Auseinandersetzung mit Diskriminierung zu erklären, den sie als Islamfeindlichkeit erlebt. Diese Diskriminierung, so Munira, sei auch unter den einflussreichen Berliner Muslimen zu spüren, die öffentlich die Ausgrenzung von Frauen wie ihr wegen ihrer religiösen Praktiken fordern. Andere Befragte hielten fest, wie tief bewegt sie seien von deutschen Aktivist*innen, führenden Persönlichkeiten der Zivilgesellschaft und anderen, die Islamfeindlichkeit ernst nehmen

---

205 Für eine fundierte Diskussion von Frauen, die in Deutschland das Kopftuch tragen, verglichen mit der Situation in Frankreich, den Niederlanden und in der Türkei, siehe Anna Korteweg und Gökçe Yurdakul, *The Headscarf Debates* (Stanford, CA: Stanford University Press, 2014).

und Brücken zu muslimischen Gemeinschaften bauen. So sprach die Doktorandin Suha über „Organisationen in Berlin, die muslimischen Frauen helfen, sich zu integrieren, eine Ausbildung und Arbeit zu bekommen". Sie war angestellt worden, um nicht-deutschsprachigen Zuwanderern diese Möglichkeiten zu erklären, und sagte, sie sei beeindruckt und berührt vom Engagement ihrer ehrenamtlichen Übersetzerinnen, von denen die meisten deutsche Frauen seien.

Mehrere Personen, mit denen wir sprachen, zeigten ihre Islamfeindlichkeit ganz offen. Ron, ein israelischer Mann Ende dreißig, sagte, während wir beide anwesend waren (und er wusste, dass einer von uns Palästinenser war): „Wenn wir vergleichen, was Israelis und was Palästinenser der Welt in den letzten siebzig Jahren in Bezug auf Entwicklung und Beiträge zur Menschheit gegeben haben, gibt es einen riesigen Unterschied. Israel hat ein wunderschönes, wohlhabendes Land mit Start-ups und außergewöhnlichen Innovationen und Errungenschaften in der Industrie, im High-Tech-Bereich und in verschiedenen anderen Berufssparten aufgebaut [...]. Palästinenser [...] haben nur das Werfen von Steinen und gewalttätige Ausdrucksformen des Hasses zu bieten, sonst nichts." Um uns ein Gefühl für die Weltanschauung zu vermitteln, die seiner Analyse zugrunde liegt, fügte Ron später hinzu: „Antisemitismus war unfair, weil wir Juden für Dinge verantwortlich gemacht werden, die völlig aus der Luft gegriffen sind, während Islamfeindlichkeit eine berechtigte Sichtweise gegenüber Muslimen ist, da sie in der Realität begründet ist."

Die Interviews, die wir im Juni 2018 in Berlin führten, fielen mit der Fußballweltmeisterschaft zusammen. Als Deutschland seine Spiele verlor, äußerten mehrere Befragte mit muslimischem Hintergrund die Befürchtung, dass Einwanderer und Muslime in Deutschland als bequeme Sündenböcke für enttäuschte deutsche Fußballfans herhalten müssten. Mesut Özil, ein türkischstämmiger Spieler der deutschen Fußballnationalmannschaft, verließ die Mannschaft nach den Spielen und machte als Begründung Rassismus geltend. In den Augen von Reinhard Grindel, dem Chef des deutschen Fußballverbandes, und seinen Fans, war Özils Botschaft: „Ich bin Deutscher, solange wir gewinnen, aber ein Immigrant, wenn wir verlieren."[206] Im Sommer desselben Jahres startete dann die deutsche #MeToo-Bewegung in den sozialen Medien, inspiriert von der amerikanischen und dann globalen #MeToo-Bewegung, in der Frauen öffentlich über ihre Erfahrungen mit sexueller Belästigung und Übergriffen sprechen.[207] Die

---

206 „‚I Am German When We Win, Immigrant When We Lose': Mesut Özil Quits Germany over Racism," *Deutsche Welle*, 23.7.2018.
207 Siehe z.B. Rick Noack und Luisa Beck, „Germany's #MeTwo Hashtag Has the Country Asking: How Racist Are We?," *Washington Post*, 1.8.2018.

deutsche Bewegung erlaubte ethnischen und religiösen Minderheiten, einschließlich Juden und Muslimen, offen zu sprechen und das Bewusstsein über den Rassismus zu schärfen, dem sie tagtäglich ausgesetzt sind. Mehrere unserer Befragten, darunter Ármin Langer, veröffentlichten bewegende Nachrichten in sozialen Medien, um einen Beitrag zu diesen Initiativen zu leisten.[208]

Die meisten Palästinenser berichteten, dass sie sich zusammen mit anderen arabischen, türkischen und nahöstlichen Gemeinschaften betroffen oder gezielt angesprochen fühlten, wenn die Deutschen Themen diskutierten, die den Islam im Allgemeinen berührten. Etwa die Hälfte der Palästinenser gab an, dass sie ausgesprochen islamfeindliche Äußerungen oder zumindest eine Form der Belästigung erlebt hätten, die sie ausdrücklich als Palästinenser oder Libanesen, oder auch einfach als Mitglieder der größeren muslimischen Gemeinschaft angriffen. In ähnlicher Weise erklärten unsere beiden deutsch-türkischen Befragten, sie fühlten sich solidarisch mit Muslimen, die aus anderen Ländern stammen, einschließlich den Palästinensern. Obwohl sie mit einem deutschen Juden verheiratet und aktiv am Einsatz gegen Antisemitismus beteiligt war, erzählte uns Özge, dass die Angst, als Außenseiterin abgestempelt zu werden, sie zögern ließe, sich in den Kampf gegen die Diskriminierung palästinensischer Muslime einzumischen. Die prekäre Situation der muslimischen Gemeinschaft in Deutschland insgesamt, zusammen mit dem Stigma, das besonders an Palästinensern haftet, scheint als eine doppelte Belastung empfunden zu werden.

Antisemitismus und Islamophobie im Gespräch

Antisemitismus und Islamfeindlichkeit im deutschen Kontext nebeneinander zu stellen ist umstritten. Unsere Forschung zeigt jedoch, dass diese Gegenüberstellung nicht nur unvermeidlich, sondern auch hilfreich ist. Sowohl zu Antisemitismus als auch zu Islamophobie in Deutschland gibt es inzwischen aussagekräftige Daten. Bei der Auswertung der erfassten Vorfälle antisemitischer Übergriffe auf Juden oder Israelis und der Zahl islamfeindlicher Vorfälle, die Muslime oder Palästinenser betreffen (in absoluten Zahlen oder im Verhältnis zur Größe der jeweiligen Gemeinschaften), kann es nicht um das Aufstellen von Hierarchien gehen, aber einige Zahlen sind dennoch aufschlussreich. Nach polizeilichen und nachrichtendienstlichen Angaben gab es zwischen 2001 und 2015 in Deutschland 43,6 antisemitische

---

208 Für die Facebook-Seite, siehe https://www.facebook.com/armin.langer.

tätliche Angriffe pro Jahr.[209] Im Jahr 2016 gab es neben zwei Mordversuchen 28, im Jahr 2017 ebenfalls 28 gewalttätige Übergriffe. Mehr als 95 Prozent dieser Übergriffe standen im Zusammenhang mit rechtsextremen deutschen Tätern.[210] Für die Behauptung, dass die Regionen der ehemaligen DDR anfälliger für nationalsozialistische Gewalt sind, gibt es keine statistischen Belege.[211] Ebenso überraschend mag die Tatsache sein, dass die Mehrheit der Wählerinnen und Wähler, die die AfD an die Macht brachten, aus der deutschen Mittel- und Oberschicht kam (29 Prozent bzw. 39 Prozent).[212] Mit anderen Worten: Die Statistiken zeigen, dass es keine Korrelation zwischen antisemitischer Gewalt und dem Flüchtlingszustrom oder auch dem unterstellten „importierten Antisemitismus" von Muslimen und Schwarzen gibt.[213] Wissenschaftliche Initiativen zur Bestätigung dieser Behauptung, häufig von politischen Stiftungen und Regierungsstellen unterstützt, haben ebenfalls keine schlüssigen Beweise erbracht, die Theorien über eine Zunahme des Antisemitismus unter Flüchtlingen stützen würden.[214] Andere Daten dagegen deuten auf eine signifikant höhere Zahl islamfeindlicher Vorfälle als antisemitischer Vorfälle hin, was unter anderem damit zu tun hat, dass die muslimische

---

209 Migration Voter, „Why Germany's Plan to Fight Anti-Semitism through Expelling Immigrants Doesn't Add Up," 14. 2. 2018, https://migrationvoter.com/2018/02/14/why-germanys-plan-to-fight-anti-semitism-through-expelling-immigrants-doesnt-add-up/.

210 Younes, „Islamophobia in Germany," 51.

211 Younes, „Islamophobia in Germany," 53.

212 B. Bidder, „Der Gerechtigkeitswahlkampf der SPD war nicht klug," *Spiegel Online*, 21. 9. 2018, https://www.spiegel.de/wirtschaft/soziales/afd-im-aufwind-der-gerechtigkeitswahlkampf-der-spd-war-nicht-klug-a-1169313.html.

213 Siehe D. Feldman, *Antisemitism and Immigration in Western Europe Today: Is There a Connection? Findings and Recommendations from a Five-Nation Study*. Pears Institute for the Study of Antisemitism (London: Birkbeck University of London, 2018). Mehr auf Deutschland bezogen ist M. Berek, *Antisemitism and Immigration in Western Europe Today: Is There a Connection? The Case of Germany*. Pears Institute for the Study of Antisemitism (London: Birkbeck University of London, 2018).

214 Zur Forschung über Antisemitismus unter aktuellen Flüchtlingsgemeinschaften in Deutschland siehe Sina Arnold und Jana König, *Flucht und Antisemitismus. Erste Hinweise zu Erscheinungsformen von Antisemitismus bei Geflüchteten und mögliche Umgangsstrategien. Qualitative Befragung von Expert_innen und Geflüchteten* (Berlin: Berliner Institut für Empirische Integrations-und Migrationsforschung, 2016); Sina Arnold und Jana König, „Antisemitismus im Kontext von Willkommens- und Ablehnungskultur. Einstellungen Geflüchteter zu Juden, Israel und dem Holocaust," in *Jahrbuch für Antisemitismusforschung*, hrsg. von Stefanie Schüler-Springorum, Bd. 26 (Berlin: Metropol, 2017), 303 – 26. Zu Antisemitismus unter palästinensischen Flüchtlingen im Besonderen siehe Sina Arnold und Günther Jikeli, „Judenhass und Gruppendruck – Zwölf Gespräche mit jungen Berlinern palästinensischen und libanesischen Hintergrunds," in *Jahrbuch für Antisemitismusforschung*, hrsg. von Wolfgang Benz, Bd. 17 (Berlin: Metropol, 2008), 105 – 30.

Gemeinschaft im Vergleich mit der relativ kleinen jüdischen Gemeinschaft in Deutschland viel größer ist. Einem Bericht des Bundestages zufolge wurden im Jahr 2017 1.075 islamfeindliche Vorfälle gemeldet, darunter 45 Angriffe auf Moscheen.[215]

Auch die amtliche Polizeistatistik von 2017 stellt fest, dass gewalttätige Formen der Islamfeindlichkeit heutzutage im Zentrum der verschiedenen Formen des Rassismus in Deutschland und eine treibende Kraft in der deutschen Gesellschaft sind.[216] Nach Aussage einer in deutschen Bildungseinrichtungen durchgeführten Studie fühlten sich 60 Prozent aller Lehrkräfte, die einen Hidschab tragen, diskriminiert.[217] Obwohl eine neue Bestimmung im Berliner Rechtssystem, das sogenannte Neutralitätsgesetz, es kopftuchtragenden Frauen erlaubt, Beschwerden über antimuslimische Diskriminierung einzureichen, ist eine bescheidene finanzielle Entschädigung das Einzige, was eine Klägerin erwarten kann, sollte sie Recht bekommen. Das Gesetz erlaubt es diesen muslimischen Frauen nicht, wieder in den Arbeitsmarkt einzutreten, nachdem sie ihre Arbeitgeber verklagt haben. Unsere ethnografischen Forschungen bestätigten und ergänzten diese statistischen Belege, und sie widersprechen dem Bild, das in den Mainstream-Medien über Antisemitismus und Gewalt unter Muslimen gezeichnet wird.

Die bahnbrechende Arbeit von Matti Bunzl, die den Diskurs über Antisemitismus und Islamophobie in einen Dialog brachte – ohne sie dabei gleichzusetzen – hat viele inspiriert.[218] In jüngerer Zeit haben Forscher wie Wolfgang Benz und Ármin Langer auf die strukturellen Ähnlichkeiten zwischen Islamophobie und Antisemitismus aufmerksam gemacht.[219] Obwohl es viele Parallelen zwischen diesen beiden Formen des Rassismus gibt, gilt es zugleich, wichtige Unterschiede festzuhalten. Journalist*innen und Wissenschaftler*innen haben auf die Schwierigkeiten hingewiesen, die sich bei der Diskussion von Antisemitismus und Islamophobie im Verhältnis zueinander ergeben. So ist es nur begrenzt möglich, wissenschaftliche Arbeiten zu verwenden und miteinander zu vergleichen, die aus verschiedenen theoretischen Diskussionen stammen, die sich auf ganz unterschiedliche historische und geografische Kontexte beziehen oder die

---

215 Younes, „Islamophobia in Germany," 56–57.

216 Berichte und Statistiken der Berliner Polizei für 2017 finden sich unter https://www.berlin.de/polizei/verschiedenes/polizeiliche-kriminalstatistik/.

217 Siehe K. Fereidooni, *Diskriminierungs- und Rassismuserfahrungen im Schulwesen. Eine Studie zu Ungleichheitspraktiken im Berufskontext* (Wiesbaden: Springer, 2016).

218 Siehe Bunzl, „Between Anti-Semitism and Islamophobia."

219 Siehe Wolfgang Benz, *Antisemitismus und „Islamkritik." Bilanz und Perspektive* (Berlin: Metropol, 2011); Ármin Langer, „Muslime sind die neuen Juden," *Der Tagesspiegel*, 9.9.2014. Man beachte auch die Bezeichnung „neuer Antisemitismus", die häufiger verwendet wird, wenn Israelkritik mit Antisemitismus in eins gesetzt wird.

eine Vielzahl anderer sozioökonomischer, religiöser und kultureller Nuancen und Unterscheidungen heranziehen, die mit Antisemitismus und Islamophobie zu tun haben.[220]

Heutzutage scheinen in Deutschland der antijüdische und der antimuslimische Rassismus (sowohl für diejenigen, die ihn erleben, als auch für diejenigen, die ihn sozial, intellektuell und politisch definieren) geradezu in Konkurrenz zueinander zu stehen.[221] Die deutsche Psychologin Birgit Rommelspacher behauptet, dass Antisemitismus auf „Über-Ich-Projektionen" zurückgeht, in denen dem jüdischen „Anderen" zu viel Intelligenz, Reichtum und Macht zugeschrieben wird, während Islamfeindlichkeit gewöhnlich durch einen Blick von oben herab definiert wird.[222] Rommelspacher führt aus, dass die Vorstellung vom Islam als einem starken militärischen Gegner durch die koloniale Vorstellung eines rückständigen Orients ersetzt wurde, den der Westen zivilisieren muss. Eine solche Argumentation übersieht die heutige Situation, in der Muslime in Europa oft als gewalttätige Feinde oder als „Terroristen" wahrgenommen werden. Und doch erläutern etliche Analysen von Antisemitismus und Islamophobie im heutigen Europa die tatsächlich etwas verwirrende Rangfolge, in der der Jude als „Anderer" den als minderwertig verstandenen „anderen Anderen" (den Muslim) in der Wertschätzung überholt.[223]

Fast alle Befragten, die deutlich islamfeindliche Äußerungen machten, sprachen sich auch gegen die deutsche Aufnahme von Flüchtlingen aus dem Nahen Osten aus. Unter diesen Personen unterstützen einige ausdrücklich die populistischen und nationalistischen Bewegungen, die in Deutschland an Boden gewonnen haben. Zugleich lobten sie die Berichterstattung der deutschen, israelischen und internationalen Medien über antisemitische Vorfälle und Anschläge in Deutschland, von denen sich mehrere in Berlin ereignet hatten. Eine solche Berichterstattung über Antisemitismus ist in der Tat wichtig, und sie sollte sicher beibehalten oder sogar verstärkt werden. Wenn jedoch gefordert wird, die Berichterstattung über antimuslimische Vorfälle einzuschränken oder auszu-

---

220 Siehe u. a. Arnold, „Which Side Are You On?," 189–201; Yasemin Shooman, „Islamfeindlichkeit und Antisemitismus. Diskursive Analogien und Unterschiede," *Jüdisches Museum Berlin Journal* 7 (2012): 17–20. Für einen Vergleich mit der Situation in Deutschland siehe außerdem Julia Edthofer, „Gegenläufige Perspektiven auf Antisemitismus und antimuslimischen Rassismus im postnationalsozialistischen und postkolonialen Forschungskontext," *Österreichische Zeitschrift für Soziologie* 40 (2015): 189–207.
221 Edthofer, „Gegenläufige Perspektiven auf Antisemitismus und antimuslimischen Rassismus im postnationalsozialistischen und postkolonialen Forschungskontext," 189.
222 „Über-Ich-Projektionen" ist ein Ausdruck von Sigmund Freud.
223 Siehe Shooman, „Islamfeindlichkeit und Antisemitismus," 19.

schließen – ein Vorschlag, den beispielsweise Ori uns gegenüber machte – offenbart das eine klare Hierarchie der Sorge über Diskriminierung.

In einem unserer Interviews referierte ein israelischer Mann Anfang sechzig, der eine hohe öffentliche Stellung innehatte, an die Verbreitung eines sechsminütigen Videos, das einen älteren deutschen Mann zeigt, der den Besitzer eines israelischen Restaurants in Berlin attackiert. Das Video wurde mehr als 600.000 Mal angeklickt, nachdem es im Dezember 2017 ins Internet gestellt worden war. Yorai Feinberg, der Restaurantbesitzer, erzählte den deutschen Medien, dass er regelmäßig Antisemitismus erlebe, und es sei nur ein Zufall, dass seine Freundin gerade vor Ort war, um diesen spezifischen Vorfall festzuhalten.[224] Etliche unserer Befragten äußerten sich besorgt darüber, dass solche antisemitischen Übergriffe, die von christlichen Deutschen verübt werden, gegen muslimische Gemeinschaften eingesetzt werden könnten, als ob die Täter Muslime wären.

Christiane, die uns auch über ihre Erfahrungen im israelischen Holocaust-Museum berichtete (siehe Kapitel 2), meinte, der Kampf gegen den Antisemitismus in Deutschland müsse Vorrang haben gegenüber der Bekämpfung der Islamfeindlichkeit. „Wir haben niemals sechs Millionen Muslime getötet", sagte sie. „Aber wir haben sechs Millionen Juden getötet. Deshalb finde ich es in Ordnung, den Antisemitismus als unsere Hauptaufgabe zu betrachten." Andere deutsche und palästinensische Befragte waren der Meinung, dass Islamophobie mehr Aufmerksamkeit bekommen sollte, da es heute in Deutschland viel mehr Muslime als Juden gibt und Islamfeindlichkeit ein stärkerer Faktor in der deutschen Gesellschaft ist. Silke, die Kassiererin, argumentierte in diesem Sinne und sagte: „Wir müssen in der Gegenwart leben. Unser größtes Problem ist die Diskriminierung von muslimischen Nachbarn, die mit uns zusammenwohnen. Wir müssen unsere Fixierung auf das arische Ideal eines großen, blonden Deutschen bekämpfen, nicht unseren Judenhass. Unser Hass auf Muslime ist heute viel realer." Andere waren der Meinung, dass Antisemitismus und Islamophobie gleich behandelt werden sollten. Fadi drückte es so aus: „Warum sollten wir die eine Art des Hasses mehr bekämpfen als die andere? Es ist alles dasselbe. Das nennt man Hass auf den ‚Anderen'". Mehrere Befragte waren der Meinung, dass Antisemitismus und Islamfeindlichkeit angesichts des liberalen, fortschrittlichen und kosmopolitischen Ethos der Stadt Berlin keine drängenden Probleme seien. Der Politologiestudent Stefan sagte, die Menschen würden „diese Vorfälle total überbewerten", und die Sozialarbeiterin Rachel verwies auf die „glücklichen

---

224 Siehe „‚You Will All Land in Gas Chambers,' Berlin Man Tells Israeli Restaurateur in Viral Video," *Haaretz* und Deutsche Presse-Agentur, 21.12.2017; „Video of Anti-Semitic Rant outside Israeli Restaurant in Berlin Goes Viral," Jewish Telegraphic Agency, 21.12.2017.

Berliner, die relative Sicherheit genießen", und fügte hinzu: „Sie [die Deutschen] kennen keinen echten Rassismus und keine echte Gewalt – etwas, das in der Region, aus der wir [Israelis und Palästinenser] kommen, völlig andere Dimensionen hat."

Das wichtigste Thema, das in unserer Untersuchung immer wieder zur Sprache kam, war die weit verbreitete Verschmelzung von Israelkritik mit Antisemitismus, was in vielen Fällen in direkten Zusammenhang mit der Anwesenheit einer immer größeren muslimischen Bevölkerung in Deutschland gebracht wurde. Auf die Frage, ob Antisemitismus und Islamophobie miteinander verwandte Phänomene seien, bekamen wir viele interessante Antworten. Oliver, der Leiter einer Kultureinrichtung, antwortete: „Antisemitismus ist Hass auf einen Staat und Islamophobie ist Hass auf eine Religion." Als wir ihn fragten, wie er das meine, fügte er hinzu: „Islamfeinde mögen keine Muslime, und Antisemiten mögen Israel nicht." Oliver, der über den Antisemitismus zutiefst beunruhigt war, hatte deutlich das israelische Staatsnarrativ verinnerlicht – welches der offizielle deutsche Diskurs ebenfalls weitgehend übernommen hat – wonach Israel als „jüdischer Staat" für das jüdische Volk weltweit steht. Nach dieser Auffassung birgt jeder Versuch, Israel zu kritisieren, eine indirekte oder direkte Form des Antisemitismus in sich. Eine solche Ansicht wird von vielen Deutschen geteilt, die ihr Engagement zur Bekämpfung des Antisemitismus mit ihrer bedingungslosen Unterstützung der israelischen Regierung verbinden. Diese Argumentation ist weitgehend repräsentativ für den Mainstream-Diskurs in Deutschland und überall anzutreffen, auch in der Presse, in der Wissenschaft und bei politischen Entscheidungsträgern.

Diese Auffassung wird auch als eines der zentralen ideologischen Grundsätze der Bewegung der sogenannten Antideutschen in Berlin verfochten, einer einflussreichen, linksgerichteten Bewegung, die den deutschen Nationalismus ablehnt und eine Reihe progressiver Anliegen vertritt, aber zugleich auch explizit die rechtsgerichteten israelischen Regierungen unterstützt und für ihren antiarabischen Rassismus und ihre Islamfeindlichkeit bekannt ist. Während die Antideutschen in Berlin eine Minderheit darstellen – und im Allgemeinen als radikal wahrgenommen werden – sind ihre Ansichten zum Zusammenhang zwischen Antisemitismus einerseits und Israel/Palästina und Islamfeindlichkeit andererseits im hegemonialen Diskurs des deutschen öffentlichen Raumes fest verankert und werden – wie unsere Gespräche bestätigten – von der Mehrheit der Deutschen geteilt.

Bemühungen, gegen Antisemitismus und Islamophobie anzugehen, können Stereotypen sogar auch verstärken. Dies wurde deutlich, als radikale Kräfte im Juni 2018 versuchten, eine jüdisch-muslimische Solidaritäts-Fahrradkundgebung zu sabotieren. Als sichtbarer Ausdruck der Notwendigkeit, sowohl Antisemitismus als auch Islamfeindlichkeit in Deutschland zu bekämpfen, kamen fünfundzwanzig Juden und Muslime zusammen, um mit dem Fahrrad durch die Stadt zu fahren. „Unter den Radfahrern, die auf der Fahrt durch Berlin zusammen auf Tandems saßen, waren Rabbiner und Imame", berichtete die Associated Press. „Es gab auch Frauen mit Kopftüchern und jüdische Männer mit Kippas. Die Fahrt begann am Berliner Holocaust-Mahnmal."[225] Im Vorfeld der Veranstaltung griffen pro-israelische Aktivist*innen in Berlin die Kundgebung öffentlich an und bezichtigten einige der muslimischen Teilnehmer*innen des Antisemitismus und der Unterstützung der BDS-Bewegung. Obwohl die Veranstaltung fortgesetzt wurde, forderte die Intervention einen starken emotionalen Tribut vom Organisationsteam, das sich dem Druck ausgesetzt sah, die Veranstaltung abzusagen oder selbst des Antisemitismus beschuldigt zu werden. Was die muslimischen Teilnehmer*innen betrifft, deren Namen in der deutschen Presse veröffentlicht wurden und die persönlich angegriffen wurden, so werden sie langfristig unter den Auswirkungen zu leiden haben, die ein öffentlicher Antisemitismusvorwurf mit sich bringt, zusätzlich zu ihren Erfahrungen mit Islamfeindlichkeit in Deutschland.

In den akademischen Kreisen Berlins – insbesondere in den Islamwissenschaften sowie in verschiedenen anderen Programmen und Zentren, die sich an den Universitäten der Stadt und im Bundesland Brandenburg finden – scheint es einen stummen Widerstand gegen die offizielle Verschmelzung von Antisemitismus und Israelkritik zu geben. Mehrere unserer Befragten, die als Wissenschaftlerinnen und Wissenschaftler in diesen Fächern arbeiten, berichteten von einer neuen Praxis an deutschen Universitäten, wonach „Antisemitismusklauseln" bei der Besetzung vakanter Stellen eingeführt werden. Mit anderen Worten: Die Universitäten verpflichten ihre Mitarbeiterinnen und Mitarbeiter, dafür zu sorgen, dass Neueinstellungen nicht zu einem Erstarken des Antisemitismus führen. Dies ließ bei mehreren unserer Befragten die Alarmglocke schrillen, denn sie befürchteten, dass solche Kriterien dazu benutzt werden könnten, Menschen auszuschließen, die der israelischen Politik kritisch gegenüberstehen, oder auch als Mittel zur Diskriminierung von Muslimen oder von Menschen aus dem Nahen Osten.

Viele an der Basis und etliche zivilgesellschaftliche und soziale Bewegungen in Berlin scheinen den direkten Zusammenhang von Antisemitismus und einem Staat in Frage zu stellen (Abbildungen 9 und 10). Da das Äußern solcher Zweifel jedoch dazu führen kann, als antisemitisch diffamiert zu werden, haben die meisten Personen und Organisationen beschlossen, zu schweigen. Sogar in den

---

225 „In Berlin, Jews and Muslims Ride Tandem Bicycles to Fight Hatred," Associated Press und *Israel Hayom*, 25.6.2018.

am stärksten linksgerichteten Kreisen führen diese Fragen zu heftigen Debatten und Spaltungen, ohne dass ein Konsens darüber besteht, wie die offizielle Definition von Antisemitismus zu verstehen ist. Ein Beispiel ist die Berlin Gay Parade, die Parade zum Christopher Street Day, an der jährlich mehr als eine halbe Million Menschen teilnehmen. Pro-israelische Gruppen verteilen überall Anstecker mit der Flagge Israels, die während der Parade vielfach getragen werden. Israel ist der einzige Staat, der bei Berlins größtem Queer-Event vertreten ist.

Abbildung 9: Barkeeper in einer Schwulenbar. Er trägt ein Shirt mit den hebräischen Worten „dai la kibbush" („Schluss mit der Besetzung"), den englischen Worten „LGBTQS against Pinkwash" und den arabischen Worten „la fakhr bilihtilal" („Kein Pride in der Besetzung"). Fotografie von Phillip Ayoub.

In Berlin findet auch ein alternativer Gay-Pride-Marsch statt, der „Radical Queer March", für Personen, die sich selbst als kritischer ansehen und denen der neoliberale Charakter der Mainstream-Parade zum Christopher Street Day missfällt. Die Israel/Palästina-Frage war bei diesem radikalen Marsch ein kontroverses Thema. Mehrere unserer Befragten berichteten von der immer gravierender werdenden Spaltung unter den Radikalen, was kürzlich zur Absage ihres alternativen

Zuges führte. Während eine Fraktion unter ihnen sich der palästinensischen Solidaritätsbewegung (auch bekannt als „Queers for Palestine") anschließt, unterstützt eine andere Untergruppe den israelischen Staat. Die Organisation des Radical Queer March versuchte, die Teilnahme des Blocks der Queers for Palestine an der Kundgebung zu verhindern und hat sogar die Polizei auf diese Demonstranten angesetzt. Trotz der divergierenden Ansichten über Israel/Palästina und trotz dieses Ausschlussversuchs ist es den palästinensischen Solidaritätsaktivist*innen der Radical Queer-Veranstaltung gelungen, den Zug fortzusetzen.

Abbildung 10: Banner mit der Aufschrift „No Pride in Israeli Apartheid". Parade zum Christopher Street Day in Berlin, 28. Juli 2018. Fotografie von Phillip Ayoub.

Mehrere Israelis berichteten, wie schwierig dieses politische Umfeld für sie gewesen ist, seit sie nach Berlin gezogen sind; mehrere nannten es eine traumatische Erfahrung, von Deutschen als Antisemiten bezeichnet zu werden, weil sie die israelische Regierung kritisierten. „Auch wenn das ziemlich regelmäßig passiert, finde ich es schockierend, dass ein Deutscher mich beschuldigt, antisemitisch zu sein", sagte Yonatan. „Ich kann und will mich einfach nicht daran gewöhnen." In allen drei Gruppen, mit denen wir sprachen – Israelis, Palästinenser und Deutsche – gab es Berichte über Vorfälle, in denen Personen von Deutschen wegen ihrer Ansichten über die israelischen Menschenrechtsverletzungen und die Behandlung von Palästinensern als antisemitisch bezeichnet worden waren. Als die so Beschuldigten versuchten, die Aufmerksamkeit auf den antiarabischen Rassismus und die Islamfeindlichkeit zu lenken, die der israelischen Politik zugrunde liegen, sowie auf den Rassismus, der in der Gleichgültigkeit der Deutschen gegenüber dieser Politik und erst recht in ihrer Unterstützung zum Ausdruck kommt, führte dies lediglich zu einer Intensivierung der Vorwürfe des Antisemitismus. Insgesamt ergab unsere Untersuchung, dass einige Deutsche zwar dem Antisemitismus gegenüber gleichgültig und zugleich über Islamfeindlichkeit tief besorgt sein mögen, dass das Umgekehrte indes viel häufiger vorkommt: Gleichgültigkeit gegenüber Islamophobie bei gleichzeitiger tiefer Besorgnis über Antisemitismus.

Etliche israelische Aktivist*innen in Berlin versuchen, den Deutschen ein differenzierteres Verständnis für den Unterschied zwischen Antisemitismus und Israelkritik zu vermitteln. Eine von ihnen ist Iris Hefets, eine israelische Psychoanalytikerin, die seit fünfzehn Jahren in Berlin lebt und Vorsitzende der Jewish Voice for Peace (JVP) in Deutschland ist. Mehrere deutsche Aktivist*innen haben Hefets und die JVP des Antisemitismus beschuldigt und die falsche Behauptung aufgestellt, dass ihre Gruppe sich gegen das Existenzrecht Israels stelle; als Grund dafür wird angegeben, dass die Gruppe mit Bewegungen sympathisiere, die ihrerseits den Boykott von Institutionen unterstützen, die sich an der militärischen Besetzung Paläsinas durch Israel mitschuldig machen. Anti-JVP-Aktivist*innen übten Druck auf die Bank für Sozialwirtschaft aus, um das Konto der Organisation zu sperren.[226] Nach Intervention verschiedener Solidaritätsbewegungen, die gegen Menschenrechtsverletzungen in den Besetzten Gebieten kämpfen, führte die Bank das Konto der JVP schließlich fort.[227] Hefets teilte uns mit, dass sie erwogen hatte, die nichtjüdischen Deutschen, die sie des Antisemitismus beschuldigten, vor Gericht zu bringen, entschied dann aber, dass sie deutschen Richtern nicht

---

226 Haggai Matar, „German Bank Shuts Down Account Belonging to Jewish Peace Group," *+972 Magazine*, 8.12.2016.
227 Am 3. Mai 2018 veröffentlichte die Bank für Sozialwirtschaft eine offizielle Stellungnahme zu dieser Entscheidung auf ihrer Website: https://www.sozialbank.de/ueber-uns/presse/presseinfor mationen/detail/news/detail/News/statement-on-the-jerusalem-posts-recent-coverage-on-the-bank-fuer-sozialwirtschaft-and-the-bds-campa.html.

gestatten könne, über die Behauptung deutscher Mitbürger*innen zu urteilen, sie und andere jüdische Mitglieder ihrer Organisation seien antisemitisch.[228]

In Anbetracht der rechtsgerichteten israelischen Regierungen waren viele unserer deutschen, israelischen und palästinensischen Befragten überrascht, wie stark sich einige Deutsche – einschließlich derjenigen, die sich selbst als liberal und politisch linksgerichtet betrachten – auf die Seite des israelischen Staates schlagen. Andere, darunter auch Christiane, stimmten jedoch mit diesen Deutschen überein und unterstützten ihre Haltung. „Wenn die Flüchtlinge schlecht über Israel reden, reden sie auch schlecht über die Juden. Die machen da keinen Unterschied", sagte sie. „Wenn intelligente und gebildete Menschen schlecht über Israel reden, denken sie auch schlecht über Juden. Sie sagen es nur nicht offen, da sie wissen, dass es nicht ‚PC' [politisch korrekt] ist, und sie sind klug genug, das für sich zu behalten. Aber das Eine hängt immer mit dem Anderen zusammen." Etliche Palästinenser, Deutsche und Israelis kommentierten dagegen den Widerspruch zwischen der Scham der Deutschen über das gewalttätige und rassistische Nazi-Regime der Vergangenheit und ihrem heutigen Bündnis mit einer israelischen Regierung, die tief von Gewalt und Rassismus geprägt ist. Dror wies darauf hin, dass „es nach deutschem Recht nicht erlaubt ist, die deutsche Nazi-Gewalt mit israelischer Gewalt zu vergleichen, und viele Deutsche erkennen nicht, dass sie durch das Ignorieren israelischen Unrechts indirekt, wenn nicht sogar direkt, erneut rassistische Politik unterstützen."

Während die Kritik an Israel oft tabuisiert und in direktem Zusammenhang mit Antisemitismus gesehen wird, hat sich Islamophobie im deutschen Diskurs als etwas Normales etabliert. Viele Deutsche, darunter auch Liberale, die sich ansonsten populistischen und nationalistischen Strömungen widersetzen, in denen Araber und Muslime entmenschlicht werden, hatten kein Problem damit, diese widersprüchliche Haltung zu rechtfertigen.

In Deutschland scheint Islamophobie in Bemühungen zur Bekämpfung von Antisemitismus geradezu eingeschrieben zu sein. In der Behauptung, dass muslimische Einwanderer den „neuen Antisemitismus" oder „importierten Antisemitismus" einführen, wird der deutsche Antisemitismus diskursiv zu einem Relikt der Vergangenheit, verbunden mit der Überzeugung, Deutschland habe seine eigenen antisemitischen Strukturen überwunden. Antisemitismus ist in Deutschland nicht nur tabu – er ist strafbar. Und so verstecken viele rechtsgerichtete Deutsche ihre antisemitischen Haltungen hinter offener Kritik an Musli-

---

228 Es gibt nach wie vor eine Debatte darüber, ob es als Antisemitismus oder als Selbsthass betrachtet werden muss, wenn Israelis den Staat Israel kritisieren. Für unterschiedliche Positionen mit direkter Relevanz für den deutschen Kontext siehe „Henryk Broder über jüdischen Antisemitismus, Selbsthass und Judenfragen: ‚Wir sind alle traumatisiert,'" *Tachles*, 14.7.2006.

men. Mehrere unserer Befragten berichteten, dass nationalistische, populistische und neonazistische Deutsche dadurch, dass sie vorgeben, Juden oder Israel vor dem Hass und der Gewalt der Muslime zu schützen, von ihren eigenen Ansichten ablenken können, die sich in Wirklichkeit gegen alle religiösen Minderheiten richten.[229] Die AfD-Politikerin Beatrix von Storch, so sagte uns Rudolf, „gibt vor, Israel zu lieben, und benutzt ihre vorgespielte Unterstützung in Wirklichkeit nur, um ihre wahren Gefühle gegenüber Juden und Muslimen zu verstecken." Demgegenüber erklärten uns einige deutsche Juden und einige Israelis, dass rechtsextreme Gruppen wie die AfD in Deutschland eigentlich keine Bedrohung für Juden darstellten und dass sie zu Recht vor muslimischer Migration und dem damit verbundenen Antisemitismus warnten. Ron: „Ich sage nicht, dass ich für die AfD stimmen würde, wenn ich könnte, aber zumindest wüssten die, wie man die Probleme mit diesen Muslimen anpacken sollte."

Die Mehrheit der Befragten empfand die Rechtsextremen jedoch als Bedrohung sowohl für die jüdische als auch für die muslimische Gemeinschaft und wies darauf hin, dass die Wurzeln von Antisemitismus und Islamfeindlichkeit ähnlich seien. Rachel bemerkte, dass „eine parallele Paranoia, die beide religiösen Minderheitengruppen gleichermaßen betrifft, [bei vielen Deutschen] besteht." Sie hätten die Befürchtung, dass sowohl Juden als auch Muslime ihr Land übernehmen. Der israelische Autor David Ranan bestätigt in seinem Buch *Muslimischer Antisemitismus. Eine Gefahr für den gesellschaftlichen Frieden in Deutschland?*, dass antisemitische Äußerungen unter Muslimen weit verbreitet sind – eine Schlussfolgerung, zu der er auf der Grundlage von siebzig Interviews mit meist hochgebildeten Personen gelangte. Dennoch plädiert er für eine Unterscheidung zwischen muslimischem Antisemitismus und europäischem Antisemitismus. In diesem Zusammenhang erwähnte der Tankstellenangestellte Jürgen zum Beispiel die öffentliche Neonazi-Kundgebung, die den Todestag des Nazi-Kriegsverbrechers Rudolf Hess markiert.[230] Für Jürgen war klar, dass Neonazis naturgemäß sowohl Antisemitismus als auch Islamfeindlichkeit fördern.

Die Verflechtung von Antisemitismus und Islamfeindlichkeit wurde uns in einem Interview mit der AfD-Anhängerin Monika (siehe Kapitel 2) besonders deutlich. Monika, eine Wirtschaftswissenschaftlerin Mitte vierzig, die ihren Job verloren hatte und jetzt Taxi fuhr, sprach über ihre Bewunderung für den US-

---

[229] Man beachte in diesem Zusammenhang den Bericht über die Unterstützung der AfD durch russische Juden in Deutschland; der Vorsitzende des Zentralrats der Juden in Deutschland, Josef Schuster, distanzierte sich davon. Siehe auch Melissa Eddy, „Seeing Ally against Muslims, Some German Jews Embrace Far Right, to Dismay of Others," *New York Times*, 26.9.2018.
[230] Siehe „German Neo-Nazis Rally to Mark Death of Rudolf Hess," Euronews, Videoclip, https://www.youtube.com/watch?v=D0ZPs48rKhw.

Präsidenten Donald Trump: „Das ist ein Mann, der Wort hält, und er versteht die Bedrohung, die vom Islam ausgeht." Sie fuhr fort: „Deutschland gehört nicht mehr den Deutschen. Es gehört jetzt den Juden. Man sieht diese Israelis überall in Berlin. Und das kommt daher, dass Merkel versucht, Mutter Teresa zu spielen. Sie hat drei Millionen Muslime ins Land gelassen, die das Land zerstören. Jetzt ermorden die ihre Töchter in Berlin mit Messern auf offener Straße. Wegen dieser Muslime nimmt die Kriminalität überhand, und Deutsche können sich das Leben hier nicht mehr leisten, weil die Muslime unser Geld wegnehmen, und die Juden kontrollieren das meiste davon."

Natürlich finden sich in Monikas Position eine Reihe von klassischen antisemitischen und islamfeindlichen Mythen wieder. Doch zahlreiche populistische und nationalistische Milieus in Deutschland teilen Monikas Ansichten, die oft mit übertriebenen Behauptungen über die Zahl der Flüchtlinge, aufsehenerregenden Erzählungen über geschlechtsspezifische Gewalt und überhöhten Kriminalitätsstatistiken einhergehen. Studien haben indes gezeigt, dass die Kriminalitätsraten in Deutschland seit dem starken Flüchtlingszustrom in Wirklichkeit ein Rekordtief erreicht haben: Die *Deutsche Welle* berichtete im Mai 2018, die Kriminalitätsrate in Deutschland sei auf dem „niedrigsten Stand seit 1992". Zudem stellte der Artikel deutliche „Aufwärtstendenzen" bei Hassverbrechen fest.[231] Während muslimische Einwanderer und Flüchtlinge häufig als Belastung für die deutsche Wirtschaft angesehen werden, dokumentiert eine in *Science Advances* 2018 veröffentlichte Studie, dass für Westeuropa, einschließlich Deutschland, „Migranten und Flüchtlinge gut für die Wirtschaft sind", da sie zu einer erhöhten finanziellen Nachhaltigkeit und sinkenden Arbeitslosenquoten führen.[232]

Die weitverbreitete Ansicht, dass Einwanderer und Muslime allein für wirtschaftliche Probleme, hohe Kriminalität und eine Zunahme antisemitischer Übergriffe verantwortlich gemacht werden sollten, steht somit in direkter Verbindung mit den islamfeindlichen Realitäten. Zweifellos gib es Kriminelle und Antisemiten unter den Muslimen in Berlin und Deutschland, aber die Kluft zwischen den nüchternen Daten und dem, was viele Deutsche glauben, hören oder lesen, ist überdeutlich. Die Instrumentalisierung des Kampfes gegen den Antisemitismus als Mittel zur Förderung von Islamophobie muss aus unserer Sicht als eine Form des verdrängten Antisemitismus verstanden werden. Islamfeindlichkeit trägt dazu bei, die Tatsache außer Acht zu lassen, dass die überwältigende Mehrheit der antisemitischen Übergriffe in Deutschland von rechtsextremen

---

231 Siehe „Crime Rate in Germany Lowest since 1992, but Seehofer Still Issues Stern Warning," *Deutsche Welle*, 8.5.2018.
232 Siehe Amy Maxmen, „Migrants and Refugees Are Good for Economies," *Nature*, 20.6.2018.

Deutschen und nicht von Muslimen verübt wird. Da die Anzahl der Hassverbrechen in Deutschland zunimmt, äußerten viele unserer muslimischen Befragten ihre Frustration darüber, dass der deutsche Mainstream-Diskurs weitgehend ein Auge zudrückt, wenn die Opfer Muslime sind und es sich bei den Tätern um Deutsche handelt, die es auf Muslime oder Juden abgesehen haben. Mahmoud zum Beispiel, ein arbeitsloser Bauarbeiter Mitte fünfzig, stellte fest: „Es gibt eine unverhältnismäßige Betonung der Opfer als Juden, wenn die Täter Muslime sind." Munira sagte, es gebe ein „mangelndes Interesse an der Untersuchung der Islamfeindlichkeit in christlichen Gemeinschaften in Deutschland." Ofira, die Managerin für Marken-Performance aus Tel Aviv, verwies ihrerseits auf „das völlige Tabu, Islamfeindlichkeit unter Juden zu dokumentieren".

Im April 2018 wurde ein einundzwanzigjähriger Palästinenser aus Israel, der eine Kippa trug, von einem neunzehnjährigen syrisch-palästinensischen Flüchtling mit einem Gürtel geschlagen. Zufälligerweise filmte ein Israeli, der an diesem Tag Berlin besuchte, den Vorfall. Das Video wurde in den deutschen und israelischen Medien massenhaft verbreitet.[233] Der „Kippa-Vorfall", wie er schnell genannt wurde, betraf ironischerweise zwei junge palästinensische muslimische Männer. Warum einer von ihnen sich dazu entschlossen hatte, eine Kippa zu tragen, ist immer noch unklar. Der syrisch-palästinensische Flüchtling machte während des Übergriffs antisemitische Bemerkungen; der Täter behauptete, sein Opfer habe ihn provoziert und beleidigt. Der Vorfall brachte Tausende Deutsche unterschiedlichster Gesinnungen auf die Straße, um gegen Antisemitismus zu protestieren. Der Regierende Bürgermeister von Berlin, Michael Müller, nahm an einer Kundgebung teil und erklärte: „Heute tragen wir alle, heute trägt Berlin Kippa." Auch Bundeskanzlerin Angela Merkel verurteilte den Vorfall öffentlich.[234]

Einige unserer Befragten erwähnten diesen Fall als Beispiel dafür, wie der Diskurs um den Widerstand gegen Antisemitismus manchmal versehentlich, manchmal absichtlich zur Stärkung von Islamophobie führt. Andere stellten die Motive, die Ethik und die Politik des nichtjüdischen Opfers in Frage, das sich entschied, eine Kippa zu tragen. Dennoch erklärte sich eine große Zahl von Deutschen mit dem Opfer solidarisch und organisierte einen Protestmarsch. Es folgten gemischte Reaktionen in den Medien, die in unseren Gesprächen ihren Widerhall fanden. Einige bewerteten die Solidaritätsgesten der Deutschen gegen den Antisemitismus positiv, andere waren kritischer. Liat etwa sagte, dass „Nichtjuden keine

---

233 Siehe Hannah Reudiger und Frank Zeller, „Palestinian from Syria Confesses to Berlin Assault on Arab Israeli Wearing Kippa," *Times of Israel*, 19.6.2018.
234 Siehe z.B. „German Jews, Non-Jews Hold Kippa-Wearing Protest against Wave of Anti-Semitism," *Times of Israel*, 25.4.2018. Das Müller-Zitat findet sich auf https://www.berlin.de/rbmskzl/aktuelles/pressemitteilungen/2018/pressemitteilung.697340.php.

Kippa tragen sollten, denn das kann als eine Form der Vereinnahmung der Auseinandersetzungen eines anderen verstanden werden."

Im Mai 2018, einen Monat nach dem Vorfall, zeigte das Jüdische Museum Berlin die „Kippa des Anstoßes" in der sogenannten Rapid Response Vitrine in der Lobby des Museums (Abbildung 11). Die Programmdirektorin des Museums, Léontine Meijer-van Mensch, erklärte in einer Pressemitteilung: „Museen sind diskursive Räume. Wir müssen künftig schneller auf aktuelle Ereignisse, die die Gesellschaft bewegen, reagieren können. Mit der Methode des Rapid Response wollen wir unsere Besucher*innen einladen, in den Dialog zu treten."[235] Diese und andere Formen des öffentlichen Engagements und der Medienberichterstattung trugen jedoch wenig dazu bei, die Verwirrung zu klären, die zwischen dem eigentlichen Ereignis und der Frage des Antisemitismus unter Deutschen oder Einwanderern in Berlin bestand. Einer unserer Gesprächspartner bezweifelte, ob es angemessen sei, eine Kippa auf diese Weise zu zeigen, und ob das beim Kampf gegen den Antisemitismus wirklich helfen würde.

Im Juni 2018 begann der erste Prozess zum Vorfall mit der Kippa. Zwei unserer Gesprächspartner waren dort anwesend und berichteten uns später, was sie gehört hatten. Der deutsche Richter begann mit persönlichen Bemerkungen über die Aufnahme eines palästinensischen Austauschstudenten in seinem Haus. Dies wurde von beiden unserer Informanten als eine Art Haftungsausschluss verstanden für das, was als nächstes kommen würde. Der Richter stellte außerdem noch einmal klar, dass die Sicherheit Israels Teil der deutschen Staatsräson sei, und dass dieses Prinzip die Verurteilung des Täters vorschreibe. Beide bei der Anhörung anwesenden Gesprächspartner äußerten sich kritisch über den Verweis des Richters auf den israelisch-palästinensischen Konflikt und die Verantwortung Deutschlands in diesem Zusammenhang, die er ausdrücklich mit dem antisemitischen Übergriff in Verbindung brachte. Das Verhalten zweier junger Männer palästinensischer Herkunft aus unterschiedlichen Regionen und Hintergründen in Deutschland löste somit eine nationale Debatte und in Berlin eine wachsende Besorgnis über den Antisemitismus aus. Der Kippa-Vorfall verselbstständigte sich unterdessen, und unzählige Deutsche, darunter viele unserer Befragten, haben sich mit ihren eigenen Interpretationen, wie das Ganze zu verstehen und damit umzugehen sei, auf ihn bezogen. Auch wenn dem Ereignis und seinen Folgen eine gewisse Verlegenheit anhaftete, war es klar, dass ein Akt der verbalen Beleidigung eines anderen Menschen – ganz zu schweigen davon, ihn mit einem Gürtel zu

---

235 Siehe Jüdisches Museums Berlin, „Die Kippa des Anstoßes," Pressemitteilung vom 31. Mai 2018, https://www.jmberlin.de/pressemitteilung-vom-31-mai-2018. Siehe ferner „Antisemitischer Angriff: Kippa kommt ins Jüdische Museum," Deutsche Presse-Agentur, 27.5.2018.

Abbildung 11: Die erste „Rapid Response Vitrine" im Jüdischen Museum Berlin. Die Installati-on der Kippa war eine Reaktion auf einen Vorfall in Prenzlauer Berg, bei dem ein syrischer Flüchtling einen Palästinenser mit Kippa attackierte, und auf die nachfolgenden „Berlin trägt Kippa"-Kundgebungen am 25. April 2018. Fotografie von Yves Sucksdorff. Mit freundlicher Ge-nehmigung des Jüdischen Museums Berlin.

schlagen – thematisiert werden musste. Der Täter wurde direkt verhaftet und vor Gericht gestellt.[236]

Kurz nachdem er zum Beauftragten der Bundesregierung für jüdisches Leben in Deutschland und den Kampf gegen Antisemitismus ernannt worden war (es gibt kein entsprechendes Amt gegen Islamfeindlichkeit), wurde Felix Klein selbst in eine Kontroverse verwickelt. Die deutsche Presse enthüllte, dass er eine Woche vor seinem Amtsantritt an einem pro-israelischen Protest in Berlin teilgenommen hatte, der von homophoben evangelikalen christlichen Fundamentalist*innen organisiert worden war. Seine Teilnahme am sogenannten Marsch des Lebens so kurz nach seiner Ernennung zum Bundesbeauftragten wurde in Bildern eingefangen, die ihn in der ersten Reihe zeigen, was seine Autorität als Experte für Antisemitismus un-tergrub. Die evangelisch-fundamentalistisch-christlichen Protestierenden zogen über den Kurfürstendamm, schwenkten israelische Flaggen und intonierten Paro-

---

236 Über das Ereignis wurde weltweit in den Medien berichtet. Siehe z.B. „Man Attacked in Berlin for Wearing Kippa Is Israeli Arab," *Times of Israel*, 30.8.2018; „,Jewish Man' Attacked in Berlin Admits He's an Israeli-Arab Who Didn't Believe Germany Was Anti-Semitic," Associated Press, 18.4.2018. Zum Prozessausgang siehe Kerstin Gehrke, „Verurteilter Syrer will Haftent-schädigung," *Der Tagesspiegel*, 6.7.2018.

len gegen Antisemitismus und Hass auf Israel.[237] Neben offen homophoben Äußerungen und homophoben Praktiken besteht die Ideologie der Gruppe, wie sie von ihren Verantwortlichen verkündet wird, darin, dass sich alle Juden aus der ganzen Welt im Heiligen Land versammeln müssen, um die erhoffte Rückkehr Jesu Christi vorzubereiten. Dann würden sich alle Juden zum Christentum bekehren. Laut Rabbiner Andreas Nachama, deutscher Historiker und Direktor der Stiftung Topographie des Terrors, handelt es sich hier um eine klassische Form des Antijudaismus.[238]

Langer, der Journalist, der die Geschichte aufdeckte, teilte uns mit, Klein habe auf seine Bitte um Klarstellung nicht reagiert. Langer wies darauf hin, dass die deutschen Steuerzahler Kleins Regierungsposten finanzierten; die Öffentlichkeit habe daher das Recht zu erfahren, was im Zusammenhang mit seiner offiziellen Position geschehen sei. Während einige unserer Befragten vermuteten, dass Klein der evangelikalen Gruppe sympathisch gegenüberstand, meinten andere, er sei einfach naiv und über deren antisemitische Ideologie nicht informiert gewesen. Eine solche Argumentation würde allerdings seine Eignung in Frage stellen, das für die Bekämpfung des Antisemitismus zuständige nationale Büro zu leiten. Der Vorfall führt vor Augen, wie man sowohl pro-israelisch als auch antisemitisch sein kann. Dies ist keineswegs eine ungewöhnliche Kombination, aber sie fehlt im deutschen Diskurs weitgehend und wird von vielen Deutschen, auch solchen mit höherem Bildungsstand, ignoriert. Folglich gibt es in Deutschland nicht nur Antisemiten, sondern auch sogenannte Philosemiten. Der Philosemitismus wiederum wird zunehmend mit einem „Philozionismus" in Verbindung gebracht; dabei fungiert die Erklärung der Affinität zu Israel als ein Mechanismus, mit dem man versucht, sich von jedem Hauch von Antisemitismus zu befreien. Die Verbindung von Philosemitismus und Philozionismus kann auch als ein Instrument zur Verstärkung der Islamfeindlichkeit verstanden werden. Viele Israelis brachten uns gegenüber ihre kritische Haltung zum Zusammenhang zwischen Philosemitismus und Philozionismus zum Ausdruck und sprachen sich dafür aus, sowohl Antisemitismus als auch Islamfeindlichkeit zu problematisieren.

Wissenschaftlerinnen und Wissenschaftler, die sich mit der Geschichte und Theorie des Antisemitismus in Deutschland beschäftigen, sind geteilter Meinung darüber, ob man Antisemitismus im Zusammenhang mit Islamophobie erforschen sollte und wie ein solcher Vergleich aussehen könnte. Es gibt vier Argumentationslinien in dieser Frage: (1) diejenigen, die behaupten, Islamophobie sei der neue Antisemitismus; (2) diejenigen, die markante Parallelen zwischen bei-

---

237 Siehe Ármin Langer, „Der Antisemtismusbeauftragte unter Judenfeinden?," *Zeit*, 5.6.2018.
238 Langer, „Der Antisemtismusbeauftragte unter Judenfeinden?"

den sehen; (3) diejenigen, die Parallelen sehen, aber gleichzeitig für die Notwendigkeit kritischer Unterscheidungen plädieren; und (4) diejenigen, die einen Vergleich von Antisemitismus und Islamophobie als unhaltbar ablehnen.[239] Dessen ungeachtet werden Sorgen über Antisemitismus immer wieder zum Schüren von Islamfeindlichkeit in Deutschland verwendet. So nutzte beispielsweise Karl Lagerfeld, der einflussreiche deutsche Modedesigner und Kreativdirektor von Chanel, im Jahr 2018 den Holocaust, um Einwanderer in Europa anzugreifen. Er sagte: „Wir können nicht Millionen von Juden töten und dann später Millionen ihrer schlimmsten Feinde [ins Land lassen]."[240] Solche Gefühle schwingen bei vielen Deutschen mit. Christiane drückte es nicht weniger deutlich aus, als sie sagte: „Wir schulden den Juden viel, also müssen wir ihnen helfen, gegen die Palästinenser zu kämpfen." Gleichzeitig haben solche Ansichten Widerstand bei den Deutschen hervorgerufen, die derartige Aussagen zunehmend als Diskriminierung vor allem von Palästinensern, aber auch von Muslimen im Allgemeinen verstehen. Nichtsdestotrotz gibt es im heutigen Deutschland einen weit verbreiteten islamfeindlichen Diskurs, der behauptet, dass Millionen von Menschen, nur weil sie einer bestimmten religiösen Gruppe angehören, zwangsläufig einer anderen religiösen Gruppe feindlich gesinnt sind.[241]

Antisemitismus und Islamophobie sind reale und gefährliche Ideologien und Praktiken im heutigen Deutschland. Berlin ist gegen diese Tendenzen nicht immun. Christliche und muslimische Deutsche sowie christliche und muslimische Palästinenser können gleichermaßen antisemitische Positionen vertreten. Ebenso sind christliche und jüdische Deutsche sowie Israelis keineswegs dagegen gefeit, islamfeindlichen Ansichten anzuhängen. Unsere Untersuchung hat jedoch ergeben, dass der Kampf gegen Antisemitismus in Deutschland sehr viel entschiedener geführt wird als der Kampf gegen Islamophobie. Unsere Studie zeigt auch,

---

239 Eine Zusammenfassung der verschiedenen Ansätze in der Antisemitismusforschung in Deutschland und den deutschsprachigen Ländern bieten Arnold, „Which Side Are You On?"; Bunzl, „Between Anti-Semitism and Islamophobia"; Edthofer, „Gegenläufige Perspektiven auf Antisemitismus und antimuslimischen Rassismus im postnationalsozialistischen und postkolonialen Forschungskontext."
240 „Citing Holocaust, Karl Lagerfeld Says Germany Is Taking in Jews' Worst Enemies," *Times of Israel*, 14.11.2017.
241 Wissenschaftler*innen wie der Historiker Peter Wien argumentieren, dass Europäer*innen „den Antisemitismus überhaupt erst in die arabische Welt gebracht haben". Wien fügt hinzu: „Ohne die koloniale Unterwerfung der arabischen Welt im neunzehnten und zwanzigsten Jahrhundert wäre die Verbreitung antisemitischen Denkens, sowohl dort als auch in anderen islamischen Ländern, praktisch undenkbar." Peter Wien, „There Is No Tradition of Anti-Semitism in Islam," *Qantara*, 25.5.2018.

wie Islamfeindlichkeit der Grund für eine öffentliche Ablehnung von Antisemitismus sein kann, indem man Menschen aus dem Nahen Osten oder Muslime als Täter*innen herausstellt, und dass Kritik an Israel oft mit Antisemitismus über einen Kamm geschoren wird. Wir problematisieren damit eine letztlich rassistische Hierarchie in Deutschland, die bestimmte Bevölkerungsgruppen gegenüber anderen höher oder niedriger bewertet. Aber wir lassen auch die Stimmen derer in Berlin hören, die sich im Kampf gegen die alarmierenden Strömungen von sowohl Antisemitismus als auch Islamfeindlichkeit engagieren.

9 Urbane Räume und Stimmen

Berlin, das Gelobte Land?

In den letzten Jahren ist die israelische Präsenz in Berlin deutlich spürbar geworden. Hebräisch ist auf den Straßen zu hören, vor allem im Bezirk Mitte, im Szeneviertel Prenzlauer Berg, in den überwiegend ethnisch geprägten Bezirken Kreuzberg und Neukölln sowie in der neuen Grenzzone zwischen den beiden Bezirken, im Volksmund Kreuzkölln genannt. Einige der hebräischen Stimmen gehören eindeutig zu den Israelis, die Berlin zu ihrer neuen Heimat gemacht haben. Andere stammen von israelischen Touristen: Israelis, die ein paar Monate oder ein paar Jahre in Berlin verbringen wollen, oder die „wandernden Juden", die in zwei oder mehr Städten leben, wobei Tel Aviv–Berlin zu den beliebtesten Kombinationen gehört. Es ist einfach und erschwinglich, zwischen Berlin und Tel Aviv hin- und her zu fliegen. Tägliche Flüge zwischen dem Ben-Gurion-Flughafen in Tel Aviv und den Berliner Flughäfen sind meist ausgebucht. Die Billigfluggesellschaft EasyJet stand kürzlich einen Moment im Rampenlicht, als Monika Grütters, die deutsche Staatsministerin für Kultur und Medien, die Airline wählte, um mit ihrer Delegation zu einem offiziellen Besuch von Berlin nach Tel Aviv zu fliegen.[242]

Stadtführungen, gespickt mit Denkmälern und Gedenkstätten – ob es sich um allgemeine Touren oder um thematische Führungen zum jüdischen Berlin, zum Dritten Reich oder sogar zum Konzentrationslager Sachsenhausen am Stadtrand handelt – dienen als eine Form der Einführung für israelische Lang- und Kurzzeitbesucher*innen und für solche, die sich für einen Umzug in die Stadt entscheiden. Spezialisierte Führungen, die in hebräischer Sprache angeboten werden, tragen eindeutig zur Normalisierung der Sprache im öffentlichen Raum Berlins bei. Einige deutsche Reiseveranstalter haben sogar israelische Flaggen auf ihren Bussen.

Israelis sind meist in die deutsche und internationale Gemeinschaft Berlins integriert, aber auch mit einzelnen israelischen Freunden und größeren gesellschaftlichen Kreisen und Organisationen verbunden. Die meisten der Israelis sind nicht in die deutsch-jüdischen Gemeinden integriert. Nur eine Minderheit der in Berlin lebenden Israelis ist orthodox. Obwohl die Synagoge am Fraenkelufer als die beliebteste unter Israelis gilt, stellten wir fest, dass nur ein kleiner Teil der dort regelmäßig anwesenden Gläubigen Israelis sind. Das war auch der Fall an dem Samstagmorgen, an dem wir an einem Gottesdienst teilnahmen, also am wich-

---

242 „Grütters reist mit Billigflieger nach Israel," Deutsche Presse-Agentur, 16.7.2018.

https://doi.org/10.1515/9783110729931-012

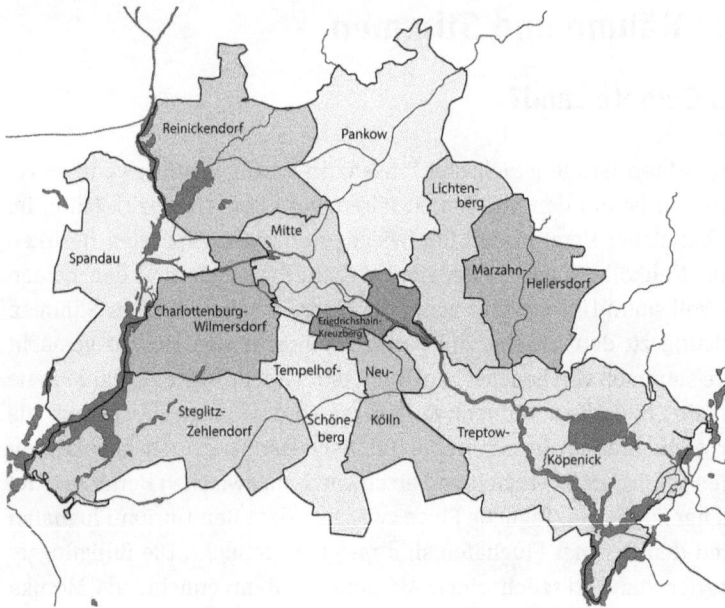

Karte 1: Die Bezirke der Stadt Berlin. Zeichnung von Franziska Lehmann.

tigsten Tag der wöchentlichen Versammlungen in der Synagoge. Uns fiel auch auf, dass drei deutsche Polizeibeamte und ein Sicherheitsbeamter vor der Synagoge stationiert waren, was Teil des Sicherheitsprotokolls ist, dem die meisten jüdischen Institutionen, einschließlich anderer Synagogen, Schulen und Gemeindezentren, folgen (Abbildung 12). Im Gegensatz zu den jüdischen Räumen Berlins war die Mehrheit der israelischen Unternehmen, Institutionen und öffentlichen Räume, die für soziale oder berufliche Versammlungen genutzt wurden, nicht mit Sicherheitseinrichtungen oder Personal ausgestattet.[243]

Die meisten Israelis, mit denen wir sprachen, schickten ihre Kinder nicht auf die jüdischen Schulen, sondern auf deutsche, zweisprachige (Deutsch und Englisch) oder internationale (englischsprachige) Schulen. Anat sagte, sie habe beschlossen, ihre Kinder auf die John-F.-Kennedy-Schule in Berlin zu schicken, damit sie „Kinder aus aller Welt, nicht nur Deutsche, kennenlernen" könnten. „Mir ist ihre jüdische Erziehung wichtig, die sie zu Hause und bei ihren Familienangehörigen und Freunden erhalten. Aber ich möchte nicht, dass sie hierher

---

243 Der einzige israelische Ort mit massiven Sicherheitsmaßnahmen, den wir in Berlin gesehen haben, ist die israelische Botschaft in der Auguste-Viktoria-Straße in Charlottenburg.

Abbildung 12: Die Fraenkelufer-Synagoge in Kreuzberg, zu der die meisten Israelis in Berlin gehen. Deutsche Polizei- und Sicherheitsbeamte bewachen das Gebäude während des Sabbat-Gottesdienstes. Fotografie von Katharina Galor.

kommen und eine Getto-Mentalität annehmen." Ori hingegen war der Ansicht, seine Töchter seien nur „in einem vollständig jüdischen Kontext" wirklich sicher. Mischbeziehungen, vom Dating bis zur Heirat, sind dennoch ganz normal und manchmal auch der Grund, warum Israelis nach Berlin übersiedeln. Der Psychiater Ya'acov zum Beispiel ist mit einer deutschen Ärztin verheiratet, die er zwanzig Jahre zuvor in Israel kennengelernt hatte. Ori, der in der Bau- und Immobilienbranche tätig ist, kam wegen seiner Frau, die ursprünglich aus Russland stammt, aber in Berlin aufgewachsen ist. Yonatan, der Postdoktorand, sprach über seinen jetzigen Freund, der Deutscher ist, und sagte, dass dessen „[deutsche] Nationalität kein Hindernis für eine langfristige Beziehung wäre".

Ein weiteres weithin sichtbares Zeichen für die Anwesenheit von Israelis in der deutschen Hauptstadt ist die neu geschaffene hebräische Buchabteilung in der Bettina-von-Arnim-Bibliothek in Prenzlauer Berg, die im März 2018 eröffnet wurde. Dann gibt es das *Spitz*, ein Magazin in hebräischer Sprache, das 2012 von der israelischen Journalistin Tal Alon gegründet wurde, um „als Brücke für Hebräisch sprechende Menschen in der Berliner Landschaft zu dienen", anstatt „die

Community in einer isolierten Blase zu halten", und *Bereleh*, eine hebräische Zeitung für israelische Kinder, die im Mai 2018 ins Leben gerufen wurde.[244]

Die Berliner Kunstszene ist weniger auf die Hebräisch-sprechende israelische Gemeinschaft fokussiert. Zu den zahlreichen kulturellen Initiativen gehört Circle1, eine Galerie, die 2013 von vier Israelis gegründet wurde: der Kuratorin Doreet LeVitte Harten, der ehemaligen Journalistin und Redakteurin Shira Sverdlov sowie der Künstlerin Alona Harpaz und dem Künstler Aharon Ozery. Gemeinsam und in Einzelprojekten bieten sie ein multidisziplinäres Programm an mit Vorträgen, Interviews, Filmvorführungen sowie mit Auftritten von Künstlern, Kuratoren, Wissenschaftlern und Musikern, viele von ihnen selber Israelis.

In der Theaterwelt ist die gebürtige Israelin Yael Ronen eine der Haus-Intendantinnen am Maxim Gorki Theater, wo die israelische Schauspielerin Orit Nahmias regelmäßig auf der Bühne steht und Deutsch und Englisch mit starkem Akzent spricht, gelegentlich mit ihrer Muttersprache Hebräisch vermischt. 2017 wurde *Die Geschichte vom Leben und Sterben des Neuen Juppi Ja Jey Juden*, geschrieben von der israelischen Autorin und Regisseurin Sivan Ben Yishai, im Rahmen der Radikalen Jüdischen Kulturtage im „Studio Я" des Maxim Gorki Theaters aufgeführt. Nach dem Besuch einer Aufführung der One-Woman-Show, in der es um eine israelische Frau geht, die den Israel-Gaza-Krieg durchlebte und dann nach Berlin zog, sprachen wir mit mehreren Personen aus dem Publikum. Den meisten schien das Stück zu gefallen, weil es die Komplexität sensibler Themen wie den israelisch-palästinensischen Konflikt, die israelisch-deutschen Beziehungen und den Holocaust beschreibt. Giesela, eine deutsch-jüdische Frau Mitte fünfzig, die als Hebräischlehrerin arbeitet, war jedoch äußerst verstört über das, was das Publikum gutzuheißen schien. „Ich kann nicht glauben, dass ein deutsches Theater ein solch antiisraelisches und antisemitisches Stück aufführen darf", sagte sie. „Israels Selbstverteidigung in Gaza infrage zu stellen, und das neben dem Krakeel dieser Frau über Israels Gewalt, ist wirklich ein Skandal", sagte sie.

Berlin hat zudem eine ausschließlich israelische Filmszene, zu der auch das Internationale Film- und Fernsehfestival SERET gehört. Bisweilen finden sich auch Israelis in der öffentlichen Kulturszene der größeren deutsch-jüdischen Gemeinde Berlins – zum Beispiel beim Jüdischen Filmfestival Berlin-Brandenburg. Im Sommer 2018 besuchten wir dort mehrere Filmvorführungen, darunter den Debüt-Dokumentarfilm *You Look So German*, von und über Nirit Ben-Joseph,

---

244 Ofer Aderet, „New Hebrew Magazine in Berlin Seeks to Connect Israelis with Locals," *Haaretz*, 1.11.2013.

eine in Berlin lebende Israelin. Der Film behandelt ihre zufällige Entdeckung, dass ihre Familie Berliner Wurzeln hat.

Im Anschluss an die Vorführung sprach Ben-Joseph zum Publikum. Der israelische Regisseur Ofir Raul Graizer erzählte ebenfalls Anekdoten über sein Leben in Berlin nach der Vorführung seines preisgekrönten Films *HaOfeh miBerlin* (Der Kuchenmacher). Der Film selbst handelt von einer israelisch-deutschen Dreiecksbeziehung, die sich zwischen Jerusalem und Berlin abspielt. Grazier ist in den letzten acht Jahren zwischen Tel Aviv und Berlin gependelt. Der große Theatersaal mit Hunderten von Plätzen war restlos ausverkauft, und wir sahen viele Menschen aus der Berliner jüdischen und israelischen Community im Publikum sitzen.

Die zeitgenössische Musikszene Berlins umfasst Pop, Rock, Hip-Hop und andere Genres, und sie ist voll von israelischen Künstlerinnen und Künstlern, darunter auch der Produzent und Komponist David Hason, der Produzent und Techniker Guy Sternberg, die Sängerin Moran Magal und der Techno-DJ Dan Billu. In *Third Generation Cabaret*, aufgeführt in der Sound Kitchen Berlin, thematisiert Nitsan Bernstein ihre eigene Biografie und beschreibt die Geschichte einer jungen israelischen Sängerin, die nach Berlin übersiedelt, dem Geburtsort ihrer Großmutter. Die Show ist eine Mischung aus Englisch, Deutsch, Hebräisch und Jiddisch. Unter den Hunderten von israelischen Künstlerinnen und Künstlern der klassischen Musik ist der Pianist und Komponist Daniel Barenboim sicherlich der berühmteste, wie in Kapitel 4 beschrieben. Eine große Zahl israelischer Dirigentinnen und Dirigenten, Musikerinnen und Musiker ist in den verschiedenen klassischen Musikensembles der Stadt, in der Berliner Philharmonie und den drei Opernhäusern sowie in den Musikkonservatorien zu finden.[245]

Neben der großen Gemeinschaft israelischer Künstlerinnen und Künstler sind israelische Fachleute in Schulen und Universitäten, in der Hightech-Industrie sowie in Regierungs- und Nichtregierungsorganisationen in der ganzen Stadt anwesend. Zu den sichtbarsten Betrieben in Berlin, die eindeutig mit Israelis in Verbindung gebracht werden können, gehören die Cafés und Restaurants – darunter am bekanntesten Gordon (Abbildung 13), Sababa, Feinberg's, Zula Hummus Café, Neni, Yarok, Shiloh Vegetarian Café, Djimalaya, Hummus and Friends, Eivgi's, Ta'im, Yafo und Masel Topf. Diese Orte haben eine vielfältige Kundschaft, die über die israelische Klientel hinausgeht.

---

245 In Ergänzung zu Gilad Hochman wird die umfangreiche Gemeinschaft klassischer Musiker*innen aus Israel erwähnt in Noam Ben-Zeev, „Israeli Composer Takes Berlin," *Haaretz*, 11. 2. 2013.

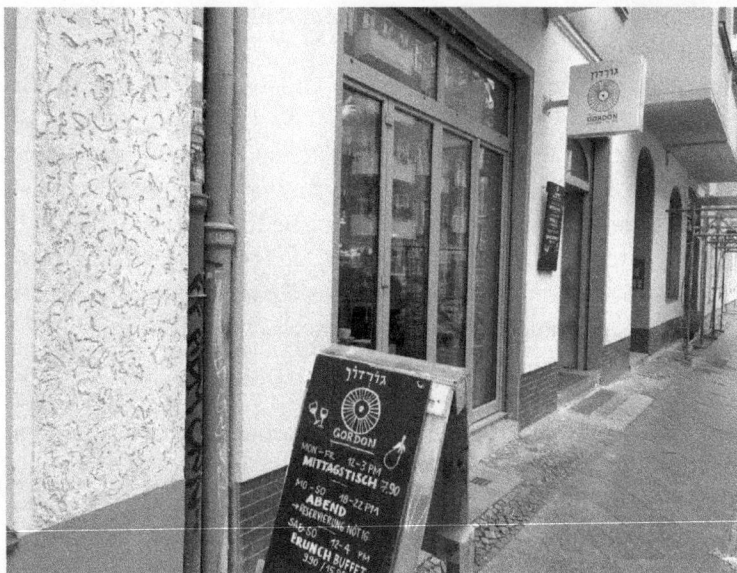

Abbildung 13: Gordon, ein israelisches Restaurant in Neukölln. Der Name des Restaurants steht in hebräischen und lateinischen Buchstaben auf dem Schild, darunter in kleinerer Schrift die Worte „Berlin – Tel Aviv". Fotografie von Katharina Galor.

Zusätzlich zu diesen urbanen Räumen, die mit der schnell wachsenden israelischen Gemeinschaft verbunden sind, gibt es ein aktives virtuelles soziales Netzwerk für israelische Berlinerinnen und Berliner, das Facebook-Seiten, Websites und Blogs umfasst. Solche Seiten werden natürlich häufig aktualisiert und geändert, aber als wir 2018 unsere Feldstudie durchführten, umfasste die Liste unter anderem Israelim beBerlin, ha'kvuzah harishmit Israelim beBerlin, kvuzzah ha'girah nevonah, mischpachot zeirot beBerlin, menagvim beBerlin, tivonim beBerlin, smolanim beBerlin, dirot mepeh leosen beBerlin und imahot mevashlot beBerlin.[246]

Sprache und Kultur schaffen starke Bindungen unter den in Berlin lebenden Israelis, von denen viele kein Deutsch sprechen oder überhaupt beabsichtigen, Deutsch zu lernen. Zwei weitere Faktoren tragen wesentlich zu einer gemeinsamen Identität dieses Personen kreises bei. Erstens – und das ist nicht überraschend – sind sie durch ihren Hintergrund in der jüdischen Geschichte, Kultur und Religion sowie durch persönliche Erfahrungen in einer Weise mit dem is-

---

246 Eine aktuelle Liste mit Websites für Israelis in Berlin findet sich unter https://zmanmekomi. com/2015/08/25/10.

raelisch-palästinensischen Konflikt verbunden, die weit über die Medienpräsenz hinausgeht. Zweitens entscheiden sich viele Israelis, anders als die meisten deutschen Juden, die überwiegend in homogenen deutschsprachigen Vierteln leben, für eine ethnisch gemischte Nachbarschaft, zu der Palästinenser, Türken und verschiedene arabische Bevölkerungsgruppen gehören. Auffallend ist in diesem Zusammenhang, dass unsere israelischen Befragten im Vergleich zu den deutschen Juden ein größeres Gefühl der Sicherheit in ihren Vierteln und in Berlin im Allgemeinen haben und sich weitaus weniger Sorgen über Antisemitismus machen oder darüber, Opfer von rassistischen Bemerkungen, Nötigung oder Gewalt zu werden.

Viele Israelis schienen ein Gefühl der Leichtigkeit und Freude zu empfinden, nachdem sie nach Berlin gezogen waren und begonnen hatten, die zahlreichen finanziellen, bildungsbezogenen, kulturellen und beruflichen Möglichkeiten für sich zu nutzen. Für die meisten war es das erste Mal, dass sie außerhalb eines Konflikt- oder Kriegsgebietes lebten. Einige entschieden sich jedoch für eine direktere Auseinandersetzung mit den schwierigen Seiten dieser durchaus ungewöhnlichen Begegnung zwischen Israelis und Deutschen.

Abbildung 14: „Chuppa I. Berlin 2018". Fotografie von Benyamin Reich.

Ein Beispiel dafür ist ein kürzlich konzipiertes und realisiertes Projekt von Benyamin Reich, einem gefragten Fotografen mit vielen Ausstellungen, der in einer ultraorthodoxen chassidischen Familie im israelischen Bnei Brak geboren und aufgewachsen ist und jetzt in Berlin lebt. Seine Fotoserie „Imagine: Dreams of the Third Generation" fängt die Erfahrungen vieler junger Israelis ein, die in Deutschland leben, während sie sich mit anderen Berlinerinnen und Berlinern austauschen. Auf seinen Bildern zeigt Reich Israelis und Deutsche zusammen in proaktiven und surrealen Situationen, um den Schein normaler Beziehungen zwischen ihnen hervorzuheben, während die übermächtige Last der Vergangenheit über ihnen schwebt. So sitzen in „Chuppah I. Berlin 2018" (Abbildung 14) Sarah (die israelische Kabarettsängerin Nitsan Bernstein) und Siegfried (das deutsch-amerikanische Modell Sebastian Sauvé) unter einer *Chuppah* (einem jüdischen Hochzeitsbaldachin), die von deutschen Soldaten und orthodoxen Juden (gespielt von Israelis und von Deutschen polnischer und iranischer Abstammung) hochgehalten wird. In Reichs Worten: „Die israelische Braut, die erst vor kurzem nach Berlin übergesiedelt ist, hat ihren gebräunten Körper bereits mit einem weißen Satinkleid bedeckt, ihr Goldschmuck ziert den unbedeckten Hals. Neben ihr sitzt der deutsche Bräutigam, dessen blondes Haar heute besonders glatt gekämmt ist. Obwohl seine schwarze Uniform in einem etwas altmodischen Stil geschneidert ist, glänzen seine silbernen SS-Abzeichen darauf umso mehr." Auf einem anderen Bild, „Shoah" (Abbildung 15), posiert Sauvé in schwarzer Uniformhose, die von Hosenträgern über seinem nackten Oberkörper gehalten wird, wobei sein Hut einen klaren Beweis für seine Rolle als Nazi liefert. Neben dem Bauchnabel und unter den Bauchmuskeln ist eine Tätowierung zu sehen mit dem hebräischen Schriftzug „Shoah" (Holocaust). Über seine Arbeit schrieb Reich: „Die Fotografien offenbaren durch viele anachronistische Effekte der Entfremdung, dass sie dem verschwommenen Blick der Gegenwart entsprungen sind [...] dies ermöglicht eine freudianische Reinszenierung der traumatischen Vergangenheit."[247] Reichs Ziel scheint darin zu bestehen, die Grenzen zwischen gegensätzlichen Identitäten verschwimmen zu lassen. Implizit ist die Absicht zu erkennen, Israelis und Deutschen dabei zu helfen, ihr Trauma durch den Aufbau von Freundschaften und Liebesbeziehungen zu überwinden.

Andere, und durchaus überraschende Formen von Trauma erwachsen aus den komplexen Gefühlswelten, mit denen Israelis zu tun haben, wenn sie nach Deutschland umsiedeln. Omri Ben-Yehuda beschreibt in seinem Artikel „Ewig

---

247 Das Projekt mit Benyamin Reichs Fotos und Essay unter dem Titel *Imagine* wurde 2018 von der amerikanischen jüdischen Stiftung „Asylum Arts – A Global Network for Jewish Culture" unterstützt.

Abbildung 15: Künstlerische Interpretation eines deutschen Nazis. Das Wort „Shoah" (Holocaust) ist in hebräischen Buchstaben auf seinen Körper tätowiert. Fotografie von Benyamin Reich.

wartend", die „Last" die viele Mizrahi Israelis, wenn sie nach Berlin ziehen, verspüren. Er schreibt davon, dass er sich weigert in der Schlange vor dem Berghain (Berlins populärster Club) zu stehen, da es ihn an die Rassen-Selektion der Nazi Zeit erinnere. Jedoch assoziiert er es ebenso mit dem Selektionsprozess den Israel an Marokkanischen Juden während der frühen Immigrationswellen vollzog. Kranke und behinderte Menschen durften nichts ins Land einreisen, was oftmals zur Trennung von Kindern und Jugendlichen von deren Eltern führte. „Einer jener Jugendlichen war mein Großvater Abraham, der wiederum seinen Großvater Benjamin in Marokko zurücklassen musste."[248] Wir können mithin konstatieren, dass trotz der Freiheit und der Leichtigkeit, die viele Israelis in Berlin finden, die historischen und politischen Schatten des Holocaust niemals weit weg sind, oder auch die jüngere Geschichte Israels und Palästinas.

---

248 Ben-Yehuda, „Ewig wartend."

Berlin als Zufluchtsort?

Berlin, und Deutschland im weiteren Sinne, hat die soziale und politische Vorstellungskraft nicht nur der palästinensischen Deutschen, sondern auch der Palästinenser in der ganzen Welt inspiriert. Dies ist nicht überraschend, wenn man bedenkt, dass Berlin die größte palästinensische Bevölkerung in Europa und eine der größten palästinensischen Diasporagemeinden der Welt außerhalb des Nahen Ostens hat. Soziale Medien, insbesondere Facebook, sind in palästinensischen Bevölkerungsgruppen weit verbreitet, unabhängig von Geografie und Generation. Digitale Netzwerke bieten eine Plattform, um Kontakte zu knüpfen, über palästinensische Nachrichten und Themen auf dem Laufenden zu bleiben, den Kontakt mit Familienangehörigen zu pflegen und sich politisch zu engagieren und zu organisieren. Von den Geschichten, die geteilt, verbreitet und „viral" werden, betreffen einige der auffallendsten die Erfahrungen von Palästina-Deutschen, Palästinensern in Deutschland und jenen Palästinensern, die nach Deutschland übersiedeln wollen. Berlin hat sich als Zentrum der globalen Diskurse über die palästinensische Diaspora entpuppt.

Ein Beispiel: In einem Video, das massenweise über soziale Medien verbreitet wurde, ist Rima Baransi zu sehen, eine junge palästinensische Balletttänzerin, die zusammen mit ihrem Vater das italienische Triest besucht. Als sie auf der Straße an dem Musiker Ivo Remenec vorbeigehen, der auf seiner Geige spielt, zeigt das Video, wie der Vater seine Tochter bittet, zur Musik zu tanzen. Schließlich willigt sie ein und bewegt sich anmutig im Rhythmus, während die Zuschauer der spontanen Darbietung applaudieren. Im Kommentarbereich unter dem Video fragen Blogger, wo Baransi jetzt zu finden ist, und ein Freund schreibt, sie sei nach Berlin gezogen.[249]

Ein im August 2018 in *Haaretz* veröffentlichter Artikel liefert ein weiteres Beispiel dafür, wie Palästinenser in Berlin die Aufmerksamkeit der Palästinenser in aller Welt auf sich ziehen. Dort wird über die Erfahrungen des vierunddreißigjährigen Nadim Sarrouh und seiner Frau Venus Ayoub (Abbildung 16) berichtet, die versuchten, nach Israel einzureisen, um Ayoubs Familie im galiläischen Dorf Jish zu besuchen. Sarrouh, ein Informatiker, wurde in Berlin geboren und ist deutscher Staatsbürger; Ayoub, die einen palästinensisch-christlichen Hintergrund hat, war eine Masterstudentin der Stadtplanung. Die israelische Presse berichtete, dass Sarrouh von den israelischen Sicherheitsbeamten festgehalten und befragt wurde. Einer der Beamten sagte: „Sie haben kein deutsches

---

249 Siehe „Rima Baransi Dancing in Trieste, Italy, with Violinist Ivo Remenec," video clip, 16.6. 2016, https://www.youtube.com/watch?v=lSLR6uKTZX4.

Blut, oder? Ihr Blut ist palästinensisch. "[250] Diese Aussage formte die Überschrift des *Haaretz*-Artikels und wurde unter Palästinensern auf der ganzen Welt heftig diskutiert; für manche unterstrich dies noch einmal, dass ihre palästinensische Identität immer im Zentrum stehen würde, andere sahen in dem Vorfall einen Beleg dafür, dass rassistische Ideologien und Systeme sich weigern, jemanden wie Sarrouh als Deutschen anzuerkennen. Einer unserer Gesprächspartner, Muhammad, verwies auf die Ironie, dass „Israelis von Nazis inspirierte Anschauungen internalisiert haben und jetzt ein Urteil darüber fällen, was als deutsches Blut gelten kann."

Andere Geschichten, die unter Palästinensern in Berlin und quer durch die Diaspora massenhaft geteilt wurden, hatten mit tragischeren Ereignissen zu tun. Im Juli 2018 wurde ein Artikel auf *Al Jazeera* über die Ermordung des sechsundzwanzigjährigen palästinensischen Fotografen Niraz Saied durch das syrische Regime von Palästinensern auf sozialen Medien verbreitet. Saied war ein mit vielen Preisen ausgezeichneter Fotograf, dessen kraftvolle Bilder das Leben in Syrien während des Krieges dokumentieren. Das syrische Regime verhaftete ihn 2015; danach verschwand er, und seine Familie hatte keinerlei Informationen über seinen Verbleib. Sie glaubte, dass das Regime Saied gefoltert und getötet hatte; erst drei Jahre später erhielt die Familie die Bestätigung seines Todes. Der Artikel zitierte seine Frau, Lamis al-Khateeb, die heute in Deutschland lebt und auf Facebook schrieb: „Es gibt keine schwierigeren Worte als diese zu schreiben. Sie haben meinen Liebsten getötet, meinen Ehemann, sie haben Niraz getötet, sie haben dich getötet, meinen Seelenverwandten."[251] Al-Khateeb steht für die jüngste Welle der palästinensischen Einwanderung nach Deutschland, vor allem von Flüchtlingen aus Syrien, die verzweifelt versuchen, sich von dem Trauma zu befreien, das ihre Erfahrung politischer Gewalt mit sich bringt, und die jetzt darum kämpfen, dass ihre Stimmen nicht nur in Deutschland, sondern in der ganzen Welt gehört werden, von Palästinensern und Nichtpalästinensern gleichermaßen.

Der palästinensische Traum, nach Deutschland auszuwandern, kann sich in vielen Fällen nicht erfüllen. Im Juli 2018 wurde ein fünfzehnjähriger Palästinenser namens Arkan Mizhar in seinem Flüchtlingslager im Westjordanland in der Stadt Bethlehem von israelischen Soldaten erschossen. *Al Jazeera* berichtete über den Mord, und Palästinenser verbreiteten die Meldung massenhaft. Um 3.30 Uhr morgens führten israelische Soldaten eine Razzia im Flüchtlingslager durch, um

250 Amira Hass, „Shin Bet Holds German Citizen at Israeli Border: Your Blood Isn't German, It's Palestinian," *Haaretz*, 26.8.2018.
251 Farah Najjar und Linah Alsaafin, „‚They Killed My Love': Remembering Photographer Niraz Saied," *Al Jazeera*, 18.7.2018.

Abbildung 16: Selfie des palästinensischen Paares Nadim Sarrouh und Venus Ayoub vor dem Berliner Dom auf der Museumsinsel. Fotografie von Nadim Sarrouh.

Mizhar, der sich einer Gruppe junger Männer angeschlossen hatte, die Steine auf das israelische Militär warfen, festzunehmen, und sie töteten ihn mit einem Schuss durchs Herz. Er stammte aus einer armen Familie und verkaufte, wenn er nicht in der Schule war, Obst und Gemüse, um seine Eltern zu unterstützen. Mizhar war so begabt im Möbel- und Holzhandwerk, dass er schon mit elf Jahren Sofas und Stühle anfertigte. Seine Familie richtete zu Hause eine Werkstatt für ihn ein. Sie beschrieb ihn als einen „lebhaften, sozialen und fleißigen Schüler, der davon träumte, in Deutschland Mechanik zu studieren, um Elektriker oder Automechaniker zu werden. Er hatte gerade die neunte Klasse abgeschlossen und sollte im September eine nahe gelegene technische Hochschule besuchen."[252] Der *Al Jazeera*-Artikel enthielt ein Foto von Mizhar auf einer Hochzeitsfeier; er lächelt und trägt eine schwarze Hose, ein weißes Hemd mit Knöpfen und eine rote Fliege. Auf einem anderen Foto sind Familienmitglieder zu sehen, vor allem junge Mädchen, die verwirrt weinen oder verzweifelt vor sich hinstarren. Solche Bilder von der Gewalt, die nach wie vor in Palästina ausgeübt wird, werden von den Palästinensern in Berlin sehr intensiv rezipiert. Während sie sich in Deutschland ein Leben aufbauen, setzen sie sich mit dem Trauma der politischen Gewalt auseinander, das sie geerbt haben und das in der Gegenwart fortdauert.

Einer unserer Gesprächspartner, der Restaurantbesitzer Samir, sprach über diese Geschichte und wiederholte den Slogan: „Du kannst die Besatzung verlassen, aber die Besatzung kann dich nie verlassen." Die Doktorandin Suha sagte, der Bericht über Arkan Mizhar habe sie daran erinnert, was für ein Glück sie hat, in Berlin sicher zu sein. Dies war ein wiederkehrendes Thema unter den Palästinensern, mit denen wir sprachen und die nicht vorhatten, die Stadt in absehbarer Zeit zu verlassen. Farouk etwa sagte, er sei dankbar, dass er das Leben in einem Flüchtlingslager hinter sich gelassen habe: „Kein Tag vergeht, an dem ich Gott nicht dafür danke, hier zu sein, arbeiten zu können und meiner Frau und meinen Kindern ein angenehmes Zuhause geben zu können. Ich würde niemals dahin zurückgehen, wo wir herkamen."

Im Januar 2018 veröffentlichte *Haaretz* eine Geschichte über zwei palästinensische Studierende in Berlin, Said und Reham, die aus dem Gazastreifen nach Deutschland kamen. Der Artikel gibt einen Überblick über ihre Familiengeschichte und ihre Reise nach Deutschland und hält fest, dass „Berlin sich vielleicht nicht gerade wie Zuhause anfühlt, aber [die] palästinensischen Geschwister [...] sagen, dass sie nie wieder nach Gaza zurückkehren werden."[253] Diese Geschichte wurde, wie so viele über Palästinenser in Deutschland, von den Palästinensern weltweit über soziale Medien verbreitet, was noch einmal unterstreicht, wie schwierig es ist, ein neues Leben in Berlin aufzubauen, aber auch, wie begrenzt die Möglichkeiten sind, Familien zu besuchen oder nach Hause zurückzukehren, sei dies nun in Israel, im Westjordanland oder in Gaza. Bei Palästinensern in den Besetzten Gebieten verstärkt sich häufig der Wunsch, in westliche Länder wie Deutschland auszureisen, wenn sie sehen, dass sie da zum ersten Mal Freiheit erleben können. Und Palästinenser in Diasporagemeinschaften vergleichen häufig ihre Lebenssituation mit der von anderen.

---

252 Mersiha Gadzo, „Residents Mourn Palestinian Youth Killed in ‚Cold Blood,'" *Al Jazeera*, 27.7. 2018.
253 Liza Rozovsky, „For Young Palestinians, There's Only One Way Out of Gaza," *Haaretz*, 5.1. 2018.

Viele Palästinenser in Berlin erzählten uns in den Interviews, dass sie sich in der Stadt eher als Zuschauer fühlen denn als Akteure, die die sozialen und politischen Realitäten in einer Weise beeinflussen könnten, die von der allgemeinen Öffentlichkeit erkannt und anerkannt wäre. Abed, ein Kleinunternehmer Mitte vierzig, sagte: „Ich bin jetzt schon fast mein ganzes Leben lang hier, aber ich fühle mich immer noch wie ein Gast. Meine Kinder sagen, dass sie sich manchmal genauso fühlen, aber es hilft ihnen, dass sie akzentfrei Deutsch sprechen [...]. Aber ihren Namen können sie nicht entkommen [...]. Ich möchte, dass sie sich nicht als Eindringlinge in dieser Gesellschaft fühlen, aber ich weiß nicht, ob diese Gesellschaft sie jemals als würdig erachten wird."

Viele Palästinenser berichteten, dass sie sich in Vierteln mit einer hohen Konzentration von Arabern und anderen Ausländern sicherer und willkommener fühlten, insbesondere in Gegenden mit arabischen und türkischen Straßen- und Ladenschildern, großzügigen Obst- und Gemüseauslagen auf den Gehwegen und anderen sichtbaren Zeichen ihrer Kultur, die sich in Kleidung und Kopftüchern sowie in Gerüchen und Geräuschen aus dem Nahen Osten manifestieren. In den meisten Berliner Vierteln, die eher typisch deutsch sind, werden sie häufig marginalisiert. Mehrere Befragte sprachen über die Schilder, Werbetafeln, öffentlichen Verkehrsmittel und andere Formen der Infrastruktur, die zutiefst ausgrenzend sein können. Marketingkampagnen, die den Tourismus nach Israel in einer Weise präsentieren, die Strände und schöne Frauen hervorhebt (Abbildung 17) – und gleichzeitig die Palästinenser und den ganzen Konflikt ausblendet – werden als besonders schmerzhaft erfahren, weil Palästina für so viele in Berlin lebende Palästinenser unzugänglich ist. Palästinensische Deutsche müssen zunehmend das Schwärmen anderer Deutscher über Ferien in Tel Aviv ertragen, die gar nicht erkennen, welche Bedeutung diese Orte für die palästinensische Bevölkerung haben. Maisa, eine palästinensisch-deutsche Anwältin Anfang dreißig, sagte zum Beispiel im Interview: „Berlin und Tel Aviv waren noch nie so nah, und es bricht mir das Herz. Es ist fast so, als wärst du nicht wirklich cool, wenn du noch nie in Tel Aviv warst. Wenn ich versuche, meinen deutschen Freundinnen und Freunden zu erklären, dass es mich verletzt, wenn sie völlig blind gegenüber ethnischer Säuberung, der Geschichte und der Gegenwart Palästinas sind [...] finden sie, dass ich zu politisch bin. Aber ist es nicht auch politisch, wenn sie Israel genießen wollen, ohne die Palästinenser zu sehen, die ausgelöscht werden?"

Ein weiterer *Haaretz*-Artikel, im August 2018 erschienen und von vielen Palästinensern gelesen, berichtete von dem jungen palästinensischen Paar Omar Mohsan und Ala Abu Nada. Mohsam wurde in Hebron geboren und zog für ein Technikstudium nach Deutschland, Abu Nada wurde im Gazastreifen geboren und wuchs in Deutschland auf. Als die beiden im Westjordanland heiraten wollten, verweigerte das israelische Militär Abu Nada die Einreise. Der Artikel

Abbildung 17: Plakat in der Nähe des Alexanderplatzes in Berlin, das günstige Flüge nach Israel bewirbt: „Zwei Sonnige Städte. Eine Reise. Tel Aviv Jerusalem". Fotografie von Sa'ed Atshan.

zitiert sie mit den Worten: „Bis heute wissen wir nicht, warum sie uns die Einreise verweigert haben. Wir wollen doch nur heiraten und dann nach Deutschland zurückkehren. Es ist mein Traum, Omars Familie zu treffen und die Hochzeit dort zu feiern."[254] Es ist also für Palästinenser, die nach Deutschland ausgewandert sind, nicht immer möglich, nach Palästina zurückzukehren, und es schmerzt palästinensische Deutsche mitansehen zu müssen, wie „normale" Deutsche mehr Mobilität und mehr Rechte in Israel/Palästina genießen als die einheimische palästinensische Bevölkerung.

Viele Palästinenser berichteten auch von ihren Erfahrungen bei der Benutzung der Berliner U-Bahn, wenn über die Bildschirme Nachrichten gezeigt werden, die in einem Atemzug Antisemitismus, Berliner Solidaritätskundgebungen für Palästina und Attentate auf Israelis in Israel/Palästina verurteilen (Abbildung 18). Zugleich weisen sie darauf hin, dass diese öffentlichen Nachrichtenplattformen nicht über Islamfeindlichkeit, antiarabischen Rassismus, die Notwendigkeit palästinensischer Menschenrechtsaktionen in Deutschland und die

---

254 Siehe Yotam Berger, „Israel Refuses to Let Palestinian Couple Living in Germany Wed in West Bank," *Haaretz*, 8.4.2018.

unverhältnismäßig vielen Ermordungen palästinensischer Bürgerinnen und Bürger in Israel/Palästina berichten.

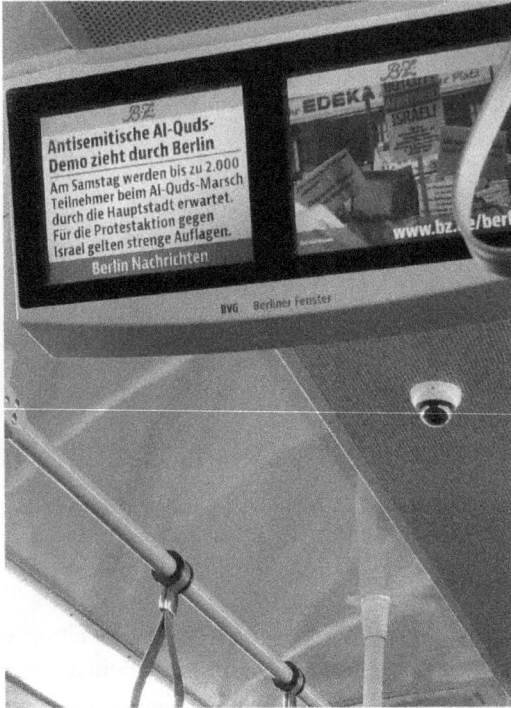

Abbildung 18: Fernsehbildschirm in der U-Bahn mit einer Ankündigung des bevorstehenden Al-Quds-Marsches am 8. Juni 2018. Die Überschrift markiert die Protestkundgebung als antisemitisch. Fotografie von Sa'ed Atshan.

Unter Palästinensern gibt es das deutliche Gefühl, dass sie von der urbanen, sozialen und politischen Vorstellungswelt Berlins ausgeschlossen sind. Zum Beispiel erzählten uns Palästinenser in Berlin, dass sie gesehen hatten, wie die israelische Flagge auf das Brandenburger Tor projiziert wurde zu Ehren von Israelis, die in Israel/Palästina getötet worden waren (Abbildung 19), doch sie konnten sich nicht vorstellen, dass eines Tages die palästinensische Flagge auf das Brandenburger Tor projiziert werden könne zu Ehren ziviler Opfer in Palästina.

Palästinensische Berlinerinnen und Berliner arbeiten auf individuellen und gemeinschaftlichen Ebenen daran, in der Stadt Räume für sich selber zu schaffen oder zurückzugewinnen. Die Mehrheit von ihnen wohnt in Neukölln, gefolgt von den Stadtbezirken Mitte und Charlottenburg-Wilmersdorf. In absteigender Reihenfolge leben Palästinenser auch in Tempelhof-Schöneberg, Friedrichshain-

Abbildung 19: Israelische Flagge, auf das Brandenburger Tor projiziert als Zeichen der Solidarität nach einem Anschlag in Jerusalem, bei dem vier israelische Soldaten getötet worden waren.

Kreuzberg, Spandau, Reinickendorf, Steglitz-Zehlendorf, Lichtenberg, Pankow, Marzahn-Hellersdorf und Treptow-Köpenick.[255] Sie haben religiöse, kulturelle und soziale Unterstützungsmechanismen aufgebaut (und tun das auch weiterhin), die von Netzwerken und Moscheen getragen werden. Dazu gehören die Al-Nur Moschee, der Arrahma Kultur- und Integrationsverein in Neukölln sowie Darul Hikma und das Haus der Weisheit in Moabit. Die Historikerin Gerdien Jonker sagt über diese Schnittstelle von religiösen und kulturellen Plattformen: „Moscheen werden nicht nur für Gebete benutzt, sondern haben oft andere Gemeinschaftsfunktionen. Viele Moscheen sind in Berlin nicht offiziell als religiöse Einrichtungen registriert, sondern eher als Kulturzentren, was ihnen die Möglichkeit finanzieller Unterstützung vom Staat eröffnet."[256]

Eine weitere Moschee, ebenfalls in Neukölln, ist Dar-as-Salam. Sie ist bekannt für die palästinensische Mehrheit ihrer Gemeinde (Abbildung 20). Wie viele andere Moscheen ist auch diese mit einem Gemeindezentrum verbunden, der Neuköllner Begegnungsstätte, und sie ist Mitglied im Zentralrat der Muslime in Deutschland. Im Jahr 2015 wurde Taha Sabri, der Imam der Dar-as-Salam-Mo-

---

255 Shahd Wari, *Palestinian Berlin: Perceptions and Use of Public Space*, Schriften zur Internationalen Stadtentwicklung, Bd. 22 (Zürich: LIT, 2017), 77.
256 Gerdien Jonker, „What Is Other about Other Religions? The Islamic Communities in Berlin between Integration and Segregation," *Cultural Dynamics* 12, no. 3 (2000): 311–29.

schee, für seine Arbeit zum interreligiösen Dialog mit dem Verdienstorden des Landes Berlin ausgezeichnet.[257]

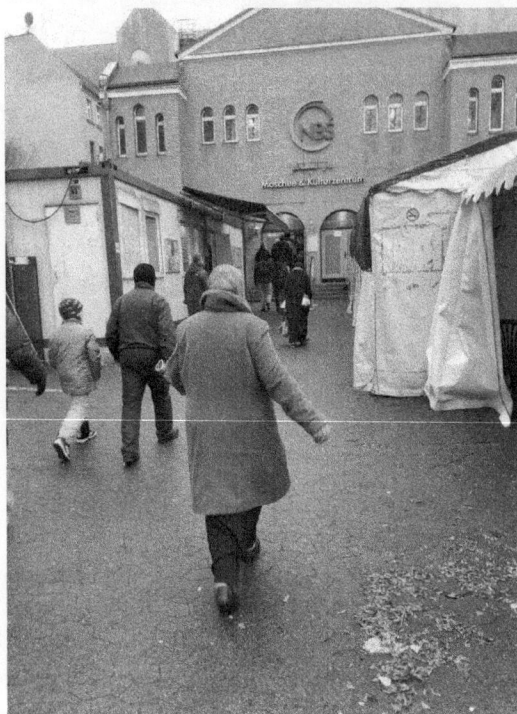

Abbildung 20: Die Dar-as-Salam-Moschee in Neukölln, die hauptsächlich von Palästinensern besucht wird. Gemeindemitglieder betreten das Gebäude für das Freitagsgebet (*salat al-dschumah*). Fotografie von Katharina Galor.

Palästinensische Deutsche sind stolz auf ihre Beiträge zur deutschen Gesellschaft, doch es ist ihnen auch wichtig, eigene städtische Räume zu haben, an denen sie ihre palästinensischen und arabischen Identitäten leben können. Die Eigentümer des Hanzzala Café in Neukölln haben beispielsweise eine Wand des Cafés vollständig mit einem Foto des Felsendoms in Jerusalem bedeckt (Abbildung 21). Café Bulbul zeigt Bilder von Handala (nach dem das Café benannt ist) des palästinensischen Künstlers Naji al-Ali (Abbildung 22). Handala, der zu einem allgegenwärtigen Symbol für Palästinenser weltweit geworden ist, ist ein barfüßiger

---

257 Siehe „Tandem-Tour von Rabbis und Imamen in Berlin: Kritiker befürchten Koscher-Zertifikat für Islamisten," *Berliner Zeitung*, 29.6.2018.

Flüchtlingsjunge mit Igelfrisur, der den Betrachtenden den Rücken zukehrt; er wächst nicht, und sein Gesicht wird erst zu sehen sein, wenn Palästina befreit sein wird. In Berlin tragen Palästinenser Handala-Kettchen und -Armbänder, und sie haben eigene Abbildungen von ihm, um auf diese Weise mit ihrem kulturellen Erbe und ihrem politischen Kampf verbunden zu bleiben. Graffiti als Solidaritätsbekundungen mit Palästina und die palästinensische Flagge an verschiedenen Stellen in Berlin (Abbildungen 23 und 24) sind einige sichtbare Belege dafür, dass nicht alle Formen palästinensischen Selbstausdrucks aus der Stadtlandschaft getilgt wurden.

In der palästinensischen Bulbul-Bar wird das Wort „Palästina" an prominenter Stelle gezeigt (Abbildung 25), als arabische Kalligrafie und mit dekorativer Kunst für den Raum. Viele Palästinenser, progressive Israelis, Deutsche und internationale Gäste bezeichnen Bulbul als einen angenehmen Ort nicht nur zum Entspannen, sondern auch, um sich mit sozial bewussten Menschen zu umgeben. Im Hanzzala, im Bulbul und andernorts haben Palästinenser uns begeistert von der Sonnenallee erzählt, einer der Hauptdurchgangsstraßen Neuköllns. Ahmed, ein Software-Ingenieur Mitte dreißig, sagte, er liebe es, seine deutsche Freundin mit in die Sonnenallee zu nehmen, damit sie seine Kultur kennenlernen könne: „Es ist alles da: Wasserpfeifen, Schawarma, Desserts und überall Araber. Ich fühle mich so lebendig, wenn ich dort bin und möchte, dass sie diese Seite von mir sieht."

Die physische Prägung des Stadtbildes durch die Gemeinschaft ist in der Tat am deutlichsten in der Sonnenallee zu erkennen, die informell auch als „arabische Straße", „Klein-Beirut" und „Gazastreifen" bekannt ist. Mehrere Palästinenser wiesen uns darauf hin, dass Aktivistinnen und Aktivisten „Arabische Straße" in arabischer Sprache auf die Straßenschilder geschrieben hätten und dass die Behörden nicht versucht hätten, die Veränderung rückgängig zu machen. Diese zentrale Straße atmet in vielerlei Hinsicht den Geist des palästinensischen und arabischen Lebens in Berlin, und die Anwohnenden sind dazu übergegangen, der Straße ihren eigenen Namen zu geben, um sich dadurch auch den Ort eigen zu machen. Arabische Schrift findet sich auch auf anderen Straßenschildern, Schildern von Restaurants und Cafés sowie an Läden (Abbildung 26). Es wird auf der Straße und in öffentlichen und privaten Räumen Arabisch gesprochen. Neukölln wird oft als nahöstlich, türkisch und hip apostrophiert; einige Berlinerinnen und Berliner fürchten den Bezirk jedoch und assoziieren Neukölln mit unerwünschten ausländischen und islamischen Elementen sowie mit einer hohen Kriminalitätsrate. Solche Wahrnehmungen finden sich in der Regel unter Menschen, die das Viertel nicht kennen. Im Gegensatz dazu schätzen Menschen, die eine multiethnische und multikulturelle Atmosphäre bevorzugen, das Viertel ganz besonders. In den letzten Jahren haben Flüchtlinge aus Syrien und dem Irak

Abbildung 21: Die Inneneinrichtung des Hanzzala Café in Neukölln, ein beliebter Treffpunkt für Palästinenser. An der Wand eine große Abbildung des Felsendoms in Jerusalem. Fotografie von Sa'ed Atshan.

zu dem nahöstlichen Charakter des Viertels beigetragen. Früchte und Gemüse werden vor den Läden auf typisch mediterrane und nahöstliche Weise angeboten; Männer und Frauen sitzen in Restaurants und Cafés und rauchen Schischa (eine Wasserpfeife, die besonders in arabischen Ländern beliebt ist); man kann den wunderbaren Duft nahöstlicher und türkischer Delikatessen und Süßigkeiten wahrnehmen; Einzelpersonen und Familien bevölkern die Gehwege und treffen sich in den nahegelegenen öffentlichen Parks zum Picknick oder für andere soziale Aktivitäten. Zu den auffälligsten Hinweisen darauf, dass Bewohnerinnen und Bewohner und die Kaufleute im Viertel eine palästinensische Identität haben, gehören die Palästina-Fahnen, die sich im Innern und an der Außenseite von Läden und Restaurants finden, in Geschäften zum Kauf angeboten und oft auch als Kettenanhänger getragen werden. Einige der beliebtesten Geschäfte mit explizit palästinensischer Identität sind der Elektroshop Hebron, das Azzam Restaurant und die Konditorei Al Jazeera.

Palästinenser in Berlin, selbst jene, die es schwer haben und nicht über finanzielles und soziales Kapital verfügen, bringen ihre Anerkennung zum Ausdruck für Deutsche, die sich für die Unterstützung von Einwanderern einsetzen. Palästinenser sehen oft auch, dass der deutsche Staat eine gewisse Summe zur Unterstützung und sozialen Absicherung von Flüchtlingen und Einwanderern

Abbildung 22: Handala-Zeichnung an der Wand des Cafés Bulbul.
Fotografie von Sa'ed Atshan.

bereitstellt, dass die Institutionen der Zivilgesellschaft diese Bevölkerungsgruppen unterstützen und dass es zudem Menschen mit ethischen Überzeugungen in
Bereichen wie Erziehung und Nachbarschaftshilfe gibt, die es sich zur Aufgabe
gemacht haben, diesen Gemeinschaften zu helfen. Doch die Suche nach einer
sicheren und bezahlbaren Wohnung, die Probleme mit der deutschen Bürokratie
oder der Wunsch, beim Finden einer besseren Arbeit im privaten und öffentlichen
Bereich fair behandelt zu werden – all das sind riesige Herausforderungen, mit
denen sich Palästinenser in Berlin konfrontiert sehen. Fremdenfeindlichkeit,
antiarabischer Rassismus und Islamophobie werden am akutesten von jenen erfahren, denen es an rechtlicher und ökonomischer Sicherheit mangelt.

Selbst palästinensische Deutsche, die zur Berliner Elite gehören, berichteten
von Gefühlen der Ausgrenzung, auch wenn sie weniger Not leiden müssen als
andere Palästinenser. Kamil, in seinen Vierzigern und Vorstandsvorsitzender einer der führenden deutschen Gesundheitseinrichtungen, sprach über seine
Frustrationen. Als Haus- und Grundstückseigentümer genieße er Stabilität in

Abbildung 23: Graffiti „Freiheit für Palästina" an einer Unterführung in Kreuzberg. Fotografie von Sa'ed Atshan.

Berlin, doch trotz seiner scheinbaren Integration in die Stadt erlebe er immer noch Ausgrenzung. So sprach er beispielsweise ausführlich darüber, wie oft ihn die Deutschen mit „Du" statt „Sie" ansprechen und ihm gegenüber damit fehlenden Respekt zeigen. Kamil, der bei unserem Treffen immer professionell gekleidet war, tadellos Deutsch spricht und bemerkenswert eloquent und charismatisch ist, meinte, seine braune Hautfarbe, sein arabischer Name und seine muslimische Identität führten dazu, dass andere Deutsche ihn abwerten und nicht erkennen, dass es beleidigend ist, ihn unaufgefordert zu duzen; damit betonten sie, dass er anders als seine „weißen deutschen" Kollegen sei, auch wenn die in denselben Positionen unter den gleichen Bedingungen angestellt waren.

Berlin ist inzwischen aufgrund seiner großen und bedeutenden palästinensischen Gemeinschaft zu einem zentralen Ort in der kollektiven Wahrnehmung der Palästinenser weltweit geworden. Soziale Netzwerke haben dazu beigetragen, die prominente Sichtbarkeit von Palästinenser-Deutschen und ihre Verbindungen zu anderen Diaspora-Gruppen zu erleichtern, aber auch mit Palästina selbst. Mithilfe dieser sozialen Netzwerke können Palästinenser in Berlin ihre urbane Landschaft virtuell über die Grenzen der Stadt hinaus erweitern.

Kein Zweifel, Berlin bietet eine Zuflucht für die große Mehrheit seiner palästinensischen Bevölkerungsgruppe. Die Kreativität und Lebendigkeit der Com-

Abbildung 24: Maqha Fairouz (Café Fairouz) an der Sonnenallee in Neukölln. Der Name des Cafés ist in arabischen und lateinischen Buchstaben geschrieben, vom Balkon hängt eine palästinensische Fahne. Fotografie von Sa'ed Atshan.

munity ist sichtbar und nicht zu leugnen. Und doch hat unsere Untersuchung gezeigt, wie stark das Gefühl vieler Berliner Palästinenser ist, nicht als integraler Bestandteil der urbanen Landschaft wahrgenommen zu werden. Sie kämpfen darum, den Zuschauerstatus hinter sich zu lassen und sichtbare Akteure in der Stadt zu werden.

Die Widerstandsfähigkeit und Innovationsfreude von Israelis und Palästinensern in Berlin, aber auch ihre Entschlossenheit, Orte der Zugehörigkeit in der Stadt zu schaffen, ist überall erkennbar, wenn man mit offenen Sinnen durch die urbane Landschaft geht und die Stimmen hört, die Berlin zu solch einer lebendigen und kosmopolitischen europäischen Hauptstadt machen. Israelis halten an ihrer israelischen Identität fest und tragen ein Trauma mit sich, dessen sie sich nicht immer bewusst sind. In der Regel können sie von den vielen finanziellen Anreizen sowie den Bildungs- und Arbeitsmöglichkeiten Gebrauch machen, die ihnen offenstehen. In weniger als zwei Jahrzehnten haben diese Israelis die jüdische

Abbildung 25: Inneneinrichtung des Café Bulbul in Kreuzberg, das von einem Palästinenser aus Gaza gegründet wurde. Eine gerahmte Abbildung mit dem Wort „Falastin" (Palästina) hängt über der Tür. Fotografie von Sa'ed Atshan.

Präsenz in Berlin weiter erstarken lassen, allerdings als eigenständige Akteure ohne direkte Anbindung an den Rest der jüdischen Stadtbevölkerung. In der Regel werden sie von den Deutschen akzeptiert, und zwar sowohl als Juden als auch als Israelis, und ihre sprachlichen Welten – im Gegensatz zu ihrer oft kritischen Haltung gegenüber israelischer Politik – sind als visuelle, akustische und plastische Spuren in Berlin präsent. Durch soziale Medien und erschwingbares Reisen ist der Abstand zwischen Tel Aviv, Jerusalem und Berlin für die meisten Israelis (und Deutsche) heute praktisch zu vernachlässigen.

Das Trauma der Palästinenser ist dagegen tief eingeschrieben und sehr deutlich sichtbar. Die schmerzhaften Berichte aus Gaza, von den palästinensischen Flüchtlingslagern in Syrien und andernorts können niederschmetternde Wirkung auf sie haben. Über soziale Medien stehen palästinensische Deutsche in intensivem Kontakt mit Palästinensern in Israel/Palästina, aber auch mit der globalen Diasporagemeinschaft. Deutschland ist zum palästinensischen Epizentrum nationalen, politischen und sozialen Bewusstseins geworden. Ihre

Abbildung 26: Straßenschild der Sonnenallee, die die Bezirke Neukölln und Treptow-Köpenick miteinander verbindet. In arabischen Buchstaben sind die Worte „Shari al-Arab" (Arabische Straße) unter den deutschen Straßennamen geschrieben. Fotografie von Sa'ed Atshan.

physische Mobilität hingegen, ganz im Unterschied zu ihren israelischen Nachbarinnen und Nachbarn, ist sehr begrenzt, besonders wenn es um ihren Kontakt mit der größeren Gemeinschaft in den Besetzten Gebieten geht. Palästina zu besuchen und sogar die eigene Familie zu sehen, ist ungewiss oder völlig ausgeschlossen. Berlin ist weit davon entfernt, für hier lebende Palästinenser ein Utopia zu sein, und in Deutschland haben sie mit erheblichen Schwierigkeiten zu kämpfen. Doch auch sie sind ein zähes Volk, das alles ihm Mögliche tut, um Räume zu schaffen für sozialen Aufstieg, Behauptung ihrer Identität und sogar für Lebensfreude.

10 Schnittpunkte

Interreligiöser Aktivismus

Viele Palästinenser in Berlin sind säkular oder christlich, aber die Mehrheit bezeichnet sich als muslimisch oder mit muslimischem Hintergrund, und eine beträchtliche Anzahl praktiziert den Islam und betrachtet sich selbst als gläubig. Die meisten Israelis wiederum, die in der Stadt leben, sind zwar säkular, doch fast alle betrachten ihre jüdische Identität als ethnische und kulturelle, bisweilen auch religiöse Dimension ihres Lebens. Nur sehr wenige der Personen, mit denen wir sprachen, haben ihre jüdische Identität in Frage gestellt oder abgelehnt. Zu Gruppen wie der interreligiösen Salaam-Schalom-Initiative, die Juden und Muslime mit verschiedenen nationalen und ethnischen Hintergründen zusammenbringt, gehören auch Israelis und Palästinenser (Abbildung 27). Die Initiative fördert Kampagnen gegen Antisemitismus und Islamophobie, sie organisiert öffentliche Foren und gemeinsame Besuche in Moscheen und Synagogen. Unter anderem setzt sie sich dafür ein, das Verständnis für Kopfbedeckungen (für jüdische und muslimische Frauen und Männer) und eine Chancenverbesserung für diese Minderheiten in der Berliner Öffentlichkeit zu fördern. In einem Bericht über die Arbeit von Salaam-Schalom nennt Ármin Langer Beispiele wie David, einen Filmemacher israelischer Herkunft, der eine Moschee im Bezirk Neukölln für eine Veranstaltung von Salaam-Schalom besuchte, sowie einen der öffentlichen Flashmobs der Organisation im Rahmen eines von palästinensischen Berlinern organisierten Festivals.[258]

Der kulturelle Bereich

Im kulturellen Bereich war Yael Ronen vom Maxim Gorki Theater eine Vorreiterin (siehe Kapitel 9). Wie bereits erwähnt, besuchten wir während unserer Feldforschung im Juni 2018 eine Aufführung von Ronens Inszenierung der *Winterreise*, in der syrische und palästinensische Flüchtlinge als Schauspielerinnen und Schauspieler neben einem symbolischen Deutschen auf der Bühne standen, um ihre Erfahrungen mit Migration, Exil und Akklimatisierung in Deutschland darzustellen. Die Akteure sprachen Arabisch, Englisch und Deutsch, wobei Untertitel über der Bühne angezeigt wurden. Sie thematisierten ihre Frustration über die

---

258 Siehe Ármin Langer, „Breaking Down Artificial Walls," *Qantara.de*, 23.1.2015, https://en.qantara.de/content/the-salaam-shalom-initiative-breaking-down-artificial-walls.

https://doi.org/10.1515/9783110729931-013

Abbildung 27: Ein Treffen von Juden und Muslimen, organisiert von der Salaam-Schalom-Initiative. Fotografie von William Noah Glucroft.

sprichwörtliche Strenge des deutschen Charakters und ihre Angst aufgrund von rassistischen und islamfeindlichen Erfahrungen. Zugleich zeigten sie ihr großes Talent und den Reichtum ihres Kulturerbes. Humor spielte bei diesen Darbietungen ebenfalls eine große Rolle. Am Ende des Stücks umarmten sich alle und sagten, sie hätten mit der neuen Theaterfamilie ein Zuhause gefunden. Viele im Publikum waren zu Tränen gerührt. Ronens Geist war die ganze Zeit zu spüren – eine progressive Israelin in Berlin, fest entschlossen, mit Palästinensern zusammenzuarbeiten, sodass ihre Geschichten in Deutschland und der ganzen Welt mehr Gehör finden. Eine unserer palästinensischen Gesprächspartnerinnen, Tamara Masri, lud uns zu einer Party mit der Schauspielertruppe ein, und wir waren froh darüber, mit ihnen über das Stück zu sprechen und mehr über ihre Reisen als syrische und palästinensische Flüchtlinge zu erfahren. Das gute Verhältnis zwischen ihnen und Ronen, auf Gleichheit und gegenseitigem Respekt beruhend, ist deutlich sichtbar.

Wir schauten uns auch Ronens Stücke *The Situation* und *Third Generation* an (im Vorwort oben beschrieben), welche die drei Gemeinschaften, die den Kern unserer Studie bilden, miteinander in Dialog bringen. Auch wenn hier imaginäre Begegnungen zwischen Israelis und Palästinensern in Deutschland auf die Bühne gebracht werden, integriert Ronens Arbeit sehr reale Themen, die mit der moralischen Dreiecksbeziehung zu tun haben. Die Schauspielerinnen und Schauspieler sind selber Israelis oder Palästinenser, und sie sprechen Arabisch und

Hebräisch, womit sie ihre wirklichen Stimmen und Erfahrungen in ihrer Muttersprache hören lassen können. Uns verschlug es den Atem bei dieser einzigartigen Kombination von künstlerischem Talent, authentischer Erfahrung und intellektuellem Engagement.

Unser Besuch der Barenboim-Said-Akademie in Berlin (Abbildung 28) führte uns ein weiteres Beispiel dafür vor Augen, wie der Begegnung zwischen Israelis und Palästinensern in der Berliner Kultur Gestalt gegeben werden kann. Die Akademie wurde gemeinsam von dem israelischen Musiker Daniel Barenboim und dem kurz darauf verstorbenen palästinensischen Intellektuellen Edward Said gegründet (siehe Kapitel 6). Sie befindet sich im ehemaligen Depot für Bühnenbilder der Berliner Staatsoper an der Französischen Straße im Bezirk Mitte. Die deutsche Unterstützung des Projektes zeigt sich unter anderem in einem großzügigen Zuschuss von zwanzig Millionen Euro vonseiten der Bundesregierung, neben den zusätzlichen geschätzten sechzehn Millionen Euro aus privaten Spenden.[259] Neben einigen internationalen Studierenden aus anderen Regionen bringt die Akademie Musikerinnen und Musiker vor allem aus dem Nahen Osten und Nordafrika zusammen, darunter auch viele Israelis und Palästinenser. In diesem einzigartigen pädagogischen Kontext des gemeinsamen Musizierens, das Möglichkeiten bietet, Menschen über Feindesgrenzen hinweg zusammenzubringen, sollen die Studierenden ihre kognitiven Kompetenzen und ihr kritisches Urteilsvermögen weiter ausbauen, um künstlerische Vorbilder zu werden und die Zukunft der Zivilgesellschaften in ihren jeweiligen Heimatländern mitzugestalten.[260] In Edward Saids Worten: „Völker zu spalten ist nie eine Lösung für die Probleme, die Völker voneinander trennen. Und Unwissenheit über die anderen ist sowieso keine Hilfe. Kooperation und Koexistenz in der Art von Musik, wie wir sie zusammen gelebt, aufgeführt, geteilt und geliebt haben, vielleicht schon."[261] Oder mit Barenboim gesprochen: „Großartige Musik ist das Ergebnis konzentrierten Zuhörens – jeder Musiker hört genau auf die Stimme des Komponisten und auf die aller anderen. Harmonie in persönlichen oder internationalen Beziehungen kann ebenfalls nur durch Zuhören entstehen, wobei jede Partei ihre Ohren für die Erzählungen und die Standpunkte der anderen öffnet."[262]

259 Frederik Hanssen, „Barenboim-Said Akademie in Berlin. Das Charakterbildungsprogramm des Stardirigenten," *Tagesspiegel*, 25.7.2014.
260 Rebecca Schmid, „Plans for Barenboim-Said Academy in Berlin Unveiled," *New York Times*, 6.5.2014.
261 Michael Naumann, Hrsg., *Barenboim-Said Academy Information Brochure* (Berlin: Barenboim-Said Akademie, 2013).
262 Naumann, Hrsg., *Barenboim-Said Academy Information Brochure*.

Abbildung 28: Die renovierte Innenarchitektur der Barenboim-Said-Akademie im Bezirk Mitte. Das Konservatorium bringt Musikstudierende aus Israel, Palästina sowie dem Nahen Osten und Nordafrika zusammen. Fotografie von Sa'ed Atshan.

Wir besuchten ein Studierendenkonzert im neu gebauten Pierre-Boulez-Saal, einem Auditorium für Kammermusik, das vom Architekten Frank Gehry entworfen und von Yasuhisa Toyota als leitendem Akustiker geplant worden war. Anschließend trafen wir Studierende aus Israel und Palästina. Einige sagten, dass sie sich von der Akademie angezogen fühlten, weil sie ihnen eine ausgezeichnete Möglichkeit bot, bei einem erstklassigen, weltweit renommierten Musiker, in einer wunderschönen Umgebung, mit einem großzügigen Stipendium und auch sonst angenehmen Bedingungen zu studieren. Andere meinten, sie seien stolz darauf, Teil einer Mission zu sein, die darauf abzielt, nationale und religiöse Grenzen zu überbrücken. Trotz der sozial komplexen Struktur des Projekts drückten einige Studierende uns gegenüber positive Gefühle über die Erfolge dieses Brückenschlags aus. Yasmeen, eine palästinensische Studentin, sprach über die schier unüberwindbare politische und soziale Kluft, die ihrer Meinung nach zwischen den israelischen und arabischen Studierenden fortbestehe, die hier Seite an Seite lebten und studierten. „Wir haben Jahrzehnte des Konflikts im Gepäck", sagte sie.

„Wir können die Realität nicht einfach ignorieren und das, was wir zu Hause gelernt haben, einfach so loslassen. Wir gehen höflich miteinander um. Wir streiten nicht. Aber wir werden auch nicht wirklich Freunde." Nazmi, eine weitere palästinensische Studentin, sah das anders: „Ich habe hier an der Akademie die Gelegenheit, eine ganz andere Seite der Israelis zu sehen. Zu Hause sind sie der Feind und der Besatzer. Hier lernen wir, dass sie einfach Menschen sind wie wir. Meine Zeit hier, abgesehen von den riesigen Fortschritten, die ich als Musikerin gemacht habe, hat mich als Person verändert, vor allem im Hinblick darauf, wie ich jetzt zu meinen israelischen Freunden stehe." Sigalit, eine israelische Studentin, sprach über das anfängliche Zögern ihrer Eltern, sie an der Seite von Palästinensern in Berlin studieren zu lassen: „Sie mochten die Vorstellung nicht, dass ich in Deutschland lebe und die Sprache lerne, die ihre Eltern nicht mehr sprechen wollten. Und die Tatsache, dass ich mit Arabern umgehen würde, beunruhigte sie nur noch mehr." Sigalit erzählte auch, wie sich ihre positiven Erfahrungen an der Akademie und ihre neuen Freundschaften mit Palästinensern auf ihre Eltern ausgewirkt haben: „Sie genießen jetzt ihre Besuche in Berlin, die Begegnungen und Gespräche mit Deutschen und Palästinensern, etwas, das sie sich vor meiner Ankunft hier niemals hätten vorstellen können."

Wir besuchten auch Circle1, die israelische Galerie im Stadtteil Schöneberg, die zeitgenössische Kunst zeigt und den interkulturellen und multidisziplinären Dialog fördert. Im Jahr 2017 zeigte Circle1 die Fotoausstellung und Installation *Art without Borders*, kuratiert von Shirley Meshulam. Die teilnehmenden Künstlerinnen und Künstler verarbeiteten universelle wie auch lokale politische Realitäten und konzentrierten sich dabei auf Themen wie „Flüchtlinge, Terrorismus, Krieg und Konflikte in der arabischen Welt sowie den Zionismus und die palästinensische Nakba".[263] Levke Tabbert, die Leiterin der Galerie und eine eloquente und fröhliche deutsche Frau Mitte zwanzig, führte uns durch die Räumlichkeiten und erzählte uns stolz, dass die Galerie nicht nur Kunst von Israelis und Palästinensern gleichzeitig ausstellte, sondern dass die Künstlerinnen und Künstler sich geehrt fühlten, nebeneinander vertreten zu sein. Tabbert zeigte uns die Toiletten der Galerie, in denen ein vierminütiges Video des israelischen Künstlers Ariel Reichman mit dem Titel „3 Seconds Inhale, 7 Seconds Exhale" (Abbildung 29) installiert war. Dies sollte die Aufmerksamkeit der Besucherinnen und Besucher der Galerie erregen, während sie die Toilette aufsuchten. Die Absicht, sagte sie, sei es, dass die Zuschauerinnen und Zuschauer des Videos „die Ersti-

---

263 Siehe „Art without Borders: A Group Exhibition in Collaboration with Transform Europe," Pressemitteilung und Ausstellungsflyer, 3.11.2017, http://circle1berlin.com/wp-content/uploads/2016/01/Art-without-Borders_Press-Release.pdf.

ckungsgefühle und den Stress spüren, die Israelis beim Hören von Sirenen er-
greifen, und die Notwendigkeit, zu Atem zu kommen und nach einem Schutz zu
suchen während palästinensischer Raketenangriffe. "

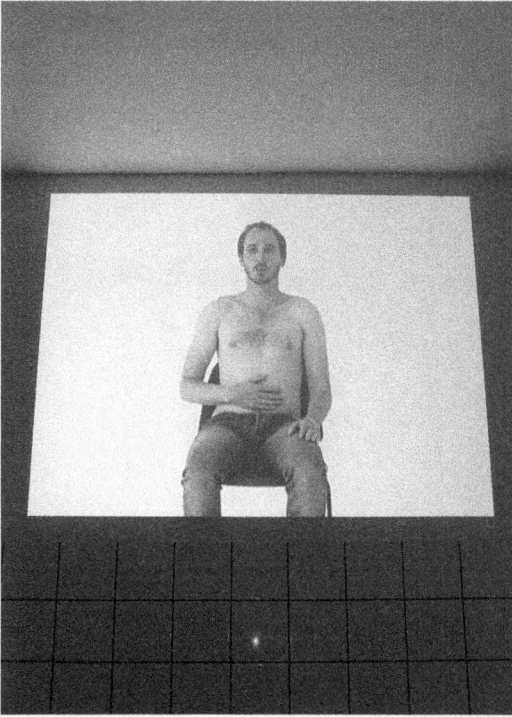

Abbildung 29: Szene aus dem Video „3 Seconds Inhale, 7 Seconds Exhale" des israelischen
Künstlers Ariel Reichman, ausgestellt in der Galerie Circle1 in Schöneberg. Fotografie von
Sa'ed Alshan.

Ein weiteres Ausstellungsstück in der oberen Etage der Galerie war eine provokante Miniaturskulptur des palästinensischen Künstlers Osama Zatar, die drei
computergenerierte Figuren zeigte, die in gleichem Abstand voneinander auf einem Ständer platziert waren (Abbildung 30). Bei allen drei handelt es sich um
Selbstporträts, wobei die eine in der Mitte auf einem Gebetsteppich kniet, gestützt
von einem Koran, während sie ihr Hemd auszieht. Der Mann rechts steht nackt auf
einem Gebetsteppich und blickt nach oben; er hält eine übergroße Schere in der
rechten Hand und die Spitze seines Penis mit der linken Hand, was vermuten
lässt, dass er im Begriff ist, eine Art Selbstbeschneidung durchzuführen. Die Figur
links kniet, halb bekleidet, ebenfalls auf einem Gebetsteppich, und hebt eine Ecke

an, um Blutflecken zu untersuchen. Kritische Verweise auf den Islam, die Ritual und Gewalt miteinander verschmelzen lassen, fügen sich in die jüngsten öffentlichen Debatten in Deutschland über die Beschneidung und die Integration religiöser Minderheiten ein. Diese beiden Kunstwerke zeigen, wie israelische und palästinensische Erfahrungen und künstlerische Ausdrucksformen, in Auseinandersetzung mit dem Leben von Künstlerinnen und Künstlern im Nahen Osten, aktuelle Debatten des Berliner öffentlichen Raumes aufgreifen und ihrerseits beeinflussen.[264]

Abbildung 30: Miniaturskulptur auf 3D-Basis, die Osama Zatar mit einem Gebetsteppich und Koran zeigt, ausgestellt in der Galerie Circle1 in Schöneberg. Fotografie von Sa'ed Atshan.

Politischer Aktivismus

Politischer Aktivismus zu Israel/Palästina ist in Berlin sehr präsent, und mehrere Initiativen haben auch zu israelisch-palästinensischen Partnerschaften geführt. Etliche engagierte regierungskritische Israelis haben ihre Stimme in einer Reihe

---

264 Zu hiermit verbundenen Diskussionen siehe etwa Gökçe Yurdakul, „Jews, Muslims and the Ritual Male Circumcision Debate: Religious Diversity and Social Inclusion in Germany," *Social Inclusion* 4, no. 2 (2016): 77–86.

von Aktivistengruppen eingebracht, um mit palästinensischen Partnern zusammenzuarbeiten und für israelisch-palästinensische Solidarität einzutreten. Viele Palästinenser, die wir befragten, drückten ihre tiefe Wertschätzung für diese Israelis aus. Sie waren der Meinung, dass Israelis die Notwendigkeit gleicher Rechte für Palästinenser in einer Weise erläutern könnten, die bei Deutschen eher Gehör finden würde. Der Medizinstudent Fadi zum Beispiel sagte: „Ich hoffe, dass die Deutschen anfangen, diesen progressiven Israelis zuzuhören, die gut informiert sind und Erfahrungen aus erster Hand über die Situation in Israel und den Besetzten Gebieten haben." In ähnlicher Weise äußerte sich Najib, der Sozialarbeiter: „[Die Deutschen] hören uns nicht zu, aber vielleicht hören sie ja [den Israelis] zu." Gruppen wie Jewish Voice for Peace Berlin, European Jews for a Just Peace, Berlin Against Pinkwashing, BDS Berlin und die jüdische Antifa-Bewegung haben alle auch Israelis in ihren Reihen, die enge Beziehungen zu Palästinensern in Berlin pflegen. „Hier in Berlin", erklärte die Bibliothekarin Ronit, „haben [Israelis und Palästinenser] eine echte Chance zu zeigen, dass wir Freunde sein können und dass wir Raum schaffen und eine Gesellschaft aufbauen können, in der wir zusammenarbeiten, um ein gemeinsames Ziel zu erreichen: Frieden und Koexistenz." Diese Bewegungen, die Räume für politischen und intellektuellen Austausch zwischen Israelis und Palästinensern schaffen, bieten Modelle, mit denen Brücken an anderen Orten gebaut werden können und die letztlich auch in Israel/Palästina strukturelle Veränderungen anregen können.

Soziale Räume

Schließlich gibt es etliche informelle soziale Räume, die es Israelis und Palästinensern in Berlin ermöglichen, miteinander in Kontakt zu treten. Kanaan, ein zwangloses Freiluftrestaurant – gemeinsam betrieben von dem Palästinenser Christian Jalil Dabit und dem jüdischen Israeli Oz Ben David – das Speisen aus dem Nahen Osten anbietet, ist ein sehr gutes Beispiel dafür (Abbildung 31). Während unseres Besuches sprachen wir mit mehreren Mitarbeiterinnen und Mitarbeitern und erfuhren, dass sie aus verschiedenen Gesellschaftsschichten kommen und eine ebenso vielfältige Kundschaft, darunter Israelis und Palästinenser, ansprechen. Um eine nahöstliche Atmosphäre zu kreieren, ist der Boden mit Sand bedeckt. Sami, der Kanaan nur einmal besucht hatte, kommentierte: „Das ist echt etwas für die deutschen Kunden oder für Leute, die denken, dass wir in der Wüste leben. Diese Zurschaustellung der israelisch-palästinensischen Zusammenarbeit ist total lächerlich, meilenweit entfernt von der Realität des Konflikts." Sami, der in einem anderen Lokal als Kellner arbeitet, kritisierte damit die orientalistischen Implikationen des auf diese Weise eingesetzten Sandes. Oliver, der Leiter einer kulturellen Einrichtung, sagte dagegen: „Kanaan gibt uns den Hoffnungsschimmer, den wir brauchen, dass es in Israel Frieden geben kann und wird." Über den Betrieb eines einfachen Restaurants hinaus engagieren sich die Besitzer in Form von sozialen Aktivitäten, darunter die Organisation und Ausrichtung eines Wohltätigkeitsdinners im Juni 2018, um gemeinsam „den Antisemitismus zu bekämpfen". Die Freundschaft und berufliche Partnerschaft zwischen Dabit und Ben David sind ein Beispiel für die Möglichkeiten, die Berlin zu bieten hat. In diesem urbanen Kontext können Israelis und Palästinenser miteinander in Beziehung treten, ohne dass der Schatten der ethnischen und rassischen Segregation über ihnen hängt, den sie „zu Hause" erlebt haben.

Es hat uns sehr bewegt, wenn die Menschen, mit denen wir ins Gespräch kamen, über solche Schnittpunkte zwischen Israelis und Palästinensern nachdachten. Wir fragten uns, ob unsere Anwesenheit als Forschende auch ein Grund dafür war. Israelis teilten uns mit, dass sie sich in Berlin nicht nur mit Palästinensern, sondern auch mit Menschen aus der ganzen Region, wie Irakern, Iranern und Türken, anfreunden und öffentlich Kontakte knüpfen könnten – Kontakte, die sie im Nahen Osten als unmöglich betrachteten. Und obwohl einige Palästinenser jede Form der Sozialisierung mit Israelis als Verrat am palästinensischen Kampf verurteilten, hatten die meisten unserer Befragten zumindest im Berliner Kontext nichts dagegen einzuwenden.

Abed, ein Kleinunternehmer Mitte vierzig, sagte zum Beispiel, dass er jede Form der professionellen Zusammenarbeit mit Israelis ablehne, und er fügte hinzu, dass es ihn schon einige Geschäftsmöglichkeiten gekostet habe, als er diese Ansicht gegenüber Deutschen artikulierte, denn die hielten seine Haltung, Israelis zu meiden, für diskriminierend und inakzeptabel. Die meisten Palästinenser, mit denen wir sprachen, waren jedoch der Meinung, dass es einen klaren Unterschied gebe zwischen Juden und Israelis sowie einen Unterschied zwischen Israelis, die in Israel/Palästina leben, und denen, die weggezogen sind, um sich in Berlin oder anderswo in der Welt niederzulassen. Die meisten der israelischen und palästinensischen Befragten – auch wenn sie mit diesen Formen der Zusammenarbeit in Berlin selbst nicht vertraut waren oder nicht selber in dem Bereich aktiv werden wollten – unterstützten zumindest die Idee, dass es solche Orte in der Stadt geben soll. Die meisten zeigten sich außerdem überzeugt davon, dass diese Art von Engagement in Israel/Palästina im Grunde undenkbar wäre.

Wir waren auch fasziniert von den Möglichkeiten, die Berlin bietet, um die israelisch-palästinensischen Gräben zu überwinden. So reflektierte beispielsweise Randa, eine Palästinenserin in ihren Zwanzigern, in unserem Gespräch darüber, dass sie ohne weiteres eine israelische Freundin bitten könnte, sie als Kunstlehrerin für Flüchtlinge aus dem Nahen Osten zu vertreten. Randa hielt es für wichtig, dass ihre Schülerinnen und Schüler sehen, dass auch Israelis sich

Abbildung 31: Außenbereich des Restaurants Kanaan in Prenzlauer Berg. Auf dem Schild steht „Best Hummus in Town. Israeli & Palestinian". Fotografie von Sa'ed Atshan.

aktiv für die Rechte der Palästinenser und die Würde der Menschen in der gesamten Region einsetzen können und dass sich die beiden als enge Freundinnen aufeinander verlassen können. In einem Anschlussinterview erklärte Randa, dass sie sich besser mit den Israelis in Berlin verständigen könne, nachdem sie zum ersten Mal Kurden aus dem Nahen und Mittleren Osten getroffen habe. Einige dieser Kurden machten ihr gegenüber keinen Hehl daraus, dass sie Palästinenser mit anderen Arabern assoziierten und dass Araber die Kurden unterdrückten. Einer verwies sogar auf Jassir Arafats Unterstützung für Saddam Hussein im Irak, selbst dann noch, als Saddam Kurden vergaste. Randa hatte bis dahin keine Vorstellung davon, wie es ist, als Täter angesehen zu werden. Dank dieser Begegnung jedoch, so erzählte sie, konnte sie sich selbst durch die Augen von Menschen sehen, die sich als ihre Opfer betrachten. Randa sagte, dass sie dadurch mehr Verständnis für progressive Israelis in Berlin entwickelt habe, die alles in ihrer Macht Stehende tun würden, um das Leid der Palästinenser zu beenden – ebenso wie sie, als eine palästinensische Araberin, jetzt eine Verantwortung spüre, ihre Solidarität mit den Kurden zu demonstrieren.

Postzionismus

Eine der bewegendsten Erfahrungen, die wir während unserer Feldforschung machten, hatten wir beim Besuch der Ausstellung des „dauerhaften, ortspezifischen Performance-Projektes" des amerikanisch-jüdischen Dichter-Künstlers und Theoretikers Robert Yerachmiel Sniderman (Abbildung 32). Im Rahmen seines Stipendiums am Institut für Kunst im Kontext an der Universität der Künste Berlin verbrachte er den 22. Juni 2018 damit, genau das zu tun, was er in *Vom Grunewald Bahnhof bis zum Jüdischen Friedhof Weißensee* beschreibt. Im Statement des Künstlers, für diese Performance verfasst, heißt es:

> Meine Absicht ist, sechzehn Kilometer quer durch Berlin zu laufen, mit einem verrosteten Autoauspuffrohr an meiner Brust befestigt und mit dem Wort „Gaza" auf meine Schulterblätter gemalt. Dreizehn Steine, die ich in den Straßen von Warschau gesammelt habe, sind auf einer Hand aufgestapelt. Ich möchte eine Bilderserie realisieren, die auf dem Rückweg von Warschau nach Berlin während des Massakers an zweiundsechzig Palästinensern in Gaza in meinem Kopf entstand. Meine Absicht ist es, mich in einen rassistischen Diskurs einzumischen, der meinen Körper und meine Kulturgeschichte ausnutzt, um das palästinensische Leben zu gettoisieren und zum Verschwinden zu bringen.[265]

Bevor Sniderman sein Projekt ausführte, beriet er sich mit Israelis und Palästinensern. Diese Gespräche fanden ihren Widerhall in seinem Gang durch verschiedene Berliner Bezirke, bei dem er ein Hemd trug, auf dem das Wort „Gaza" auf Arabisch, Deutsch, Englisch und Hebräisch stand; er lud damit die Öffentlichkeit in Deutschland ein, über das deutsch-israelisch-palästinensische Dreiecksverhältnis und die damit verbundenen moralischen Fragen nachzudenken. Auch wenn solche Akte der Solidarität für die meisten Menschen unvorstellbar sind und die Schnittpunkte, die Sniderman markiert, vielleicht nicht die Wahrnehmung der Mehrheit widerspiegeln, gibt es sie doch. Und es gibt einen öffentlichen Raum, der diese Reflexionen ermöglicht.

Snidermans Projekt, so wie unsere Forschung insgesamt, macht deutlich, dass es trotz aller Komplexität in Berlin einen Raum und Möglichkeiten gibt, sich die konkrete Manifestation dessen vorzustellen, was die Anthropologin Dani Kranz „Postzionismus" nennt.[266] Jene intellektuellen Formen von Postzionismus,

---

265 Das Zitat stammt von der Website des Instituts für Kunst im Kontext der Universität der Künste Berlin, http://www.kunstimkontext.udk-berlin.de/project/from-grunewald-bahnhof-to-judische-friedhof-weisensee/.
266 Siehe Hadas Cohen und Dani Kranz, „Israeli Jews in the New Berlin: From Shoah Memories to Middle Eastern Encounters," in *Cultural Topographies of the New Berlin: An Anthology*, hrsg. von Karin Bauer und Jennifer R. Hosek (Oxford: Berghahn, 2017), 336. Zur Postzionismus-Debatte

Abbildung 32: „Counter-Ruin, 15:03". Robert Yerachmiel Sniderman nähert sich dem Tor des Jüdischen Friedhofs Weißensee in Pankow, zum Abschluss seines sechzehn Kilometer langen „Transurban" Performance-Gangs als Teil des Projektes „Lost in Jüdische Friedhof Weißensee" (2018). Fotografie von Nina Berfelde.

die Kranz und andere beschreiben, werden in Snidermans Performance verkörpert und zugleich öffentlich sichtbar gemacht. Sowohl in seinen visuellen als auch schriftlichen Ausdrucksformen hilft das Konzept des Postzionismus dabei, die Verwendung des Holocausttraumas zur Traumatisierung anderer abzuweisen. Außerdem konfiguriert der Postzionismus die Beziehungen zwischen Israelis und Palästinensern in einer Weise, die ohne Gewalt und hegemoniale Dominanz auskommt. Durch den Abstand von Israel/Palästina eröffnet sich mitten im Herzen der deutschen Hauptstadt für Israelis und Palästinenser heute die Möglichkeit, eine gemeinsame Basis für israelische und palästinensische Kulturen zu schaffen, die zwar unabhängig voneinander bestehen aber zugleich in einem postkolonialen Kontext miteinander verwoben sind.

Die postzionistische Atmosphäre Berlins, die es Israelis und Palästinensern erlaubt, sich auf bedeutungsvolle Weise miteinander auszutauschen, hat die religiöse, kulturelle, politische und soziale Landschaft der Stadt geformt. Synagogen,

---

siehe auch Hila Amit, „The Revival of Diasporic Hebrew in Contemporary Berlin," in Bauer und Hosek, *Cultural Topographies of the New Berlin*, 225, 256; Laurence J. Silberstein, *The Postzionism Debates: Knowledge and Power in Israeli Culture* (New York: Psychology Press, 1999).

Moscheen, interreligiöse Begegnungszentren, Kunstgalerien, Filmfestivals, Theater, Universitäten, aktivistische Räume, Protestkundgebungen, Spendenaktionen, Restaurants, Cafés, Clubs und Privathäuser sind einige der vielen Orte in Berlin, an denen Israelis und Palästinenser zusammenkommen, um ihre unterschiedlichen wie auch ihre gemeinsamen Identitäten zu artikulieren und dabei dauerhafte professionelle und persönliche Verbindungen zu knüpfen. Sie können in Berlin an ihren israelischen und palästinensischen Identitäten festhalten, doch sie tun dies auf eine Art und Weise, die die Segregation und Unterdrückung im israelischen Staat hinter sich lässt.

11 Zwischen Schuld und Zensur

Die Politik der Schuld

Zwar fühlen sich nicht alle Deutschen im heutigen Berlin persönlich schuldig für den Holocaust und die Auswirkungen der deutschen Gräueltaten während des Zweiten Weltkriegs, doch in der ganzen Stadt kommt ein klares Bekenntnis zur Kollektivschuld und dem damit einhergehenden Verantwortungsgefühl öffentlich zum Ausdruck. Diese kollektive Form der Schuld wirkt sich auf das Verhältnis der Deutschen zu den Juden, den Israelis als Individuen und als Kollektiv sowie zum Staat Israel aus. Als implizite oder explizite Folge dieser Schuld riskiert alles, was als kritisch gegenüber Israel wahrgenommen werden könnte, eine moralische Verurteilung. Diese öffentliche Form der ethischen Kontrolle wird bisweilen als Zensur empfunden.

Über Schuld im Deutschland nach dem Holocaust schreibt Lars Rensmann: „In Deutschland hat die Erinnerung und das Vermächtnis der Vergangenheit besondere Auswirkungen. Die viel beklagte Last der Schuld hat die deutsche Gesellschaft nach dem Holocaust beeinflusst; die nationale Schuld Deutschlands hat seit Kriegsende sowohl das kollektive Gedächtnis als auch die nationale Identität tief geprägt. In subtiler Weise spielt Schuld in vielen Facetten des heutigen gesellschaftlichen und politischen Lebens in Deutschland eine Schlüsselrolle. Deutschland bietet daher eines der besten Beispiele für die Analyse der Auswirkungen von Kollektivschuld."[267] Im Kontext einer gesellschaftlichen Aufarbeitung des Erbes des Völkermords können solche Gefühle der gemeinsamen Schuld zum Aufbau einer gerechteren und friedlicheren Gegenwart und Zukunft führen. Unzählige Deutsche mit unterschiedlichem Hintergrund geben ein lebendiges Beispiel dafür, wie solche Affekte und eine solche Ethik aussehen können. Ihre Ablehnung jedweden Antisemitismus als eine zentrale Lehre aus dem Holocaust ist lobenswert.

Gleichzeitig gibt es in Berlin viele Menschen – Deutsche und Nichtdeutsche – die den israelischen Staat unterstützen und sich dabei auf diese Schuld berufen, um deutsche Unterstützung für den Rassismus und die Gewalt des israelischen Staates zu rechtfertigen. Die Verankerung solcher Strategien im Mainstream der politischen und sozialen Machtzentren in Berlin und Deutschland insgesamt hat zu einem Klima der Zensur geführt. Im heutigen Deutschland werden palästi-

---

267 Lars Rensmann, „Collective Guilt, National Identity, and Political Processes in Contemporary Germany," in *Collective Guilt: International Perspectives*, hrsg. von Nyla Branscombe und Bertjan Doosje (Cambridge: Cambridge University Press, 2004), 169–90.

https://doi.org/10.1515/9783110729931-014

nensische Stimmen systematisch überhört, und die Kritik an Israel wird oft mit Antisemitismus gleichgesetzt. Deutsche und Nichtdeutsche, einschließlich Israelis, die der israelischen Politik kritisch gegenüberstehen oder die eine differenziertere Haltung Deutschlands gegenüber Israel/Palästina anmahnen, haben uns gegenüber ihre Angst vor einer solchen öffentlichen Gegenreaktion zum Ausdruck gebracht. Für Personen palästinensischer, arabischer oder muslimischer Herkunft kann eine solche Äußerung leicht zu falschen öffentlichen Anschuldigungen des Antisemitismus führen und massive Risiken für die berufliche Karriere mit sich bringen. Als „anti-israelisch" ausgemacht zu werden, kann für Palästinenser-Deutsche und auch andere Deutsche, ganz zu schweigen von Personen ohne deutschen Pass, den sozialen und beruflichen Untergang bedeuten. Die Menschen, mit denen wir sprachen, empfanden die bloße Nennung der eigenen palästinensischen Identität im Zusammenhang mit dem Eintreten für die Menschenrechte der Palästinenser als persönlich und beruflich riskant. Die deutsche Zensur von Stimmen, die Palästinenser unterstützen, bringt außerdem das Argument noch mehr in Misskredit, dass sich die Schuld Deutschlands auch in Verantwortung gegenüber den Palästinensern niederschlagen sollte. Daniel Barenboim argumentiert, dass „Deutschland seine Schulden nach dem Holocaust an Israel zurückzahlt – aber nicht an die Palästinenser", und er hält fest: „Europa, dessen Antisemitismus zum Holocaust führte, hat auch moralische und historische Verpflichtungen gegenüber den Palästinensern, die immer noch unter den Folgen des Holocaust leiden."[268]

2015 berichtete *Haaretz*, ein Sprecher der israelischen Botschaft in Berlin habe „israelischen Journalisten gesagt, es liege im Interesse des Landes, die deutsche Schuld am Holocaust aufrechtzuerhalten".[269] In Deutschland hat sich ein Muster herausgebildet, nach dem israelkritische oder in der palästinensischen Solidaritätsbewegung aktive Menschen von vielen Deutschen und von Personen, die die rechte Politik Israels unterstützen, als antisemitisch charakterisiert werden. Institutionen in Deutschland, die mit dem israelischen Staat verbündet sind, üben dann Druck auf Deutsche aus, diese Menschen zu meiden. So hat die Deutsch-Israelische Gesellschaft im Jahr 2017 die Organisator*innen eines Vortrags des israelischen Anthropologen Jeff Halper in Deutschland erfolgreich unter Druck gesetzt, um die Absage seines Vortrags zu erreichen. Halper, ein Kritiker der israelischen Besatzung und Gründer des Israeli Committee against House Demolitions, wurde von pro-israelischen Regierungsgruppen, die gezielt gegen ihn

---

268 Daniel Barenboim, „Germany Is Repaying Its Post-Holocaust Debts to Israel – but Not to the Palestinians," *Haaretz*, 8.6.2017.
269 Nir Gontarz, „Israeli Diplomat in Berlin: Maintaining German Guilt about Holocaust Helps Israel," *Haaretz*, 25.6.2015.

arbeiteten, des Antisemitismus bezichtigt. Im selben Jahr unterbrachen fünf staatliche Fernseh- und Rundfunkanstalten die Übertragung von Konzerten von Roger Waters, einem ehemaligen Mitglied der Rockgruppe Pink Floyd, in Berlin und Köln, nachdem pro-israelische Regierungsgruppen Waters wegen seiner Unterstützung der BDS-Bewegung zur Beendigung der israelischen Besetzung Palästinas durch Israel des Antisemitismus geziehen hatten. Josef Schuster, der Präsident des Zentralrats der Juden in Deutschland, erklärte, dass „die schnelle und entschlossene Reaktion der Rundfunkanstalten ein klares Signal dafür ist, dass der zügellose Antisemitismus gegen Israel in Deutschland keinen Platz hat."[270] Im selben Jahr 2017 sagte die Freie Universität Berlin eine Lehrveranstaltung von Eleonora Roldán Mendívil ab, die sich offen gegen Verletzungen der palästinensischen Menschenrechte ausgesprochen hatte. Eine der Gruppen, die Lobbyarbeit gegen Mendívil betrieb, war eine Studentengruppe mit dem Namen „Gegen jeden Antisemitismus an der Freien Universität Berlin".[271]

Boykott der Boykotteure

Deutschlands formelle Definition der BDS-Bewegung als eine Form von Antisemitismus hat es ermöglicht, dass von deutschen staatlichen Institutionen Druck auf Banken sowie auf öffentliche, bildungspolitische, religiöse und kulturelle Organisationen und Räume in Berlin ausgeübt wurde, um jede Form von Unterstützung oder Plattform für Menschen zurückzuhalten, die BDS als ein legitimes Instrument im palästinensischen Kampf gegen die israelische Besatzung identifizieren.[272] Diese Strategie wurde von allen Befragten, ob sie BDS nun positiv oder negativ beurteilten, als „Boykott der Boykotteure" beschrieben. Wie Anette, Ende fünfzig und Wissenschaftlerin an einer der Berliner Universitäten, festhielt: „Wir haben sie schon einmal boykottiert, und wir können es uns nicht erlauben, dies wieder zu tun. Wir müssen die Boykotteure ‚boykottieren'". Ya'acov kommentierte stattdessen die „Ironie des Boykotts von Boykotteuren, die gewaltlose Gegner eines gewalttätigen Regimes sind".

Im August 2017 berichtete die *Jerusalem Post* über den Druck, den das Simon-Wiesenthal-Zentrum mit Sitz in Los Angeles auf Berlins Regierenden Bürger-

---

270 „Roger Waters Concerts Pulled Off Air in Germany over Anti-Semitism Accusations," Reuters, 29.11.2017.

271 Benjamin Weinthal, „German University Suspends Pro-BDS Professor," *Jerusalem Post*, 10.1. 2017.

272 Jewish Telegraphic Agency, „BDS Movement Deemed Anti-Semitic by State Office in Germany," *Times of Israel*, 4.9.2018.

meister Michael Müller ausübte, „den Bürgermeister der wohl wichtigsten europäischen Stadt".[273] Das Zentrum drohte damit, Müller auf seine Liste der zehn größten Antisemit*innen zu setzen, wenn er sich nicht öffentlich gegen BDS in Berlin stellte. Daraufhin erklärte Müller sein Engagement gegen BDS und setzte sich für die Antiboykott-Gesetzgebung ein, um dadurch die Aufnahme seiner Person in die Liste des Zentrums zu verhindern. Tatsächlich lobte das Simon-Wiesenthal-Zentrum im September 2017 Müllers offizielle Anprangerung der BDS-Initiative.[274] Das Zentrum zeigte sich zudem besorgt darüber, dass Müller die Al-Quds-Demonstration, die jedes Jahr in Berlin aus Solidarität mit den Palästinensern stattfindet, nicht verurteilte; parallel zur Al-Quds-Demonstration findet ein Gegenmarsch statt, der den Al-Quds-Marsch als ein vom Iran initiiertes antisemitisches Ereignis anprangert (Abbildung 33).[275]

Im Januar 2018 ging der Bundestag zu einer proaktiveren Haltung bei der Bekämpfung des Antisemitismus in Deutschland über, wobei man sich vor allem auf die Bekämpfung der BDS-Initiative richtete. Damit rückt Deutschland weiter in die Richtung der Kriminalisierung des Boykotts israelischer Institutionen und Produkte sowie der Proteste gegen illegale israelische Siedlungen in den Besetzten Palästinensischen Gebieten. Das Abgeordnetenhaus von Berlin erklärte BDS zu einer Form des Antisemitismus und jede Kritik an Israel als Bedrohung für jüdisches Leben in Deutschland. Daraufhin veröffentlichten vierzig jüdische Gruppen aus aller Welt eine Erklärung, in der sie die Gleichsetzung von Antisemitismus mit Kritik an Israel ablehnten und die von ihnen als „falsche Anschuldigungen" empfundenen Vorwürfe gegen BDS sowie Aussagen zum vermeintlichen Antisemitismus verurteilten.[276] Unter ihnen waren zwei deutsch-jüdische Gruppen: Die Jüdische Antifaschistische Aktion Berlin und die Initiative „Europäische Juden für einen gerechten Frieden in Deutschland".

Viele Deutsche, Israelis und Palästinenser, mit denen wir sprachen, zeigten sich alarmiert darüber, dass der deutsche Staat, aber auch deutsche Städte, Gemeinden und offizielle Behörden dazu benutzt werden, die Meinungsfreiheit zu unterdrücken, und dass es Bestrebungen gab, die BDS-Initiative in ein schlechtes

---

273 Benjamin Weinthal, „Berlin Mayor May Be Included on Top-Ten List of Antisemtic / Anti-Israel Cases," *Jerusalem Post*, 28.8.2017.
274 Simon Wiesenthal Center, „Wiesenthal Center Applauds Berlin Mayor for Denouncing Boycott Campaigns against State of Israel," 6.9.2017, http://www.wiesenthal.com/about/news/wiesenthal-center-applauds-19.html.
275 Weinthal, „Berlin Mayor May Be Included on Top-Ten List of Antisemitic / Anti-Israel Cases."
276 „First-Ever: 40-Plus Jewish Groups Worldwide Oppose Equating Antisemitism with Criticism of Israel," *Boycott, Divestment and Sanctions*, 17.7.2018, https://jewishvoiceforpeace.org/first-ever-40-jewish-groups-worldwide-oppose-equating-antisemitism-with-criticism-of-israel.

Abbildung 33: Anti-Al-Quds-Protestmarsch auf der Wilmersdorfer Straße in Charlottenburg, 8. Juni 2018, mit israelischer Flagge und Fahnen der Antifaschistischen Aktion. Fotografie von Sa'ed Atshan.

Licht zu rücken. „Jemanden als Sympathisanten der Boykottaufrufe gegen die israelische Besetzung zu bezeichnen, ist in Deutschland zu einem Mittel der Denunziation und Diffamierung geworden", sagte der Doktorand Rafi. Und Walid hielt fest: „Institutionen in Berlin befinden sich unter erhöhtem Druck, Individuen auf irgendwelche Hinweise auf Sympathien für BDS hin zu untersuchen, bevor ihnen Räumlichkeiten oder Mittel zur Verfügung gestellt werden können." Mehrere Personen berichteten, dass diese Gesinnungs-Checks überproportional bei People of Color durchgeführt werden. Jan, ein deutscher Künstler Anfang dreißig, erzählte uns: „Bei dieser Kunstausstellung, an der ich letztes Jahr teilnahm, haben die Organisatoren alle Künstlerinnen und Künstler aus Minderheitengruppen auf ihre Haltung zu BDS hin gescreent, bevor sie die endgültige Zustimmung zur Teilnahme erteilen; bei den anderen Deutschen haben sie das nicht getan. Und dann mussten alle ausstellenden People of Color eine Einverständniserklärung unterzeichnen, nach der sie Israel in keinem der öffentlichen Foren dieser Kunstinstitution kritisieren würden."

Viele äußerten die Ansicht, dass solche Maßnahmen ein Klima der Angst und Zensur in ganz Berlin geschaffen hätten. Oft wird der BDS-Initiative vorgeworfen, sie würde Gewalt und Antisemitismus befürworten. Unterstützerinnen und Unterstützer von BDS sehen sich dagegen als Teil der globalen Solidaritätsbewegung für Palästina, in der eine Strategie der Gewaltlosigkeit vorherrscht, die auch ganz entscheidend von vielen Juden und Israelis getragen wird. Gruppen wie die Jüdische Antifaschistische Aktion in Berlin setzen sich auch weiterhin für die Unterdrückung des palästinensischen Menschenrechtsaktivismus in Deutschland ein und schärfen das Bewusstsein dafür.

Versuche, einen Vortrag von Susan Slyomovics an der Freien Universität Berlin im Juni 2018 zu verhindern, machen deutlich, wie sehr die Redefreiheit in Deutschland unter Druck steht, wenn es um Fragen zu Israel/Palästina geht; zugleich zeigt dieser Fall die Bemühungen anderer – darunter Deutsche, Israelis und Palästinenser – deartigen Versuchen der Unterdrückung kritischer Stimmen zu widerstehen. Slyomovics ist die Tochter jüdischer Holocaust-Überlebender und eine angesehene amerikanische Anthropologin. In ihrem Vortrag „The Afterlives of *Wiedergutmachung:* Algerian Jews and Palestinian Refugees" stellte sie die Wiedergutmachungen nach dem Holocaust für jüdische Opfer – darunter auch ihre Großmutter und Mutter – dem Fall der israelischen Wiedergutmachung für palästinensische Flüchtlinge gegenüber. Gruppen in Deutschland, die den israelischen Staat unterstützen, lancierten eine Kampagne, um Druck auf die Freie Universität auszuüben, damit der Auftritt der Wissenschaftlerin auf dem Campus abgesagt würde. Dazu gehörten die Hochschulgruppe gegen jeden Antisemitismus Berlin, das Jüdische Forum für Demokratie und gegen Antisemitismus, Studentim: Jüdische Studierendeninitative Berlin, die Jüdische Studierendenunion Deutschland und das Junge Forum der Deutsch-Israelischen Gesellschaft Berlin und Brandenburg. Sie alle unterzeichneten einen Brief, in dem sie Slyomovics des Antisemitismus beschuldigten, auf ihre Unterstützung für BDS verwiesen und anführten, dass die Freie Universität auch in vorigen Fällen bereits entschieden hatte, Unterstützerinnen und Unterstützer der palästinensischen Sache auszuschließen, darunter Eleonora Roldán Mendívil (wie schon erwähnt), Lila Sharif, Pedram Shahyar und Andreas Schlüter.[277]

Der Brief berief sich auch auf den „3D-Test" für Antisemitismus, der manchmal bei dem Versuch angewandt wird, Kriterien dafür aufzustellen, welche Formen der Kritik an Israel als Antisemitismus gelten. Die drei „Ds" stehen für „Dämonisierung, Doppelmoral und Delegitimierung". Das Argument lautet, dass, wenn eine Person Israel dämonisiert, den Staat mit zweierlei Maß misst oder versucht, ihn zu delegitimieren, wir es ganz offensichtlich mit einem Fall des sogenannten neuen An-

---

[277] Zur Absage dieser Veranstaltungen siehe Judith Sevinç Basad, „Eine moralische Katastrophe," *Salonkolumnisten,* 6.6.2018, https://www.salonkolumnisten.com/eine-moralische-katastrophe/.

tisemitismus zu tun haben. Diejenigen, die versuchen, den 3D-Test durchzusetzen, unterscheiden sich oft von denjenigen auf der linken Seite, die *keine* Form von anti-israelischen Haltungen als Antisemitismus anerkennen, und von denjenigen auf der rechten Seite, die *alle* Formen von anti-israelischen Haltungen als Antisemitismus bezeichnen. Auch wenn die Befürworterinnen und Befürworter des 3D-Tests ihre Formulierungen selbst als differenziert betrachten, sind ihre Definitionen von Dämonisierung, Doppelmoral und Delegitimierung so weit gefasst, dass sich ihre Position faktisch nicht von der rechter Aktivist*innen unterscheiden lässt, die im Grunde alle Formen anti-israelischer Positionen als antisemitisch brandmarken. Konservative Befürworterinnen und Befürworter von Rassismus und Gewalt des israelischen Staates setzen gern Anschuldigungen der 3 Ds ein, wie der Brief gegen Slyomovics' Redefreiheit zeigt.

Wir streiten keineswegs ab, dass es Kritikerinnen und Kritiker Israels gibt, deren Kritik tatsächlich durch Antisemitismus eingegeben ist, und eine solche Motivation sollte klar benannt werden. Wir sehen aber auch, dass die Kriterien der 3 Ds auf eine verabsolutierende Weise angewandt werden können und dass der „Test" in der Praxis zu einem Mechanismus geworden ist, um einer wohldurchdachten Kritik an der israelischen Politik und den Aktionen für palästinensische Menschenrechte einen Maulkorb zu verpassen. Das ist so, als würde man jede Kritik des saudi-arabischen Staates als islamfeindlich bezeichnen, weil die Nennung von saudischen Menschenrechtsverletzungen das Königreich „dämonisiert" und „delegitimiert" und es außerdem mit „zweierlei Maß misst". Kein Staat, auch nicht Saudi-Arabien oder Israel, sollte vor Kritik gefeit sein, und Versuche, kritische Stimmen im Namen der Bekämpfung von Rassismus und Diskriminierung zu zensieren, entziehen dem wichtigen Kampf gegen tatsächliche Formen antijüdischer Meinungen und Handlungen Aufmerksamkeit und Ressourcen. Die Bemühungen, eine jüdisch-amerikanische Professorin und Tochter von Holocaust-Überlebenden in Berlin wegen ihrer Sorge über das Leiden der Palästinenser anzugreifen, gehen auf Kosten der Bekämpfung des wahren Antisemitismus in Deutschland. Antisemitismus mit der Tochter jüdischer Holocaust-Überlebender in Verbindung zu bringen, nur weil sie sich mit Palästinensern solidarisiert, kann selber als eine Form des Antisemitismus betrachtet werden.

Das Dahlem Humanities Center der Freien Universität entschied sich trotz Protesten, die Vorlesung von Slyomovics durchzuführen. Wir nahmen an dem Vortrag teil, der gut besucht war. Man spürte die Spannung im Raum, und das Sicherheitspersonal war gut sichtbar. Die Organisatorinnen und Organisatoren der Veranstaltung begannen mit einer Bekräftigung ihres Bekenntnisses zu akademischer Freiheit, was zu donnerndem Applaus des Publikums führte. Slyomovics hielt ihren Vortrag mit Selbstbewusstsein, einschließlich des Teils, in dem sie die Formen der Gewalt, denen Palästinenser unter israelischer Besatzung ausgesetzt sind, eingehend beschrieb und analysierte.

Mehrere Befragte führten aus, dass die Unterdrückung der palästinensischen Stimmen in Berlin viel massiver sei als die von Nichtpalästinensern, auch wenn beide die gleichen Ansichten vertreten. „Die meisten meiner Freunde teilen meine Ansichten über das Unterdrücken von Stimmen, die den gewaltlosen Kampf gegen die israelische Besatzung unterstützen", berichtete die Medizinstudentin Özge. „Meinen palästinensischen Freunden würde es aber nicht einmal im Traum einfallen, ihre Ansichten offen mitzuteilen. Für meine anderen Freunde, darunter Israelis, Türken und Deutsche, ist das viel weniger problematisch." Wie wir gesehen haben, gibt es durchaus deutsche Institutionen, die sich auf diese Weise gegen die Unterdrückung pro-palästinensischer Stimmen wehren. Diese Institutionen in Berlin können dem Druck etwas besser standhalten, der pro-palästinensische Stimmen – vor allem wenn sie von jüdischer oder israelischer Seite kommen – zum Schweigen bringen möchte.

Abbildung 34: Katharina Galor (rechts) stellt Sa'ed Atshan (links) anlässlich seines Vortrags „On Being Queer and Palestinian in East Jerusalem" am Berliner Institute for Cultural Inquiry vor. Fotografie von Claudia Peppel, ICI Berlin.

Intellektuelle Freiheit

Während unserer Feldforschung im Juli 2018 erfuhren wir das Klima von Zensur am eigenen Leibe. Sa'ed Atshan hatte schon zahlreiche Vorträge in Berlin gehalten, einschließlich an der Humboldt-Universität, der Freien Universität und beim Harvard Alumni Club; gemeinsam hatten Atshan und Katharina Galor außerdem einen Vortrag an der Humboldt-Universität gehalten. All diese Events verliefen reibungslos. Doch Atshans letzter öffentlicher Auftritt während unseres Forschungsaufenthalts, gemeinsam organisiert vom Jüdischen Museum und dem Institute for Cultural Inquiry (ICI) in Berlin, drohte zu scheitern (Abbildung 34).

Atshan war eingeladen worden, um über das Thema „On Being Queer and Palestinian in East Jerusalem" („Queer und Palästinenser sein in Ostjerusalem") zu sprechen. Der Vortrag war Teil einer Serie von kulturellen und bildungspolitischen Events als Rahmenprogramm der Ausstellung „Welcome to Jerusalem", die von Dezember 2017 bis April 2019 lief. Kurz nach der Ankündigung des Vortrags berichtete die angesehene *Süddeutsche Zeitung*, der israelische Botschafter Israels in Deutschland, Jeremy Issacharoff, habe den Direktor des Jüdischen Museums, Peter Schäfer, kontaktiert. Issacharoff brachte Schäfer gegenüber seine Ablehnung dieses palästinensischen Vortrags zum Ausdruck und verlangte die Absage des Events.[278] Atshan und Galor wussten von einem früheren Vorfall, bei dem die Philosophin Judith Butler, eine der weltweit prominentesten jüdischen Unterstützerinnen der palästinensischen Solidaritätsbewegung, eingeladen worden war, im Jüdischen Museum zu sprechen, und die Leitung des Museums anschließend unter Druck gesetzt wurde, die Veranstaltung abzusagen. Dieser Druck war eine Reaktion auf Butlers pro-BDS-Haltung. Der damalige Direktor, W. Michael Blumenthal, wehrte sich dagegen und erklärte, dass „das Museum zu politischen Fragen keine Stellung bezieht, weder in Deutschland noch in Israel oder anderswo [...]. Wir glauben, dass eine ausgewogene und faire Diskussion über Fragen im Zusammenhang mit unserem Auftrag wichtig und im öffentlichen Interesse ist."[279] Zu Butlers Vortrag kamen mehr Menschen als zu allen anderen Vorträgen in der Geschichte des Museums; laut der *Jerusalem Post* „nahmen mindestens 700 Personen an der Veranstaltung teil".[280] Und doch wurde Blumenthal von beiden Seiten kritisiert: Während Gerald Steinberg, ein Politikwissenschaftler von der Bar-Ilan-Universität, und andere in Berlin Blumenthal vorwarfen, er fördere eine kritische Sicht auf Israel, kritisierten ihn BDS-Anhängerinnen und -Anhänger dafür, dass er eine, wenn auch bescheidene, finanzielle Unterstützung der israelischen Botschaft für das Museum akzeptiert hatte.[281]

Mehrere unserer Befragten waren der Ansicht, dass Issacharoff unter enormem Druck stand, seine Loyalität gegenüber dem israelischen Staat sowie seine

278 Thorsten Schmitz, „Geschlossene Gesellschaft," *Süddeutsche Zeitung*, 15.6.2018.
279 Benjamin Weinthal, „Berlin Jewish Museum Event Calls for Israel Boycott," *Jerusalem Post*, 16.9.2012.
280 Weinthal, „Berlin Jewish Museum Event Calls for Israel Boycott".
281 Weinthal, „Berlin Jewish Museum Event Calls for Israel Boycott".

Effizienz als israelischer Botschafter in Deutschland unter Beweis zu stellen. *Haaretz* hatte 2017 berichtet, dass die Ernennung Issacharoffs einen Sturm der Entrüstung in Israel ausgelöst hatte.[282] Die Opposition verwies auf seinen Sohn, der sich zu einer führenden Persönlichkeit des öffentlichen Lebens in Israel entwickelt hat. Dean Issacharoff ist Sprecher von Breaking the Silence, einer israelischen Menschenrechtsorganisation, die sich aus ehemaligen israelischen Soldaten zusammensetzt; die Organisation sammelt Zeugenaussagen von Soldaten über die Menschenrechtsverletzungen, die sie während ihrer Teilnahme an der Besetzung Palästinas an palästinensischen Zivilisten begangen haben. Der israelische Staat hat Breaking the Silence zu einer feindlichen Organisation erklärt, und israelische Aktivist*innen und Persönlichkeiten des öffentlichen Lebens haben Dean Issacharoff und andere in seiner Organisation beschuldigt, „Lügner und Verräter" zu sein, „die darauf aus sind, den Staat Israel und die israelische Armee zu diffamieren".[283] Trotz der Aufrufe zu seiner Absetzung entschied sich die israelische Regierung schließlich doch, an der Ernennung Jeremy Issacharoffs festzuhalten.

Im April 2017 sagte der israelische Premierminister Benjamin Netanjahu ein Treffen mit dem deutschen Außenminister Sigmar Gabriel ab, weil Gabriel sich bei einem offiziellen Besuch in Israel/Palästina mit Breaking the Silence getroffen hatte, um Netanjahus Missbilligungen zu besprechen.[284] In der Zeit, als Atshans Vortrag im Jüdischen Museum geplant war, stand Dean Issacharoff erneut im Rampenlicht wegen seiner Arbeit für Breaking the Silence: Er war in einem Video zu sehen, das junge jüdische Amerikanerinnen und Amerikaner dazu ermunterte, gegen die Organisation von Reisetouren durch die Birthright Israel Foundation zu protestieren, die die israelische Besatzung unterstützen und palästinensische Stimmen und Erfahrungen völlig ausblenden.[285] Das Video verbreitete sich weltweit; es zeigt Teilnehmerinnen und Teilnehmer der Birthright-Tour, wie sie ihre Tour verlassen, um an einer anderen Exkursion teilzunehmen, und zwar in die Stadt Hebron im Westjordanland, wo sie Breaking the Silence besuchten und Dean Issacharoff treffen.[286] Nachdem er die amerikanischen Touristen begrüßt

---

282 Judy Maltz, „How Israel Is Trying to Break Breaking the Silence – and How It Could Backfire," *Haaretz*, 21.11.2017.
283 Maltz, „How Israel Is Trying to Break Breaking the Silence".
284 Siehe Ian Fisher, „Israeli Leader Cancels Meeting after German Official Visits Protest Group," *New York Times*, 25.4.2017.
285 Die Birthright Israel Foundation ist eine gemeinnützige Bildungsorganisation, die kostenlos zehntägige Touren für jüdische junge Erwachsene zu historischen Stätten in Israel anbietet.
286 Siehe „U.S. Jews Ditch Birthright Programme to [Join] Anti-Occupation Hebron Tour," Videoclip, 29.6.2018, https://www.youtube.com/watch?v=CtHCOkyV7v0.

und ihrem Protest Beifall gezollt hatte, berichteten er und andere ehemalige israelische Soldaten von den Angriffen gegen palästinensische Zivilisten, die sie auf
eben diesen Straßen verübt hätten. In gewisser Weise kann die Arbeit von Dean
Issacharoff mit Breaking the Silence als ein Bruch mit genau dem Schweigen
verstanden werden, das Jeremy Issacharoff mit seiner Arbeit in Berlin aufrechtzuerhalten sucht.

Nachdem Schäfer beschlossen hatte, Atshans Vortrag im Jüdischen Museum
abzusagen, wurde das Event in das mitorganisierende Institute for Cultural Inquiry verlegt. Zwei Tage vor der geplanten Veranstaltung deutete eine erste Ankündigung auf der Website des Jüdischen Museums an, dass technische
Schwierigkeiten den Wechsel des Veranstaltungsortes nötig gemacht hätten. Einen Tag später zog das Museum seine Unterstützung jedoch ganz zurück und
entfernte den Hinweis auf die Veranstaltung von seiner Website sowie von seiner
Facebook-Seite, auf der bereits mehr als fünfhundert Personen ihr Interesse an
einer Teilnahme bekundet hatten. Mitarbeiterinnen und Mitarbeiter des Jüdischen
Museums Berlin riefen Atshan an, um sich für die Absage und den Bruch der
getroffenen Vereinbarung zu entschuldigen. Auch Schäfer rief Atshan und Galor
an, um sein Bedauern auszudrücken. Galor hatte sich bereit erklärt, Atshan bei
der Veranstaltung vorzustellen und die Diskussion zu moderieren. Obwohl wir
uns darauf gefreut hatten, unsere palästinensische und deutsch-israelische
Wissenschaftspartnerschaft öffentlich zu präsentieren, und trotz aller Enttäu-
schung über diese Absage im letzten Moment ändert der Vorfall nichts an unserem
großen Respekt für das Jüdische Museum Berlin als Institution, insbesondere für
seinen lobenswerten öffentlichen Auftrag.

Der Vortrag im ICI war ein großer Erfolg: Der Saal war voll, und die Diskussion
über die palästinensische LGBTQ-Bewegung und ihre Verbindungen nach Ostjerusalem war vielschichtig. Im Anschluss an den Vortrag organisierte das ICI einen
Empfang auf der Dachterrasse seines schönen Gebäudes in Prenzlauer Berg, und
die angeregten Gespräche gingen bis spät in den Abend hinein. Viele Mitarbeiterinnen und Mitarbeiter des Museums sowie deutsche und israelische Journa-
listinnen und Journalisten in Berlin traten während der Veranstaltung an uns
heran, um uns mitzuteilen, wie erschüttert sie darüber waren, dass Schäfer den
Vortrag abgesagt hatte. Der herzliche Empfang, den wir im ICI erhielten, tat uns
gut.

In einem Artikel verwies der deutsch-jüdische Intellektuelle Micha Brumlik
eine Woche später neben anderen Vorfällen auch auf die Kontroverse um diesen
Vortrag, um sich gegen das Ersticken des kritischen Diskurses über Israel/Pa-
lästina in Deutschland zu wenden. Er beschrieb dieses Vorgehen als einen „neuen

McCarthyismus".[287] Mehrere Monate später, im September 2018, sprach der israelische Menschenrechtsanwalt Michael Sfard im Jüdischen Museum Berlin. Er
kritisierte die Leitung des Museums dafür, einen palästinensischen Sprecher aus
einem Raum auszuschließen, in dem jüdische und israelische Personen wie er
selber, auch wenn sie progressive politische Haltungen haben, willkommen sind.

Pop-Kultur

Die öffentlichen Debatten über die Zensur im Zusammenhang mit Israel/Palästina
in Deutschland finden international zunehmend Beachtung. So berichtete die
New York Times im Juli 2018 über die Kontroverse um die Ruhrtriennale 2018, ein
jährlich stattfindendes Musik- und Kunstfestival im Ruhrgebiet.[288] Die Organisation des Festivals hatte die schottischen Rapper Young Fathers zu einem Auftritt
eingeladen. Die Mitglieder der Gruppe, die die BDS-Bewegung unterstützen,
hatten sich im Jahr zuvor aus dem Berliner Pop-Kultur-Festival zurückgezogen,
um dagegen zu protestieren, dass die Organisation Geldsubventionen und Co-
Sponsorship von der israelischen Botschaft angenommen hatte. (Aus dem gleichen Grund zogen sich auch etliche andere Künstlerinnen und Künstler zurück,
die in dem Jahr in der Pop-Kultur auftreten sollten).

Deutsche Gruppen, die den israelischen Staat aktiv unterstützen, drängten
das Festival Ruhrtriennale 2018, die Rapper wieder auszuladen. Die Organisation
beschloss jedoch, die Young Fathers lediglich zu bitten, sich von BDS zu distanzieren. Diese lehnten ab, und die Einladung an sie wurde zurückgezogen. Daraufhin entschlossen sich sechs Künstlerinnen und Künstler, die bei der Ruhrtriennale auftreten sollten, ihre Auftritte abzusagen, um ihre Missbilligung der
verhängten Zensur zum Ausdruck zu bringen. Als auch die amerikanische Musikerin Laurie Anderson drohte, sich aus Solidarität mit den Young Fathers zu-
rückzuziehen, gab die Ruhrtriennale-Organisation eine Erklärung ab, in der sie
BDS ablehnten und zugleich ihre Entscheidung bekanntmachten, ihr Verbot für
BDS-Unterstützerinnen und -Unterstützer aufzuheben. Daraufhin luden sie die
Young Fathers erneut ein, die nun jedoch dankend ablehnten.

Ähnliche Kontroversen gab es auch beim Pop-Kultur-Festival in Berlin-
Prenzlauer Berg. Im August 2018 boykottierte die Organisation Berlin Against
Pinkwashing das Festival, weil die Festivalleitung Subventionen vom israelischen

---

287 Siehe Micha Brumlik, „Die Antwort auf Judenhass darf nicht die Neuauflage des McCarthyismus sein," *Tageszeitung*, 7.8.2018.
288 Siehe A. J. Goldmann, „An Eclectic Lineup at a Festival Dogged by Scandal," *New York Times*,
23.8.2018.

Staat angenommen hatte. Andere Aktivistinnen und Aktivisten, die auf demsel-
ben Festival an einer Podiumsdiskussion zu BDS teilnahmen, protestierten dagegen, dass die Veranstaltung niemanden von der BDS-Initiative selbst aufwies.
Der angesehene jüdisch-israelische Filmemacher Udi Aloni betrat die Bühne und
sprach leidenschaftlich darüber, wie beschämend er es fand, dass deutsche Unterstützerinnen und Unterstützer der Pop-Kultur und auch der Staat Israel BDS-
Aktivist*innen und progressive Israelis wie ihn als antisemitisch bezeichneten.[289]
Ein Palästinenser, der sich nicht selbst als solcher zu erkennen gab, betrat
ebenfalls die Bühne, um das Panel zu stören, und schloss sich mehreren anderen
Demonstrierenden an, die ihre Stimme gegen den Ausschluss von Palästinsern
aus dem Panel erhoben, ein Ausschluss, für den sie rassistische Motive geltend
machten. Der palästinensische Demonstrant wandte sich dann direkt an die Pa-
nelmitglieder und sagte: „Wir wollen, dass unsere Stimmen gehört werden. Wir
sind BDS – die größte Bewegung; es ist die einzige legitime Bewegung in Palästina
mit gewaltlosen und anerkannten Kommunikationsmethoden. Ich bin aus Gaza."[290] Das Publikum saß meist still und erstarrt, während Zwischenrufer begannen, die Demonstranten anzuschreien. Dies sorgte für zusätzliche Spannung
in den Debatten um das Pop-Kultur-Festival und beeinflusste die Frage, wie man
es zukünftig mit der Finanzierung der Organisation halten solle und wie es um die
Meinungsfreiheit in Berlin gestellt sei. Die Demonstrierenden zwangen das Publikum, sich damit auseinanderzusetzen, wie Palästinser im moralischen
Dreieck von Deutschen, Israelis und Palästinsern unsichtbar gemacht werden.

In einem Artikel in der *New York Times* erläutern Melissa Eddy und Alex
Marshall, dass der Boykott des jüdischen Staates Israel in Deutschland besonders
prekär ist, weil die Deutschen ihn mit dem Boykott von Juden während des
Holocausts assoziieren. In den 1930er Jahren riefen jüdische Organisationen in
Europa und den Vereinigten Staaten „zu einem Wirtschaftsboykott von Nazi-
deutschland auf", schreiben sie. Die Deutschen „starteten daraufhin einen Ge-
genboykott jüdischer Geschäfte und verstärkten die antisemitische Verfolgung".[291] Deshalb „beschwören Boykottaufrufe gegen Israel [heute] Parallelen zu
[einer Zeit] herauf, in der Davidsterne auf jüdische Schaufenster geschmiert
wurden." Boykotte in Deutschland sind daher eine „schwierige Form des Protests", denn sie erinnern an das, was im Grunde „der erste Schritt der Nazis gegen

289 Für den Post auf Facebook, siehe https://www.facebook.com/udi.aloni/videos/
10155997805533305.
290 Für den Post auf Facebook, siehe https://www.facebook.com/BoycottPopKulturFestival/vide
os/477646199313840.
291 Melissa Eddy und Alex Marshall, „Unwelcome Sound on Germany's Stages: Musicians Who
Boycott Israel," *New York Times*, 1.7.2018.

eine ethnische Minderheit" war.[292] Der Journalist Ármin Langer vertrat im Gespräch mit uns eine andere Position: Als in Deutschland lebender Jude empfindet
er es als einen Affront gegen die Erinnerungen und Kämpfe deutscher Juden, die
unter der wirtschaftlichen Gewalt und den Pogromen der Nazis gelitten hatten,
wenn man sie mit Menschen vergleicht, die aus Gewissensgründen mächtige israelische Staatsinstitutionen boykottieren wegen deren Unterdrückung von Palästinensern und der Besetzung ihres Landes. Obwohl Langer sich nicht an der
BDS-Bewegung beteiligt, lehnt er Charakterisierungen ab, die sie mit den Nazis in
Verbindung bringen.

Absagen von Auftritten bei Festivals wie Pop-Kultur werden in den Kreisen der
palästinensischen Solidaritätsgemeinschaft begeistert aufgenommen. So feierte
die BDS-Bewegung im Mai 2018 die britische Band Shopping für ihren Rückzug
aus dem Pop-Kultur-Festival in Berlin wegen „der Zusammenarbeit des Festivals
mit der israelischen Regierung [...] um die israelische militärische Besetzung zu
normalisieren und zu übertünchen." Der Folksänger Richard Dawson erklärte:
„Selbst wenn meine Auftritte bei Pop-Kultur auch nur im Geringsten bedeuten
würden, dass ich eine solche Regierung unterstütze, kann ich meine Musik oder
meinen Namen nicht mit gutem Gewissen dafür hergeben." Die walisische Musikerin Gwenno sagte: „Ich erkläre mich solidarisch mit dem palästinensischen
Volk, der israelischen Friedensbewegung und all jenen, die sich dem Imperia-
lismus und der Unterdrückung widersetzen."[293] Solche Personen haben Probleme
mit Festivals, die Gelder und Co-Sponsoring von israelischen staatlichen Institutionen annehmen. Diese Künstlerinnen und Künstler folgen dann dem Aufruf
der palästinensischen Zivilgesellschaft, solche Initiativen zu boykottieren, um
gegen Israels Verletzungen der palästinensischen Menschenrechte zu protestieren. Im Zuge unserer Interviews in Berlin kam es immer wieder zu Diskussionen
über die Ethik und Wirksamkeit solcher Aktionen. Während einige sich gegen den
Boykott wandten, sagten etliche pro-palästinensische Aktivist*innen mit unterschiedlichen nationalen und religiösen Hintergründen, sie würden den Boykott
von Foren wie Pop-Kultur unterstützen, und zwar wegen der Zusammenarbeit mit
der israelischen Botschaft und der Verwendung des israelischen Regierungslogos
in der Öffentlichkeitsarbeit.

---

292 Eddy und Marshall, „Unwelcome Sound on Germany's Stages".
293 Siehe Palestinian Campaign for the Academic and Cultural Boycott of Israel, „Shopping,
Richard Dawson and Gwenno Withdraw from Pop-Kultur Festival over Israeli Embassy Sponsorship," BDS Website, 25.5.2018.

Deutsche, Israelis und Palästinenser zur öffentlichen Kritik an Israel

Die meisten Deutschen, die wir trafen, hatten große Probleme mit der öffentlichen Kritik an Israel und erst recht mit dem Gutheißen von Boykotten. Einige von ihnen unterstützten den israelischen Staat und waren gegen jede Kritik an Israel. Dazu gehörten auch einzelne, die mit voller Überzeugung den Boykott der Boykotteure unterstützten – also all jene zu boykottieren, die mit der BDS-Bewegung in Zusammenhang standen, um damit deren vermeintliche Heuchelei zu entlarven. Der Psychoanalytiker Martin erläuterte: „Wenn BDS-Unterstützer nicht boykottiert werden wollen, dann sollten auch sie nicht zum Boykott von anderen aufrufen." Andere Deutsche unterstützen zwar öffentliche Kritik an Israel, doch nicht die BDS-Initiative. Corinna, eine Journalistin in ihren Vierzigern, sagte zum Beispiel: „Ich habe viel Kritik an Israel, vor allem an der Tatsache, dass es Palästinenser wie Bürger zweiter Klasse behandelt – ganz zu schweigen von den Checkpoints und der militärischen Besatzung. Aber ich bin nicht so sicher, was die Boykottbewegung angeht. Ich habe Probleme damit, dass ein solcher Boykott auch die wissenschaftlichen und kulturellen Kreise sowie Einzelpersonen betrifft." Andere Deutsche sprachen sich für BDS aus. Stefan, der Politologiestudent, meinte: „Ich habe nichts unterschrieben, und ich bin nicht echt ein Aktivist. Aber ich mag die Bewegung schon. Ich denke, das ist der richtige Weg, um Dinge zu verändern. Vor allem gefällt es mir, dass dies eine gewaltlose Widerstandsbewegung ist."

Die meisten Deutschen, die der israelischen Politik kritisch gegenüberstehen, schienen ohne weiteres bereit, solche Meinungen im Privaten und vertraulich zu äußern, haben jedoch Probleme damit, dies öffentlich zu tun. Jürgen, der bei einer Tankstelle arbeitet, sagte, er würde es nicht wagen, sich öffentlich über Juden oder über Israel zu äußern, denn „manchmal frage ich mich, ob ich ein antijüdisches Vorurteil geerbt habe, das vielleicht meine Haltung zu Israel beeinflusst". Simone, eine Wissenschaftlerin Ende vierzig, sagte: „Rational weiß ich, dass Israel das palästinensische Volk brutal unterdrückt. Dessen bin ich mir vollkommen bewusst. Doch mein Bauch lässt mich zögern, wirklich weiterzudenken, was das genau bedeutet. Ich habe die Sorge, dass hier vielleicht ein unbewusster Antisemitismus im Spiel ist, wenn wir [Deutsche] uns mit dem [israelisch-palästinensischen] Konflikt beschäftigen. Als eine Deutsche kann ich meinem moralischen Urteilsvermögen in dieser Sache nicht trauen oder meiner klaren Unterscheidung zwischen rational und irrational. Bei dieser Frage kann ich mir selber nicht vertrauen." Johannes, ein Kulturschaffender in seinen Dreißigern, sagte:

> Ich sympathisiere mit BDS. Ich weiß, dass es gewaltlos ist, dass es auf internationalem Recht gründet und dass viele unterdrückte Menschen aus völlig erklärbaren Gründen von diesem

Mittel Gebrauch machen. Doch ich würde das niemals, niemals zu irgendjemandem sagen. Ich kann gar nicht verhindern, dass, wenn ich von Boykott rede, dies in Zusammenhang mit dem Boykott gebracht wird, den Deutsche, vor mir, als Nazis gegen Juden anzettelten. Darüber muss ich mir immer im Klaren sein, und deshalb halte ich den Mund. Deutsche sollten die Letzten sein auf der Welt, die Israel kritisieren, und vielleicht sollten wir das auch überhaupt nicht tun.

Diese Art der Selbstzensur gegenüber der BDS-Bewegung und der Kritik an Israel im Allgemeinen war unter den Deutschen, denen wir begegnet sind, ziemlich weit verbreitet.

Ein Fall aus jüngster Zeit veranschaulicht das Ausmaß der Zensur in Deutschland bei diesen Fragen sowie die Möglichkeiten, auf sie aufmerksam zu machen und sich damit ihrer Logik und Reichweite zu widersetzen. Björn Gottstein, Direktor der Donaueschinger Musiktage, die im August 2018 abgehalten wurden, lehnte eine Einsendung des jüdischen Komponisten Wieland Hoban ab. Hoban hatte ein Musikstück geschaffen, das über den Gazastreifen und die dortige Militäroffensive Israels reflektiert und dabei Zeugenaussagen eines israelischen Soldaten einbezieht, der an der Militäraktion beteiligt war. In einem Blog-Beitrag, der sich massiv verbreitete, besprach Hoban diesen Fall von Zensur und zitierte die Erklärung, die Gottstein für die Ablehnung seines Stücks geschickt hatte: „Er machte mir unmissverständlich klar, dass er, obwohl er den Komponistinnen und Komponisten freie Hand bei der Verwendung politischer Inhalte gebe, keine Kritik an Israel auf dem Festival dulden und dass er verhindern würde, dass ein Stück ins Programm aufgenommen würde, das eine solche Kritik enthält."[294] Hoban beendete seinen Artikel folgendermaßen:

> Ich halte es für inakzeptabel, dass eine öffentliche Debatte durch Zensur verhindert wird, egal um welches Thema es geht. Als Angestellter eines öffentlichen Rundfunksenders sollte Herr Gottstein nicht in der Position sein, die Diskussion eines bestimmten Themas aufgrund seiner persönlichen Überzeugungen zu verhindern. Natürlich können Kuratorinnen und Kuratoren entscheiden, welche Projekte sie für produktiv oder interessant halten; hier geht es jedoch nicht um ein bestimmtes Projekt oder eine bestimmte Person, denn Gottsteins Worte stellen ein grundsätzliches Verbot dar, das für alle Komponistinnen und Komponisten gilt, die sich mit diesem Thema befassen möchten. Ich und meine Kolleginnen und Kollegen [...] sind der Meinung, dass dies nicht toleriert werden kann. Wir glauben, dass die Kunst ein Forum für den freien Austausch von Ideen sein muss und lehnen jede Form der Zensur ab.[295]

---

294 Siehe Wieland Hoban, „Censorship in Donaueschingen," Blogpost, 15.8.2018, https://wie landhoban.wordpress.com/2018/08/15/censorship-in-donaueschingen.
295 Hoban, „Censorship in Donaueschingen".

Mehr als hundert deutsche, israelische und andere Musiker*innen, Künstler*innen und Intellektuelle unterzeichneten Hobans offenen Brief und viele weitere baten in Kommentaren darum, ihre Namen hinzuzufügen. Die große Aufmerksamkeit, die diesem Vorfall gewährt wurde, die Bereitschaft des Komponisten, offen über solche Praktiken zu sprechen, und der Widerstand, auf den Gottstein stieß, sind erstaunlich. Während der Ausschluss von Hobans Arbeit wegen ihrer Solidaritätserklärung mit den Palästinensern aufrechterhalten wurde, hat dieser Vorfall, der so hohe Wellen geschlagen hat, ein erhöhtes Bewusstsein dafür geschaffen – vor allem unter Angehörigen der deutschen Elite – dass es hoch problematisch ist, wie der Diskurs zu Israel/Palästina im öffentlichen Raum geführt wird. In vielerlei Hinsicht ist dieser Wandel unvermeidlich, stellt Zensur doch ein unhaltbares Mittel in einer freiheitlichen Demokratie dar, in der die demokratischen Institutionen so stark etabliert sind.

Dennoch sind die Deutschen weder monolithisch noch statisch. Einige, wie der in Chile geborene deutsche Produzent elektronischer Musik und DJ Ricardo Villalobos, haben BDS offen und konsequent unterstützt (Villalobos weigert sich, in Israel aufzutreten, um damit gegen die Besetzung der Palästinensischen Gebiete zu protestieren). Andere, darunter die deutsche Tama Sumo, Haus-DJ des Berliner Berghain Clubs, haben ihre Haltung gegenüber BDS geändert. Sumo, lange Zeit eine Unterstützerin des Boykotts, beschloss kürzlich, in Israel aufzutreten, und „spendete dann den Erlös ihres Tel Aviv-Sets an eine Organisation für Menschenrechte in den Besetzten Gebieten."[296]

Die Israelis, die wir interviewt haben, waren in Fragen der deutschen öffentlichen Kritik an Israel zwar im Allgemeinen geteilter Ansicht, doch BDS gegenüber waren sie weitgehend misstrauisch. Einige standen der Bewegung wohlwollend gegenüber, und einige nutzten ihren Status als jüdische Israelis, um der deutschen Öffentlichkeit die Bewegung besser zu erklären und gegen die Stigmatisierung von BDS in Berlin anzugehen. Eine Inspirationsquelle für solche israelischen Menschenrechtsaktivist*innen ist Daniel Boyarin, ein Religionshistoriker und Professor für Talmud-Kultur an der University of California, Berkeley. Boyarin ist ein praktizierender orthodoxer Jude und ein unverblümter Anhänger von BDS. Er hat die Deutschen ausdrücklich aufgefordert, BDS-Anhänger*innen nicht als antisemitisch zu bezeichnen.[297] Einige der von uns interviewten Israelis in Berlin, die der israelischen Politik kritisch gegenüberstehen, sind irritiert, wenn Deutsche sie als antisemitisch bezeichnen, aber sie fühlen sich ermutigt durch die

296 Idit Frenkel, „We May Be Reaching the Day When the Boycott Movement Bursts the Escapist Bubble of Israel's Nightlife," *Haaretz*, 7.9.2018.
297 Daniel Boyarin, „Freunde Israels, boykottiert diesen Staat!," *Frankfurter Rundschau*, March 3, 2017.

wachsende Zahl von Deutschen, die im privaten Gespräch bereit sind, Israel zu kritisieren, vor allem in der jüngeren Generation. Nichtsdestotrotz haben die meisten Israelis nach wie vor ein Unbehagen, wenn Deutsche Israel kritisieren. Wie uns Michal, Ende dreißig und Lehrerin an einer jüdischen Schule, erklärte: „Ich bin nicht immer glücklich darüber, wie es in Israel so läuft. Ich bin oft kritisch. Aber es ist eine Sache, wenn ich als Israelin Israel kritisiere, und etwas ganz anderes, wenn ein Deutscher Israel kritisiert." Manche Israelis erwarten von Deutschen, dass sie Israel unterstützen; andere erwarten zumindest stille Zurückhaltung, wenn schon nicht Solidarität. Selbst unter den Israelis, die mehr öffentliche deutsche Kritik an der israelischen Politik sehen wollen, sprachen mehrere in unseren Interviews darüber, dass es für sie tief im Inneren schmerzhaft sei, harsche Kritik von Deutschen zu hören, denn die Vergangenheit bleibe allgegenwärtig. Yoni, ein Musiker Ende zwanzig, der ein Jahr zuvor nach Berlin gezogen war, sagte: „Einerseits finde ich, dass die Deutschen sich von der Last der Vergangenheit befreien und kein Problem damit haben sollten, Israel für all das Unrecht, das es tut, zu kritisieren. So fühle ich mich, wenn ich nur auf meinen Kopf höre. Aber manchmal kommen meine Gefühle zum Vorschein und sind stärker als meine rationale Seite, und dann denke ich, sie [die Deutschen] haben nicht wirklich das Recht, etwas Schlechtes über Israel zu sagen." Bei solchen Ambivalenzen ist es wichtig, nicht im moralischen Dreieck dieser Debatten verloren zu gehen. Hinzu kommt, dass man bei diesen Themen kaum das Emotionale vom Rationalen, das Unbewusste vom Bewussten trennen kann.

Einige Israelis, die dem rechten Milieu in Israel kritisch gegenüberstehen, berichteten, dass sie bei ihrer Ankunft in Berlin enttäuscht waren, weil sie einen liberalen und offenen Umgang mit Populismus und Nationalismus erwartet hatten, stattdessen aber ein Umfeld entdeckten, das Kritik am israelisch-palästinensischen Konflikt zensiert. Eine von ihnen war Hila Amit, eine israelische Jüdin, die sich als Dissidentin des israelischen Staates bezeichnet. Im Juli 2018 meldete sie sich für die Teilnahme an einer israelischen LGBTQ-Filmvorführung an, die von der israelischen Botschaft in Berlin gesponsert wurde. Doch als sie am Veranstaltungsort eintraf, teilten ihr die Sicherheitsbeamten mit, dass ihr keine Sicherheitsfreigabe für die Teilnahme an der Veranstaltung erteilt worden war. Als sie nach dem Grund fragte, wiederholte man an der Rezeption lediglich, dass man die Anweisung erhalten habe, ihr keinen Zugang zu gewähren. Amit wies auf ihr schlichtes, leichtes Kleid, um zu zeigen, dass sie keine Waffen habe und eindeutig keine Bedrohung darstelle, und äußerte sich irritiert darüber, dass ihr als lesbische Israelin der Zugang zu einem israelischen LGBTQ-Raum verwehrt werde. Da sie den Ort nicht wie aufgefordert sofort verließ, wurde sie von der deutschen Polizei verhaftet. Amit vertraute uns an, dass es eine erschütternde Erfahrung gewesen sei, in Deutschland schlecht behandelt zu werden, nur weil sie sich der

Politik des israelischen Staates widersetzte, und dass sie das Gefühl hatte, die Repression des israelischen Staates habe sie bis nach Berlin verfolgt.

Amit war nicht mit der queeren Aktivist*innengruppe Berlin against Pinkwashing verbunden. Einige Mitglieder dieser Gruppe protestierten jedoch außerhalb des Veranstaltungsortes, und mehrere andere unterbrachen die Vorführung im Inneren, um die Verquickung der Veranstaltung mit der israelischen Botschaft zu kritisieren. Eine von ihnen, die sich als jüdisch bezeichnet, sprach über ihre Solidarität mit den Palästinensern und erzählte, dass ihr Vater im Berliner Stadtteil Charlottenburg geboren worden und ihr Großvater im Konzentrationslager Buchenwald gewesen sei. Nachdem mehrere Personen im Publikum sie angeschrien und aufgefordert hatten, die Veranstaltung zu verlassen, rief sie „Freiheit für Palästina!" Sie und ihre Mitstreiter*innen äußerten ihre Empörung darüber, wie Amit behandelt worden war, verließen dann die Vorführung und schlossen sich der Demonstration draußen an.[298]

Ähnlichkeiten zwischen der israelischen und deutschen Haltung zur Kritik an der israelischen Politik wurden deutlich, als 2018 zwei Zeitungskarikaturisten – ein israelischer und ein deutscher – entlassen wurden. Im Mai entließ die *Süddeutsche Zeitung* Dieter Hanitzsch, weil er den israelischen Ministerpräsidenten Benjamin Netanjahu gezeichnet hatte, wie er Israels Sieg beim Eurovision Song Contest feierte, während er eine Rakete mit einem Davidstern darauf in der Hand hielt. Die Kritiker*innen von Hanitzsch argumentierten, die Karikatur sei antisemitisch, weil sie „Netanjahu mit einer übergroßen Nase, Ohren und Lippen darstellt". Außerdem suggeriere der Stern auf der Rakete, dass sich „hinter jedem Krieg jüdische Interessen verbergen".[299] Hanitzsch antwortete, seine Karikatur richte sich gegen den israelischen Staat und ziele nicht darauf ab, antijüdische Stereotype zu verstärken. Felix Klein, der Antisemitismus-Beauftragte der Bundesregierung, meinte, die Karikatur erinnere an „die unerträglichen Darstellungen der Nazi-Propaganda".[300] Einige unserer Befragten hielten „antisemitisch" für eine angemessene Beschreibung der Karikatur, und Hanitzsch hätte das Bild ihrer Meinung nach nicht veröffentlichen sollen. Christiane zum Beispiel sagte: „Das ist ein zu ernstes Thema in Deutschland, als dass wir es zu etwas ‚Lustigem' machen

---

298 Für eine Zusammenfassung der Ereignisse aus der Sicht der BDS-Bewegung siehe „Protest vor dem Kino Babylon in Berlin gegen die israelische Queer Movie Night," BDS-Kampagne Website, 28.7.2018, http://bds-kampagne.de/2018/07/28/protest-vor-dem-kino-babylon-in-berlin-gegen-die-israelische-queer-movie-night.
299 „Top German Newspaper Fires Cartoonist for Using Anti-Semitic Stereotypes," Jewish Telegraphic Agencies and Affiliates, 17.5.2018.
300 „German Paper Axes Cartoonist over Controversial Netanyahu Drawing," *Times of Israel*, 17.5.2018.

könnten. Wir [Deutsche] können es uns nicht erlauben, diese Grenzen zu über-
schreiten, die uns an ein Kapitel erinnern, das wir so sehr bemüht sind, hinter uns
zu lassen." Andere waren jedoch der Meinung, die Beschreibung der Karikatur als
„antisemitisch" sei eine Form der Zensur, und sich über Netanjahu lustig zu
machen, dürfe nicht verboten werden. Der schwule politische Aktivist Aryeh
kommentierte: „In Israel machen wir uns ständig über Netanjahu lustig. Du
solltest dir mal *Eretz Nehederet* [„Ein wunderbares Land", eine satirische israelische Fernsehshow] ansehen, die sich seit Jahren über Bibi [Benjamin Netanjahus
Spitzname] lustigmacht. Er trat sogar selber einmal in der Sendung auf. Warum
sollte eine deutsche Zeitung einen talentierten Karikaturisten feuern, weil er sich
über Bibi lustig gemacht hat? Diese Art der Zensur ist wirklich gefährlich."

Dann, im Juli desselben Jahres, trennte sich die israelische Zeitung *Jerusalem
Post* von Avi Katz, weil er Netanjahu und andere israelische Politiker um ihn
herum als Schweine gezeichnet hatte, wobei er sich auf George Orwells *Farm der
Tiere* berief mit der Überschrift „Alle Tiere sind gleich: Aber einige sind gleicher
als andere."[301] Katz' Karikatur war als Kommentar zu dem gerade verabschiedeten
israelischen Nationalstaatsgesetz gedacht, das Privilegien für jüdische Israelis auf
Kosten von Minderheiten festschrieb. Nissim Hezkiyahu, der Gründer des Zei-
chentrickfestivals von Tel Aviv, kommentierte: „Im Zusammenhang mit der mes-
sianisch/religiös/nationalistischen Polemik, die Israel überzieht, und angesichts
der aufgeheizten öffentlichen Stimmung bekommen wir jetzt die Entlassung eines
Karikaturisten von einer Zeitung, und zwar als Reaktion auf eine legitime und
mutige Karikatur, die dem Herausgeber nicht gefiel (die aber in seiner Zeitung
veröffentlicht wurde)."[302] Andere gaben zu bedenken, dass solche Bilder antisemitische Tropen der Vergangenheit heraufbeschwören, und beschuldigten Katz
des Antisemitismus und des „Selbsthasses" als jüdischer Israeli.

Im September 2018 löste Itay Tiran, Israels „Theaterregisseur Nummer eins",
mit seiner Auswanderung nach Deutschland Schockwellen aus.[303] In einem Interview mit *Haaretz* bezeichnete er BDS als „völlig legitime Form des Widerstands" und sagte, dass „eine normale politische Linke BDS unterstützen sollte".
Ferner beschrieb er den Zionismus als eine Form von „Rassismus" und „Kolonialismus" und fügte hinzu: „Deshalb müssen wir der Wahrheit ins Gesicht sehen

---

301 Itay Stern, „Jerusalem Post Fires Cartoonist over Caricature Mocking Netanyahu, Likud
Lawmakers," *Haaretz*, 26.7.2018.
302 Siehe Stern, „Jerusalem Post Fires Cartoonist over Caricature Mocking Netanyahu, Likud
Lawmakers".
303 Siehe Ravit Hecht, „Itay Tiran, Israel's Number 1 Theater Actor-Director: BDS Is a Legitimate
Form of Resistance," *Haaretz*, 5.9.2018.

und uns dann für eine Seite entscheiden."[304] Die Ausreise von Tiran lenkt die Aufmerksamkeit auf die große Zahl progressiver Israelis, die Israel verlassen haben, aber auch auf den Status Deutschlands als eines der größten Aufnahmeländer für israelische Einwanderer. Die Tabus jedoch, die Tiran berührte, als er seine Unterstützung für BDS und seine Ablehnung des Zionismus bekanntgab, sind in Deutschland heute nicht weniger tabu. Aus der Sicht vieler Deutscher in Berlin waren Tirans Aussagen antisemitisch. Ob er in Deutschland selber das Opfer von Zensur werden wird oder aber, als jüdischer Israeli, Wege findet, diese Zensur zu überwinden, wird Aufschluss über die nächste Phase in der moralischen Dreiecksbeziehung Deutschlands zu Israelis und Palästinensern geben.

Die von uns interviewten Palästinenser haben meist das Gefühl, dass ihre Stimmen und Erfahrungen in diesen Debatten zwischen Deutschen und Israelis untergehen. Sie sind frustriert über die Unterstützung der Deutschen und Israelis für Israel und finden das Klima der Zensur in Berlin erstickend; zugleich sind sie den Israelis und Deutschen dankbar, die den hegemonialen Mainstream-Diskurs über Israel/Palästina, der die Palästinenser ihrer Humanität beraubt, in Frage stellen. Obwohl sie Angst haben, dies selber offen anzusprechen, sind viele Palästinenser der Meinung, dass die Allianz Deutschlands mit dem israelischen Staat kritisch hinterfragt werden müsse und dass Vorwürfe des Antisemitismus nicht länger dazu benutzt werden dürften, diejenigen zum Schweigen zu bringen, die sich für die palästinensischen Menschenrechte einsetzen. Ein Interviewpartner, Muhsin, ein palästinensischer Doktorand im Fach Internationale Entwicklung an einer Berliner Universität, sagte, dass es ihm „nicht erlaubt war, das Wort ‚Palästina' oder ‚Besatzung' zu verwenden", als er für eine deutsche Institution im Westjordanland arbeitete. „Eigentlich hatte ich das Gefühl, endlich integriert zu sein und so akzeptiert zu werden, wie ich bin, doch da kamen sie [die Deutschen] und sagten mir, wie ich mein Land und die Situation dort beschreiben sollte. Erst seit ich in Berlin bin, kann ich diese Art von Zensur in einen größeren Zusammenhang stellen. Auch hier müssen wir aufpassen, wie wir über unser Heimatland sprechen." Muhsin erzählte uns auch, dass er seine Dissertation über palästinensische Flüchtlinge in Berlin schreiben wolle, aber man habe ihn gebeten, sich stattdessen auf palästinensische Flüchtlinge im Nahen Osten zu verlegen. Mehrere deutsche Fakultätsmitglieder hatten die Befürchtung, er könne daran interessiert sein, seinen wissenschaftlichen Blick und möglicherweise auch seine Kritik auf den Umgang Deutschlands mit Einwanderern und Flüchtlingen zu richten; es fühlte sich an, als ob man ihm zu verstehen gab, dass ihm als Ausländer diese Art von Privileg nicht zustehe.

---

304 Hecht, „Itay Tiran, Israel's Number 1 Theater Actor-Director".

Die meisten Palästinenser äußerten sich pessimistisch über ihre Position innerhalb der deutschen Gesellschaft und sagten, dass sie nicht erwarten, dass antiarabischer Rassismus und Islamfeindlichkeit in absehbarer Zeit abnehmen werden. Viele sind sich zudem des stetigen Anstiegs des rechtsextremen Populismus im Land – auch in Berlin – bewusst und äußerten sich besorgt über ihre Zukunft. Nur eine unserer palästinensischen Gesprächspartnerinnen vertrat eine andere Position in Bezug auf Israel: Maha, eine Grafikdesignerin Anfang dreißig, schien den hegemonialen Diskurs und die Ideologie verinnerlicht zu haben, die die deutsche Politik und Gesellschaft mit Israel verbindet. Sie machte sich wenig Sorgen über Islamfeindlichkeit, aber desto mehr über Antisemitismus, und sie äußerte scharfe Kritik an BDS und an der palästinensischen Führung und Gesellschaft. Sie drückte außerdem ihre klare Unterstützung für das demokratische System in Israel aus, das sie nach dem Holocaust als notwendig erachtet. Maha ist eindeutig eine Ausnahme in der vielschichtigen palästinensischen Bevölkerungsgruppe, der wir in Berlin begegnet sind.

Unser allgemeiner Eindruck, den wir durch unsere Treffen mit den Palästinensern in Berlin gewannen, war, dass sie hauptsächlich um rechtliche und wirtschaftliche Absicherung kämpfen. Diese Mehrheit macht die Erfahrung, sich aus dem öffentlichen und politischen Leben zurückziehen zu müssen, wenn es um Fragen geht, die Israel und die israelische Politik betreffen – was schmerzlich ist, aber auch als notwendig erachtet wird. Die kleine Minderheit, die über das soziale und politische Kapital verfügt, um sich mit diesen Themen offen auseinanderzusetzen, hat das Gefühl, dass sie mit Vorsicht und Umsicht agieren muss, will sie nicht Gefahr laufen, ihre Karriere und wirtschaftliche Sicherheit zu verlieren.

Die Antideutschen und das deutsche Schweigen

Die Beweise, die wir in Berlin für die Zensur in der Palästina-Frage gefunden haben, lassen sich nicht leugnen. Die radikal antinationalistische deutsche Antideutsche Aktion Berlin stellt zwar eine Randgruppe dar, die auf nur fünfhundert bis dreitausend Mitglieder geschätzt wird (von denen einige in Österreich aktiv sind), aber ihre Ideologie, die auf der bedingungslosen Unterstützung Israels und der Ablehnung des Antizionismus beruht, steht im Einklang mit dem heutigen deutschen Hegemonialdiskurs und der deutschen Israel/Palästina-Politik.[305] Politische Parteien des gesamten Spektrums in Berlin fordern Loyalität gegenüber

---

305 „Strange Bedfellows: Radical Leftists for Busch,“ *Deutsche Welle*, 25.10.2006.

Israel. In vielen unserer Gespräche wurde die kontraproduktive Rolle der Antideutschen thematisiert, die für die Institutionalisierung der Zensur in Deutschland agitieren. Der Medizinstudent Fadi sagte: „Ich habe das Gefühl, dass die Antideutschen mir grundsätzlich meine Humanität absprechen." Danny, ein deutscher Jude Mitte dreißig, teilte uns mit, wie beunruhigt er war, als er sah, wie Aktivist*innen der Antideutschen eine israelische Buchhandlung in Berlin bedrohten, weil diese eine intellektuelle Plattform für Kritik an Israel geschaffen hatte. Die Bibliothekarin Ronit berichtete von einem Musikfestival, das sie besuchte, bei dem ein BDS-Panel mit palästinensischer, syrischer und israelischer Beteiligung sowie ein jüdischer Antifa-Workshop stattfanden. Sie äußerte sich missbilligend darüber, wie „antideutsche Aktivisten versuchten, Veranstaltungen zu verhindern, die einen Dialog ermöglichen [das Festival und die Podiumsdiskussion]", und sie beschrieb „ihre [der Mitglieder der Antideutschen] Schikanen und Provokationen, Einschüchterungen und das aggressive Aufstacheln [...]. Aber am Ende gingen beide Veranstaltungen wie geplant weiter." Idan, ein weiterer Israeli, der am gleichen jüdischen Antifa-Workshop teilgenommen hatte, berichtete: „Es gab da eine Gruppe von Antideutschen, die sich entschied, nicht teilzunehmen. Die standen abseits und schauten zu, und irgendwann gerieten sie in einen riesen Streit mit einer Gruppe von Arabern, Schwarzen und ein paar Juden. Es wurde ziemlich handgreiflich, aber ohne Prügelei. Im Allgemeinen verfolgen die Antideutschen die Taktik, keine Menschen zu verprügeln. Vielmehr geht es darum, die Reputation von Menschen gründlich zu beschädigen, sie aus dem öffentlichen Raum und und von ihren Arbeitsplätzen auszuschließen und zum Aufruhr anzustacheln. Sie schikanieren mehr durch hinterhältige Taktiken als durch Prügeleien." Idan ist stolz auf seine linke Haltung und seine Solidarität mit Palästinensern und zutiefst irritiert über die Deutschen, die sich mit den Antideutschen verbünden und sich selbst als aufgeklärt und fortschrittlich betrachten, zugleich aber den Kampf gegen Antisemitismus auf eine so eingeengte Weise führen wollen. Die Kritik an der Antideutschen Bewegung gründet weniger in ihrer bedingungslosen Unterstützung Israels an sich als vielmehr in der Tatsache, dass sie dem antiarabischen Rassismus und der Islamophobie weitgehend gleichgültig gegenübersteht und sogar daran eine Mitschuld trägt.[306]

Der israelische Philosoph Omri Boehm hat sich gegen das deutsche Schweigen gewandt, wenn es um die Kritik an Israel geht. In einem Essay, der 2015 in der *New York Times* veröffentlicht wurde, nimmt Boehm sich den deutschen Philo-

---

[306] Zum Verhältnis der linken deutschen Parteien zu den Antideutschen und wie sie sich von der weltweiten Solidaritätsbewegung für Palästina distanzieren, siehe Leandros Fischer, „The German Left's Palestine Problem," *Jacobin*, 12.3.2014.

sophen Jürgen Habermas vor, der eine Frage zu den Aktionen der israelischen Regierung damit beantwortete, dies erfordere „eine politische Art der Bewertung, die nicht die Sache eines deutschen Privatbürgers meiner Generation ist". Boehms Replik: „Wenn der öffentliche Intellektuelle *par excellence* Zuflucht in der Privatsphäre sucht; wenn der Begründer eines Zweigs der Philosophie namens Diskursethik sich weigert zu sprechen, hat das theoretische und politische Konsequenzen. Schweigen ist hier selbst ein Sprechakt, und das in aller Öffentlichkeit." Boehm verweist dann auf Immanuel Kants Begriff der Aufklärung: „Um selbstständig zu denken, muss man sich bemühen, die Perspektive seiner privaten Verpflichtungen – persönlich, historisch, beruflich, bürgerlich – zu transzendieren und man muss versuchen, vom kosmopolitischen ‚Standpunkt aller anderen' aus zu urteilen. Damit eng verbunden ist, zweitens, die Idee, dass eigenständiges Denken nur durch offene Aussprache möglich ist." Boehm fügt hinzu: „Diese Rückkehr zu Kant wird nicht gelingen, bevor die deutschen Intellektuellen den Mut finden, über Israel zu denken und zu sprechen. Historisch gesehen ist dies vielleicht nicht weniger als der ultimative Test des aufklärerischen Denkens selbst [...]. Wenn Deutschland es versäumt, sich gegen die Vergehen Israels auszusprechen, wird es nicht nur seiner eigenen Verantwortung nicht gerecht; es untergräbt damit auch den Holocaust als politisch bedeutsame Vergangenheit."

Boehm gibt außerdem zu bedenken, dass das deutsche Schweigen gegenüber Israel als Antwort auf den Antisemitismus auf einen Mechanismus hinauslaufen könne, der selbst mit Antisemitismus verstrickt sei: „Gerade weil das aufklärerische Denken seit seinen frühesten Anfängen von seinem Verhältnis zum Antisemitismus verfolgt wurde – nämlich vor allem, weil es oft in der Versuchung stand, die Juden und ihre Tradition als das mythische ‚Andere' der Aufklärung zu behandeln – tappt die Unterdrückung der öffentlichen Kritik am jüdischen Staat gefährlich in eine altbekannte Falle."[307]

Unsere Erfahrungen in Berlin, zusammen mit den Ergebnissen unserer Interviews und den Debatten und Kontroversen in der deutschen und internationalen Presse zu diesen Fragen, zeigen ein Muster der Zensur von kritischen Stimmen zum Staat Israel und dessen Politik. Zwar gibt es durchaus Fälle, bei denen Deutsche einige Aspekte der israelischen Behandlung der Palästinenser kritisieren, doch besonders wenn es um die israelischen Siedlungen in den Palästinensischen Gebieten geht, herrscht noch immer ein Klima von Zögern oder gar Angst. Die Wirkung dieser Politik wird besonders deutlich von Palästinensern (sowie Arabern, Mus-

---

307 Omri Boehm, „The German Silence on Israel, and Its Cost," *New York Times*, 9.3.2015.

limen und Menschen aus dem Nahen Osten) in Deutschland erfahren. Es ist für Israelis und Juden, gefolgt von Deutschen, leichter, diese Normen in Frage zu stellen.

Ergebnis: *Restorative Justice*

Im Vorwort zu diesem Buch besprachen wir das Stück *Third Generation* der israelischen Regisseurin Yael Ronen, in dem Deutsche, Israelis und Palästinenser ihr Verhältnis zueinander kritisch befragen. Dass das Stück in Israel auf so viel Widerstand stieß, in Berlin aber so erfolgreich angelaufen ist, spricht Bände: Während die Aufarbeitung der Traumata der Vergangenheit heutzutage in Deutschland ein sensibles Unterfangen bleibt, gibt es in Berlin eine Bühne dafür. Entsprechende Diskussionen finden nicht nur unter Künstlerinnen und Künstlern statt, sondern auch im privaten Bereich und in der Zivilgesellschaft. Wir haben die Hoffnung, dass diese Art der Auseinandersetzung mit dem moralischen Diskursdreieck zwischen Israelis, Palästinensern und Deutschen weitere Kreise ziehen wird.

Im Verlauf unserer Interviews hat sich immer wieder gezeigt, dass Berlin eine Stadt ist, in der viele Menschen versuchen, ihren Dämonen zu entkommen. Dies gilt nicht nur in Bezug auf die drei Bevölkerungsgruppen, die im Zentrum unserer Studie stehen, sondern auch im Hinblick auf die vielen Flüchtlinge, Einwanderer und anderen Bewohnerinnen und Bewohner der multikulturellen Stadtlandschaft. Unzählige Menschen in Berlin sind politischer Gewalt und Ungerechtigkeit entkommen und müssen sich mit Geistern der Vergangenheit auseinandersetzen, während sie sich ein neues Leben aufzubauen suchen. Diese Geister sind lokale Schatten aus der deutschen Geschichte, doch auch ein Erbe des Nahen Ostens und aus anderen Teilen der Welt. Israelis und Palästinenser verbindet in der Stadt der Wunsch, religiöse und kulturelle Grenzen zu überwinden, miteinander zusammenzuleben und Frieden in sich selbst zu finden.

Die Berlinerinnen und Berliner setzen sich intensiv mit den gleichen herausfordernden Debatten und Kontroversen auseinander, die das übrige Europa und auch die Gesellschaften in der ganzen Welt umtreiben. Dieses Buch hat einige dieser Themen angesprochen, darunter Fragen im Zusammenhang mit Erinnerung, Traumata, dem Holocaust, der Nakba, mit Aussöhnung, Migration, Flüchtlingen, religiösen und ethnischen Minderheiten, jüdisch-christlich-muslimischen Beziehungen, Antisemitismus, Islamophobie, Rassismus, dem Aufstieg des Rechtspopulismus und dem israelisch-palästinensischen Konflikt. Die Aufnahme einer großen Zahl von Flüchtlingen in Deutschland im Jahr 2015 bleibt eine Art Wasserscheide. Sie war in vielerlei Hinsicht ein weltweites Vorbild für die Offenheit gegenüber den verwundbarsten Bevölkerungsgruppen der Welt. Zugleich ist die Auseinandersetzung Deutschlands mit seiner Vergangenheit außergewöhnlich intensiv, und die Art und Weise, in der unzählige Deutsche Verantwortung für die Ereignisse des Zweiten Weltkriegs übernommen haben,

https://doi.org/10.1515/9783110729931-015

ist höchst bemerkenswert. Wir haben dies im privaten und öffentlichen Raum Berlins, in der Stadtlandschaft und in der Art und Weise gesehen, wie das Gedenken an den Holocaust die neue nationale Identität Deutschlands bestimmt – eine Identität, die sich zu verantwortungsbewusstem und vorbildlichem Handeln verpflichtet hat. In seiner Koppelung von Erinnerungspolitik an ein Engagement für Flüchtlinge ist Deutschland im heutigen Kontext sicherlich einzigartig.

Israelis und Palästinenser in Berlin sind sich dieser Dynamik weitgehend bewusst und fühlen sich aufgrund ihres direkten Bezugs zur Vergangenheit und Gegenwart Deutschlands eng mit diesen Debatten verbunden. Auffallend in unserer Feldforschung waren die wiederholten Verweise auf den Postzionismus, wobei die Befragten, Israelis wie Palästinenser, erkannten, dass Berlin ihnen Möglichkeiten bietet, die in Israel/Palästina weitaus begrenzter sind. Sie sind in der Lage, in einem Umfeld, das Segregation und Unterdrückung überwindet, sinnvolle Beziehungen zu knüpfen und sozial und politisch zu interagieren. Es hat schon eine tiefe Ironie, dass dies alles in Berlin geschieht, dem ehemaligen Machtzentrum der Nationalsozialisten und in vielerlei Hinsicht der Ort, an dem dieser Konflikt seinen Ursprung hat. Deutsche Persönlichkeiten des öffentlichen Lebens in Berlin wären gut beraten, ihren israelischen Nachbar*innen besser zuzuhören, von denen die meisten ihre palästinensische Nachbarschaft akzeptieren, an ihrem jüdischen Erbe festhalten, sich aufopfernd um ihre Familien in Israel kümmern und dabei dem israelischen Staat kritisch gegenüberstehen – und das alles gleichzeitig.

Letztlich streben Israelis und Palästinenser in Berlin danach, ein normales Leben führen zu können. Im Prozess der Einbindung in die deutsche Gesellschaft wird viel auch davon abhängen, ob Israelis wie Palästinenser als Individuen wahrgenommen werden, denen es nicht lediglich obliegt, ihre Identität nach einem deutschen Drehbuch „auszuüben", das von einer wechselnden Kombination aus Holocaustschuld, Liberalität, Kosmopolitismus und zunehmendem Nationalismus geprägt ist. Israelis und Palästinenser haben sowohl alltägliche als auch tiefliegende Sorgen. Sie haben Bildungs- und Berufswünsche und genießen Freizeit und Unterhaltung sowie das Zusammensein mit ihren Familien. Israelis und Palästinenser sind im Grunde nicht daran interessiert, als eine besondere Bevölkerungsgruppe ausgemacht zu werden, sei dies nun im Guten oder im Schlechten.

Mit Blick auf die Zukunft stellen wir uns vor, dass das moralische Dreieck von Deutschen, Israelis und Palästinensern in Berlin im Rahmen von *restorative justice* betrachtet wird. Dieser Begriff hat sich nicht nur als ein zentrales Konzept in Bereichen der Friedens- und Konfliktforschung herausgebildet, sondern ist geradezu als eine globale soziale Bewegung anzusprechen. So hat beispielsweise die südafrikanische Wahrheits- und Versöhnungskommission die Stärke des *restorative-justice*-Modells vorgeführt, und es wird in vielen anderen Bereichen und in verschiedenen Teilen der Welt angewandt. Alle Interessengruppen sind beteiligt – einschließlich Opfern, Tätern und Zuschauern – wenn es um die Anerkennung von Schaden, das Benennen der Verantwortlichkeit und das Planen der nächsten Schritte geht, wobei die Humanität aller Beteiligten anerkannt wird. Die Heilung aller Parteien ist von wesentlicher Bedeutung. *Restorative justice* lehnt die Fokussierung auf die Bestrafung von Tätern ab, wie wir sie in Modellen der vergeltenden Gerechtigkeit (*retributive justice*) sehen. Die Opfer und ihre Bedürfnisse stehen im Mittelpunkt, und beim Aufbau von Gemeinschaften wird ein ganzheitlicher Ansatz verfolgt. Ziel ist es, so viele Menschen wie möglich zu transformieren, damit sie ein Leben in Würde führen können. Wie John Braithwaite schreibt: „Bei *restorative justice* geht es um die Idee, dass Gerechtigkeit heilen sollte, weil Verbrechen Schmerzen zufügen. Daraus folgt, dass Gespräche mit denen, die verletzt wurden, und mit denen, die den Schaden zugefügt haben, im Mittelpunkt des Prozesses stehen müssen."[308] Mark Umbreit und Marilyn Peterson Armour ergänzen, dass „*restorative justice* Gewalt, den Zerfall der Gemeinschaft und angstgesteuerte Reaktionen als Indikatoren für zerbrochene Beziehungen betrachtet. Sie bietet eine andere Antwort, nämlich den Einsatz restaurativer Lösungen, um den durch Konflikt, Verbrechen und Viktimisierung entstandenen Schaden wiedergutzumachen."[309]

Restorative justice ist auf die Notwendigkeit der Wiedergutmachung abgestimmt. Wir sind der Meinung, dass der moralische Bereich der Wiedergutmachung genauso wichtig ist wie der materielle Bereich, wenn nicht sogar wichtiger. Den Opfern geht es oft um die materielle Seite, insbesondere im Hinblick auf kompensatorische Reparationszahlungen, und das ist verständlich. Aber sie wollen oft auch Aufmerksamkeit für die moralischen Wunden, für die das Eingeständnis der Ungerechtigkeit und die Entschuldigung für den entstandenen Schaden so entscheidend sind. Moralische Wiedergutmachung bedeutet also, die Hoffnung wiederherzustellen, nachdem das Vertrauen „in einen gemeinsamen Sinn für Wert und Verantwortung"[310] verloren gegangen ist, und das erfordert Gemeinschaft und Solidarität. Brad Wilburn betont die Notwendigkeit, den Schaden, der durch Fehlverhalten entstanden ist, wiedergutzumachen; dies sei „nicht einfach ein dyadischer Prozess zwischen Täter und Opfer. Fehlverhalten

---

308 John Braithwaite, „Restorative Justice and De-professionalization," *Good Society* 13, no. 1 (2004): 28–31.

309 Mark Umbreit und Marilyn Peterson Armour, *Restorative Justice Dialogue – an Essential Guide for Research and Practice* (New York: Springer, 2011), 2.

310 Margaret Urban Walker, *Moral Repair: Reconstructing Moral Relations after Wrongdoing* (Cambridge: Cambridge University Press, 2006).

findet in einem sozialen Kontext statt. Es verletzt gesellschaftliche Normen. Daher kann die Gemeinschaft, in der es geschieht, sowohl teilweise verantwortlich sein als auch teilweise zum Opfer werden."[311] Lori Gruen fügt hinzu: „Bei der Arbeit der moralischen Wiedergutmachung sieht man sich nicht als Individuum, das einem anderen Individuum, das einem eigentlich egal sein kann, Wiedergutmachung leistet, sondern wir sehen uns selbst als tief mit den leidenden Anderen verbunden und nehmen an ihrer Notlage teil."[312]

Die Anwendung dieses Verständnisses von *restorative justice* auf das deutsch-israelisch-palästinensische Dreiecksverhältnis und seine Verankerung in einem Konzept moralischer Verantwortung, welches auf den moralischen Aspekt der Wiedergutmachung abzielt, zeigt das Potenzial dieses moralischen Dreiecks, alle Parteien an einem Heilungsprozess teilhaben zu lassen. Das Trauma, das die Angehörigen aller drei Gruppen geerbt haben, ist unbestreitbar, und alle Parteien haben Schaden angerichtet, für den die Wahrnehmung und die Anerkennung der jeweils anderen unerlässlich ist. Das deutsche Gedenken an den Holocaust in Berlin und die Gesten gegenüber den Israelis verkörpern in vielerlei Hinsicht den Geist von *restorative justice*. Deutschland hat die Auseinandersetzung mit der Vergangenheit auf eine Weise gestaltet, die in vielerlei Hinsicht beispiellos ist. Israel dagegen hat sich geweigert, seine historischen Verbrechen und das heutige Unrecht gegen die Palästinenser anzuerkennen, woran man erkennen kann, wie viel Arbeit noch zu tun ist. Das Versagen Deutschlands, das Leiden der Palästinenser anzuerkennen und sein eigenes Verhältnis dazu zu klären, hat in Verbindung mit der anhaltenden israelischen militärischen Besetzung Palästinas dazu beigetragen, dass die Existenz eines moralischen Dreiecks zwischen Israelis, Palästinensern und Deutschen geleugnet wird. Gleichzeitig sind die humanitäre Unterstützung Deutschlands für die Palästinenser im Nahen Osten und seine im Laufe der Zeit verbesserte Politik gegenüber palästinensischen Flüchtlingen in Berlin lobenswert. Damit *restorative justice* verwirklicht werden kann, müssen wir alle diese Ungerechtigkeiten ansprechen und gleichzeitig die Humanität aller drei Gemeinschaften sehen.

Wir gehen davon aus, dass sich die deutsche Landschaft in den nächsten Jahren weiter verändern wird und dass Deutschland der öffentlichen Anerkennung des moralischen Dreiecks und der Notwendigkeit, sich in Richtung auf *restorative justice* zu bewegen, näherkommen wird. Immer mehr Deutsche in Berlin kommen in Kontakt mit anderen Haltungen in Europa und dem Rest der

---

311 Brad Wilburn, „Review of Moral Repair: Reconstructing Moral Relations after Wrongdoing," *Notre Dame Philosophical Reviews*, 9.5.2007, https://ndpr.nd.edu/news/moral-repair-reconstructing-moral-relations-after-wrongdoing (Zugriff am 20.7.2018).
312 Lori Gruen, *The Ethics of Captivity* (Oxford: Oxford University Press, 2014).

Welt, die mit differenzierteren Positionen zu Israel/Palästina und einer größeren Neigung zu Solidaritätserklärungen mit Palästina einhergehen. Auch die sozialen Medien tragen dazu bei, das politische Bewusstsein in Deutschland zu diesen Themen zu sensibilisieren. Darüber hinaus bringt die steigende Zahl europäischer und anderer internationaler Touristen, aber auch die wachsende Einwohnerzahl Berlins, ein gesteigertes Bewusstsein für die israelische Besetzung Palästinas mit sich und zwingt linksgerichtete Deutsche zu erkennen, dass ihr Philozionismus mit den weltweiten progressiven Bewegungen nicht mehr Schritt hält. Wenn die zahlreichen Deutschen palästinensischer, arabischer, türkischer, nahöstlicher und muslimischer Herkunft besser politisch integriert sind und zunehmend Sozialkapital in Deutschland aufbauen, werden sie auch besser in der Lage sein, ihre Positionen zu Israel/Palästina zu artikulieren und politische Veränderungen einzufordern. Darüber hinaus sind junge Deutsche, wie wir im Laufe unserer Interviews feststellen konnten, offener dafür, kritisch über ihr Verhältnis zum israelischen Staat nachzudenken, und viele deutsche Befragte teilten ihre Kritik privat mit uns. Es ist nur eine Frage der Zeit, bis das privat Kommunizierte Teil des öffentlichen Diskurses wird.

Es gibt ermutigende Anzeichen innerhalb der deutschen Regierung, wie zum Beispiel das Treffen von Außenminister Sigmar Gabriel mit Breaking the Silence in Israel und die jüngsten Stimmenthaltungen Deutschlands bei den Vereinten Nationen zu Fragen der Rechte von Palästinensern (was etwas anderes ist als gegen diese Rechte zu stimmen). So stimmte der Menschenrechtsrat der Vereinten Nationen im Mai 2018 für die Einsetzung einer Sonderkommission zur Untersuchung der jüngsten Gewalt an der Grenze zum Gazastreifen. Deutschland enthielt sich der Stimme. Im Jahr zuvor hatte Gabriel den Widerstand Deutschlands gegen die Verlegung der US-Botschaft durch Donald Trump und die Erklärung Jerusalems zur Hauptstadt Israels artikuliert und klar zum Ausdruck gebracht, dass die deutsch-israelische Allianz kein Freibrief sein kann. „Wir müssen die Grenzen der Solidarität festlegen", wie er es ausdrückte.[313] Nicht nur, dass Deutschland langsam die Bereitschaft findet, seine Kritik einzelner politischer Entscheidungen in Israel zu äußern; es hat auch die Rolle der Vereinigten Staaten bei der Verschärfung des israelisch-palästinensischen Konflikts kritisiert. Palästinenser registrierten kürzlich mit Freude die Ankündigung Deutschlands, die Finanzhilfe für das Hilfswerk der Vereinten Nationen (United Nations Relief and Works Agency for Palestine Refugees in the Near East, kurz UNRWA) aufzustocken, nachdem die Trump-Regierung beschlossen hatte, die gesamte US-Hilfe für die

---

313 Noa Landau, „Germany Urges against U.S. Recognition of Jerusalem: ‚We Must Spell Out Limits of Our Solidarity, ‘" *Haaretz*, 5.12.2017.

Organisation, die humanitäre Hilfe für palästinensische Flüchtlinge im gesamten Nahen Osten leistet, zu streichen. Der deutsche Außenminister Heiko Maas erklärte, Deutschland werde „die Bereitstellung weiterer Mittel in beträchtlichem Umfang" in die Wege leiten.[314]

Die Solidarität, die unzählige Deutsche so vielen jüdischen und israelischen Menschen und in geringerem Maße auch Palästinensern gezeigt haben, ist ermutigend. Die deutsche Auseinandersetzung mit dem Holocaust und das Engagement Deutschlands bei der Bekämpfung des Antisemitismus sind überaus lobenswert. Doch die Anwendung dieser Solidarität auf einen rechtsgerichteten israelischen Staat, der eine militärische Besetzung gegen ein ganzes Volk durchführt, bedarf einer kritischen Prüfung. Gerade im Zusammenhang mit dem Aufstieg der populistischen Alternative für Deutschland sollte mehr geschehen, um den Einfluss von Fremdenfeindlichkeit und Islamophobie innerhalb der Grenzen Deutschlands zu bekämpfen. In diesem Zusammenhang hoffen wir, dass das deutsche Mitgefühl für Israelis bei Basisgruppen und in der Zivilgesellschaft nicht nur weiterhin bestehen bleibt, sondern auch auf die Gruppe der Palästinenser ausgeweitet wird, und das nachhaltig.

---

[314] Siehe „Germany to Boost Funds to UNRWA amid Reports of Cuts by U.S.," Deutsche Presse-Agentur and *Haaretz*, 31.8.2018.

Nachwort

Katharina Galor

Ich wollte eigentlich nie nach Deutschland zurückkehren. Ich bin mit neunzehn Jahren weggegangen. Seit ich überhaupt über die Frage nachdenken konnte, wo ich hingehöre, wusste ich, dass ich nicht in diesem Land bleiben würde. Unsere Eltern – ich habe eine Schwester, Agnes, die drei Jahre älter ist als ich – haben uns mit der Mentalität aufgezogen, die für Überlebende und Flüchtlinge so typisch ist, und uns über die Unsicherheiten des Lebens belehrt. Wir wuchsen mit dem Wissen auf, dass Deutschland höchstwahrscheinlich ein vorübergehendes Gastland war und wir mehrere Sprachen beherrschen sollten, um uns auf mögliche Umzüge und Veränderungen vorzubereiten. Diese Veränderungen – etliche, wie sich herausstellte, aber alle freiwillig und nicht erzwungen – gab es dann auch wirklich und sie führten uns in verschiedene Winkel der Erde. Agnes hat in Belgien, Frankreich, Deutschland, der Elfenbeinküste und die meiste Zeit als Erwachsene in Israel gelebt. Ich habe in Frankreich, Deutschland, Israel und den Vereinigten Staaten gelebt. Wir beide kommen mit einer Reihe von Sprachen (Englisch, Französisch, Deutsch, Hebräisch und Ungarisch) gut zurecht, und obwohl wir noch immer meist Deutsch miteinander sprechen, ist unsere Beziehung zu Deutschland nach wie vor voller Erinnerungen an unsere Jugend – natürlich unterschiedlich geprägt, aber auf einer ähnlichen Grundlage.

Was mich angeht, muss ich sagen, dass mich meine Erfahrungen mit Antisemitismus während meiner Kindheit in Deutschland und insbesondere meine Erinnerungen an die Geschichten meines Vaters über seine und seiner Familie Gefangenschaft in Auschwitz immer begleiten. Mein geistiges und emotionales Selbst sowie mein privates und berufliches Leben sind von diesen Ereignissen und den dadurch geschaffenen Erinnerungen geprägt. Sie haben die Art und Weise bestimmt, wie ich über Vorurteile, Rassismus und Gewalt denke; sie haben meine persönliche Suche motiviert, wie ich über Identität, Religion, Geschichte und kulturelles Erbe denken sollte. Und sie haben meine persönliche und berufliche Beschäftigung mit dem Judentum und der Geschichte von Israel/Palästina intensiv geprägt.

Als ich Deutschland nach dem Abitur verließ, widmete ich fortan mein Studium, meine Lehre und meine Forschung allem, was mit dem Judentum zusammenhängt, und ich versuchte, die Grundlagen oder Ursprünge dessen zu erkunden, was dazu geführt hat, dass meine Familie und Millionen anderer von den Nazis verfolgt und in den Lagern ermordet worden waren. Dabei wollte ich mich aber bewusst von Themen fernhalten, die direkt mit Antisemitismus und dem

https://doi.org/10.1515/9783110729931-016

Zweiten Weltkrieg zu tun hatten. Mein Interesse galt vielmehr den Ursprüngen und der Frühgeschichte des Judentums, vor allem aus der Perspektive der visuellen und materiellen Kultur.

Erst kürzlich, während meines zeitlich begrenzten Aufenthalts in Berlin, begann ich mich aus wissenschaftlicher Sicht mit dem Holocaust und der Forschung zu Erinnerungskulturen zu beschäftigen. Dieses Buch hat deshalb zweifellos eine zutiefst persönliche Ebene. Obwohl es mein Ziel war, meine Erziehung, meine Erfahrungen und meine Emotionen so gut es geht auszublenden, um die bestehende Forschung, die Medienberichterstattung und vor allem die Stimmen der vielen Menschen, mit denen wir gesprochen und die wir interviewt haben, unvoreingenommen zu analysieren, ist mir klar, dass dies schwierig, wenn nicht gar unmöglich ist. Dennoch glaube ich, dass es uns gelungen ist, einem breiten Spektrum von Standpunkten und Meinungen zu den Themen, mit denen wir uns hier beschäftigen, gerecht zu werden.

Meine Bereitschaft, nach mehr als dreißig Jahren in Frankreich, Israel und den Vereinigten Staaten nach Deutschland zurückzukehren und dort zu leben, hat vor allem mit meinem Respekt und meiner Liebe zu meinem Mann Michael zu tun. Er ist deutsch-jüdischer Abstammung; seine Mutter wurde, wie ich, in Düsseldorf geboren. Seine Eltern und Großeltern auf beiden Seiten hatten nach der Flucht aus Nazi-Deutschland sehr ähnliche Wege beschritten, erst nach Frankreich (die Familie seines Vaters), Belgien und Frankreich (die Familie seiner Mutter), dann Kuba und schließlich New York, wo sich seine Mutter und sein Vater kennenlernten und wo Michael geboren und aufgewachsen ist. Obwohl Michael und seine Familie eine eigene Last an schwierigen Erinnerungen zu tragen haben, die mit der Judenverfolgung in Deutschland und mit der Erfahrung von Exil und Zwangsmigration verbunden sind, war ihre Beziehung zu Deutschland und der deutschen Kultur – und vor allem *seine* Haltung dazu – so ganz anders als die Verbindung (oder das Fehlen einer solchen), die meine Familie und ich erlebt haben. Obwohl ich nie sehr daran interessiert war, meine „deutschen Wurzeln" anzuerkennen, musste ich, als ich Michael traf, zum ersten Mal bewusst auf sie zurückgreifen und mich damit auseinandersetzen, sie zu definieren. Wir haben einen freundschaftlichen Dauerstreit zwischen uns, in dem wir versuchen zu beweisen, wer mehr deutsch-jüdisch ist: Ich, die ich in Deutschland geboren und aufgewachsen bin, oder er, in New York geboren und aufgewachsen, mit einer Familie, die zu Hause Englisch und gelegentlich Französisch sprach. Erst vor kurzem habe ich wirklich verstanden, warum er tatsächlich der „echtere" *Jecke* (aus Deutschland stammender Jude) ist.

Meine Eltern verließen Rumänien und lebten in Frankreich und Belgien, bevor sie sich Anfang der 1960er Jahre als Kommunismusflüchtlinge in Deutschland niederließen. Der österreichisch-ungarische Hintergrund der Familie und der Kontakt mit der deutschen Kultur und Sprache, während meine Eltern in Siebenbürgen aufwuchsen, machten es relativ einfach für sie, die deutsche Staatsbürgerschaft zu bekommen, nachdem sie vier Jahre lang als Flüchtlinge in Düsseldorf gelebt hatten. Doch trotz der Änderung ihres offiziellen Status blieben sie immer „Ausländer", und das war, zusätzlich zur jüdischen Identität, im Deutschland meiner Kindheit der 1960er und 1970er Jahre keine leichte Situation. Meine Schwester und ich sprachen beide fließend Deutsch und waren sozial relativ integriert, aber wir haben uns nie ganz zu Hause gefühlt (ich selber noch weniger als meine Schwester, die während ihrer gesamten Karriere in Israel Deutsch gesprochen hat, erst als Journalistin und seit einiger Zeit als Deutschlehrerin).

Michael hat sein Berufsleben der deutschen und österreichischen Geschichte und Kultur gewidmet – insbesondere allem, was musikalisch (oder unmusikalisch) und jüdisch ist. Sein Interesse und Engagement, ja seine Leidenschaft für diesen Bereich der Kulturwissenschaften hat auch seine Beziehung zu Deutschland und insbesondere zu Berlin geprägt. Als ihm die Stelle des Präsidenten der American Academy in Berlin angeboten wurde, wusste ich, dass dies im Hinblick auf seine persönlichen und wissenschaftlichen Interessen ausgezeichnet zu ihm passen würde. Im Laufe der Jahre hatte ich versucht, Deutschland durch seine Brille neu zu sehen und über meine Kindheit und meine familiären Traumata hinauszuwachsen. Ich wollte ihn nicht daran hindern, in Berlin zu leben und zu arbeiten, und ich wollte mir selbst noch einmal die Chance geben, mein gestörtes Verhältnis zu Deutschland und zu den Deutschen zu überdenken.

Bevor Michael seine Stelle als Präsident der American Academy antrat, waren wir schon drei Monate in Berlin – er als Fellow des Wissenschaftskollegs zu Berlin und ich am Berliner Antike-Kolleg. Ich erinnere mich, wie ich auf der Terrasse unserer Wohnung im Grunewald in der Villa Walther saß, mit Blick auf einen der unzähligen schönen Seen Berlins. An einem sonnigen, aber luftigen Nachmittag gesellte sich Daniel Boyarin, der zu der Zeit im selben Gebäude wohnte, auf einen Kaffee zu mir. Wir sprachen über unsere Erfahrungen in Deutschland als Juden und als Forschende zu Jüdischen Studien. Er gab mir eine „intensive Therapiesitzung", wie wir beide das Treffen später humorvoll nannten. Ich teilte meine Erinnerungen an das Aufwachsen in Deutschland und meine Gefühle der Ausgrenzung durch all den Antisemitismus und die Fremdenfeindlichkeit, die ich erlebt hatte. Ich erzählte von den Traumata meiner Familie während der Nazizeit und meinen lebenslangen Schwierigkeiten, mich in meinem Geburtsland zu Hause zu fühlen. Er sprach über seine Liebe zu Berlin, über sein starkes Zugehörigkeitsgefühl zu dieser Stadt, über die herausragende Rolle, die das Judentum und die hebräische Sprache wieder in der Stadt spielten, und über die wichtigen Beiträge, die Juden zur heutigen deutschen Kultur leisten würden. Ich erinnere mich an diese Monate auch wegen der inneren Dialoge, die ich mit mir selbst führte, als ich Berlin mit großer Begeisterung erlebte und Freude daran fand, die Stadt zu erkunden und die vielen interessanten Menschen, denen ich begegnete, kennenzulernen, während ich gleichzeitig mit meinen dunklen Erinnerungen zu kämpfen hatte, mit meinem Zögern, mich hier zu Hause und wohlzufühlen, und mit meinem Widerstand dagegen, Teil dieses Ortes, dieser Kultur und dieses Landes sein zu wollen. Zunächst sträubte ich mich sogar dagegen, Deutsch zu sprechen, und hatte Schwierigkeiten, mich in einer Sprache zu verständigen, die ich so lange ausgeschaltet hatte. Irgendwie verschwand mein Unbehagen mit der Zeit, und ich lernte nicht nur Berlin und die Menschen, die ich traf, schätzen, sondern ich fing sogar an, das Leben in der Stadt zu genießen. Die Erfahrung, für ungefähr achtzehn Monate in Berlin zu leben und zu arbeiten, hat mein Verhältnis zu Deutschland und den Deutschen zutiefst verändert. Auch denke ich jetzt ganz anders über den Ort, den Juden und Israelis für sich selbst im heutigen Deutschland geschaffen haben.

Kurz nachdem Michael und ich in Berlin angekommen waren, fanden im September 2017 die Bundestagswahlen statt, die wir mit großer Aufmerksamkeit verfolgten. Wie alle aus unserem beruflichen und gesellschaftlichen Umfeld, waren auch wir alarmiert über das Ergebnis, vor allem über den Einfluss, zu dem die Alternative für Deutschland durch ihren offiziellen Einzug in den Bundestag gelangt war. Auch die politischen und öffentlichen Debatten um den Flüchtlingszustrom verfolgten wir aufmerksam; einerseits waren wir beeindruckt von den Anstrengungen, die unternommen wurden, um diese neuen Bevölkerungsgruppen aufzunehmen und zu integrieren, andererseits machten wir uns Sorgen über den gleichzeitigen Anstieg von Fremdenfeindlichkeit und Rassismus.

Dass wir uns in Berlin wohlfühlten, hatte vor allem damit zu tun, dass wir von Freund*innen und Kolleg*innen umgeben waren, die Flüchtlingen aktiv halfen, einige privat in kleinem Umfang, andere im Rahmen institutionalisierter Anstrengungen. Die wenigen Begegnungen und Gespräche, die ich mit Unterstützer*innen der AfD hatte, insbesondere im Rahmen unserer Feldstudie zu diesem Buch, erwiesen sich als ein böses Erwachen aus der privilegierten Blase, in der wir lebten. Jäh wurde ich auf die soziale Realität Berlins in ihrer ganzen Komplexität und Vielfalt verwiesen.

In vielerlei Hinsicht hatte sich das Deutschland, das ich als junge Erwachsene verlassen hatte, jedoch zum Besseren gewandelt, insbesondere im Hinblick auf den Umgang mit dem Holocaust, sowohl öffentlich als auch privat. Vieles von dem, was ich als Kind und Jugendliche erlebt hatte, ist vermutlich nicht repräsentativ für das damalige Deutschland als Ganzes. Antisemitische Äußerungen waren fester Bestandteil meiner Kindheit; sie kamen von meiner besten Freundin, von Schulkameraden und von den Kindern, mit denen ich in unserem Haus und auf der Straße spielte. Der schlimmste Täter war jedoch ein Nachbar, der uns und Familienangehörige und Freunde massiv bedrohte, und zwar mit verbalen Tiraden, obszönen und gewalttätigen Gesten und sogar mit aufgeschlitzten Reifen. Diese Belästigungen hatten ein Ende, nachdem er meinen Vater, der gerade von einem Spaziergang mit unserer Mutter am nahen Rhein zurückkehrte, körperlich attackierte. Meine Eltern zeigten den Vorfall bei der Polizei an. Nachdem der Fall an Anwälte übergeben worden war, wurde vereinbart, dass der Neonazi-Täter und seine Familie wegziehen und meine Eltern die Angelegenheit nicht weiter verfolgen würden. Hätte ich die Einzelheiten der Inhaftierung meiner Familie in Auschwitz nicht gekannt – ganz zu schweigen von der Tatsache, dass mein Vater infolge seiner Deportation körperlich und seelisch schwer behindert war – hätten mich diese Vorfälle, deren Zeuge ich als Kind war, vielleicht weniger intensiv geprägt. Woran ich mich auch noch erinnern kann, ist die Tatsache, dass ich in den neunzehn Jahren, die ich dort lebte, niemals Deutsche kennenlernte, die in ihrer Familie oder im Freundeskreis jemanden kannten, der auch nur im Entferntesten mit dem Naziregime zu tun hatte. Oftmals fühlte es sich so an, als ob das, was meine Familie durchgemacht hatte, in einer Welt geschehen war, zu der nur wir – meine Familie und unser jüdischer Freundeskreis – Zugang hatten. Die Deutschen schienen eine feste Mauer um sich herum gebaut zu haben, die sie von allen Schrecken der Vergangenheit abschirmte. Es schien ihnen gelungen zu sein, sich von den Verbrechen der Vergangenheit, ihren Folgen und der damit verbundenen Verantwortung zu distanzieren.

Die drastischen Veränderungen, die ich während meines jüngsten Aufenthalts in Berlin beobachtete, hatten damit zu tun, wie offen und aufrichtig die deutsche Gesellschaft mit der Vergangenheit umgeht. Ich war zutiefst berührt von den Räumen, die Berlin und die Berliner*innen geschaffen hatten – materiell und geistig – um die Vergangenheit zu erforschen und aus ihr zu lernen. Die Stadt und das Land als Ganzes haben sichtlich die schwierige Herausforderung angenommen, der Schrecken und Grausamkeiten des Zweiten Weltkriegs zu gedenken. Deutschland übernimmt Verantwortung und hat sich zum Ziel gesetzt, sich nie wieder in diese Richtung zu bewegen. Der Holocaust ist fast überall im öffentlichen Raum greifbar, und niemand – ob in Berlin wohnend oder zu Besuch – kann sich seinen Lehren entziehen.

Unter den vielen Freundschaften, die ich während meines längeren Berlinbesuchs aufgebaut habe, ist eine besonders eng geworden. Schon kurz nachdem ich meine neue Freundin kennengelernt hatte, teilte sie mir mit, dass ihr Vater Offizier in der Waffen-SS gewesen sei und dass er während des Krieges eine aktive Rolle bei der Verfolgung und Ermordung Tausender Juden gespielt habe. Ihre Ehrlichkeit, mit der sie sich dem Leid, dem sie seit der Entdeckung der Vergangenheit ihres Vaters ausgesetzt war, stellte, hat mich berührt und mich darüber hinaus gelehrt, dass die mit dem deutschen Völkermord verbundenen Traumata auf viele unterschiedliche Arten erlebt werden können. Unsere eigenen Traumata sollten uns nicht davon abhalten, den Schmerz anderer Menschen und Gemeinschaften anzuerkennen.

Obwohl mich die gewissenhafte und aufrichtige Art und Weise, wie die Deutschen heute mit ihrer Geschichte umzugehen scheinen, zutiefst bewegt hat, war ich auch erstaunt zu sehen, wie der Holocaust in vielen öffentlichen Diskursen als eine Art für sich selbst stehendes dunkles Kapitel oder als ein Versagen, das die Nation anerkennt und für das sie Verantwortung übernimmt, abgespalten wird. In offiziellen und politischen Diskursen hat die Existenz des Staates Israel eine Art erlösende Wirkung entfaltet, koste es, was es wolle und egal, wer die Rechnung bezahlt. Deutsche scheinen das Gefühl zu haben, dass die Existenz, das Überleben und die Sicherheit Israels und seiner jüdischen Bürger*innen zu den wichtigsten Verantwortlichkeiten Deutschlands zählt – insbesondere natürlich angesichts des Holocaust – aber es gibt kein Gefühl der Rechenschaftspflicht, wenn es um die Kollateralschäden geht. Das offizielle Deutschland und die meisten Deutschen scheinen ihr Verantwortungsgefühl nicht auf die palästinensische Sache auszudehnen, weder im Kontext des Nahen Ostens noch innerhalb der Grenzen ihres eigenen Landes. Ihre Selbstprüfung und ihre Großzügigkeit scheinen meist alle Juden und alle Israelis zu umfassen, aber die Reichweite dieses Wohlwollens scheint zugleich sehr klare Grenzen zu haben. Ich habe mich immer wieder gefragt, warum diese Großzügigkeit anderen Minderheiten nicht zugestanden wird, vor allem auch denjenigen, die ebenfalls Opfer des Krieges waren.

Trotz dieser Fragen bin ich mir meiner eigenen Vorurteile und der angestauten Gefühle gegenüber allem „Deutschen" sehr wohl bewusst. Meine Neigung, die eigenen Erinnerungen und persönlichen Erfahrungen ohne die nötige Differenzierung auf alle Deutschen zu projizieren, hat mir geholfen zu verstehen, wie Palästinenser sich häufig gegenüber Israelis fühlen, nach all den Erfahrungen militärischer Besetzung und rassistischer Diskriminierung. Obwohl ich mich bei unseren Interviews in Berlin stets bemüht habe, nur das Individuum zu sehen und vorgefasste Meinungen und Emotionen außer Acht zu lassen, wurde ich mir meiner inneren Anspannung bewusst, wenn wir mit palästinensischen Flüchtlingen aus Gaza sprachen. Da wurde mir klar, wie großmütig es von ihnen war, sich mit mir zu treffen – einer Israelin, die mit einem anderen Palästinenser zusammenarbeitet – und dass sie bereit waren, mir zu vertrauen und auch bei äußerst heiklen Themen offen zu sprechen. Ich stellte fest, wie es mich bewegte, ein Gespräch mit einer Palästinenserin oder einem Palästinenser aus Gaza führen zu können, und ich empfand Verwunderung, Schmerz und Dankbarkeit zugleich. Zwar besuche ich das Westjordanland und die vielen Freund*innen und Kolleg*innen, die dort leben und arbeiten, regelmäßig, doch meine Versuche, Gaza zu besuchen, waren bisher alle erfolglos. Infolgedessen ist mein Wissen über Palästinenser aus dem Gazastreifen weitgehend auf das beschränkt, was ich in Artikeln und Büchern lese oder in Filmen und Videos sehe. Ich muss sagen, dass ich von der positiven, sensiblen und offenen Geisteshaltung, der ich begegnet bin, sehr beeindruckt war. Dies sind alles hoch motivierte, intelligente und fähige Menschen, die den Wunsch haben, für das anerkannt zu werden, was Palästinenser der Gesellschaft und der Welt bieten können, wenn man ihnen nur die Chance dazu gibt.

Der einzige Vorfall während meines Aufenthalts in Berlin, der mich wirklich bis ins Mark erschütterte, war die Widerrufung von Sa'eds Einladung, im Jüdischen Museum Berlin zu sprechen. Dieses Ereignis und seine Implikationen, die wir auch in unsere Diskussion in diesem Buch aufnahmen, zeigen meiner Meinung nach einen der gefährlichsten Aspekte der blinden Unterstützung der Deutschen für Israel. Das Ganze hat mich so persönlich betroffen, dass es das Gute, das ich im heutigen Deutschland entdeckt hatte, und die positiven Entwicklungen, die ich im öffentlichen Diskurs und in der Zivilgesellschaft im Hinblick auf den Zweiten Weltkrieg festgestellt hatte – gerade im Vergleich zu dem, woran ich mich aus den 1970er und frühen 1980er Jahren erinnerte – fast zunichte machte. Wie kann es sein, dass ein gebildeter Deutscher die Stimme eines friedenssuchenden und liebenswerten Palästinensers ausschließt, der sein ganzes Leben dem Bauen von Brücken zwischen Gruppen gewidmet hat und der selbst bei seinen ärgsten Feinden immer noch die hellen Seiten sieht? Wie kann es sein, dass eine solche Aktion möglich ist, nach all der Selbstreflexion innerhalb der deutschen Gesellschaft und ihrem Einsatz dafür, keine rassistische Profilerstellung zu bestimmten Bevölkerungsgruppen zuzulassen und diese nicht aus der Gesellschaft auszuschließen? Vielleicht werde ich den vielen Menschen nicht gerecht, die mich wegen des Vorfalls angesprochen und Peter Schäfer, den Direktor des Museums, dafür kritisiert haben, dass er der Forderung des israelischen Botschafters Jeremy Issacharoff nachgekommen ist, den Vortrag von Sa'ed abzusagen. Schäfers Worte klingen noch immer in mir nach, wenn ich an den Telefonanruf denke, den ich nur ein paar Tage vor Sa'eds Vortrag erhielt. Er sagte: „Sa'ed mag ein wunderbarer Mensch, ein großartiger Wissenschaftler und Redner sein. Aber ich habe keine andere Wahl." Diese Weigerung, die Verantwortung für eine Handlung von großer Tragweite zu übernehmen – und das von einem Deutschen mit hoher Autorität zu hören – war für mich als Jüdin mit direkter Verbindung zum Holocaust schwer zu ertragen.

Abgesehen von diesem Vorfall fühlte ich mich in Berlin wohl und sicher, vor allem dank zahlreicher Menschen und Institutionen, darunter die Studierenden und Kolleg*innen, die ich während meiner Stipendien am Selma Stern Zentrum für Jüdische Studien Berlin-Brandenburg und am Einstein-Zentrum Chronoi, als Gastprofessorin an der Theologischen Fakultät der Humboldt-Universität und bei zahlreichen Besuchen im Jüdischen Museum Berlin getroffen habe. Ich genoss die unendliche Vielfalt der Ausstellungen in den unzähligen Galerien und Museen der Stadt (mehr als zweihundert davon habe ich noch immer nicht besucht), und ich schätzte, vielleicht zum ersten Mal in meinem Leben, die fabelhaften Theater, von denen es so viele in Berlin gibt. Ich habe zahlreiche Freundschaften geschlossen, von denen ich hoffe, dass sie mir noch viele Jahre erhalten bleiben werden. Ich freue mich auf regelmäßige Besuche in Berlin in der Zukunft, und ich hoffe, dass ich den Tag erleben werde, an dem die Lehren der Vergangenheit die Herzen aller Bürgerinnen und Bürger der Stadt für Menschen aller Glaubensrichtungen und Herkunft wirklich öffnen werden.

Sa'ed Atshan

Ich muss zugeben, dass ich dieses Forschungsprojekt zunächst nicht durchführen wollte. Tatsächlich dachte ich bis zu diesem Zeitpunkt, dass ich Deutschland niemals betreten würde. Auch wenn ich mich nicht als Opfer des Holocaust sehe, so bin ich doch sensibel geworden für das Trauma, das so viele israelische Soldaten und Siedler geprägt hat; dies geschah während meiner Kindheit im Westjordanland, als ich, meine Familie und andere unter militärischer Besatzung zu leiden hatten. Die deutsche Sprache hat mir immer Schauer über den Rücken gejagt, und ich konnte mir nicht vorstellen, das Land besuchen zu wollen, in dem das systematische Abschlachten von Millionen von Menschen so effizient durchgeführt worden war. In der Ramallah Friends School, der palästinensischen Quäkerschule, las ich Elie Wiesels *Die Nacht* und auch *Das Tagebuch der Anne Frank* – Geschichten, die mich immer begleitet haben.

Leider war ich erst am Swarthmore College in der Lage, tiefe und bedeutungsvolle Beziehungen zu Juden und Israelis aufzubauen, jenseits der historisch gewachsenen Erfahrung der militärischen Besetzung durch die Nazis, der illegalen Besetzung der Palästinensischen Gebiete durch israelische Siedler oder der Brutalität israelischer Soldaten gegenüber palästinensischer Bürgerinnen und Bürger. Ich habe gelernt, wie wichtig es ist, in allen Menschen das Humane zu sehen, auch wenn wir Systeme und Strukturen von Macht und Ungerechtigkeit kritisieren. Am Swarthmore College war mein bester Freund ein jüdischer Amerikaner, und ich war einer von nur zwei Nichtjuden in meinem engsten sozialen Umfeld.

Eine Klassenkameradin und gute Freundin erzählte mir während unserer ersten Tage am College von ihren Erlebnissen auf der Flucht vor dem Antisemitismus in Belarus. Sie beschrieb das Kinderkleid, das sie trug, und die Schleife im Haar an dem Tag, an dem sie und ihre Familie ihre Wohnung für immer verließen, nachdem sie entdeckt hatten, dass eine Nachbarin die Behörden darüber informiert hatte, dass sich eine jüdische Familie im Gebäude befinde. Sie hatte schon früher in ihrem Leben Verrat von dieser Person erlebt, einer Nachbarin, der sie vertraut hatte und die ihr zuvor für ihr Kleid und ihre rosa Haarschleife Komplimente gemacht hatte.

Im Laufe der Jahre habe ich mich gefragt, was ich mit diesen Geschichten über antijüdische Vorurteile anfangen soll, die ich von Menschen gehört habe, die mir lieb und teuer sind. Ich habe mich gefragt, was meine Rolle wäre, wenn ich die Tatsache ansprechen, dass ich reale Formen von Antisemitismus in bekannten und weniger bekannten Zusammenhängen erlebt habe, hier und an anderen Orten. Meiner Meinung nach kann man die Besorgnis über Antisemitismus nicht mit Argumenten entkräften wie dem Hinweis darauf, dass Araber auch Semiten sind, dass die betreffende Person selber Jude ist und daher nicht antisemitisch sein kann, oder dass es negative Rückwirkung haben könnte, wenn man sich dem Kampf gegen Antisemitismus anschließt. Als Quäker bin ich der festen Überzeugung, dass Antisemitismus in all seinen Formen benannt werden sollte und dass es auch weiterhin intellektuelle Räume geben sollte, um seine verschiedenen Erscheinungsformen zu historisieren. Christen und Menschen aller Glaubensrichtungen haben die Verantwortung, sich mit Antisemitismus auseinanderzusetzen und einem Antisemitismus zu widerstehen, der auch in den theologischen Interpretationen meiner eigenen religiösen Tradition weiter vererbt wurde.

Aus diesem Grund habe ich als Professor am Swarthmore College zusammen mit Rabbi Michael Ramberg, dem jüdischen Berater von Swarthmore, im September 2018 ein großes Symposium über Antisemitismus organisiert. Wir brachten zehn herausragende Persönlichkeiten zusammen, die Vordenker*innen auf dem Gebiet des Widerstands gegen Antisemitismus in Vergangenheit und Gegenwart in den Vereinigten Staaten, Europa und dem Nahen Osten/Nordafrika sind. Dieses Symposium bot die Gelegenheit, eine klare und unmissverständliche Haltung gegen den Antisemitismus zu demonstrieren. So viele jüdische Einzelpersonen, Gruppen und Organisationen haben sich mit Menschen wie mir – einem schwulen Palästinenser – solidarisch gezeigt. Jüdinnen und Juden haben immer, früher wie heute, unzählige Menschen über Unterschiede hinweg unterstützt. Gegenseitigkeit zählt. Ich möchte meinen jüdischen Schwestern und Brüdern in Liebe und Solidarität zur Seite stehen.

Schon bevor ich mir klarmachte, dass ich mich voll auf die Organisation einer solchen Konferenz konzentrieren sollte, begann ich auch zu erkennen, dass ich offener sein sollte für eine Neubestimmung meines Verhältnisses zu Deutschland und wie ich die Beziehung dieses Landes zu Antisemitismus und anderen Formen der Diskriminierung verstehen muss. Ich dachte mir, wenn Katy [Katharina] ihr Zögern überwinden konnte, in ihr Geburtsland zurückzukehren, nachdem sie und ihre Familie dort allein wegen ihrer jüdischen Identität unaussprechliche Schrecken erlebt hatten, dann sollte auch ich in der Lage sein, eine längere Zeit in Berlin zu verbringen und dieses Forschungsprojekt mit ihr durchzuführen.

Schnell stellte ich fest, dass unsere Auseinandersetzung mit dem moralischen Dreieck zwischen Israelis, Palästinensern und Deutschen nicht nur ein enorm wichtiges intellektuelles und politisches Unterfangen war, sondern dass Deutschland die Welt viel lehren kann über die Akzeptanz von Schuld für vergangene Verbrechen, das Gedenken, die Übernahme von Verantwortung und die Überwindung von Systemen und Ideologien des Hasses und der Gewalt. Wie weit Deutschland in seiner Beziehung zu seinen jüdischen und anderen Opfern gekommen ist, finde ich wirklich bewundernswert, und ich war tief bewegt, als ich sah, wie Katy dies ebenfalls anerkannte. Die Worte von Eli Wiesel haben mich während meiner ganzen Zeit in Deutschland begleitet: „Weil ich mich erinnere, verzweifle ich. Weil ich mich erinnere, habe ich die Pflicht, der Verzweiflung entgegenzutreten."

Auch wenn wir die neunzig Prozent von Katys Familie, die in Auschwitz und anderswo ermordet wurden, nicht wieder zum Leben erwecken können, kann die Erinnerung an sie die Menschlichkeit in Gegenwart und Zukunft inspirieren. Das hat sie mir gezeigt. Von der Gedenktafel über dem Eingang des Gebäudes, in dem sie in Berlin wohnte, erfuhr sie, dass das Haus einst eine private Musikschule beherbergte, die ihre Türen für fünfundzwanzig jüdische Lehrer*innen und hundert jüdische Schüler*innen öffnete, die aus dem zentralen Konservatorium Berlins im Zuge der „Arisierung" vertrieben worden waren; später wurden diese Menschen deportiert und umgebracht. Es fiel mir auf, dass Katy und ihr Ehemann Michael während ihres Aufenthalts in Berlin bei sich ein Hauskonzert und eine Spendenaktion für eine kürzlich gegründete Musikschule für Flüchtlingskinder aus dem Nahen Osten veranstalteten. Diese zumeist arabischen Flüchtlingskinder, die in Deutschland ein sicheres Zuhause fanden, kamen am selben Ort zusammen, an dem jüdische Kinder ihrer Häuser und ihres Lebens beraubt worden waren.

Es sind Kontexte wie diese, die mich letztlich so sehr an Berlin gebunden haben. Da wir die meisten der Menschen, die wir interviewten, bei ihnen zu Hause oder in Cafés oder Parks in ihrer Nähe trafen, konnte ich etliche Berliner Viertel erleben. Ich entdeckte ein aufregendes urbanes Zentrum, weitläufig, umsichtig regiert, grün, relativ wohlhabend, erschwinglich und kosmopolitisch. Ich probierte viele der Küchen der Welt in authentischen Restaurants aus, die von Menschen aus den jeweiligen Herkunftsländern geführt werden. Es war wunderbar, so viel Arabisch und Türkisch zu hören. Ich lernte eine Gesellschaft schätzen, die sich auf tiefgreifende Weise mit Fragen der Migration und der Flüchtlingsströme auseinandersetzt. Ich fand es schön, so viele begeisterte Radfahrer zu sehen und zu wissen, dass man Radwege ernstnahm; ein öffentliches Verkehrssystem vorzufinden, das irgendwie auf Ehrenbasis funktioniert, bei dem man fast nie sein Ticket vorzeigen muss, und wo Leute, die für Fahrgäste Musik machen, großzügige Spenden erhalten. Ich fand es großartig, dass Arme Plastikgegenstände aufheben können und etwas Geld dafür bekommen, dass sie beim Recycling helfen. Ich erinnere mich auch daran, dass ich nach meinem ersten Vortrag an der Humboldt-Universität völlig schockiert war, als das akademische Publikum begann, auf die Tische zu klopfen. Es war für mich das erste Mal, dass ich diese Art zu applaudieren erlebte. Ich erklärte dann, wie meine Studierenden in den Vereinigten Staaten bei Vorträgen und anderen Events mit den Fingern schnippen, um ihre Begeisterung zum Ausdruck zu bringen. Ich glaube, auch die Deutschen haben viel aus unserem interkulturellen Austausch mitgenommen!

Vielleicht der wichtigste Grund dafür, dass ich mich in Berlin so willkommen fühlte, war meine Aufnahme als Schwuler in dieser unglaublich queeren Stadt. Ich hatte keine Ahnung, dass Berlin extrem LGBTQ-freundlich ist und dass die queere Szene so spannend und offen für alle möglichen Leute ist oder dass Berlin die Heimat der weltweit ersten queeren sozialen Bewegung war. Während meiner Zeit in Berlin war mir bewusst, dass vor gar nicht allzu langer Zeit Menschen, die sich offen (oder weniger offen) als LGBTQ zu erkennen gaben, einfach verschwanden. Körper wie unsere wurden vom Naziregime zur Eliminierung gekennzeichnet. Aufrichtige und gewissenhafte Menschen haben seitdem in derselben Stadt unermüdlich daran gearbeitet, dass Freiräume entstehen, die einen völligen Bruch mit der Vergangenheit darstellen, wo Menschen wie ich mit Freude und Stolz durchs Leben gehen können, ohne Existenzangst. Während ich dies schreibe, wird mir direkt klar, wie dramatisch dieser Übergang tatsächlich war und ist. Das soll nicht heißen, dass Berlin ein queeres Utopia ist. Aber die queeren Menschen, die ich traf, die queeren Räume, die ich besuchte, und das Wissen, dass die Gay-Pride-Parade eine Million Menschen anzieht, gaben mir das Gefühl, willkommen, angenommen und zu Hause zu sein. Berlin ist eine Stadt, die mich nicht nur toleriert, sondern mich als queeres Subjekt wirklich annimmt. Ich kann dort ein queeres Leben führen, ohne meine Würde zu verlieren. Damit können meiner Meinung nach nur wenige Städte auf dem Planeten konkurrieren. Nie habe ich mich als queerer Mensch sicherer gefühlt als in Berlin (und zwar überall in Berlin), nicht einmal in San Francisco.

Aber ich habe mich auch gefragt, warum die Organisation der jährlichen Gay-Pride-Parade in Berlin es unterstützt, dass bei dem Event überall Aufkleber mit israelischen Flaggen verteilt werden. Ich fand es zutiefst bedauerlich, dass ich zwar als Schwuler angenommen, aber als Palästinenser in Berlin weitgehend verleugnet werde. Meine Stimme, meine Lebenserfahrungen und meine Ziele sind zu unbequem und zu störend für die hegemonialen Mainstream-Narrative zum Thema Israel/Palästina, die in Deutschland so dominant geworden sind.

Was mich dagegen ermutigt hat, waren die Vorträge, die ich hielt, die Organisationen, die ich besuchte, die Interviews, die ich führte, und der gesellschaftliche Austausch, der möglich war. Mit Freude habe ich entdeckt, dass sich Menschen an der Basis und in der Zivilgesellschaft engagieren, junge und ältere, die (vor allem im privaten Gespräch) offen dafür sind, kritischer und nuancierter über das Verhältnis Deutschlands zu Israelis und Palästinensern nachzudenken. Als Palästinenser war es nicht meine freie Entscheidung, in ein Volk hineingeboren zu werden, das sieben Jahrzehnte lang systematische Gewalt und Unterdrückung durch einen Staat erlebt hat, der versucht, seine massiven Menschenrechtsverletzungen vor allem mit dem Verweis auf den deutschen Holocaust zu rechtfertigen.

Palästinenser, Araber, Menschen aus dem Nahen Osten und Muslime in Berlin zu hören, wie sie die Fremdenfeindlichkeit und den Rassismus beschreiben, denen sie ausgesetzt sind, verbunden mit der Tatsache, dass ihre Stimmen unterdrückt werden, war herzzerreißend. Ich war stolz zu hören, was sie in Deutschland geschafft haben, aber auch bestürzt über das Klima der Angst und Zensur, dem sie fortwährend ausgesetzt sind. Eine Person nach der anderen beschrieb den beruflichen Suizid, den es bedeuten würde, wenn sie öffentlich über ihre Meinung zu Israel/Palästina sprechen würde oder über die Verbindung, die Deutschland mit diesem Konflikt hat. Während der Interviews gab es immer wieder auch schmerzhafte Momente, wenn zum Beispiel ein Palästinenser eine antisemitische Bemerkung machte oder wenn Deutsche – manchmal auch Israelis – mir in die Augen schauten, im vollen Bewusstsein, dass ich Palästinenser bin, und trotzdem die schlimmsten rassistischen Beleidigungen von sich gaben, die ich jemals gehört habe. Zum Glück gelang es mir, ruhig und professionell darauf zu reagieren, und dasselbe galt auch für Katy. Jedes Mal war sie nach diesen Interviews für mich da, und es gelang ihr, mich wieder aufzurichten. In meiner Zeit in Berlin bereitete es mir Sorgen, wenn ich hörte, dass es negative Auswirkungen für Palästinenser haben könnte, wenn das deutsche Wirtschaftswachstum stagnieren würde, oder wenn ich von einem weiteren Aufstieg und weiterer gesellschaftlicher Akzeptanz der AfD erfuhr, oder vom Botschafter der USA in Deutschland (der seinen schwulen Ehemann vorzeigte und zugleich proklamierte, er sei Donald Trumps „rechte Hand" in Europa) und dessen Plan, die konservativen Kräfte in Deutschland zu unterstützen, oder von Stephen Bannon, der öffentlich für eine neue Gangart in den Beziehungen zu Europa eintrat, um die Populisten und rassistischen Nationalisten in verschiedenen Ländern des Kontinents aktiv zu stärken.

Ich werde Katy für immer dankbar sein dafür, dass sie ihre Welt in Deutschland für mich öffnete und mir die Möglichkeit bot, dieses Projekt gemeinsam durchzuführen. Trotz aller politischen Landminen, mit denen man es bei diesen sensiblen Themen zu tun bekommt, hat es meiner Seele gutgetan, so viele progressive Israelis zu treffen, die sich, wie Katy, für gleiche Rechte und Freiheit für Palästinenser einsetzen, nachdem sie in die größte palästinensische Gemeinschaft Europas eingetaucht sind. Ich fühle eine tiefe Verbundenheit mit diesen Israelis und Palästinensern, und ich hoffe, dass ich eines Tages zurückkehren kann in einer Rolle, die es mir erlaubt, die Palästinenser weiter zu ermutigen und ihre gesellschaftliche Position zu verbessern. Das Ziel meiner Arbeit ist es, dabei zu helfen, dass dieses Volk, dem eine Teilnahme am gesellschaftlichen Diskurs versagt wird, seine Stimme findet und offen hören lassen kann. Ich freue mich auch darauf, dass dieses Buch als ein sichtbares Symbol für eine israelisch-palästinensische Partnerschaft in die Welt tritt, in eine Welt, die so massiv und so nachhaltig versucht, uns so weit es geht auseinanderzutreiben.

Am Anfang dieses Buches verweisen wir auf Michael Rothbergs *Multidirectional Memory: Remembering the Holocaust in the Age of Decolonization*, und am Ende möchte ich noch einmal auf diesen wichtigen Beitrag zurückkommen. Rothbergs Analyse von W. E. B. Du Bois' Reflektionen zu seinem Besuch Warschaus nach dem Krieg ist zutiefst bewegend. Wenn Du Bois in *Souls of Black Folk* über die „Sorrow Songs" afroamerikanischer Sklaven schreibt, nennt Rothberg diese Lieder eine Botschaft an die Welt: „Durch all das Leid der *Sorrow Songs* atmet eine Hoffnung – ein Glaube an die letztliche Gerechtigkeit der Dinge. Die Kadenzen der Verzweiflung in Moll werden oft in Triumph verwandelt und in stille Zuversicht. Manchmal ist es ein Glaube ans Leben, manchmal ein Glaube an den Tod, manchmal das sichere Vertrauen auf eine grenzenlose Gerechtigkeit in einer guten jenseitigen Welt. Doch was auch immer es ist, die Bedeutung ist stets dieselbe: dass irgendwann, irgendwo, Menschen andere Menschen aufgrund ihrer Seele beurteilen werden und nicht aufgrund ihrer Hautfarbe."[315]

---

315 Michael Rothberg, *Multidirectional Memory: Remembering the Holocaust in the Age of Decolonization* (Stanford, CA: Stanford University Press, 2009), 130.

Literaturverzeichnis

Abdel Jawad, Saleh. „Zionist Massacres: The Creation of the Palestinian Refugee Problem in the 1948 War." In *Israel and the Palestinian Refugees*, hrsg. von Eyal Benvenisti, Chaim Gans und Sari Hanafi, 59 – 127. Berlin: Springer, 2007.

Abdel-Nour, Farid. „National Responsibility." *Political Theory* 31, no. 5 (2003): 693 – 719.

Abdulrahim, Dima. „Islamic Law, Gender, and the Politics of Exile: The Palestinians in West Berlin. A Case Study." In *Islamic Family Law*, hrsg. von Chibli Mallat und Jane Connors, 181 – 201. London: Graham and Trotman, 1990.

Abulhawa, Susan. „Why Are Palestinians Paying for Germany's Sins?" *Electronic Intifada*, 11.2.2017. https://electronicintifada.net/content/why-are-palestinians-paying-germanys-sins/11167.

Aderet, Ofer. „New Hebrew Magazine in Berlin Seeks to Connect Israelis with Locals." *Haaretz*, 1.11.2013.

Aderet, Ofer. „Teaching the Holocaust in Germany." *Haaretz*, 4.4.2014.

Adwan, Sami. „Schoolbooks in the Making: From Conflict to Peace." *Palestine-Israel Journal of Politics, Economics and Culture* 8, no. 2 (2001): 57 – 69.

Ahronheim, Anna. „Germany's Heckler & Koch to Stop Selling Guns to Israel." *Jerusalem Post*, 20.9.2017.

Alfarra, Jehan. „Palestinians of Syria: Refugees Once More." *Middle East Monitor*, 23.6.2016. https://www.middleeastmonitor.com/20160623-the-further-displacement-of-palestinian-refugees/.

Almog, Yael. „Migration and Its Discontents: Israelis in Berlin and Homeland Politics." *Transit* 10, no. 1 (2015): 1 – 7.

Altenbockum, Jasper von, und Rainer Hermann. „Müller und Chebli im Interview: „. . . Als würden Muslime für Aliens gehalten'." *Frankfurter Allgemeine Zeitung*, 3.10.2016.

Amit, Hila. *A Queer Way Out: The Politics of Queer Emigration from Israel*. Albany: State University of New York Press, 2018.

Amit, Hila. „The Revival of Diasporic Hebrew in Contemporary Berlin." In *Cultural Topographies of the New Berlin: An Anthology*, hrsg. von Karin Bauer und Jennifer R. Hosek , 253 – 71. Oxford: Berghahn, 2017.

„An Immigration Row in Germany: Sarrazin vs the Saracens." *Economist*, 1.9.2010.

„Antisemitischer Angriff: Kippa kommt ins Jüdische Museum." Deutsche Presse-Agentur, 27.5.2018. https://www.welt.de/regionales/berlin/article176707499/Antisemitischer-Angriff-Kippa-kommt-ins-Juedische-Museum.html.

Antisemitismus entschlossen bekämpfen. Antrag der Fraktionen CDU/CSU, SPD, FDP und Bündnis 90/Die Grünen. Berlin: Deutscher Bundestag, 2018. https://dip21.bundestag.de/dip21/btd/19/004/1900444.pdf.

Arendt, Hannah. *Eichmann in Jerusalem: A Report on the Banality of Evil*. New York: Viking, 1963. Deutsche Übersetzung als *Eichmann in Jerusalem. Ein Bericht von der Banalität des Bösen*. München: Piper, 1965.

Arendt, Hannah. *Responsibility and Judgment*. Hrsg. von Jerome Kohn. New York: Schocken, 2003.

Arfa, Orit. „Berlin Becomes a Musical Playground for Israeli Artists." *Jerusalem Post*, 16.5.2017.

Arfa, Orit. „Making ‚Aliyah' to Berlin." *Jewish Journal*, 14.2.2017.

https://doi.org/10.1515/9783110729931-017

232 —— Literaturverzeichnis

Ariel, Ben. „Head of Berlin Protest: Lapid Destroyed Our Chances to Buy Homes." *Arutz Sheva*, 8.10.2014.

Arnold, Sina. „Which Side Are You On? Zum schwierigen Verhältnis von Antisemitismus und Rassismus in der Migrationsgesellschaft." In *Das Phantom „Rasse." Zur Geschichte und Wirkungsmacht von Rassismus*, hrsg. von Naika Foroutan, Christian Geulen, Susanne Illmer, Klaus Vogel und Susanne Wernsing, 189–201. Wien: Böhlau, 2018.

Arnold, Sina, und Sebastian Bischoff. „Wer sind wir denn wieder? Nationale Identität in Krisenzeiten." *Aus Politik und Zeitgeschichte* 14–15 (2016): 28–34.

Arnold, Sina, und Günther Jikeli. „Judenhass und Gruppendruck – Zwölf Gespräche mit jungen Berlinern palästinensischen und libanesischen Hintergrunds." In *Jahrbuch für Antisemitismusforschung*, Bd. 17, hrsg. von Wolfgang Benz, 105–30. Berlin: Metropol, 2008.

Arnold, Sina, und Jana König. *Flucht und Antisemitismus. Erste Hinweise zu Erscheinungsformen von Antisemitismus bei Geflüchteten und mögliche Umgangsstrategien. Qualitative Befragung von Expert_innen und Geflüchteten*. Berlin: Berliner Institut für Empirische Integrations-und Migrationsforschung, 2016.

Arnold, Sina, und Jana König. „Antisemitismus im Kontext von Willkommens- und Ablehnungskultur. Einstellungen Geflüchteter zu Juden, Israel und dem Holocaust." In *Jahrbuch für Antisemitismusforschung*, Bd. 26, hrsg. von Stefanie Schüler-Springorum, 303–26. Berlin: Metropol, 2017.

Asseburg, Muriel. „Palästinas verbauter Weg zur Eigenstaatlichkeit." Vereinte Nationen, März 2018, 105–10. https://www.swp-berlin.org/fileadmin/contents/products/fachpublikationen/03_Asseburg_VN_3–2018_7–6–2018.pdf.

„Asylum: Germany Processes More Applications than Other EU States Combined." *Deutsche Welle*, 19.3.2018. https://www.dw.com/en/asylum-germany-processes-more-applications-than-other-eu-states-combined/a-43034222.

Auron, Yair. *The Holocaust, Rebirth, and the Nakba: Memory and Contemporary Israeli-Arab Relations*. Lanham, MD: Lexington, 2017.

Avidan, Igal. „An ‚Inferno' Erupts at the Berlin Film Festival." *Times of Israel*, 18.2.2014.

Ayoub, Phillip. „From Payer to Player? Germany's Foreign Policy Role in Regards to the Middle East Conflict." Masterarbeit, University of North Carolina, Chapel Hill, 2005.

Ayoub, Phillip. *When States Come Out: Europe's Sexual Minorities and the Politics of Visibility*. Cambridge: Cambridge University Press, 2016.

Backes, Laura, Anna Clauss, Maria-Mercedes Hering, Beate Lakotta et al. „Is There Truth to Refugee Rape Reports?" *Spiegel Online*, 17.1.2018. https://www.spiegel.de/international/germany/is-there-truth-to-refugee-sex-offense-reports-a-1186734.html.

Baer, Marc David. „Turk and Jew in Berlin: The First Turkish Migration to Germany and the Shoah." *Comparative Studies in Society and History* 55, no. 2 (2013): 330–55.

Barenboim, Daniel. „Germany Is Repaying Its Post-Holocaust Debts to Israel – but Not to the Palestinians." *Haaretz*, 8.6.2017.

Barenboim, Daniel. „Today, I Am Ashamed to Be an Israeli." *Haaretz*, 22.6.2018.

Bar-On, Dan. „Holocaust Perpetrators and Their Children: A Paradoxical Morality." *Journal of Humanistic Psychology* 29, no. 4 (1989): 424–43.

Bar-On, Dan, und Fatma Kassem. „Storytelling as a Way to Work through Intractable Conflicts: The German-Jewis Experience and Its Relevance to the Palestinian-Israeli Context." *Journal of Social Issues* 60, no. 2 (2004): 289–306.

Bar-On, Dan, und Saliba Sarsar. „Bridging the Unbridgeable: The Holocaust and Al-Nakba."
East Jerusalem 11, no. 1 (2004): 63–70.

Bar-Tal, Daniel. *Shared Beliefs in a Society: Social Psychological Analysis.* Thousand Oaks, CA: Sage, 2000.

Bar-Tal, Daniel, und Dikla Antebi. „Beliefs about Negative Intentions of the World: A Study of the Israeli Siege Mentality." *Political Psychology* 13, no. 4 (1992): 633–45.

Bar-Tal, Daniel, und Gavriel Salomon. „Israeli-Jewish Narratives of the Israeli-Palestinian Conflict: Evolution, Contents, Functions, and Consequences." In *Israeli and Palestinian Narratives of Conflict: History's Double Helix*, hrsg. von R. I. Rotberg, 19–46. Bloomington: Indiana University Press, 2006.

Bartlick, Silke. „Theater Director Yael Ronen Breaks Taboos." *Deutsche Welle*, 12.5.2015. https://www.dw.com/en/theater-director-yael-ronen-breaks-taboos/a-18444303.

Bashir, Bashir, und Amos Goldberg. „Deliberating the Holocaust and the Nakba: Disruptive Empathy and Binationalism in Israel/Palestine." *Journal of Genocide Research* 16, no. 1 (2014): 77–99.

Bashir, Bashir, und Amos Goldberg. *The Holocaust and the Nakba: A New Grammar of Trauma and History.* New York: Columbia University Press, 2018.

Basisbericht, Bestand Arbeitslose. Berichtsmonat, November 2017.

Basisbericht, Bestand Beschäftigte. Berichtsmonat, November 2017.

Bayrakli, Enes, und Farid Hafez, Hrsg. *European Islamophobia Report 2017.* Istanbul: SETA, 2018. https://www.islamophobiaeurope.com/wp-content/uploads/2018/04/EIR_2017.pdf.

Beck, Martin. „Germany and the Israeli-Palestinian Conflict." In *Germany's Uncertain Power: Foreign Policy of the Berlin Republic*, hrsg. von H. Maull, 260–72. London: Palgrave Macmillan, 2006.

Bennhold, Katrin. „‚Never Again': Fighting Hate in a Changing Germany with Tours of Nazi Camps." *New York Times*, 11.3.2018.

Bennhold, Katrin, und Melissa Eddy. „Merkel, to Survive, Agrees to Border Camps for Migrants." *New York Times*, 2.7.2018.

Ben-Yehuda, Omri. „Ewig wartend. Was bedeutet Heimat in Zeiten der Globalisierung? Sprache und Alltag, sagt ein Israeli, der in Deutschland ein zweites Zuhause fand." *Der Freitag*, März 2015. https://www.freitag.de/autoren/der-freitag/ewig-wartend.

Ben-Zeev, Noam. „Israeli Composer Takes Berlin." *Haaretz*, 11.2.2013.

Benz, Wolfgang. *Antisemitismus und „Islamkritik." Bilanz und Perspektive.* Berlin: Metropol, 2011.

Berger, Yotam. „Israel Refuses to Let Palestinian Couple Living in Germany Wed in West Bank." *Haaretz*, 8.4.2018.

Bernstein, Richard. „Holocaust Memorial Opens in Berlin." *New York Times*, 11.5.2005.

Bevölkerung und Erwerbstätigkeit. Ausländische Bevölkerung. Ergebnisse des Ausländerzentralregisters. Statistisches Bundesamt, Fachserie 1, Reihe 2, 2017.

Blass, Thomas. „Psychological Perspectives on the Perpetrators of the Holocaust: The Role of Situational Pressures, Personal Dispositions, and Their Interactions." *Holocaust and Genocide Studies* 7, no. 1 (1993): 30–50.

Bleiker, Carla. „A Special Case: The German-Israeli Security Cooperation." *Deutsche Welle*, 12.5.2015. https://www.dw.com/en/a-special-case-the-german-israeli-security-cooperation/a-18444585.

Blumer, Nadine. *From Victim Hierarchies to Memorial Networks: Berlin's Holocaust Memorial to Sinti and Roma Victims of National Socialism*. Toronto: University of Toronto, 2011.

Blustein, Jeffrey. „On Taking Responsibility for One's Past." *Journal of Applied Philosophy* 17, no. 1 (2000): 1–19.

Bodemann, Michael, und Gökce Yurdakul. „'We Don't Want to Be the Jews of Tomorrow': Jews and Turks in Germany after 9/11." *German Politics and Society* 24, no. 2 (2006): 44–67.

Boehm, Omri. „The German Silence on Israel, and Its Cost." *New York Times*, 9.3.2015.

Bolongaro, Kait. „Palestinian Syrians: Twice Refugees." *Al Jazeera*, 23.3.2016.

Borchard, Michael. „Vereinte Erbsenzähler. Genau wie in Deutschland kann auch in Israel eine Kleinigkeit eine politische Grundsatzdebatte auslösen. Dieses Mal: ein Schokopudding." *Debatten Magazin*, 14.10.2014.

Boyarin, Daniel. „Freunde Israels, boykottiert diesen Staat!" *Frankfurter Rundschau*, 3.3.2017.

Braithwaite, John. „Restorative Justice and De-professionalization." *Good Society* 13, no. 1 (2004): 28–31.

Bräth, Eva, und Mara Küpper. „Debatte über Vollverschleierung. Worum es beim Burkaverbot geht." Nadosi.net, 22.2.2018. http://www.nadosi.net/2018/02/22/afd-antrag-zu-vollverschleierung-worum-geht-es-beim-burka-verbot-a-1194929-html/.

Brumlik, Micha. „Die Antwort auf Judenhass darf nicht die Neuauflage des McCarthyismus sein." *Tageszeitung*, 7.8.2018.

„Bundestag beschließt Verschleierungsverbot." *Welt*, 28.4.2017.

Bunzl, Matti. „Between Anti-Semitism and Islamophobia: Some Thoughts on the New Europe." *American Ethnologist* 32, no. 4 (2005): 499–508.

Chaitin, Julia. „Bridging the Impossible? Confronting Barriers to Dialogue between Israelis and Germans and Israelis and Palestinians." *International Journal of Peace Studies* 13, no. 2 (2008): 33–58.

Chazan, Guy. „Refugee Rights Drive Wedge between German Coalition Parties." *Financial Times*, 28.1.2018.

Chin, Rita. *The Guest Worker Question in Postwar Germany*. Cambridge: Cambridge University Press, 2007.

Chomsky, Noam. *The Fateful Triangle: The United States, Israel and the Palestinians*. London: Pluto, 1982.

„Citing Holocaust, Karl Lagerfeld Says Germany Is Taking in Jews' Worst Enemies." *Times of Israel*, 14.11.2017.

Cohen, Hadas, und Dani Kranz. „Israeli Jews in the New Berlin: From Shoah Memories to Middle Eastern Encounters." In *Cultural Topographies of the New Berlin: An Anthology*, hrsg. von Karin Bauer und Jennifer R. Hosek, 322–46. Oxford: Berghahn, 2017.

Cohen, Roger. „Berlin Mayor to Shun Holocaust Memorial Event." *Haaretz*, 18.1.2000.

Connolly, Kate. „Angela Merkel Comforts Sobbing Refugee but Says Germany Can't Help Everyone." *Guardian*, 16.7.2015.

Connolly, Kate, „Barenboim Becomes First to Hold Israeli and Palestinian Passports." *Guardian*, 14.1.2008.

„Crime Rate in Germany Lowest since 1992, but Seehofer Still Issues Stern Warning." *Deutsche Welle*, 8.5.2018. https://www.dw.com/en/crime-rate-in-germany-lowest-since-1992-but-seehofer-still-issues-stern-warning/a-43697232.

Daphi, Priska. „Zivilgesellschaftliches Engagement für Flüchtlinge und lokale ‚Willkomenskultur'." *Aus Politik und Zeitgeschichte* 14–15 (2016): 35–39.

Decker, Frank. „AfD, Pegida und die Verschiebung der parteipolitischen Mitte." *Aus Politik und Zeitgeschichte* 65 (2015): 27–32.

Deprez, Annelore, und Karin Raeymaeckers. „Bias in the News? The Representation of Palestinians and Israelis in the Coverage of the First and Second Intifada." *International Communication Gazette* 72, no. 1 (2010): 91–109.

Dietz, Barbara. „Jewish Immigrants from the Former Soviet Union in Germany: History, Politics and Social Integration." *East European Jewish Affairs* 33, no. 2 (2003): 7–19.

Dische-Becker, Emily. „Massenhafte ‚Tod den Juden'-Rufe am Brandenburger Tor?" *Spiegel Online*, 19.12.2017. https://uebermedien.de/23715/massenhafte-tod-den-juden-rufe-am-brandenburger-tor/.

Eckhardt, Ulrich, und Andreas Nachama. *Jüdische Berliner Leben nach der Schoa.* Berlin: Jaron, 2003.

Eddy, Melissa. „Germany's Angela Merkel Agrees to Limits on Accepting Refugees." *New York Times*, 9.10.2017.

Eddy, Melissa. „Seeing Ally against Muslims, Some German Jews Embrace Far Right, to Dismay of Others." Agence France-Presse, 26.9.2018.

Eddy, Melissa, und Alex Marshall. „Unwelcome Sound on Germany's Stages: Musicians Who Boycott Israel." *New York Times*, 1.7.2018.

Edthofer, Julia. „Gegenläufige Perspektiven auf Antisemitismus und antimuslimischen Rassismus im postnationalsozialistischen und postkolonialen Forschungskontext." *Österreichische Zeitschrift für Soziologie* 40 (2015): 189–207.

Eglash, Ruth. „Young Jews See Bright Future in Berlin but Past Weighs Heavily in Israel." *Guardian*, 10.11.2014.

Eglash, Ruth, und Stephanie Kirchner. „Young Jews See Bright Future in Berlin but Past Weighs Heavily in Israel." *Washington Post*, 10.11.2014.

Ehrkamp, Patricia. „Placing Identities: Transnational Practices and Local Attachments of Turkish Immigrants in Germany." *Journal of Ethnic and Migration Studies* 31, no. 2 (2005): 345–64.

El-Tayeb, Fatima. „Deutschland post-migrantisch? Rassismus, Fremdheit und die Mitte der Gesellschaft." *Aus Politik und Zeitgeschichte* 14–15 (2016): 15–21.

Etkes, Dror. „No, Moving to Berlin Isn't an Ideological Act – It's Just Plain Old Privilege." *Haaretz*, 23.8.2016.

Faiola, Anthony, und Ruth Eglash. „Former Nazi Capital Becomes a New Beacon for Israelis." *Washington Post*, 21.10.2014.

Fava, Rosa. *Die Neuausrichtung der Erziehung nach Auschwitz in der Einwanderungsgesellschaft. Eine rassismuskritische Diskursanalyse.* Berlin: Metropol, 2015.

Fierke, Karin Marie. „Who Is My Neighbour? Memories of the Holocaust/al Nakba and a Global Ethic of Care." *European Journal of International Relations* 29, no. 3 (2013): 787–809.

„First-Ever: 40-Plus Jewish Groups Worldwide Oppose Equating Antisemitism with Criticism of Israel." *Jewish Voice for Peace*, 17.7.2018. https://jewishvoiceforpeace.org/first-ever-40-jewish-groups-worldwide-oppose-equating-antisemitism-with-criticism-of-israel.

Fischer, Leandros. „The German Left's Palestine Problem." *Jacobin*, 12.3.2014. https://www.jacobinmag.com/2014/12/the-germans-lefts-palestine-problem/.

Fisher, Ian. „Israeli Leader Cancels Meeting after German Official Visits Protest Group." *New York Times*, 25.4.2017.

Fortuna, Gilead, und Shuki Stauber. *Israelis in Berlin: A Community in the Making* [Hebräisch]. Haifa: Samuel Neaman Institute, 2016.

Fragen zu Antisemitismus, Antizionismus, Islamismus, islamistischem Terrorismus. Definitionen, Ausprägungen und Zusammenhänge im Nahen Osten. Berlin: Wissenschaftliche Dienste des Deutschen Bundestages, 2007. https:// www.bundestag.de/resource/blob/412016/9ba52101aafd1258be87701d0c84515d/wd-1–171–06-pdf-data.pdf.

Frenkel, Idit. „We May Be Reaching the Day When the Boycott Movement Bursts the Escapist Bubble of Israel's Nightlife." *Haaretz,* 7.9.2018.

Fulbrook, Mary. *German National Identity after the Holocaust.* Cambridge: Polity, 1999.

Gadzo, Mersiha. „Residents Mourn Palestinian Youth Killed in ‚Cold Blood'." *Al Jazeera,* 27.7.2018.

„Gauland: NS-Zeit nur ein ‚Vogelschiss in der Geschichte'." Deutsche Presse-Agentur, 2.6.2018. https://www.zeit.de/news/2018–06/02/gauland-ns-zeit-nur-ein-vogelschiss-in-der-geschichte-180601–99–549766.

Geertz, Clifford. „Deep Hanging Out." *New York Review of Books,* 22.10.1998.

Gehrke, Kerstin. „Verurteilter Syrer will Haftentschädigung." *Der Tagesspiegel,* 6.7.2018.

„German-Israeli Relations: What You Need to Know." *Deutsche Welle,* 17.4.2018. https:// www.dw.com/en/german-israeli-relations-what-you-need-to-know/a-41800745.

„German Jews, Non-Jews Hold Kippa-Wearing Protest against Wave of Anti-Semitism." *Times of Israel,* 25.4.2018.

„German Palestinians in the Cross-Fire." *Deutsche Welle,* 29.4.2002. https://www.dw.com/en/ a-cycle-of-violence/a-514816.

„German Paper Axes Cartoonist over Controversial Netanyahu Drawing." *Times of Israel,* 17.5.2018.

„Germany Contributes EUR 23.15 Million to unrwa for Projects in Gaza." UNRWA, 22.12.2017. https://www.unrwa.org/newsroom/press-releases/germany-contributes-eur-2315-million-unrwa-projects-gaza.

„Germany Grants the Temporary Residency to the Palestinians of Syria Refugees That Prevents Them to Reunion." *Action Group for Palestinians of Syria,* 29.8.2016. http:// www.actionpal.org.uk/en/post/3828/germany-grants-the-temporary-residency-to-the-palestinians-of-syria-refugees-that-prevents-them-to-reunion.

„Germany to Boost Funds to UNRWA amid Reports of Cuts by U.S." Deutsche Presse-Agentur und *Haaretz,* 31.8.2018.

Ghadban, Ralph. *Die Libanon-Flüchtlinge in Berlin. Zur Integration ethnischer Minderheiten.* Berlin: Das Arabische Buch, 2008.

Gilbert, Margaret. „Who's to Blame? Collective Moral Responsibility and Its Implications for Group Members." Midwest Studies in Philosophy 30, no. 1 (2006): 94–114.

Gladstone, Rick. „German Idea to Fight Anti-Semitism: Make Immigrants Tour Concentration Camps." *New York Times,* 10.1.2018.

Goldmann, A. J. „An Eclectic Lineup at a Festival Dogged by Scandal." *New York Times,* 23.8.2018.

Gontarz, Nir. „Israeli Diplomat in Berlin: Maintaining German Guilt about Holocaust Helps Israel." *Haaretz,* 25.6.2015.

Goschler, Constantin. *Schuld und Schulden. Die Politik der Wiedergutmachung für NS-Verfolgte seit 1945.* Göttingen: Wallstein, 2005.

Gross, Andrew S. „Holocaust Tourism in Berlin: Global Memory, Trauma and the ‚Negative Sublime'." *International Journal of Travel and Travel Writing* 19 (2018): 73–100.

Gross, Leonard. *The Last Jews of Berlin.* New York: Open Road, 1981.

Gruen, Lori. *The Ethics of Captivity.* Oxford: Oxford University Press, 2014.

„Grütters reist mit Billigflieger nach Israel." Deutsche Presse-Agentur, 16.7.2018.

Hagin, Adi. „Why Are Israelis Moving to Germany?" *Haaretz*, 16.9.2011.

Hall, Melanie. „Angela Merkel Reduces Girl to Tears over Asylum Policy." *Telegraph*, 16.7.2015.

Hanschke, Hannibal. „Germany's Seehofer Launches Migrant Plan with ‚Birthday' Jab at Deportees." Reuters, 10.7.2018.

Hansen, Niels. *Aus dem Schatten der Katastrophe. Die deutsch-israelischen Beziehungen in der Ära Konrad Adenauer und David Ben Gurion. Ein dokumentierter Bericht.* Forschungen und Quellen zur Zeitgeschichte, Bd. 38. Düsseldorf: Droste, 2002.

Hanssen, Frederik. „Barenboim-Said Akademie in Berlin. Das Charakterbildungsprogramm des Stardirigenten." *Tagesspiegel*, 25.7.2014.

Harkov, Lahav. „‚Milky Protest' Leader in Berlin Moving Back to Israel." *Jerusalem Post*, 26.10.2014.

Hass, Amira. „Shin Bet Holds German Citizen at Israeli Border: Your Blood Isn't German, It's Palestinian." *Haaretz*, 26.8.2018.

Hatton, Timothy J. „The Economics of International Migration." *Labour Economics* 30 (2014): 43–50.

Häusler, Alexander, Hrsg. *Die Alternative für Deutschland. Programmatik, Entwicklung und politische Verortung.* Wiesbaden: Springer, 2016.

Hecht, Ravit. „Itay Tiran, Israel's Number 1 Theater Actor-Director: BDS Is a Legitimate Form of Resistance." *Haaretz*, 5.8.2018.

Heitmüller, Ulrike. *Eine Gruppe palästinensischer Drogenhändler in Berlin. Innere soziale Ordnung und äußere Einflüsse. Studienarbeit.* München: Grin, 2008.

„Henryk Broder über jüdischen Antisemitismus, Selbsthass und Judenfragen: ‚Wir sind all traumatisiert.'" *Tachles*, 14.7.2006. http://www.hagalil.com/archiv/2006/07/selbsthass.htm.

Hildebrandt, Tina, und Bernd Ulrich. „Angela Merkel. Im Auge des Orkans." *Zeit*, 20.9.2015.

Hinze, Annika Marlen. *Turkish Berlin: Integration Policy and Urban Space.* Minneapolis: University of Minnesota Press, 2013.

Honig, Frederick. „The Reparations Agreement between Israel and the Federal Republic of Germany." *American Journal of International Law* 48, no. 4 (2017): 564–78.

Horowitz, Nitzan. „‚Europe Is Ruined': Conversations with Israelis in Berlin." *Haaretz*, 4.7.2017.

Huyssen, Andreas. „Diaspora and Nation: Migration into Other Pasts." *New German Critique* 88 (2003): 147–64.

„‚I Am German When We Win, Immigrant When We Lose': Mesut Özil Quits Germany over Racism." *Deutsche Welle*, 23.7.2018. https://www.thenewsminute.com/article/i-am-german-when-we-win-immigrant-when-we-lose-mesut-ozil-quits-germany-over-racism-85234.

„In Berlin, Jews and Muslims Ride Tandem Bicycles to Fight Hatred." Associated Press und *Israel Hayom*, 25.6.2018.

Jakob, Christian. „Die Bleibenden. Flüchtlinge verändern Deutschland." *Aus Politik und Zeitgeschichte* 14–15 (2016): 9–14.

Jaspers, Karl. *The Question of German Guilt*, übers. von E. B. Ashton. New York: Fordham University Press, 2000. Originalausgabe: *Die Schuldfrage*. Heidelberg: Schneider, 1946.

„‚Jewish Man' Attacked in Berlin Admits He's an Israeli-Arab Who Didn't Believe Germany Was Anti-Semitic." Associated Press, 18.4.2018.

Jewish Telegraphic Agency. „BDS Movement Deemed Anti-Semitic by State Office in Germany." *Times of Israel*, 4.9.2018.

Jonker, Gerdien. „What Is Other about Other Religions? The Islamic Communities in Berlin between Integration and Segregation." *Cultural Dynamics* 12, no. 3 (2000): 311–29.

Joppke, Christian, und Zeev Roshenhek. „Ethnic-Priority Immigration in Israel and Germany: Resilience versus Demise." *Working Paper* no. 45, Center for Comparative Immigration Studies, University of California, San Diego, 2001.

Jungmann, Alexander. *Jüdisches Leben in Berlin. Der aktuelle Wandel in einer metropolitanen Diasporagemeinschaft*. Bielefeld: Transcript, 2007.

Kaim, Markus. „Israels Sicherheit als deutsche Staatsräson: Was bedeutet das konkret?" *Aus Politik und Zeitgeschichte* 65 (2015): 8–13.

Kaiser, David. „What Hitler and the Grand Mufti Really Said." *Time*, 22.10.2015. https://time.com/4084301/hitler-grand-mufi-1941/.

Katz, Bruce, Luise Noring und Nantke Garrelts. „Cities and Refugees: The German Experience." Brookings Institution, 18.9.2016. https://www.brookings.edu/research/cities-and-refugees-the-german-experience/.

Keenan, John. „Where Is the World's Most ‚Godless' City?" *Guardian*, 7.12.2016.

Kerr, Pekkala Sari, und William R Kerr. „Economic Impacts of Immigration: A Survey." NBER Working Paper Series, National Bureau of Economic Research, Cambridge, 2011.

Kessler, Judith. „Jüdische Immigration seit 1990. Resümee einer Studie über 4.000 jüdische Migranten aus der ehemaligen Sowjetunion in Berlin." *Zeitschrift für Migration und Soziale Arbeit* 19 (1997): 40–47.

Khalilli, Laleh. *Heroes and Martyrs of Palestine: The Politics of National Commemoration*. New York: Cambridge University Press, 2007.

Kidron, Carol A. „Being There Together: Dark Family Tourism and the Emotive Experience of Co-presence in the Holocaust Past." *Annals of Tourism Research* 41 (2013): 175–94.

Kil, Wolfgang, und Hilary Silver. „From Kreuzberg to Marzahn: New Migrant Communities in Berlin." *German Politics and Society* 81, no. 24.4 (2006): 95–120.

Kimhi, Shaul, Daphna Canetti-Nisim und Gilad Hirschberger. „Terrorism in the Eyes of the Beholder: The Impact of Causal Attributions on Perceptions of Violence." *Peace and Conflict* 15, no. 1 (2009): 75–95.

Klar, Yechiel, Noa Schori-Eyal und Yonat Klar. „The ‚Never Again' State of Israel: The Emergence of the Holocaust as a Core Feature of Israeli Identity and Its Four Incongruent Voices." *Journal of Social Issues* 69, no. 1 (2013): 125–43.

Köhler, Regina. „Junge Flüchtlinge sollen am Alex ihre ‚Freizeit gestalten'." *Berliner Morgenpost*, 3.11.2017.

Korteweg, Anna, und Gökçe Yurdakul. *The Headscarf Debates*. Stanford, CA: Stanford University Press, 2014.

Kraetzer, Ulrich. „Ärger um muslimische Staatssekretärin Sawsan Chebli." *Berliner Morgenpost*, 8.12.2016.

Kranz, Dani. „Forget Israel – the Future Is in Berlin! Local Jews, Russian Immigrants and Israeli Jews in Berlin and across Germany." *Shofar* 34, no. 4 (2016): 5–28.

Kranz, Dani. *Israelis in Berlin. Wie viele sind es und was zieht sie nach Berlin?* Kooperationsprojekt mit dem Deutschlandradio „Faszination und Befremden – 50 Jahre deutsch-israelische Beziehungen." Gütersloh: Bertelsmann, 2015.

Kranz, Dani, Uzi Rebhun und Heinz Sünker. „The Most Comprehensive Survey among Israelis in Germany Confirms the Image: Secular, Educated, and Left" [Hebräisch]. *Spitz,* 4.12.2015.

Kraske, Michael. „Rechtsextremismus. Das braune Gift der Mitte." *Zeit,* 27.11.2008.

Kreft, Anne-Kathrin. „The Weight of History: Change and Continuity in German Foreign Policy towards the Israeli-Palestinian Conflict." Masterarbeit, Western Washington University, Washington, DC, 2010.

Kronenberg, Volker. „Schaffen wir das? Über Patriotismus in Krisenzeiten." *Aus Politik und Zeitgeschichte* 14 – 15 (2016): 22 – 27.

Landau, Noa. „Germany Urges against U.S. Recognition of Jerusalem: ‚We Must Spell Out Limits of Our Solidarity'." *Haaretz,* 5.12.2017.

Langer, Ármin. „Der Antisemitsmusbeauftragter unter Judenfeinden?" *Zeit,* 5.6.2018.

Langer, Ármin. „Breaking Down Artificial Walls." *Qantara.de,* 23.1.2015. https://en.qantara.de/content/the-salaam-shalom-initiative-breaking-down-artificial-walls.

Langer, Ármin. *Ein Jude in Neukölln: Mein Weg zum Miteinander der Religionen.* Berlin: Aufbau, 2016.

Langer, Ármin. „Muslime sind die neuen Juden." *Tagesspiegel,* 9.9.2014.

Larzillière, Pénélope. „Palästinensische Studenten in Deutschland und Frankreich im Vergleich: Netzwerkmechanismen und Wege der Identitätskonstruktion." In *Islam und Moderne. Der gesellschaftliche Umgang mit dem Islam in Frankreich und Deutschland,* hrsg. von Alexandre Escudier, 47 – 52. Göttingen: Wallstein Collection, 2003.

Larzillière, Pénélope. *To Be Young in Palestine.* Paris: hal Archives-Ouvertes, 2010.

Lustick, Ian S. „Negotiating Truth: The Holocaust, ‚Lehavdil, ' and ‚Al-Nakba'." *Journal of International Affairs* 60, no. 1 (2006): 51 – 77.

Maeke, Lutz. *DDR und PLO: Die Palästinapolitik des SED-Staates.* Berlin: Walter de Gruyter, 2017.

Maltz, Judy, „How Israel Is Trying to Break Breaking the Silence – and How It Could Backfire." *Haaretz,* 21.11.2017.

Maltz, Judy. „Why Would an Israeli Grandchild of Holocaust Survivors Move to Germany?" *Haaretz,* 6.10.2017.

„Man Attacked in Berlin for Wearing Kippa Is Israeli Arab." *Times of Israel,* 30.8.2018.

Maoz, Daria. „Backpackers' Motivations: The Role of Culture and Nationality." *Annals of Tourism Research* 34, no. 1 (2007): 122 – 40.

Masalha, Nur. *The Palestine Nakba: Decolonising History, Narrating the Subaltern, Reclaiming Memory.* London: Zed, 2012.

Matar, Haggai. „German Bank Shuts Down Account Belonging to Jewish Peace Group." *+972 Magazine,* 8.12.2016. https://972mag.com/german-bank-shuts-down-account-belonging-to-jewish-peace-group/123585/.

Maxmen, Amy. „Migrants and Refugees are Good for Economies." *Nature,* 20.6.2018.

McGrane, Sally. „So Long, Israel; Hello, Berlin." *New Yorker,* 20.6.2017.

Meiborg, Mounia. „Überleben im Dauerprovisorium. Humor ist, wenn man trotzdem lacht." *Süddeutsche Zeitung,* 15.3.2016.

Meining, Stefan. *Kommunistische Judenpolitik: die DDR, die Juden und Israel.* Diktatur und Widerstand, Bd. 2. Berlin: LIT, 2002.

Melin, Mark. „Here's How the Refugee Crisis Is Impacting Germany's Economy." *Business Insider*, 29. 3. 2016. https://www.businessinsider.com/impact-refugee-crisis-on-germanys-economy-2016 – 3.

Meyer, Beate, und Hermann Simon, Hrsg. *Juden in Berlin, 1938 – 1945*. Berlin: Neue Synagoge Berlin-Centrum Judaicum, 2000.

„Migration. Streit um Familiennachzug für Flüchtlinge verschärft sich." Deutsche Presse-Agentur, 8. 4. 2018.

„'Milky Protest' Not about the Chocolate Pudding." *Deutsche Welle*, 17. 10. 2014. https://www.dw.com/en/milky-protest-not-about-the-chocolate-pudding/a-18005017.

Miller, Seumas. „Collective Moral Responsibility: An Individualist Account." *Midwest Studies in Philosophy* 30 (2006): 176 – 93.

Müller, Amelie. „Drei Fragen an . . . Meytal Rozental." *Aktuell*, no. 101, Juni 2018, 63 – 65.

Münkler, Herfried. „Die Mitte und die Flüchtlingskrise." *Aus Politik und Zeitgeschichte* 14 – 15 (2016): 3 – 8.

Naumann, Michael, Hrsg. *Barenboim-Said Academy Information Brochure*. Berlin: Barenboim-Said-Akademie, 2013.

Najjar, Farah, und Linah Alsaafin. „'They Killed My Love': Remembering Photographer Niraz Saied." *Al Jazeera*, 18. 7. 2018.

Nazzal, Nafez, und Laila Nazzal. „The Politicization of Palestinian Children: An Analysis of Nursery Rhymes." *Palestine Israel Journal of Politics, Economics and Culture* 3, no. 1 (1996): 26 – 36.

Nehring, Holger. „The Berlin Attack Could Undo Angela Merkel's Humanitarianism in Germany." *International Business Times*, 22. 12. 2016.

Neill, William J. V. „Marketing the Urban Experience: Reflections on the Place of Fear in the Promotional Strategies of Belfast, Detroit and Berlin." *Urban Studies* 38, nos. 5 – 6 (2001): 815 – 28.

Neu, Viola, und Sabine Pokomy. „Ist ‚die Mitte' (rechts)extremistisch?" *Aus Politik und Zeitgeschichte* 65 (2015): 3 – 8.

Neukirch, Ralf. „Tensions Flare in German-Israel Relations." *Spiegel Online*, 18. 2. 2014. https://www.spiegel.de/international/germany/relations-between-germany-and-israel-at-all-time-low-for-merkel-a-954118.html.

Nienaber, Michael, und Andreas Rinke. „Merkel against Unilaterally Recognizing Palestine as a State." Reuters, 21. 11. 2014. https://www.reuters.com/article/us-mideast-palestinians-germany/merkel-against-unilaterally-recognizing-palestine-as-a-state-idUSKCN0 J51ZJ20141121.

Noack, Rick, und Luisa Beck. „Anti-Israel Protests in Berlin, by Immigrants, Dismay German Officials." *Washington Post*, 20. 12. 2017.

Noack, Rick, und Luisa Beck. „Germany's #MeTwo Hashtag Has the Country Asking: How Racist Are We?" *Washington Post*, 1. 8. 2018.

Noy, Chaim, und Erik Cohen, Hrsg. *Israeli Backpackers: From Tourism to Rite of Passage*. Albany: State University of New York Press, 2005.

Ó Dochartaigh, Pól. „Philo-Zionism as a German Political Code: Germany and the Israeli-Palestinian Conflict since 1987." *Journal of Contemporary Central and Eastern Europe* 15, no. 2 (2007): 233 – 55.

„On Patrol with Police at Berlin's Alexanderplatz, Crime Hotspot in the Capital." *Deutsche Welle*, 13.11.2017. https://www.dw.com/en/on-patrol-with-police-at-berlins-alexanderplatz-crime-hotspot-in-the-capital/a-41356721.

„Over 33,000 Israelis Have Taken German Citizenship since 2000." *Times of Israel*, 2.9.2018.

Oz-Salzberger, Fania. „Israelis and Germany: A Personal Perspective." In *Being Jewish in 21st Century Germany: European-Jewish Studies Contributions*, hrsg. von Haim Fireberg und Olaf Glöckner, 117–28. Berlin: Walter de Gruyter, 2015.

Oz-Salzberger, Fania. *Israelis in Berlin*. Berlin: Jüdischer Verlag, 2001.

Özyürek, Esra. *Being German, Becoming Muslim: Race, Religion and Conversion in the New Europe*. Princeton, NJ: Princeton University Press, 2014.

Özyürek, Esra. „Rethinking Empathy: Emotions Triggered by the Holocaust among the Muslim-Minority in Germany." *Anthropological Theory* 18, no. 4 (2018): 456–77.

Palestinian Campaign for the Academic and Cultural Boycott of Israel. „Shopping, Richard Dawson and Gwenno Withdraw from Pop-Kultur Festival over Israeli Embassy Sponsorship." BDS website, 25.5.2018. https://bdsmovement.net/news/shopping-richard-dawson-and-gwenno-withdraw-pop-kultur-festival-over-israeli-embassy.

Palestinian Federation of Businessmen Associations. *Palestinian Diaspora: Germany*. Diaspora Mapping Working Group, 2014. https://www.pba.ps/files/Palestinian%20Diaspora-Germany%20(2).pdf.

Partridge, Damani J. *Hypersexuality and Headscarves: Race, Sex and Citizenship in the New Germany*. Bloomington: Indiana University Press, 2012.

Peri, Giovanni. „Immigrants, Productivity, and Labor Markets." *Journal of Economic Perspectives* 30, no. 4 (2016): 3–30.

Persio, Sofia Lotto. „Israeli LGB Activists Accuse Country of ‚Pinkwashing' over Berlin Pride Booth." *PinkNews*, 30.6.2018. https://www.pinknews.co.uk/2018/07/30/israel-berlin-pride-pinkwashing-surrogacy/.

Petzinger, Jill. „More than 300,000 Refugees Have Now Found Jobs in Germany." *Quarts*, 21.8.2018. https://qz.com/1364947/more-than-300000-refugees-have-now-found-jobs-in-germany/.

Preser, Ruth. „Lost and Found in Berlin: Identity, Ontology and the Emergence of Queer Zion." *Gender, Place and Culture* 24, no. (2016): 413–25.

„Protest vor dem Kino Babylon in Berlin gegen die israelische Queer Movie Night." BDS-Kampagnewebsite, 28.7.2018. http://bds-kampagne.de/2018/07/28/protest-vor-dem-kino-babylon-in-berlin-gegen-die-israelische-queer-movie-night.

Putz, Ulrike. „Merkel in the Knesset: We Would Never Abandon Israel." *Spiegel Online*, 18.3.2008. https://www.spiegel.de/international/world/merkel-in-the-knesset-we-would-never-abandon-israel-a-542311.html.

Ranan, David. *Muslimischer Antisemitismus. Eine Gefahr für den gesellschaftlichen Frieden in Deutschland?* Bonn: Dietz, 2018.

Rapoport, Meron. „The Sour Taste of Milky Pudding: The Cost of Living in Israel." *Middle East Eye*, 9.10.2014. https://www.middleeasteye.net/opinion/sour-taste-milky-pudding-cost-living-israel.

„Religionszugehörigkeiten." Forschungsgruppe Weltanschauungen in Deutschland, Evangelische Kirche in Deutschland, Bischofskonferenz, 2016. https://fowid.de/meldung/religionszugehoerigkeiten-deutschland-2017.

Rensmann, Lars. „Collective Guilt, National Identity, and Political Processes in Contemporary Germany." In *Collective Guilt: International Perspectives*, hrsg. von Nyla Branscombe and Bertjan Doosje, 169–90. Cambridge: Cambridge University Press, 2004.

Reudiger, Hannah, and Frank Zeller. „Palestinian from Syria Confesses to Berlin Assault on Arab Israeli Wearing Kippa." *Times of Israel*, 19. 6. 2018.

„Roger Waters Concerts Pulled Off Air in Germany Over Anti-Semitism Accusations." *Haaretz*, 29. 11. 2017.

Rohan, Talbot. „Syria's Double Refugees: Palestinians Forced to Risk Everything to Reach Europe." *Medact*, 12. 9. 2017.

Rosenthal, Gabriele, Hrsg. *The Holocaust in Three Generations: Families of Victims and Perpetrators of the Nazi Regime*. Opladen: Barbara Budrich, 2010.

Rothberg, Michael. *Multidirectional Memory: Remembering the Holocaust in the Age of Decolonization*. Stanford, CA: Stanford University Press, 2009.

Rothberg, Michael, und Yasemin Yildiz. „Memory Citizenship: Migrant Archives of Holocaust Remembrance in Contemporary Germany." *Parallax* 17, no. 4 (2011): 32–48.

Rozovsky, Liza. „For Young Palestinians, There's Only One Way Out of Gaza." *Haaretz*, 5. 1. 2018.

Rudoren, Jodi. „In Exodus from Israel to Germany, a Young Nation's Fissures Show." *New York Times*, 16. 10. 2014.

Sade, Danny. „Israeli Tourists Take Berlin." *Ynetnews.com*, 28. 10. 2014. https://www.ynetnews.com/articles/0,7340,L-4690486,00.html.

Sagy, Shifra, Sami Adwan und Avi Kaplan. „Interpretations of the Past and Expectations for the Future among Israeli and Palestinian Youth." *American Journal of Orthopsychiatry* 72 (2002): 26–38.

Said, Edward. „The One-State Solution." *New York Times*, 10. 1. 1999.

Sapir, Yoav. „Berlin, Berlin! Junge Israelis und die deutsche Hauptstadt. Kritische Auseinandersetzung eines Befangenen – Essay." *Aus Politik und Zeitgeschichte* 65 (2015): 1–3.

Sarrazin, Tilo. *Deutschland schafft sich ab. Wie wir unser Land aufs Spiel setzen*. München: Deutsche Verlags-Anstalt, 2010.

Schmalz-Jacobsen, Cornelia, Georg Hansen und Rita Polm, Hrsg. *Kleines Lexikon der ethnischen Minderheiten in Deutschland*. München: C.H. Beck, 1997.

Schmid, Rebecca. „Plans for Barenboim-Said Academy in Berlin Unveiled." *New York Times*, 6. 5. 2014.

Schmitz, Thorsten. „Geschlossene Gesellschaft." *Süddeutsche Zeitung*, 15. 7. 2018.

Schneider, Victoria. „Israelis Flock to Berlin for Better Life." *Al Jazeera*, 9. 3. 2013.

Schofield, Matthew. „Israeli's Praise of Life in Germany Sets Off Fury on Facebook." *McClatchy*, 27. 10. 2014.

Scholem, Gershom. „Against the Myth of the German-Jewish Dialogue." In *On Jews and Judaism in Crisis: Selected Essays*, hrsg. von Werner J. Dannhauser, 61–64. New York: Schocken, 1976.

Schüler-Springorum, Stefanie. „Non-Jewish Perspectives on German-Jewish History: A Generational Project?" In *The German-Jewish Experience Revisited*, hrsg. von Steven E. Aschheim und Vivian Liska, 193–205. Berlin: Walter de Gruyter, 2015.

Schütze, Yvonne. „„Warum Deutschland und nicht Israel?' Begründungen russischer Juden für die Migration nach Deutschland." *Zeitschrift Biographieforschung und Oral History* 10, no. 2 (1997): 186 – 208.

Schwartz, Amy. „Inside the Germany/Israel Relationship." *Moment*, 8.7.2018.

„Seehofer: Der Islam gehört (nicht) zu Deutschland." *Spiegel Online*, 15.3.2018. https://www.spiegel.de/politik/deutschland/horst-seehofer-der-islam-gehoert-nicht-zu-deutschland-geschichte-eines-satzes-a-1198520.html.

Sevinç Basad, Judith. „Eine moralische Katstrophe." *Salonkolumnisten*, 6.6.2018. https://www.salonkolumnisten.com/eine-moralische-katastrophe/.

Shahin, Mariam. „The New Germans." *Al Jazeera*, 24.5.2017.

Shalhoub-Kevorkian, N. „Negotiating the Present, Historicizing the Future: Palestinian Children Speak about the Israeli Separation Wall." *American Behavioral Scientist* 49 (2006): 1101 – 24.

Shamir, Jacob, und Khalil Shikaki. „Self-Serving Perceptions of Terrorism among Israelis and Palestinians." *Political Psychology* 23 (2002): 537 – 57.

Shapira, Avner. „Berlin: The ‚New Zion' for LGBTQ Israelis?" *Haaretz*, 11.6.2014.

Sharman, Jon. „Pilots Stop 222 Asylum Seekers Being Deported from Germany by Refusing to Fly." *The Independent*, 5.12.2007.

Sharon, Yehuda. „„I Pity Those Who No Longer Remember the Holocaust and Abandon Israel for a Pudding'." *Jerusalem Post*, 13.10.2014.

Shnabel, Nurith, Samer Halabi und Masi Noor. „Overcoming Competitive Victimhood and Facilitating Forgiveness through Re-categorization into a Common Victim or Perpetrator Identity." *Journal of Experimental Social Psychology* 49, no. 5 (2013): 867 – 77.

Shooman, Yasemin. „Islamfeindlichkeit und Antisemitismus. Diskursive Analogien und Unterschiede." *Jüdisches Museum Berlin Journal* 7 (2012): 17 – 20.

Silberstein, Laurence J. *The Postzionism Debates. Knowledge and Power in Israeli Culture.* New York: Psychology Press, 1999.

Skrobanek, Jan. „Perceived Discrimination, Ethnic Identity and the (Re-) Ethnicisation of Youth with a Turkish Ethnic Background in Germany." *Journal of Ethnic and Migration Studies* 35, no. 4 (2009): 535 – 54.

Smith, Angela M. „On Being Responsible and Holding Responsible." *Journal of Ethics* 11, no. 4 (2007): 465 – 84.

Smith, Angela M. „Responsibility as Answerability." *Interdisciplinary Journal of Philosophy* 58, no. 2 (2015): 99 – 126.

„Statistischer Bericht: Einwohnerinnen und Einwohner im Land Berlin am 31. Dezember 2016." In *Statistischer Bericht*. Berlin: Amt für Statistik Berlin Brandenburg, 2017. https://www.statistik-berlin-brandenburg.de/publikationen/stat_berichte/2017/SB_A01 – 05 – 00_2016 h02_BE.pdf.

Stav, Shira. „Nakba and Holocaust: Mechanisms of Comparison and Denial in the Israeli Literary Imagination." *Jewish Social Studies* 18, no. 3 (2012): 85 – 98.

Stern, Itay. „Jerusalem Post Fires Cartoonist over Caricature Mocking Netanyahu, Likud Lawmakers." *Haaretz*, 26.7.2018.

„Strange Bedfellows: Radical Leftists for Bush." *Deutsche Welle*, 25.10.2006. https://www.dw.com/en/strange-bedfellows-radical-leftists-for-bush/a-2145701.

Tamari, Salim. „Narratives of Exile: How Narratives of the Nakba Have Evolved in the Memories of Exiled Palestinians." *Palestine-Israel Journal of Politics, Economics and Culture* 9, no. 4 (2002). https://pij.org/articles/113/narratives-of-exile.

„Tandemtour von Rabbis und Imamen Kritiker befürchten Kosher-Zertifikat für Islamisten." *Berliner Zeitung*, 29.6.2018.

„The Man Who Divided Germany: Why Sarrazin's Integration Demagoguery Has Many Followers." *Spiegel Online*, 9.6.2010. https://www.spiegel.de/international/germany/the-man-who-divided-germany-why-sarrazin-s-integration-demagoguery-has-many-followers-a-715876.html.

Thomason, Krista K. „Guilt and Child Soldiers." *Ethical Theory and Moral Practice* 19, no. 1 (2016): 115–27.

Thomason, Krista K. „Seeing Child Soldiers as Morally Compromised Warriors: The Ambiguous Moral Responsibility of Child Soldiers." *Critique Magazine*, 2016, 1–17.

Thompson, Janna. „Collective Responsibility for Historic Injustices." *Midwest Studies in Philosophy* 30, no. 1 (2006): 154–67.

Thompson, Janna. „Historical Injustice and Reparation: Justifying Claims of Descendants." *Ethics* 112, no. 1 (2001): 114–35.

Thornhill, Ted. „Israel's Fury at the Young Jews Moving to Berlin for a Cheaper Life and Abandoning Their Homeland for a Pudding." *Daily Mail*, 16.10.2014.

Tietze, Nikola. *Imaginierte Gemeinschaft. Zugehörigkeiten und Kritik in der europäischen Einwanderungsgesellschaft*. Hamburg: Hamburger Edition, 2012.

„Top General Sacked as Anti-Semitism Scandal Spreads." *Deutsche Welle*, 5.11.2003. https://www.dw.com/en/top-general-sacked-as-anti-semitism-scandal-spreads/a-1022834-0.

„Top German Newspaper Fires Cartoonist for Using Anti-Semitic Stereotypes." *Jewish Telegraphic Agencies and Affiliates*, 17.5.2018.

Tress, Madeleine. „Soviet Jews in the Federal Republic of Germany: The Rebuilding of a Community." *Jewish Journal of Sociology* 37, no. 1 (1995): 39–54.

Umbreit, Mark, und Marilyn Peterson Armour. *Restorative Justice Dialogue – an Essential Guide for Research and Practice*. New York: Springer, 2011.

Urban Walker, Margaret. *Moral Repair: Reconstructing Moral Relations after Wrongdoing*. Cambridge: Cambridge University Press, 2006.

„Vermisste 14-jährige Susanna wurde vergewaltigt und getötet." *Deutsche Presse-Agentur*, 7.7.2018. https://www.zeit.de/news/2018-06/07/vermisste-14-jaehrige-susanna-wurde-vergewaltigt-und-getoetet-180607-99-616998.

„Video of Anti-Semitic Rant outside Israeli Restaurant in Berlin Goes Viral." *Jewish Telegraphic Agency*, 21.12.2017. https://www.jta.org/2017/12/21/global/video-of-anti-semitic-rant-outside-israeli-restaurant-in-berlin-goes-viral.

Viser, Matt. „Attempted Objectivity: An Analysis of the New York Times and Haaretz and Their Portrayals of the Palestinian-Israeli Conflict." *International Journal of Press/Politics* 8, no. 4 (2003): 114–20.

Vollhardt, Johanna Ray. „The Role of Victim Beliefs in the Israeli-Palestinian Conflict: Risk or Potential for Peace?" *Peace and Conflict* 15, no. 2 (2009): 135–59.

Wari, Shahd. *Palestinian Berlin: Perceptions and Use of Public Space*. Schriften zur Internationalen Stadtentwicklung, Bd. 22. Zürich: LIT, 2017.

Weigand, Frank. „Verharmlost die Schaubühne den Holocaust?" *Welt*, 19.3.2009.

Wien, Peter. „There Is No Tradition of Anti-Semitism in Islam." *Qantara*, 25.5.2018.

Weinberg, Micki. „Berlin's Palestinian Mayoral Candidate Proud of City's Jewish Revival." *Times of Israel*, 14. 10. 2014.

Weinthal, Benjamin. „Berlin Jewish Museum Event Calls for Israel Boycott." *Haaretz*, 16. 9. 2012.

Weinthal, Benjamin, „Berlin Mayor May Be Included on Top-Ten List of Antisemitic/Anti-Israel Cases." *Jerusalem Post*, 28. 8. 2017.

Weinthal, Benjamin. „German MPs Slam F[oreign] M[inister] Maas for Abandoning Israel at U.N." *Jerusalem Post*, 23. 11. 2018.

Weinthal, Benjamin. „German University Suspends Pro-BDS Professor." *Jerusalem Post*, 10. 1. 2017.

Wilburn, Brad. „Review of Moral Repair: Reconstructing Moral Relations after Wrongdoing." *Notre Dame Philosophical Reviews*, 9. 5. 2007. https://ndpr.nd.edu/news/moral-repair-reconstructing-moral-relations-after-wrongdoing (Zugriff am 20. 6. 2018).

Yildiz, Yasemin. „Turkish Girls, Allah's Daughters, and the Contemporary German Subject: Itinerary of a Figure." *German Life and Letters* 62, no. 3 (2009): 465–81.

„You Will All Land in Gas Chambers,' Berlin Man Tells Israeli Restaurateur in Viral Video." *Haaretz* und Deutsche Presse-Agentur, 21. 12. 2017.

Yurdakul, Gökçe. „Jews, Muslims and the Ritual Male Circumcision Debate: Religious Diversity and Social Inclusion in Germany." *Social Inclusion* 4, no. 2 (2016): 77–86.

Yurdakul, Gökçe, und Michal Bodemann, Hrsg. *Staatsbürgerschaft, Migration und Minderheiten: Inklusion und Ausgrenzungsstrategien im Vergleich*. Berlin: Springer, 2010.

Younes, Anna-Esther. „Islamophobia in Germany: National Report 2017." In *European Islamophobia Report 2017*, hrsg. von Enes Bayrakli und Farid Hafez, 247–81. Istanbul: SETA, 2018.

Zick, Andreas, und Anna Klein, Hrsg. *Fragile Mitte. Feindselige Zustände. Rechtsextreme Einstellungen in Deutschland 2014*. München: Friedrich-Ebert-Stiftung, 2014.

Zimmerman, Michael J. „Moral Responsibility and the Moral Community: Is Moral Responsibility Essentially Interpersonal?" *Ethics* 20 (2016): 247–63.

Zuckermann, Moshe. *Zweierlei Holocaust. Der Holocaust in den politischen Kulturen Israels und Deutschlands*. Göttingen: Wallstein, 1998.

www.ingramcontent.com/pod-product-compliance
Lightning Source LLC
Chambersburg PA
CBHW020845270326
41928CB00006B/560